समुदाय के लिए पोषण

Nutrition for the Community

(ए.एन.सी.-1)

बी.ए., बी.कॉम., बी.एस.सी. तथा अन्य हेतु

For B.A., B.Com., B.Sc. and Other Courses

विशेष विश्वविद्यालयों के लिए महत्वपूर्ण अध्ययन सामग्री

इंदिरा गाँधी राष्ट्रीय मुक्त विश्वविद्यालय (इग्नू), के.एस.ओ.यू. (कर्नाटका), बिहार विश्वविद्यालय (मुजफ्फरपुर), नालंदा विश्वविद्यालय, सेंटर फॉर डिस्टेंस एंड ओपन लर्निंग, जामिया मिलिया इस्लामिया, वर्धमान महावीर मुक्त विश्वविद्यालय (कोटा), उत्तराखंड मुक्त विश्वविद्यालय, कुरुक्षेत्र विश्वविद्यालय, सेवा सदन कॉलेज ऑफ एजुकेशन (महाराष्ट्र), मिथिला विश्वविद्यालय, आंध्रा विश्वविद्यालय, अन्नामलाई विश्वविद्यालय, बैंगलोर विश्वविद्यालय, भारतीयर विश्वविद्यालय, भारतीदशन विश्वविद्यालय, हिमाचल प्रदेश विश्वविद्यालय, काकाटिया विश्वविद्यालय (आंध्र प्रदेश), के.ओ.यू. (राजस्थान), एम.पी.बी.ओ.यू. (एम.पी.), एम.डी.यू. (हरियाणा), पंजाब विश्वविद्यालय, तमिलनाडु मुक्त विश्वविद्यालय, श्री पद्मावती महिला विश्वविद्यालयम् (आंध्र प्रदेश), जम्मू विश्वविद्यालय, वाई. सी.एम.ओ.यू., राजस्थान विश्वविद्यालय, उत्तर प्रदेश राजर्षि टण्डन मुक्त विश्वविद्यालय, कल्याणी विश्वविद्यालय, बनारस हिंदू विश्वविद्यालय (बी.एच.यू.), और अन्य भारतीय विश्वविद्यालय।

इस पुस्तक का अंग्रेजी संस्करण भी उपलब्ध है।

English Edition of this Book is also available.

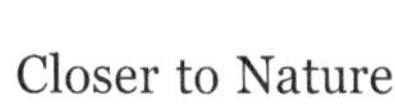

We use Recycled Paper

गुल्लीबाबा पब्लिशिंग हाउस प्रा. लि.

आई.एस.ओ. 9001 एवं आई.एस.ओ. 14001 प्रमाणित कं.

Published by:

GullyBaba Publishing House Pvt. Ltd.

Regd. Office:
2525/193, 1st Floor, Onkar Nagar-A,
Tri Nagar, Delhi-110035
(From Kanhaiya Nagar Metro Station Towards Old Bus Stand)
Call: 9991112299, 9312235086
WhatsApp: 9350849407

Branch Office:
1A/2A, 20, Hari Sadan,
Ansari Road, Daryaganj,
New Delhi-110002
Ph.011-45794768
Call & WhatsApp:
8130521616,8130511234

E-mail: hello@gullybaba.com, **Website**:GullyBaba.com

New Edition

Author: Gullybaba.com Panel

ISBN: 978-93-81690-38-3

Disclaimer: Although the author and publisher have made every effort to ensure that the information in this book is correct, the author and publisher do not assume and hereby disclaim any liability to any party for any loss, damage, or disruption caused by errors or omissions, whether such errors or omissions result from negligence, accident, or any other cause.

If you find any kind of error, please let us know and get reward and or the new book free of cost.

The book is based on IGNOU syllabus. This is only a sample. The book/author/publisher does not impose any guarantee or claim for full marks or to be passed in exam. You are advised only to understand the contents with the help of this book and answer in your words.

All disputes with respect to this publication shall be subject to the jurisdiction of the Courts, Tribunals and Forums of New Delhi, India only.

प्रथम संस्करण की भूमिका

प्रिय छात्रो! हमें आपके मध्य पुस्तक समुदाय के लिए पोषण ANC-1 प्रस्तुत कर अपार हर्ष हो रहा है। पुस्तक में बहुत–सी विशेषताएँ हैं जैसे इग्नू द्वारा प्रस्तावित सम्पूर्ण कोर्स, गत वर्षों के प्रश्नपत्र हलसहित तथा अत्यन्त सरल भाषा–शैली।

यह पुस्तक आपकी परीक्षा को अत्यन्त सरल बनाने में सक्षम है। विद्वान लेखकों ने इसे अपने ज्ञान व अनुभवों से सजाया है। सम्पूर्ण पुस्तक प्रश्न पत्रानुसार संयोजित करने की कोशिश की गई है। हमें विश्वास है कि आप इससे अवश्य लाभान्वित होंगे। विभिन्न विश्वविद्यालयों में इस विषय के अध्यापन में लगे विद्वान् सहयोगी साथियों से विनम्र निवेदन है कि वे सदैव की भाँति हमारे इस प्रथम संस्करण का भी निष्पक्ष मूल्यांकन करें और अपने सुझावों से हमें अनुगृहीत करें। पाठ्यपुस्तकें तो विकासशील ज्ञान बिरवे हैं जो संरक्षण एवं प्रोत्साहन से ही पल्लवित होते हैं। आगामी संस्करण में उनके सुझावों को यथास्थान साभार सम्मिलित किया जाएगा। विद्यार्थियों को हमारी यह कृति यदि ज्ञानवर्धक और परीक्षा में अच्छे अंकों से सफलता प्राप्त करने में सहायक सिद्ध हुई तो हम अपने श्रम को सार्थक समझेंगे।

आप हमारी पुस्तकों को भारत के किसी भी राज्य/शहर में हमसे सम्बद्ध दुकानों से या सीधे प्रकाशन के पते से या वेब साइट www.gullybaba.com, www.ignouonline.com से e-mail करके भी ऑर्डर कर सकते हैं।

प्रकाशन (GPH) अपने कार्यरत बन्धुओं कविता सैनी, पूनम शर्मा, सोनी, नसीम अहमद, अमित, मिट्ठू व लेखकों का हृदय से आभार प्रकट करता है, जिनके अथक प्रयास व लगन से पुस्तक का प्रकाशन सम्भव हो सका।

नई दिल्ली

—प्रकाशक

TOPICS COVERED

विषय-सूची

प्रश्न पत्र

इकाई–1

भोजन, पोषण और स्वास्थ्य

प्रश्न 1. भोजन को परिभाषित कीजिए तथा इसके मुख्य कार्यों का वर्णन कीजिए।
[दिसम्बर 2006, प्रश्न.2 (1)]

उत्तर – भोजन से अभिप्राय उन सभी पौष्टिक तत्त्वों से है जो शरीर को पौष्टिकता प्रदान करते हैं। भोजन में सभी पदार्थ ठोस, अर्द्ध–तरल और तरल रूप में शामिल होने आवश्यक होते हैं। भोजन मनुष्य शरीर की एक मूलभूत आवश्यकता है। भोजन में कुछ ऐसे रासायनिक पदार्थ होते हैं जो हमारे शरीर के लिए महत्त्वपूर्ण कार्य करते हैं। भोजन से मिलने वाले इन रासायनिक पदार्थों को पोषक तत्त्व कहते हैं। यदि ये पोषक तत्त्व हमारे भोजन में उचित मात्रा में विद्यमान नहीं हों तो इसका परिणाम अस्वस्थता या कई बार मृत्यु तक हो सकती है।

भोजन में पोषक तत्त्वों के अलावा, कुछ अन्य रासायनिक पदार्थ भी होते हैं जिनको अपोषक तत्त्व (non-nutrients) कह सकते हैं–जैसे कि भोजन को विशेष गंध देने वाले पदार्थ, भोजन में पाए जाने वाले प्राकृतिक रंग, आदि। अतः भोजन पोषक तत्त्वों और अपोषक तत्त्वों का जटिल मिश्रण है।

भोजन के मुख्यतः तीन कार्य होते हैं :

- शरीरक्रियात्मक कार्य (Physiological function)
- सामाजिक कार्य (Social function)
- मनोवैज्ञानिक कार्य (Psychological function)

1) **शरीरक्रियात्मक कार्य** – भोजन के शरीरक्रियात्मक कार्य हैं – ऊर्जा प्रदान करना, शारीरिक वृद्धि में सहायता करना, शरीर का बीमारियों से बचाव करना और शरीर की क्रियाओं को सुचारू रूप से चलाना।

हमें अपने जीवन में हर क्षण विभिन्न क्रियाओं जैसे उठने, बैठने, चलने, दौड़ने आदि के लिए ऊर्जा की आवश्यकता होती है। इसके अतिरिक्त, हमारे शरीर के अंदर और भी कुछ क्रियाएँ हर क्षण होती रहती हैं–जैसे दिल का धड़कना, आँतों का सिकुड़ना, फेफड़ों का फैलना और सिकुड़ना आदि। शरीर को इन आंतरिक क्रियाओं के लिए भी ऊर्जा की आवश्यकता होती है। ऊर्जा देने का यह कार्य मुख्य रूप से कार्बोज और वसा द्वारा किया जाता है। इन दो पोषक तत्त्वों को शरीर का ईंधन कहा जाता है। इन दोनों पोषक तत्त्वों के कार्य की तुलना लकड़ी, कोयला आदि ईंधन के जलने से की जा सकती है। इसी प्रकार कार्बोज और वसा के शरीर में

जलने से ऊर्जा उत्पन्न होती है। इस ऊर्जा का उपयोग शरीर की विभिन्न क्रियाओं के लिए होता है। इसके अतिरिक्त, शरीर की वृद्धि और टूट–फूट की मरम्मत के लिए भी भोजन आवश्यक है। हमारा शरीर कई छोटी–छोटी इकाइयों से मिलकर बना है, जिन्हें कोशिकाएँ कहते हैं। शरीर की वृद्धि के दौरान शरीर में पुरानी कोशिकाओं के साथ कई नई कोशिकाएँ बनती हैं। इसके साथ–साथ पुरानी कोशिकाओं के आकार में भी वृद्धि होती है। दूसरी ओर, हमारे शरीर में कुछ कोशिकाएँ टूटती और नष्ट होती रहती हैं। इन टूटी कोशिकाओं को ठीक करना और नष्ट हुई कोशिकाओं को बदलना, मरम्मत कार्य कहलाता है। वृद्धि और मरम्मत दोनों के लिए ही प्रोटीन अनिवार्य है।

भोजन का अन्य महत्त्वपूर्ण शरीरक्रियात्मक कार्य है, शरीर का बीमारियों से बचाव और शरीर की विभिन्न क्रियाओं को सुचारू रूप से चलाना। यहाँ बीमारियों से बचाव से तात्पर्य है संक्रमण (infection) से शरीर का बचाव।

2) सामाजिक कार्य – किसी अन्य व्यक्ति के साथ मिलकर भोजन करने से तात्पर्य सामाजिक स्वीकृति से है। जब आप किसी व्यक्ति के साथ अपना भोजन बाँटकर खाते हैं, तो यह इस बात का प्रतीक है कि आपने उस व्यक्ति को आदर देकर मित्र बना लिया है।

भोजन प्रत्येक उत्सव और त्यौहारों का अभिन्न अंग है। किसी भी खुशी के अवसर पर, चाहे वह बच्चे का जन्मदिन हो, शादी अथवा त्यौहार जैसे दीवाली, दशहरा, पोंगल, ओणम, क्रिसमस, ईद हो, विशेष पकवान बनाए जाते हैं। इस प्रकार, भोजन लोगों को परस्पर एक–दूसरे से मिलाने का अवसर प्रदान कर सामाजिक कार्य करता है।

3) मनोवैज्ञानिक कार्य – प्रत्येक व्यक्ति की कुछ भावनात्मक जरूरतें होती हैं, जैसे कि सुरक्षा, स्नेह, प्यार, अपनापन आदि। भोजन इन जरूरतों को पूरा करने में सहायक होता है। जब माँ अपने बच्चे के लिए मनपसंद भोजन बनाती है तो बच्चा इस बात का अनुभव करता है कि माँ उसे प्यार करती है और उसकी पसन्द, नापसन्द का ध्यान रखती है। इसी प्रकार, जब हम दूसरों के साथ मिलकर भोजन खाते हैं तो वह हमारी मित्रता का प्रतीक होता है। स्कूल जाने वाला बालक वैसा ही भोजन खाना पसन्द करता है, जैसा कि उसके दोस्त खाते और पसन्द करते हैं। चूँकि उसे दोस्तों के साथ मिलकर रहना है, अतः आरंभ में चाहे उसे भोजन अरूचिकर लगे किन्तु फिर भी वह उसे ग्रहण करता है। ऐसा करने से वह अपने दोस्तों के साथ उठ–बैठ सकता है और इससे उसका आत्म–विश्वास बढ़ता है।

प्रश्न 2. रिक्त स्थानों में सही शब्द लिखिए।

क) शारीरिक वृद्धि के लिए भोजन में .... का होना आवश्यक है।

ख) ऊर्जा देने वाले खाद्य पदार्थ कार्बोज और/या .... से भरपूर होते हैं।

ग) विटामिन और खनिज लवण का कार्य ....और .... है।

उत्तर – क) प्रोटीन, **ख)** वसा, **ग)** शरीर की क्रियाओं को सुचारू रूप से नियंत्रण में रखना।

प्रश्न 3. पोषण के सामाजिक, मनोवैज्ञानिक और आर्थिक पहलू पर संक्षिप्त टिप्पणी प्रस्तुत कीजिए। [जून 2008, प्रश्न.8 (5)]

उत्तर – भोजन को आर्थिक, सामाजिक और मनोवैज्ञानिक पहलू भी प्रभावित करते हैं। इसलिए एक पोषण विशेषज्ञ को किसी भी प्रकार के भोजन के विषय में सुझाव देने से पहले लोगों के सामाजिक परिवेश, भावनाओं और उसके आर्थिक सामर्थ्य को भी ध्यान में रखना चाहिए। इसका संक्षिप्त विवरण निम्नलिखित है :

1) सामाजिक और सांस्कृतिक कारक – भोजन का सामाजिक और सांस्कृतिक संदर्भ में अपना विशेष महत्त्व है। हमारी प्राचीन वैदिक परम्परानुसार भोजन को जीवन देने वाला बताया गया है। इसके अतिरिक्त, वेदों ने कुछ विशिष्ट खाद्य पदार्थों को विशिष्ट गुणों का प्रतीक माना है। उदाहरण के लिए सात्विक भोजन मानसिक क्षमता व सृजनात्मकता बढ़ाने वाला, ऊर्जा प्रदान करने वाला और प्रसन्नतावर्धक माना गया है। दूध और उससे बने पदार्थ सात्विक भोजन के मुख्य उदाहरण हैं। राजसिक भोजन में मछली, अंडा और मांस तथा तामसिक भोजन में सूअर और गाय का मांस आता है।

खाद्य पदार्थ हमारे व्यवहार को विशेष रूप से प्रभावित कर सकते हैं। वेदों में दुबारा गर्म किए गए भोजन को बहुत निम्न कोटि का माना गया है। परन्तु आज होटलों आदि में ग्राहकों को पुनः गर्म किया गया भोजन ही मिलता है। आज बहुत से लोग शाकाहारी होने पर भी अपने मांसाहारी दोस्तों के साथ बैठकर भोजन करना बुरा नहीं मानते। वह स्वयं चाहे मांस न खाए, परन्तु ऐसी जगह पर भोजन खा लेते हैं, जहाँ पर मांस भी बनता है। परन्तु अब भी कुछ ऐसे लोग हैं, जो कि भोजन की शुद्धता के विषय में बहुत ध्यान रखते हैं।

किसी भी समुदाय विशेष के लोगों से यह आशा नहीं की जा सकती कि वह किसी नए खाद्य पदार्थ को केवल इसीलिए खाना स्वीकार कर लें क्योंकि वह पौष्टिक है। इससे मालूम होता है कि जब हम भोजन से संबंधित परम्पराओं में सुधार के परिवर्तन की बात करते हैं तो हमारे लिए व्यक्ति की सामाजिक–सांस्कृतिक पृष्ठभूमि को ध्यान में रखना बहुत महत्त्वपूर्ण है।

उदाहरण (क)– मिनी एक गृहिणी है। वह अपने सारे परिवार को विटामिन की गोलियाँ खाने को देती हैं, क्योंकि उसके विचार में यह गोलियाँ उन्हें स्फूर्ति तथा शक्ति देगी। किन्तु उसकी सहेली के विचार में इन विटामिन की गोलियों की आवश्यकता नहीं है। यह विटामिन साधारण भोजन भी दे सकता है। मिनी इससे सहमत नहीं है, क्योंकि उसके लिए सभी बीमारियों का एक इलाज विटामिन की गोलियाँ हैं।

उदाहरण (ख) – पाँच वर्षीय राजू टेलीविजन देखने का शौकीन है। वह खाद्य पदार्थों–जैसे नूडल्स, पेय पदार्थ, टॉफियाँ, चाकलेट आदि के विज्ञापन प्रतिदिन देखता है। इनसे प्रभावित हो कर वह प्रतिदिन इन्हें खाने की जिद करता है। माँ के समझाने के बावजूद कि ये खाद्य पदार्थ स्वास्थ्य के लिए अच्छे नहीं हैं, फिर भी वह इन्हें ज्यादा पसंद करता है। इसीलिए उसकी माँ उससे नाराज रहती है।

2) भोजन के आर्थिक पहलू – भोजन खरीदने के लिए पैसा चाहिए। अतः भोजन ऐसा होना चाहिए, जिसे लोग आसानी से खरीद सकें और वह सभी लोगों में समान रूप से उपलब्ध होना चाहिए। भोजन की उपलब्धता एवं उसके समुचित वितरण का विशेष महत्त्व है। कई बार भोजन उपलब्ध होने के बावजूद भी असमान वितरण के कारण सभी लोगों तक नहीं पहुँच पाता, जिसके कारण लोग भूख से मर जाते हैं। उदाहरण के लिए, भारत में कृषि उत्पादन में लगातार वृद्धि हुई है, परन्तु समान वितरण की समस्या अभी भी बनी हुई है। अतः इस ओर विभिन्न पृष्ठभूमियों के विशेषज्ञों की सहायता से निम्नलिखित प्रश्नों के उत्तर प्राप्त करने का प्रयास करना चाहिए :

– जिनके पास भोजन जुटाने के लिए पैसे नहीं है, उनकी जरूरतों को कैसे पूरा करना चाहिए? क्या उन्हें काम के बदले अनाज दिया जाना चाहिए अथवा सस्ते दरों पर अतिरिक्त अथवा मुफ्त भोजन दिया जाना चाहिए?

– लोगों की जरूरतों को पूरा करने के लिए कितना उत्पादन होना चाहिए?

– देश के सभी भागों के लोगों तक भोजन कैसे पहुँचाया जाए?

– किस प्रकार के खाद्य पदार्थों की पैदावार करनी चाहिए?

– क्या दालों और तिलहनों आदि के उत्पादन में वृद्धि की आवश्यकता है?

प्रश्न 4. स्वास्थ्य की परिभाषा दीजिए। स्वास्थ्य के चार आयामों की सूची बनाइए।
[दिसम्बर 2007, प्रश्न. 2 (क)]

उत्तर – स्वास्थ्य का अर्थ है, न केवल बीमारी अथवा शारीरिक कमजोरी की अनुपस्थिति अपितु शारीरिक, मानसिक तथा सामाजिक रूप से पूर्णतया स्वस्थ होना।

केवल बीमारी का न होना ही स्वास्थ्य नहीं अपितु मानव को पूर्ण रूप से स्वस्थ होना चाहिए। किसी रोग से ग्रस्त न होने पर भी एक व्यक्ति प्रसन्नचित व पूर्णतया स्वस्थ नहीं होता। कई बार हम थकावट महसूस करते हैं और काम करने की ताकत या क्षमता हमारे में नहीं होती। ऐसे समय में हम प्रसन्नचित्त व पूर्णतया स्वस्थ नहीं होते। हालाँकि ऐसा हमेशा नहीं होता। इसी प्रकार, कई बार हम बीमार भी हो जाते हैं। इसका अर्थ है कि कोई भी व्यक्ति हमेशा पूर्णतया स्वस्थ नहीं होता। परन्तु ऐसे व्यक्ति को हम स्वस्थ कह सकते हैं जो अधिकांश समय स्वस्थ रहता है।

स्वास्थ्य के चार आयामों–शारीरिक, मानसिक, सामाजिक और आत्मिक आयाम। इन सभी का संक्षिप्त वर्णन निम्नलिखित है :

1) शारीरिक स्वास्थ्य – शारीरिक स्वास्थ्य का पता लगाना और उसका वर्णन करना आसान है। ऐसा व्यक्ति जो दिखने में सतर्क, क्रियाशील, ओजस्वी और कर्मठ होता है, वही व्यक्ति शारीरिक रूप से स्वस्थ माना जाता है। शारीरिक रूप से स्वस्थ व्यक्ति के लक्षण तालिका में बताए गए हैं, जिनसे उसकी पहचान हो सकती है।

अच्छे शारीरिक स्वास्थ्य के लक्षण

शरीर के अंग/विशिष्टता	अच्छे स्वास्थ्य के लक्षण
बाहरी व्यक्तित्व	व्यक्ति चुस्त और फुर्तीला हो
बाल	चमकदार और सिर की त्वचा स्वस्थ हो
गले की ग्रंथियाँ	बढ़ी हुई न हों
त्वचा	चिकनी, हल्की, तैलीय तथा साफ रंग की हो
आँखें	चमकदार और साफ हों तथा उनकी नीचे काले धब्बे न हों
होंठ	गुलाबी रंग के व आर्द्र
जीभ	गुलाबी रंग की तथा घाव–रहित
मसूड़े	अच्छे गुलाबी रंग के, मजबूत तथा सूजन और रक्त–स्राव रहित
दाँत	सीधे, साफ और सफेद
उदर	पेट बाहर निकला हुआ न हो
अस्थि–पंजर	आकार ठीक हो
वजन	लम्बाई, आयु और शारीरिक बनावट के अनुपात में हो
मुद्रा	झुका हुआ न हो, बाजू तथा टाँगे सीधी हों तथा पेट अंदर और छाती बाहर हो

मांसपेशियाँ	अच्छी विकसित तथा मजबूत हो
मानसिक नियंत्रण	ध्यान केन्द्रित करने की क्षमता हो और चिड़चिड़ापन तथा बैचेनी न हो
भूख	उचित भूख लगती हो और पाचन क्षमता अच्छी हो
निद्रा	गहरी नींद आती हो
पाचन व अवशोषण	नियमित तथा सामान्य

2) मानसिक स्वास्थ्य – मानसिक स्वास्थ्य से तात्पर्य है ऐसा व्यक्ति :

क) जो आंतरिक अंतर्द्वंद्व से मुक्त हो

ख) जिसे हमेशा अपने को कोसने या अपने आप पर दया खाने की आदत न हो

ग) जिसमें विभिन्न व्यक्तियों एवं परिस्थितियों के अनुकूल रहने की क्षमता न हो

घ) जो दूसरों के भावों के प्रति संवेदनशील हो

ङ) जो अन्य व्यक्तियों से आदर और सहानुभूतिपूर्ण व्यवहार करने की योग्यता रखता हो

च) जिसका अपनी भावनाओं विशेषकर क्रोध, ईर्ष्या, भय और आत्मग्लानि, आदि पर नियंत्रण हो।

शारीरिक स्वास्थ्य की अपेक्षा मानसिक स्वास्थ्य एक जटिल संकल्पना है। इसे मापना अत्यधिक कठिन है। सामान्यतः मानसिक रूप से अधिक अस्वस्थ व्यक्ति को जल्दी ही पहचाना जा सकता है। परन्तु उन लोगों को पहचानना मुश्किल होता है, जो दिखने में तो सामान्य लगते हों, परन्तु दूसरों की भावनाओं के प्रति संवेदनशील न हों और न ही उनके विचारों को समझ सकते हों। ऐसे व्यक्तियों को मानसिक रूप से अस्वस्थ कहना कठिन हो जाता है। किन्तु यही समस्या जब गंभीर और स्थायी हो जाती है तो उस व्यक्ति को निश्चय ही मानसिक रूप से अस्वस्थ ही कहा जाता है।

शारीरिक और मानसिक स्वास्थ्य का आपस में गहरा संबंध है जिन्हें कुछ उदाहरणों द्वारा समझा जा सकता है। उदाहरण के लिए उच्च रक्तचाप शारीरिक अस्वस्थता का एक लक्षण है।

3) सामाजिक स्वास्थ्य – यदि एक व्यक्ति अपने को एक परिवार का सदस्य समझता है और व्यापक समुदाय में पहचान की योग्यता रखता है तो यही सामाजिक स्वास्थ्य की ओर उसका पहला कदम है। एक व्यक्ति, जो समाज के अन्य सदस्यों के प्रति अपनी जिम्मेदारी/कर्त्तव्य को समझता है और आसपास के लोगों से संबंध बनाए रखने की योग्यता उसमें है, तो उसे सामाजिक रूप से स्वस्थ कहा जा सकता है।

किसी भी प्रकार की मानसिक अस्वस्थता दूसरों के साथ पारस्परिक क्रियाओं पर प्रतिकूल प्रभाव डालती है अतः उसमें समाज के उपयोगी सदस्य होने की क्षमता कम हो जाती है। इसी तरह शारीरिक रूप से अस्वस्थ व्यक्ति के लिए सामाजिक स्वास्थ्य की प्राप्ति कठिन है। शारीरिक रूप से अस्वस्थता, व्यक्ति को चिड़चिड़ा और हताश (उदास) बनाती है और इसी कारण वह अन्य लोगों से सामान्य रूप से व्यवहार नहीं कर पाता। मानसिक स्वास्थ्य की प्राप्ति के बिना सामाजिक स्वास्थ्य के लक्ष्य को प्राप्त करना असंभव है।

4) आत्मिक स्वास्थ्य – भारतीय होने के कारण हम संभवत: आत्मिकता को बेहतर जानते हैं क्योंकि हमारे समाज में धार्मिक और नैतिक नियमों व आचरण को आसानी से देखा जा सकता है। एक स्वस्थ व्यक्ति लगभग हर समय इन नैतिक नियमों का पालन करता है। सत्कार्य करना तथा दूसरों को हानि न पहुँचाना, अच्छाई और न्याय की मूल शक्तियों में विश्वास, दूसरे की आवश्यकताओं को समझना और उन्हें पूरा करना, कर्त्तव्य एवं जिम्मेदारी के प्रति आबद्ध रहना, यह आत्मिक रूप से स्वस्थ व्यक्ति के गुण हैं।

प्रश्न 5. ''अच्छा स्वास्थ्य अच्छे पोषण के बिना प्राप्त नहीं किया जा सकता'' इस उक्ति पर 2–3 वाक्यों में टिप्पणी कीजिए। [दिसम्बर 2007, प्रश्न. 2(ख)]

उत्तर – ''बिना अच्छे पोषण के अच्छा स्वास्थ्य प्राप्त नहीं किया जा सकता '' यह कथन सही है। व्यक्ति के स्वास्थ्य को प्रभावित करने वाला यह एक मुख्य कारक है। चूँकि भोजन पोषक तत्त्वों का स्रोत है अत: भोजन का चुनाव, अच्छे किस्म का होना चाहिए और उचित मात्रा में भोजन करना आवश्यक हो जाता है। अगर दैनिक आहार गलत होगा तो एक या अधिक पोषक तत्त्वों के अधिकता या उनकी कमी के कारण स्वास्थ्य पर बुरा असर पड़ेगा।

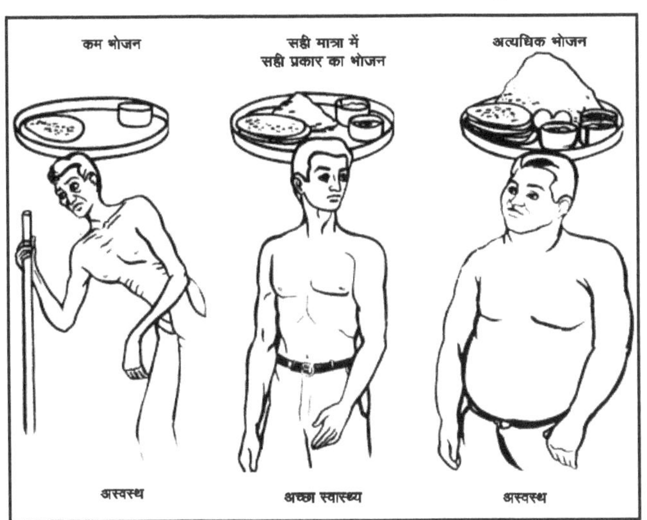

प्रश्न 6. पोषण एवं स्वास्थ्य के अंत: संबंधों के तीन पहलुओं के नाम बताइए।

उत्तर – क) पोषक तत्त्वों की कमी या अधिकता के कारण

ख) बीमारी और बीमारी के बाद स्वास्थ्य सुधार में अधिक समय लगने में कुपोषण की भूमिका

ग) अच्छे स्वास्थ्य के लिए सही पोषण की भूमिका

इकाई–2

स्थूल पोषक तत्त्व – I : कार्बोज तथा जल

प्रश्न 1. शरीर में पाचन क्रिया का वर्णन करो।

उत्तर – पाचन की संपूर्ण प्रक्रिया पाचन तंत्र में भोजन के रहने के दौरान ही पूरी हो जाती है। मुँह में भोजन के आते ही पाचन प्रक्रिया शुरू हो जाती है। मुँह से भोजन पाचन तंत्र के अन्य अंगों जैसे आहार नली, मलाशय तथा गुदाद्वार में जाता है। पाचन तंत्र के प्रत्येक अंग से एक प्रकार का तरल रस निकलता है, जिसे पाचक रस कहते हैं। इन पाचक रसों में कुछ रासायनिक पदार्थ होते हैं जिन्हें एंजाइम के नाम से जाना जाता है। यह एंजाइम प्रकृति से प्रोटीन होते हैं और रासायनिक क्रिया की गति को तेज करते हैं। इन एंजाइमों का विशेष गुण यह है कि यह क्रिया में स्वयं अपरिवर्तित रहते हुए भोजन में पाए जाने वाले पोषक तत्त्वों को सरल रूप में विभाजित करने में मदद करते हैं।

भोजन का पाचन – पाचन तंत्र के विभिन्न हिस्सों में किस प्रकार की प्रतिक्रिया होती है इसका वर्णन निम्नलिखित है :

1) मुँह – पाचन प्रक्रिया मुँह से आरंभ होती है। यहाँ भोजन दाँतों द्वारा चबाया जाता है और छोटे–छोटे टुकड़ों में विभाजित हो जाता है। मुँह में स्थित यह टुकड़े लार रस में मिल जाते हैं। लार रस लार ग्रंथि से निकलता है। लार रस में पाया जाने वाला एमाइलेस नामक एंजाइम कार्बोज के पाचन में सहायक होता है। यह कार्बोज पर प्रक्रिया करके उसमें आंशिक रूप से परिवर्तन लाता है।

2) आमाशय – लार रस मिला भोजन मुँह में नलीनुमा संरचना द्वारा (जिसे आहार नली कहते हैं) आमाशय में पहुँचता है। यहाँ भोजन आमाशय रस से मिलकर पतले द्रव्य के रूप में परिवर्तित हो जाता है। आमाशय रस में उपस्थित एंजाइम प्रोटीन पर क्रिया करते हैं, जिससे प्रोटीन का आंशिक पाचन हो जाता है। भोजन के अन्य अवयवों में कोई रासायनिक परिवर्तन नहीं होता।

3) छोटी आँत – पाचन का अगला महत्त्वपूर्ण स्थान छोटी आँत है। आंशिक रूप से पचा भोजन छोटी आँत में आ जाता है और यहाँ पाए जाने वाले पाचक रस, जिसे आँत रस कहते हैं, में मिल जाता है। इसके अलावा छोटी आँत में अग्न्याशय तथा यकृत से भी रस मिल जाता है। यकृत से निकलने वाले रस को पित्त रस तथा अग्न्याशय से निकलने वाले रस को

अग्न्याशय रस कहते हैं। पित्त रस वसा के पाचन तथा अवशोषण में सहायक होता है। अग्न्याशय रस तथा आँत रस में उपस्थित एंजाइम, वसा, प्रोटीन तथा कार्बोज पर अभिक्रिया करके उन्हें सरल पोषक इकाइयों के रूप में बदल देते हैं। इन सरल पोषक इकाइयों का शरीर में आसानी से अवशोषण हो जाता है।

4) बड़ी आँत – छोटी आँत में अवशोषित होने के बाद बचे हुए व्यर्थ पदार्थ काफी अधिक जल की मात्रा के साथ बड़ी आँत में जाते हैं। बड़ी आँत में अतिरिक्त जल पुनः अवशोषित कर लिया जाता है तथा बचा हुआ जल और ठोस पदार्थ मल के रूप में शरीर से निष्कासित कर दिए जाते हैं।

प्रश्न 2. शरीर में भोजन का अवशोषण किस प्रकार होता है? स्पष्ट कीजिए।

उत्तर – भोजन का अवशोषण – भोजन का अवशोषण मुख्यतः छोटी आँत में होता है। पचने के बाद सरल पोषक इकाईयाँ शरीर में तब ही उपयोग की जा सकती हैं जब कि वे रक्त में प्रवेश कर जाएँ। पचे हुए भोजन या सरल पोषक इकाइयों का छोटी आँत की दीवार से रक्त में प्रवेश करना भोजन का अवशोषण कहलाता है। छोटी आँत की भीतरी दीवार पर बहुत छोटी–छोटी उंगलियों जैसे अंकुर होते हैं। इन्हें रसांकुर (villi) कहते हैं। यह रसांकुर अवशोषण में सहायक होते हैं। अधिकांश सरल इकाइयों का अवशोषण छोटी आँत के ऊपरी भाग में होता है। परन्तु कुछ का अवशोषण निचले भाग में भी होता है।

शरीर में भोजन का उपयोग – पाचन क्रिया से उत्पन्न सरल पोषक इकाइयाँ शरीर में अवशोषित कर ली जाती हैं। वह रक्त द्वारा शरीर की विभिन्न कोशिकाओं में पहुँचाई जाती हैं। यहाँ इस्तेमाल से पहले इन इकाइयों में आगे कुछ और परिवर्तन होते हैं। यह परिवर्तन दो प्रकार के हो सकते हैं – **(1)** या तो यह सरल पोषक इकाइयाँ और अधिक सरल इकाइयों में बदल कर ऊर्जा उत्पन्न करती है (अर्थात् जटिल पदार्थों का सरल पदार्थों में टूटना)। **(2)** या कुछ इकाइयाँ आपस में जुड़ कर और अधिक जटिल पदार्थ बनाती हैं जिनका शरीर में इस्तेमाल किया जा सकता है।

भोजन के अवशोषण के उपरान्त कोशिकाओं में होने वाले इन सभी रासायनिक परिवर्तनों को चयापचय कहते हैं। यह रासायनिक परिवर्तन दो प्रकार के हो सकते हैं–जटिल पदार्थों का सरल पदार्थों में टूटना या सरल पदार्थों का जटिल पदार्थों में जुड़ना। इस आधार पर चयापचय की रासायनिक अभिक्रिया को दो भागों में बाँटा जा सकता है–उपचय (anabolism) और अपचय (catabolism)।

वह सभी रासायनिक अभिक्रियाएँ जिसमें सरल पदार्थ, जटिल पदार्थों में बदल जाते हैं, उपचय कहलाती हैं। दूसरी प्रकार की रासायनिक अभिक्रियाएँ जिनमें जटिल पदार्थ सरल पदार्थों में टूटते हैं अपचय कहलाती हैं।

प्रश्न 3. कार्बोज को परिभाषित करते हुए एक संक्षिप्त टिप्पणी प्रस्तुत कीजिए।

[जून 2007, प्रश्न. 2(घ)]

उत्तर – कार्बोज शब्द से अभिप्राय मुख्य रूप से उन सभी कार्बनिक यौगिकों के समूह से है जो कि आवश्यक रूप से तीन तत्त्वों–कार्बन, ऑक्सीजन तथा हाइड्रोजन– से बने होते हैं।

वनस्पति से प्राप्त खाद्य पदार्थों में कार्बोज काफी मात्रा में होता है। इनमें कार्बोज़ मुख्यत: शर्करा, स्टार्च तथा रेशे के रूप में होता है। सभी प्रकार के कार्बोज कुछ मूल इकाइयों से मिलकर बने होते हैं। ग्लूकोस इस प्रकार की मूल इकाई का एक प्रमुख उदाहरण है। अन्य उदाहरण हैं – फ्रैक्टोस तथा ग्लेक्टोस।

घर में इस्तेमाल की जाने वाली चीनी अथवा शक्कर में पाए जाने वाल कार्बोज का एक अणु केवल दो मूल इकाइयों यानि कि ग्लूकोस तथा फ्रॅक्टोस से बना होता है। इसकी अपेक्षा स्टार्च एक बहुत बड़ा अणु है। यह ग्लूकोस की कई मूल इकाइयों के जुड़ने से बनता है। ग्लूकोस की इकाइयाँ आपस में जुड़ कर शृंखलाएँ बनाती हैं। शृंखलाएँ सीधी या शाखा के रूप में हो सकती है। चावल, गेहूँ, मक्का तथा टैपियोका स्टार्च की अधिकता वाले पदार्थों के उदाहरण हैं।

रेशे शब्द से तात्पर्य है कई प्रकार के कार्बोज के समूह, जो कि स्टार्च की तरह बहुत सारी मूल इकाइयों से बने होते हैं। इस तरह रेशा स्टार्च के ही समान बड़ा अणु है। उदाहरण के लिए सेलूलोस (एक प्रकार का रेशा) ग्लूकोस की कई इकाइयों से मिलकर बना होता है, परन्तु इसमें ग्लूकोस की इकाइयाँ एक–दूसरे से अलग ढंग से जुड़ी होती है।

इन सभी प्रकार क कार्बोज जैसे शर्करा, स्टार्च तथा रेशे को दो वर्गों में विभाजित किया जा सकता है – उपलब्ध कार्बोज तथा अनुपलब्ध कार्बोज। शर्करा तथा स्टार्च मनुष्य के पाचन तंत्र में आसानी से पच जाते हैं तथा शरीर में विभिन्न कार्यों के लिए उपलब्ध हो सकते हैं। अतः इन्हें उपलब्ध कार्बोज कहा जाता है। सेलूलोस तथा कुछ अन्य कार्बोज मनुष्य के पाचन तंत्र में नहीं पचाए जा सकते। इन्हें रेशे अथवा अनुपलब्ध कार्बोज कहा जाता है।

प्रश्न 4. आहार में कार्बोजों के तीन महत्त्वपूर्ण कार्यों का संक्षेप में वर्णन कीजिए।

[दिसम्बर 2007, प्रश्न.2 (ग)]

उत्तर – कार्बोज के कुछ प्रमुख कार्य निम्नलिखित हैं :

1) ऊर्जा प्रदान करना – कार्बोज का मुख्य कार्य विभिन्न शारीरिक कार्यों के लिए ऊर्जा प्रदान करना है। एक ग्राम कार्बोज से लगभग 4 किलोकैलोरी ऊर्जा मिलती है। प्रकृति में कार्बोज आसानी से उपलब्ध है, अत: यह ऊर्जा का सबसे सस्ता साधन है। हमारे भोजन से प्राप्त होने वाली कुल कैलोरी का 60–70 प्रतिशत भाग कार्बोज ही प्रदान करता है। किलो कैलोरी से यहाँ क्या तात्पर्य है? किलोकैलोरी ऊर्जा को मापने की इकाई है। यह ऊर्जा की वह मात्रा है जो एक किलोग्राम पानी का तापमान एक डिग्री सेंटीग्रेड से बढ़ाने के लिए प्रयुक्त होती है। पोषण विज्ञान में किलोकैलोरी तथा कैलोरी का एक ही अर्थ है।

2) प्रोटीन को अन्य कार्यों के लिए मुक्त करना – यद्यपि शरीर में ऊर्जा की आवश्यकता को

पूरा करने के लिए प्रोटीन का उपयोग किया जा सकता है किन्तु ऊर्जा प्रदान करना प्रोटीन का मुख्य कार्य नहीं है। प्रोटीन का मुख्य कार्य है – शारीरिक वृद्धि। यदि शरीर की ऊर्जा की आवश्यकता की पूर्ति के लिए कार्बोज उचित मात्रा में लिए जाएँ तो प्रोटीन शारीरिक वृद्धि के मुख्य कार्य के लिए उपलब्ध होते हैं। परन्तु कार्बोज की मात्रा अपर्याप्त होने पर प्रोटीन शारीरिक वृद्धि के स्थान पर ऊर्जा प्रदान करने के लिए प्रयोग में लाए जाते हैं। कार्बोज के इस कार्य को प्रोटीन को मुक्त करने का कार्य कहते हैं।

3) वसा के उपयोग में सहायता करना – कार्बोज वसा के चयापचय में भी सहायता करता है। शरीर में वसा के सही उपयोग के लिए भोजन में कार्बोज की कुछ मात्रा का होना आवश्यक है। दैनिक भोजन में कार्बोज की उपस्थिति ऊर्जा प्राप्ति के लिए वसा के बहुत अधिक प्रयोग को रोकती है। यदि वसा का उपयोग ऊर्जा प्राप्ति के लिए किया जाए तो इसके चयापचय से कुछ हानिकारक पदार्थ उत्पन्न हो सकते हैं।

प्रश्न 5. जल संतुलन से क्या अभिप्राय है? [दिसम्बर 2007, प्रश्न.8(4)]

उत्तर – शरीर द्वारा सभी स्रोतों से लिया गया जल (जैसे–जल के रूप में, पेय के रूप में तथा भोजन में और पोषक तत्त्वों के चयापचय से उपलब्ध जल) ग्रहण किया गया जल कहलाता है। जल के उपयोग के समय शरीर से कुछ मात्रा में जल निष्कासित होता है। जिसे जल का निष्कासन कहते हैं। सामान्य अवस्थाओं में शरीर में ग्रहण किए गए जल तथा निष्कासित जल की मात्रा में संतुलन बना रहता है। इस अवस्था को जल संतुलन कहते हैं।

प्रश्न 6. रिक्त स्थानों को भरिए :

क) सामान्य परिस्थितियों में मानव शरीर का तापमान .... होता है।

ख) जल एक उत्तम ....है।

ग) जल वयस्क के कुल शरीर के भार का लगभग ....प्रतिशत भाग बनाता है।

उत्तर – क) 98.4 डिग्री फारेनहाइट या 37 डिग्री सेंटीग्रेड

ख) विलायक (घुलनशील)

ग) 60

इकाई–3

स्थूल पोषक तत्त्व – II : प्रोटीन तथा वसा

प्रश्न 1. शरीर में प्रोटीनों का पाचन कैसे होता है? **[जून 2007 प्रश्न, 2 (ग)]**

उत्तर – प्रोटीन भी कार्बोज की तरह एक कार्बनिक यौगिक है, किन्तु यह कार्बोज से कुछ पहलुओं में भिन्न है। इसमें कार्बन, हाइड्रोजन तथा ऑक्सीजन के अतिरिक्त एक और तत्त्व नाइट्रोजन भी होता है। प्रोटीन को बनाने वाले नाइट्रोजन से युक्त मूल इकाई को ऐमीनो ऐसिड कहते हैं। ये ऐमीनो ऐसिड एक दूसरे से पैपटाईड बंध द्वारा जुड़े होते हैं। कई ऐमीनो ऐसिड आपस में जुड़ कर शृंखलाएँ बनाते हैं। प्रोटीन इन्हीं ऐमीनो एसिड शृंखलाओं से बने होते हैं।

प्रोटीन का पाचन, अवशोषण तथा उपयोग – भोजन में प्रोटीन मुख्य रूप से ऐमीनो ऐसिड की छोटी व बड़ी शृंखलाओं के रूप में होता है। प्रोटीन के पाचन में ऐमीनो ऐसिड की ये शृंखलाओं के रूप में होता है। प्रोटीन के पाचन से ऐमीनो ऐसिड की ये शृंखलाएँ अपने अवयव ऐमीनो ऐसिड में टूट जाती है।

क्योंकि लार रस में प्रोटीन को तोड़ने वाला कोई भी एंजाइम नहीं होता है, अतः प्रोटीन का पाचन मुख्य रूप से आमाशय तथा छोटी आँत में ही होता है। आमाशय रस में उपस्थित प्रोटीन को तोड़ने वाला एंजाइम पेप्सिन प्रोटीन को ऐमीनो ऐसिड की कई शृंखलाओं में तोड़ देता है। परन्तु केवल पेप्सिन से प्रोटीन का पूर्ण पाचन नहीं होता है। आंशिक रूप से पचा हुआ प्रोटीन आमाशय से छोटी आँत में जाता है। यहाँ प्रोटीन का पाचन दो चरणों में पूर्ण होता है:

1) छोटी आँत में उपस्थित प्रोटीन को तोड़ने वाले बहुत से एंजाइम, जो कि प्रोटिएज कहलाते हैं, आंशिक रूप से पचे हुए प्रोटीन पर क्रिया करके उसको और छोटी ऐमीनो ऐसिड की शृंखला में बदल देते हैं।

2) प्रोटीन को तोड़ने वाला प्रोटिएज नामक एंजाइम ऐमीनो ऐसिड की छोटी शृंखलाओं पर क्रिया करता है तथा उसको उसके अवयव ऐमीनो ऐसिड में बदल देता है।

प्रोटीन चयापचय वास्तव में ऐमीनो ऐसिड का चयापचय है क्योंकि प्रोटीन का पचा हुआ अन्तिम रूप ऐमीनो ऐसिड ही है। पाचन के बाद ऐमीनो ऐसिड रक्त द्वारा यकृत में ले जाए जाते हैं। यहाँ ऐमीनो ऐसिड का तीन प्रकार से प्रयोग किया जाता है।

क) कुछ ऐमीनो ऐसिड रक्त प्रोटीन बनाते हैं,

ख) कुछ ऐमीनो ऐसिड यकृत में ही रह जाते हैं, और

ग) शेष बचे हुए ऐमीनो ऐसिड रक्त में प्रवेश कर जाते हैं तथा आवश्यकता पड़ने पर शरीर के ऊतकों द्वारा ऊतक प्रोटीन बनाने हेतु ले लिए जाते हैं।

प्रश्न 2. रिक्त स्थान भरिए :

क) प्रोटीन को बनाने वाले इकाई............ है।

ख) दालों में ....नामक ऐमीनो ऐसिड कम मात्रा में पाया जाता है तथा .... अधिक मात्रा में पाया जाता है।

ग) उत्तम किस्म के प्रोटीन में सभी अनिवार्य ऐमीनो ऐसिड उचित............ तथा .... में पाए जाते हैं।

घ) प्रोटीन में ऐमीनो ऐसिड............. बंध से जुड़े होते हैं।

उत्तर – क) ऐमीनो ऐसिड

ख) मिथायोनिन, लाइसिन

ग) अनुपात, मात्रा

घ) पेप्टाइड

प्रश्न 3. बताइए कि नीचे लिखे वाक्य सही हैं या गलत। गलत वाक्यों को सही कीजिए।

क) अनाज में निम्न कोटि का प्रोटीन होता है।

ख) प्रोटीन का मुख्य कार्य ऊर्जा प्रदान करना है।

ग) सभी हारमोन प्रोटीन होते हैं।

घ) हीमोग्लोबिन रक्त में उपस्थित लाल रंग का पदार्थ है।

ड़) आहार में अनाज और दालों को मिलाकर प्रयोग करने से प्रोटीन की किस्म अच्छी हो जाती है।

उत्तर – क) सही

ख) गलत ; प्रोटीन का मुख्य कार्य शरीर का निर्माण है।

ग) गलत ; कुछ हारमोन प्रोटीन होते हैं।

घ) सही

ड़) सही

प्रश्न 4. वसाओं के क्या कार्य हैं? विस्तार से चर्चा कीजिए।

[जून 2007, प्रश्न.2 (ख)]

उत्तर – प्रायः वसा को स्वास्थ्य के लिए हानिकारक माना जाता है। भोजन में अधिक मात्रा में पाए जाने वाले पोषक तत्त्वों के रूप में वसा शरीर के लिए महत्त्वपूर्ण कार्य करती है। समस्या तब उत्पन्न होती है जब शरीर की आवश्यकता से अधिक मात्रा में इसे ग्रहण किया जाए। वसा

के कुछ महत्त्वपूर्ण कार्य हैं :

1) ऊर्जा प्रदान करना – वसा ऊर्जा का सान्द्रित स्रोत है। एक ग्राम वसा से 9 किलो कैलोरी ऊर्जा प्राप्त होती है, जो एक ग्राम कार्बोज या प्रोटीन से प्राप्त कैलोरी से दो गुना से भी अधिक है। सामान्यत: वसा की थोड़ी सी मात्रा से ही शरीर की ऊर्जा की आवश्यकता की पूर्ति हो जाती है। अतिरिक्त वसा शरीर के विशेष ऊतकों में जमा हो जाती है जिन्हें वसा ऊतक या एडीपोज ऊतक कहते हैं। इसका एक उदाहरण है उदर भाग में पाए जाने वाले ऊतक।

2) भूख से संतुष्टि – जब आप अधिक वसा युक्त खाना खाते हैं तो क्या होता है? आपको जल्दी भूख लगती है या देर से? वास्तव में, आपने महसूस किया होगा कि ऐसी स्थिति में आप बहुत देर तक तृप्त अनुभव करते हैं तथा बहुत समय तक आपको भूख नहीं लगती है। इसका कारण यह है कि वसा आमाशय में देर तक रहती है तथा इसके पाचन में अधिक समय लगता है। इस प्रकार, रेशे की भाँति वसा भी भूख को तृप्त करती है।

3) शारीरिक अंगो की रक्षा –शरीर में वसा विशेष स्थानों पर एडीपोज ऊतकों में पायी जाती है। त्वचा के नीचे एकत्रित वसा की परतें अवरोधक का कार्य करती हैं तथा शरीर को गर्म रखती हैं। शरीर के कोमल अंगों जैसे हृदय या गुर्दे के चारों ओर वसा की परतें होती हैं जोकि इन अंगों की चोट और झटकों से रक्षा करती है।

4) अनिवार्य वसा अम्ल का स्रोत – वसा अनिवार्य वसा अम्लों के स्रोत रूप में शरीर में कई महत्त्वपूर्ण कार्य करती है।

5) वसा विलय विटामिन का वाहक – शरीर में कम मात्रा में पाए जाने वाले पोषक तत्व–विटामिन के बारे में पढ़ा है। विटामिन दो प्रकार के होते हैं वसा विलय तथा जल विलय। वसा, वसा विलय विटामिन के वाहक का कार्य करती है अर्थात् वसा विलय विटामिनों को एक स्थान से दूसरे स्थान तक पहुँचाती है तथा शरीर में इनके अवशोषण में भी सहायता करती है।

प्रश्न 5. हमारे आहार में संतृप्त और असंतृप्त वसीय अम्लों के महत्त्व को सूचीबद्ध कीजिए। [दिसम्बर 2007, प्रश्न.5 (ग)]

उत्तर – संतृप्त वसा अम्ल वह वसा अम्ल होते हैं, जिनमें उतने ही हाइड्रोजन परमाणु उपस्थित हों, जो उस कार्बन श्रृंखला की अधिकतम सीमा हो अर्थात् उनमें और अधिक हाइड्रोजन ग्रहण करने की क्षमता न हो। जबकि असंतृप्त वसा अम्ल वह अम्ल है जिसमें कार्बन श्रृंखला की अधिकतम सीमा से कम हाइड्रोजन परमाणु हों। वसा अम्ल की असंतृप्तता उनमें उपस्थित हाइड्रोजन परमाणुओं की संख्या पर निर्भर करती है।

इकाई–4

सूक्ष्म पोषक तत्त्व – I : विटामिन

प्रश्न 1. सामान्य दृष्टि बनाए रखने में विटामिन ए की भूमिका का वर्णन करो।

[जून 2009, प्रश्न.8 (क)]

उत्तर – विटामिन–ए आँखों की यथोचित क्रिया के लिए आवश्यक है। रैटीनोल में रोडोपसिन होता है जो रोशनी की उपस्थिति में अपना बैंगनी रंग खो देता है तथा रेटिना को तेज करता है। बैंगनी रंग खोने के कारण ही व्यक्ति रात को देख सकता है। वह व्यक्ति जिनमें विटामिन–ए की कमी होती है, अक्सर रात को कम दिखाई देने की शिकायत करते हैं।

(i) विटामिन–ए एपीथीलीयल कोशिकाओं के लिए चाहिए। इसकी कमी से कम द्रव निकलता है तथा त्वचा में सूखापन आ जाता है।

(ii) विटामिन–ए की कमी से आँखे सूख जाती हैं तथा अंधेपन की शिकायत हो जाती है। इसे जीरोप्थेलमिया कहते हैं।

(iii) यह पसीने की ग्रन्थियों की सुनिश्चित क्रियाओं के लिए आवश्यक है। विटामिन–ए की कमी के कारण ग्रन्थियाँ केरेटिन नामक पदार्थ से बंद हो जाती हैं तथा त्वचा को खराब कर देती हैं। इसे 'फोलिक्यूलर केरेटोसिस' या 'टोड त्वचा' कहते हैं।

(iv) विटामिन–ए गुर्दे की क्रियाओं के लिए भी आवश्यक है। इसकी कमी के कारण जानवरों में पत्थरी की शिकायत हो जाती है।

(v) यह कंकाल के उचित विकास के लिए आवश्यक है। कंकाल का अविकसित होना व दंतक्षय उन पशुओं में भी हो जाता है जिनमें विटामिन–ए की मात्रा कम पाई जाती है।

(vi) विटामिन–ए गर्भस्थ शिशु के ऊतक निर्माण में आवश्यक है।

विटामिन के स्रोत – विटामिन–ए रैटीनोल और बी–कैरोटीन के रूप में पशुजन्य व वानस्पतिक खाद्यों में पाया जाता है।

निम्न खाद्यों में विटामिन–ए प्रचुर मात्रा में पाया जाता है–

दूध व दूध के उत्पाद जैसे क्रीम, मक्खन व पनीर में विटामिन–ए की मात्रा भरपूर होती है। अंडे की पीली जर्दी, मछली, मछली का तेल, गाजर, पपीता, लौकी और आम में भी बी–कैरोटीन की मात्रा काफी होती है। हरी पत्तेदार सब्जियाँ, जिनमें क्लोरोफिल होता है, भी इस विटामिन के स्रोत हैं। जितना गहरा रंग उतना ही अधिक विटामिन–ए की मात्रा।

प्रश्न 2. बी–समूह के विटामिनों के कार्यों की उदाहरण देते हुए संक्षेप में चर्चा कीजिए।
[दिसम्बर 2006, प्रश्न.3 (घ)]

उत्तर – बी–समूह के विटामिन – यह विटामिनों का समूह है जिनकी क्रियाएँ आपस में संबंधित हैं और अक्सर एक ही भोजन में मिल जाते हैं। यह पानी में घुलनशील है। अब तक रासायनिक संयोजन के आधार पर तथा क्रिया के आधार पर निम्नलिखित बी–समूह के विटामिन पहचाने गए हैं।

थायमीन	कौलीन
राइबोफ्लेविन	पैंटोथीनिक अम्ल
नियासिन	बायोटीन
पायरिडोक्सिन	इनोसिटोल
कोबालामीन	पोरा–अमीनो बैंजोइक अम्ल
फोलिक अम्ल	

बी–समूह के विटामिन, पपड़ी और छिलके में पाए जाते हैं। खाद्यान्नों को पूरा खाना चाहिए न कि पालिश या पीसने/काटने के बाद।

थायमीन–विटामिन बी1 – यह थायमीन हाइड्रोक्लोराइड के रूप में पाया जाता है। यह दानेदार होता है व पानी में घुलनशील है। यह स्वतंत्र रूप में तथा यौगिक रूप में भी पाया जाता है। थायमीन के प्रोटीन यौगिक व फास्फेट सम्मिश्र भी पाए जाते हैं। इसका स्वाद नमकीन व गिरीदार खाद्यान्नों के प्रकार का होता है।

थायमीन बी–समूह विटामिनों में सबसे पहले खोजा गया था, इसीलिए इसे विटामिन–बी भी कहा जाता है। क्योंकि यह नसों (तंत्रों) के लिए आवश्यक है, इसे 'एंटीन्यूरेटिक' घटक भी कहा जाता है। यह कैलोरी की मात्रा से भी संबंधित है।

थायमीन के कार्य : 1) यह नसों की तंदुरूस्ती के लिए आवश्यक है। पक्षी, जिन्हें थायमीन रहित भोजन दिया गया, वे गर्दन की अकड़न से ग्रस्त हो गए। इस विटामिन से उदासीनता, तनाव च चिड़चिड़ापन कम हो जाता है।

2) थायमीन भूख और पाचन क्रिया को बढ़ाता है और इसे अक्सर भूख का विटामिन भी कहते हैं।

3) यह सामान्य ऊतक क्रिया के लिए आवश्यक है।

4) यह कार्बोज से जुड़ा रहता है। भोजन में कार्बोज की मात्रा के बढ़ने के साथ थायमीन की आवश्यकता भी बढ़ जाती है।

5) गर्भावस्था व स्तनपान की स्थिति में अधिक थायमीन चाहिए।

राइबोफ्लेविन – राइबोफ्लेविन दानेदार, पीला और पानी में घुलनशील होता है। यह अम्लीय व क्षारीय माध्यमों में उबलने पर भी स्थायी रहता है। पानी में घुलने के बाद यह एक प्रतिदीप्त (fluorescent) घोल बनाता है। फास्फोरिक अम्ल से मिलकर यह मोनो न्यूक्लियोटाइड

बनाता है जो प्रोटीन के साथ मिलकर फ्लेवोप्रोटीन बना देता है।

इस फ्लेवोप्रोटीन को पीला एन्जाइम भी कहते हैं जो अपचयन और उपचयन में सहायता करते हैं।

राइबोफ्लेविन के कार्य – 1) यह उन एंजाइमों के लिए आवश्यक है जो कार्बोज, प्रोटीन व वसा को पचाने में सहायक हैं। उन एन्जाइमों से भी यह जुड़ जाता है जो कोशिकाओं को ऑक्सीजन प्रयोग में लाने में सहायता करते हैं।

2) राइबोफ्लेविन व्यक्ति की तंदुरूस्ती बनाए रखने के लिए जाना जाता है।

3) यह आँखों की बीमारियाँ (जख्म और आँखों के आसपास सूखापन) त्वचा की खराबी, खुरदरी व सूखी हुई होंठों व जिह्वा में दरार पड़ने से बचाने के लिए आवश्यक है।

फोलिक अम्ल – फोलिक अम्ल चमकदार पीला व दानेदार होता है। यह पानी में बहुत कम घुलनशील है। अम्लीय माध्यम में यह तटस्थ है। यह गर्म, क्षारीय व निष्क्रिय घोल में शीघ्र ही नष्ट हो जाता है।

यह सामान्यतः फोलासिन अम्ल के रूप में पाया जाता है जो शरीर की क्रियाओं द्वारा विटामिन–सी की उपस्थिति में फोलीनिक अम्ल में बदल जाता है। यह रक्त की कमी से बचाने वाला विटामिन है।

फोलिक अम्ल के कार्य – 1) प्रोटीन की उपापचय के लिए यह आवश्यक है।

2) यह लाल रक्त कोशिकाओं के उत्पादन में सहायक है तथा रक्तहीनता को दूर करता है।

3) फोलिक अम्ल आँतों की सामान्य क्रिया के लिए आवश्यक है। यह आँतों द्वारा अवशोषण के बाद यकृत में एकत्रित होता है ताकि भविष्य में काम आ सके।

प्रश्न 3. सहएंजाइम क्या होते हैं? [जून 2007, प्रश्न.1 (1)]

उत्तर – सहएंजाइम वह पदार्थ है जो कुछ एंजाइमों की क्रिया के लिए आवश्यक है। इनको एंजाइमों के सहायक एंजाइम भी कहा जाता है। विशेष एंजाइमों के लिए विशेष सहएंजाइमों की आवश्यकता पड़ती है। अधिकांश बी विटामिन सहएंजाइमों का कार्य करते हैं तथा इस प्रकार कार्बोज, वसा तथा प्रोटीन के चयापचय में सहायता करते हैं।

प्रश्न 4. विटामिन–सी के मुख्य कार्यों का वर्णन कीजिए।[जून 2008, प्रश्न.2(ख)(1)]

उत्तर – विटामिन–सी के कार्य :

1) यह अंतः कोशिकीय ग्रंथीय तत्त्व 'मैट्रिक्स' के उचित निर्माण के लिए आवश्यक है जो कोशिकाओं को ऊतकों के साथ जोड़ता है। जैसे हड्डियाँ, दाँत, दंतऊतक, जोड़ने वाले ऊतक, कार्टिलेज आदि।

2) शरीर की विभिन्न कोशिकाओं को आपस में जोड़ने वाले पदार्थ कोलेजन के लिए आवश्यक है जो संयोजक तन्तुओं के निर्माण के लिए भी आवश्यक होता है। अतः घाव भरने

का कार्य भी करता है।

3) जख्मों के शीघ्र भरने व तेजी से विकास के लिए विटामिन सी की आवश्यकता होती है।

4) दाँतों को स्वस्थ रखने के लिए विटामिन सी आवश्यक है। यह मसूढ़ों के निर्माण एवं विकास में भी सहायक होता है।

5) यह अमीनो अम्ल (फिनाइल, एनालिन और टाइरोसिव) के ऑक्सीकरण में सहायता करता है।

6) यह लाल लोहे तथा फोलासिन के अवशोषण में सहायक है।

7) यह आँतों में लाल रक्त नलिकाओं की स्वस्थता, सुदृढ़ता के लिए आवश्यक है।

8) विटामिन सी मनुष्य को रोगों से लड़ने की क्षमता प्रदान करता है।

इकाई–5

सूक्ष्म पोषक तत्त्व – II : खनिज लवण

प्रश्न 1. रक्त निर्माण में महत्त्वपूर्ण भूमिका निभाने वाले खनिज लवण और विटामिनों को सूचीबद्ध कीजिए। इस सूची के प्रत्येक पोषक तत्त्व का एक उत्तम खाद्य स्रोत भी बताइए। [जून 2008, प्रश्न.2 (क)]

उत्तर – रक्त निर्माण में फोलिक अम्ल एक महत्त्वपूर्ण भूमिका निभाता है जो विटामिन–बी समुदाय का एक भाग है।

फोलिक अम्ल – भोजन में फोलिक अम्ल भी व्यापक रूप से पाया जाता है। हरी पत्तेदार सब्जियाँ तथा विशेष अंगों का माँस (जैसे कलेजी, गुर्दे आदि) फोलिक अम्ल के अच्छे स्रोत हैं। साबुत अनाज, दालें, अंडा, मुर्गी तथा दूध से बने खाद्य पदार्थ भी फोलिक अम्ल के अच्छे स्रोत हैं।

अवशोषण के बाद फोलिक अम्ल विशेष कार्यों के लिए रक्त द्वारा विभिन्न ऊतकों में ले जाया जाता है। सामान्यतः कुछ मात्रा में फोलिक अम्ल शरीर में संग्रहित होता है। यकृत फोलिक अम्ल को संग्रह करने का मुख्य स्थान है। सामान्य परिस्थितियों में अगर हमारे भोजन में फोलिक अम्ल की कमी होती है तो शरीर में फोलिक अम्ल का संग्रह काफी महीनों तक शारीरिक आवश्यकताओं की पूर्ति के लिए पर्याप्त होता है।

फोलिक अम्ल रक्त निर्माण में महत्त्वपूर्ण कार्य करता है। आपको शायद मालूम है कि रक्त के दो भाग होते हैं–रक्त कोशिकाएँ तथा द्रव्य भाग। रक्त कोशिकाएँ तीन प्रकार की होती हैं लाल रूधिर कणिका (red blood cells), श्वेत रूधिर कणिका (white blood cells) और बिम्बाणु (platelets)। फोलिक अम्ल लाल रूधिर कणिका के उचित विकास के लिए आवश्यक है।

लौह तत्त्व जो एक खनिज लवण है रक्त निर्माण में एक महत्त्वपूर्ण भूमिका निभाता है। कलेजी लौह तत्त्व का बहुत ही अच्छा स्रोत है। वनस्पतिक खाद्य पदार्थों में हरी पत्तेदार सब्जियों जैसे चौलाई के पत्ते, सरसों का साग, अरबी के पत्ते, अनाज जैसे गेहूँ का आटा, चिवड़ा, बाजरा, ज्वार तथा दालें विशेषतः साबुत दालें लौह तत्त्व के अच्छे स्रोत हैं।

लौह तत्त्व रक्त में उपस्थित एक लाल रंग के यौगिक हीमोग्लोबिन (haemoglobin) का मुख्य अवयव है। हीमोग्लोबिन के 'हीम' भाग में लौह तत्त्व होता है। हीमोग्लोबिन का कार्य क्या है? हीमोग्लोबिन ऑक्सीजन को शरीर के विभिन्न भागों में ले जाने के लिए अति

आवश्यक है। यह ऑक्सीजन को फेफड़ों से कोशिकाओं/ऊतकों तक ले जाता है तथा फिर कार्बन डाइऑक्साइड (जो कि एक व्यर्थ पदार्थ है) को ऊतकों से फेफड़ों तक ले जाने में मदद करता है। फेफड़ों द्वारा यह कार्बन डाइऑक्साइड फिर से बाहर निकाल दिया जाता है। वास्तव में, कार्बन डाइऑक्साइड सभी कोशिकाओं में चयापचय के फलस्वरूप बनने वाला व्यर्थ पदार्थ है तथा इसको शरीर से बाहर निकालना आवश्यक है।

प्रश्न 2. खनिज लवण को परिभाषित करते हुए अधिक मात्रा वाले खनिज लवणों और कम मात्रा वाले खनिज लवणों को सूचीबद्ध कीजिए।

उत्तर – खनिज लवण वे पदार्थ हैं जो वानस्पतिक तथा पशुजन्य ऊतकों के जलने के बाद राख बन जाते हैं। शरीर को स्वस्थ रहने के लिए कई खनिज लवणों की आवश्यकता होती है। शरीर की आवश्यकता के अनुसार उन्हें अधिक मात्रा या कम मात्रा में मिलने वाले खनिज लवण कहा जाता है।

अधिक मात्रा वाले खनिज लवणों की प्रतिदिन के भोजन में 100 मिग्रा. प्रति दिन या अधिक मात्रा की आवश्यकता होती है। ये खनिज लवण हैं–

कैल्सियम, सोडियम

फॉस्फोरस मैग्नीशियम

पोटेशियम क्लोरीन

सल्फर (गंधक)

कम मात्रा वाले खनिज लवणों की आवश्यकता काफी कम होती है अर्थात् कुछ ही मिग्रा. प्रतिदिन। ये खनिज लवण हैं :

आयोडीन लोहा

ताँबा मैंगनीज

कुछ और भी खनिज लवण हैं जो सामान्य शारीरिक क्रियाओं के लिए बहुत कम मात्रा में चाहिए। वे हैं :

फ्लोरीन कोबाल्ट निकल

सेलेनियम जस्ता

हमारे शरीर के भारत का लगभग चार प्रतिशत भाग खनिज लवणों से बना होता है। कैल्सियम और फॉस्फोरस ही शरीर के भार के 3 प्रतिशत के बराबर होते हैं। खनिज लवण शारीरिक अंगों व द्रव्यों में अजैविक रूप में पाए जाते हैं। जैविक लवण, थायरोक्सिन, रक्त, फॉस्फोलिपिड्स और फॉस्फोप्रोटीन में मिलते हैं। शारीरिक द्रव्यों तथा रक्त में खनिज घुलनशील रूप में पाए जाते हैं, जबकि हड्डियों व दाँतों में अघुलनशील खनिज होते हैं जो शरीर के लिए आवश्यक हैं। खनिज लवणों की आवश्यक क्रिया निम्नलिखित तालिका में दी गई है। यह शरीर के विभिन्न अंगों में पाए जाने वाले खनिज लवणों की सूचना भी देता है :

शारीरिक अंग/ग्रन्थि का स्राव	आवश्यक खनिज लवण
हड्डियाँ	कैल्सियम, फॉस्फोरस
दाँत	कैल्सियम, फॉस्फोरस, फ्लोरीन
बाल, नाखून व त्वचा	सल्फर
नसें	सभी लवण विशेषकर फॉस्फोरस
रक्त	सभी लवण, विशेषकर हीमोग्लोबिन के लिए लोहा, लाल रक्त कोशिकाओं के लिए ताँबा।
ग्रन्थि का स्राव	
आमाशय रस	क्लोरीन
आँत का रस	सोडियम
थायरोक्सिन	आयोडीन
एन्डोकाइन स्राव	मैंगनीज
एन्जाइम	जस्ता

खनिज लवण की क्रियाएँ – 1) खनिज लवण अम्ल व क्षार का संतुलन बनाए रखते हैं। फॉस्फोरस, सल्फर और क्लोरीन अम्ल बनाने के पदार्थ हैं, जबकि कैल्सियम, पोटेशियम, सोडियम, लोहा और मैंगनीज क्षार बनाने के पदार्थ हैं।

2) मांसपेशियों की सिकुड़न और शिथिलता के लिए कैल्सियम, पोटेशियम, सोडियम, क्लोरीन व फॉस्फोरस जैसे खनिज लवण चाहिए। मांसपेशियों की क्रिया में फास्फेट का महत्त्वपूर्ण हाथ है।

3) दाँत और हड्डियों के लिए फ्लोराइड की आवश्यकता है। फ्लोरीन की उचित मात्रा दाँतों व हड्डियों को फ्लोरोसिस रोग होने से बचाती है।

4) थायरोक्सिन में आयोडीन व हीमोग्लोबिन में लोहा शरीर की अपचयन क्रिया में सहायक होता है।

5) अधिकतर लवण, विशेषकर सोडियम और पोटेशियम कोशिकाओं के द्रव्यों में संतुलन रखने के लिए उत्तरदायी हैं।

6) कैल्सियम रक्त में थक्का बनाने में सहायक है।

प्रश्न 3. कैल्सियम शरीर में उपस्थित सारे खनिज पदार्थों में सबसे अधिक महत्त्वपूर्ण और आवश्यक है। इस कथन का स्पष्टीकरण करते हुए इसकी क्रियाएँ और इसके स्रोतों का वर्णन कीजिए।

उत्तर – शरीर में उपस्थित सारे खनिज पदार्थों का 75 प्रतिशत भाग कैल्सियम है। हड्डियों की ताकत व सख्ती इसी के कारण होती है। अच्छे उपयोग के लिए कैल्सियम और फास्फोरस 2 : 1 के अनुपात में आवश्यक होती है। आपको रूचिकर लगेगा कि हड्डियाँ लोहे की भाँति सख्त होती हैं। विटामिन ए, सी और डी कैल्सियम के उचित उपयोग में सहायता करते हैं।

प्रोटीन, लैक्टोज और सिट्रिक अम्ल भी हड्डियों व दाँतों पर कैल्सियम जमा करने में सहायक होते हैं।

कैल्सियम की क्रियाएँ – कैल्सियम अधिक मात्रा में आवश्यक खनिज लवण है जो निम्नलिखित कार्य करता है :

1) स्वस्थ और मजबूत दाँत खाना खाने तथा मुस्कराहट के लिए आवश्यक हैं। उपयुक्त मात्रा में कैल्सियम लेने से दाँत मजबूत आते हैं।

2) कैल्सियम हड्डियों को बल प्रदान करता है तथा रिकेट्स से बचाता है। स्वस्थ हड्डियाँ, आंतरिक अंगों जैसे हृदय और मस्तिष्क के लिए रक्षक का काम करती हैं।

3) मांसपेशियों की सामान्य क्रिया के लिए कैल्सियम की आवश्यकता है। हृदय की मांसपेशियों में अगर कैल्सियम की मात्रा काफी होती है तो हृदयगति सारा जीवन नियमित रूप से चलती रहती है। यह मांसपेशियों की सिकुड़न और शैथिल्य के लिए भी उत्तरदायी है।

4) रक्त का थक्का बनाने में कैल्सियम की आवश्यकता होती है। अधिक रक्तस्राव में इससे रूकावट आती है। बड़ी सर्जरी करवाने वाले रोगियों के लिए इस खनिज लवण की बहुत महत्ता है।

5) नसों की क्रिया के लिए कोशिका से स्राव कैल्सियम द्वारा ही नियंत्रित किया जाता है। यह तंत्रिका तंत्र के उपयुक्त संचालन में सहायक है।

6) यह एन्जाइमिक क्रियाओं में भी सहायता करता है।

कैल्सियम के स्रोत – कैल्सियम पशुजन्य व वानस्पतिक खाद्य पदार्थों में पर्याप्त मात्रा में पाया जाता है। दूध और दूध के उत्पाद जैसे पनीर, खोया और आइसक्रीम में इसकी भरपूर मात्रा होती है। मांस, मुर्गा और अंडों में कैल्सियम की कम मात्रा होती है। मछली और बाकी समुद्री खाद्य पदार्थों में दूध से भी अधिक मात्रा में कैल्सियम उपलब्ध होता है। मक्खन व घी में कैल्सियम नहीं होता।

पत्तेदार हरी सब्जियाँ जैसे पालक, चौलाई, पानपत्ता, मेथी, ठोल–खोल, सरसों और पुदीना में कैल्सियम काफी मात्रा में उपलब्ध होता है।

रागी, सोयाबीन, राजमा, मटर, काले व सफेद चनों में भी काफी मात्रा में कैल्सियम होता है। बादाम, सूखा नारियल, राई, तिल और मूँगफली में भी कैल्सियम काफी मात्रा में होता है। मसाले जैसे लौंग, जीरा, धनिया, नींबू का छिलका, खसखस में काफी मात्रा में कैल्सियम होता है। परंतु इनका प्रभाव काफी कम होता है, क्योंकि खाने की मात्रा भी थोड़ी होती है। गुड़ में चीनी और शहद की अपेक्षा अधिक कैल्सियम होता है।

प्रश्न 4. रिक्त स्थानों की पूर्ति कीजिए।

उत्तर – क) हमारे शरीर में खनिज लवण की मात्रा शरीर के कुल भार की .... प्रतिशत होती है।

ख) .... तथा .... वह खनिज लवण है जो हमारे शरीर में सबसे अधिक मात्रा में पाए जाते हैं।

ग) .... तथा .... कैल्सियम के अच्छे स्रोत हैं।

घ) कैल्सियम तथा फॉस्फोरस का अवशोषण .... में होता है।

ड़) अनाजों में उपस्थित .... कैल्सियम तथा फॉस्फोरस के अवशोषण में रूकावट डालते हैं।

उत्तर – क) 4–6 प्रतिशत

ख) कैल्सियम, फॉस्फोरस

ग) दूध, हरी पत्तेदार सब्जियाँ

घ) छोटी आँत के ऊपरी भाग

ड़) अवरोधक पदार्थ

इकाई–6

संतुलित आहार नियोजन

प्रश्न 1. संतुलित आहार को परिभाषित करते हुए एक संक्षिप्त टिप्पणी प्रस्तुत कीजिए।
[जून 2007, प्रश्न.3(क)]

उत्तर – संतुलित आहार वह आहार है जिसमें सभी पोषक तत्त्व–कार्बोज, प्रोटीन, वसा, खनिज लवण, विटामिन और जल उचित मात्रा में प्राप्त हों। आहार मनुष्य की केवल भूख ही नहीं मिटाता बल्कि उसे पूर्णतः स्वस्थ, निरोग एवं पुष्ट बनाए रखता है। इसके अतिरिक्त कुछ अधिक पोषक तत्त्व भी शरीर को मिलते हैं जो आपातकाल में प्रयोग किए जाते हैं।''

परिभाषा के अनुसार, संतुलित भोजन अधिक पोषक तत्त्व एकत्र कर देता है ताकि कभी–कभी असंतुलित भोजन का कुप्रभाव न पड़े।

संतुलित आहार की परिभाषा को ध्यान से पढ़ें तो पाएंगे कि इसमें तीन मुख्य बातें दिखाई पड़ती हैं जिनका वर्णन निम्नलिखित है :

1) संतुलित आहार में विभिन्न खाद्य पदार्थ शामिल होते हैं – संतुलित आहार में विविध प्रकार के खाद्य पदार्थ होते हैं। संतुलित आहार नियोजन करते समय हमारा मुख्य उद्देश्य यह होना चाहिए कि आहार द्वारा व्यक्ति को सभी पोषक तत्त्व मिल सकें। इनकी प्राप्ति के लिए खाद्य पदार्थों को इनके पोषक तत्त्वों व कार्यों के आधार पर विभिन्न खाद्य वर्गों में विभाजित किया गया है। अतः प्रत्येक खाद्य वर्ग से खाद्य पदार्थों का चुनाव करके यह सुनिश्चित किया जा सकता है कि आहार द्वारा सभी पोषक तत्त्वों की आपूर्ति हो।

2) संतुलित आहार शरीर की पोषक तत्त्वों की जरूरतों को पूरा करता है – संतुलित आहार सभी पोषक तत्त्वों की आवश्यकता को पूरा करता है क्योंकि इसमें सही मात्रा व अनुपात में खाद्य पदार्थों का चुनाव किया जाता है। किसी व्यक्ति को अपनी पोषक तत्त्वों की जरूरतें पूरी करने के लिए कितना भोजन लेना चाहिए, यह उस व्यक्ति की पोषक तत्त्वों की प्रस्तावित दैनिक मात्रा पर निर्भर करता है।

3) अपर्याप्त मात्रा में भोजन मिलने की अवधि के लिए संतुलित आहार अतिरिक्त पोषक तत्त्व प्रदान करता है – संतुलित आहार में पोषक तत्त्वों की मात्रा इतनी होती है कि कुछ समय के लिए भोजन न मिलने की अवधि में भी शरीर में पोषक तत्त्वों की मात्रा पर्याप्त बनी रहती है। इससे तात्पर्य यह है कि, जब पोषक तत्त्वों की आवश्यकता पूर्ण रूप से पूरी न हो पा रही हो, तो ऐसी स्थिति से निपटने के लिए संतुलित आहार सुरक्षात्मक मात्रा अर्थात् कुछ अतिरिक्त मात्रा में पोषक तत्त्व भी प्रदान करता है। एक साधारण व्यक्ति प्रायः कई प्रकार

के खाद्य पदार्थों का सेवन करता है। यह भी संभव है कि किसी कारणवश व्यक्ति कुछ समय के लिए कोई विशेष खाद्य पदार्थ उचित मात्रा में न ले सके। ऐसी अवस्था में क्या किया जाए? ऐसी स्थिति में घबराने की आवश्यकता नहीं है क्योंकि पोषक तत्त्वों की प्रस्तावित दैनिक मात्रा में पहले से ही कुछ अतिरिक्त अर्थात् सुरक्षात्मक मात्रा जुड़ी होती है। अतः पोषक तत्त्वों की प्रस्तावित दैनिक मात्रा पर आधारित आहार इस पहलू का समाधान कर देगा।

प्रश्न 2. ''आयु व लिंग कुछ पोषक तत्त्वों की जरूरतों को प्रभावित करते हैं'' इस कथन की समीक्षा कीजिए। [जून 2009, प्रश्न. 6 (क)]

उत्तर – संतुलित आहार कभी भी सभी व्यक्तियों के अनुरूप नहीं हो सकता। संतुलित आहार व्यक्ति–विशिष्ट होता है यानि कि व्यक्ति की आयु (आयु–वर्ग) व लिंग पर आधारित होता है। वयस्कों के लिए संतुलित आहार सक्रियता स्तर पर भी निर्भर करता है, अर्थात् व्यक्ति किस प्रकार का कार्य करता है – अल्प श्रम, सामान्य श्रम या ज्यादा श्रम। उदाहरण के लिए हल्का काम करने वाले (जैसे क्लर्क या टाइपिस्ट) व अधिक श्रम करने वाले (जैसे मज़दूर) व्यक्तियों के लिए बनाए गए संतुलित आहारों में फर्क होगा। शिशु के लिए संतुलित आहार वयस्क के संतुलित आहार से बहुत भिन्न होगा (आयु प्रभाव)। एक किशोरी का संतुलित आहार एक किशोर के संतुलित आहार से भिन्न होगा (लिंग का प्रभाव)।

संतुलित आहार हमेशा क्षेत्र विशिष्ट होता है। किसी क्षेत्र विशिष्ट में रहने वाले लोग वहाँ उपलब्ध खाद्य पदार्थों का ही सेवन करते हैं। अतः अन्य खाद्य पदार्थों को उनके भोजन में शामिल करना अनुपयुक्त व अव्यावहारिक होगा। जैसे उत्तर भारतीय आहार में रागी (एक प्रकार का मोटा अनाज) शामिल करना सही नहीं, चूँकि रागी तो केवल दक्षिण भारत में उपलब्ध होती है। किसी क्षेत्र विशेष के संतुलित आहार में उस क्षेत्र की सामाजिक व धार्मिक रीतियों की झलक होनी चाहिए। इन कारकों को ध्यान में रखकर ही यह सुनिश्चित किया जा सकता है कि आहार स्वीकार्य होगा।

संतुलित आहार आय–विशिष्ट होता है। किसी विशेष आयु व लिंग के व्यक्ति का संतुलित आहार उसकी आय पर निर्भर करता है। आय के आधार पर उसके द्वारा लिए जाने वाले भोजन में परिवर्तन आते हैं। संतुलित आहार का अर्थ है कि दिन के प्रत्येक आहार में तीनों खाद्य वर्गों के खाद्य पदार्थ शामिल किए गए। लेकिन, किस प्रकार के खाद्य पदार्थ कितनी मात्रा में लिए जाए यह आय पर निर्भर करेगा। उदाहरण के तौर पर ऐसा देखा गया है कि जैसे जैसे आय बढ़ती है अनाज की मात्रा कम व दूध ,मांस, सब्जी व फल, वसा व चीनी की मात्रा बढ़ती जाती है। इसलिए उच्च आय वर्ग के व्यक्ति के लिए संतुलित आहार नियोजन करते समय इन प्रवृत्तियों को ध्यान में रखना चाहिए। किन्तु ध्यान रखें अधिक चीनी या वसा युक्त पदार्थ भोजन में शामिल नहीं करने चाहिए। अधिक धन होने का मतलब यह नहीं कि घी, चीनी व अन्य महंगे खाद्य पदार्थ जैसे मांस, पनीर, गिरीदार फल और मेवों पर ज्यादा पैसा खर्च किया

जाए। इसका तात्पर्य है कि स्वास्थ्य ठीक बनाए रखने के लिए उचित मात्रा में अनिवार्य खाद्य पदार्थों का सेवन किया जाए और वजन को बढ़ने से रोका जाए तथा अन्य स्वास्थ्य संबंधी समस्याओं से बचा जाए। अधिक धन से व्यक्ति भोजन में विविधता ला सकता है, अरीतिक व स्थानीय रूप से अनुपलब्ध खाद्य पदार्थों को भी खरीद सकता है।

प्रश्न 3. संतुलित आहार नियोजन के विभिन्न चरणों का वर्णन कीजिए।

उत्तर – संतुलित आहार नियोजन के विभिन्न चरणों का वर्णन निम्नलिखित है :

1) व्यक्ति व उसके निम्नलिखित विशेष गुणों को पहचानिए

(i) आयु

(ii) लिंग

(iii) सक्रियता स्तर (वयस्कों के लिए)

(iv) आय

(v) सामाजिक व आर्थिक पृष्ठभूमि

(vi) धर्म

(vii) क्षेत्र (व्यक्ति जहाँ का रहने वाला हो)

2) ऊर्जा व प्रोटीन के लिए प्रस्तावित दैनिक मात्रा का अवलोकन कीजिए

3) निम्नलिखित खाद्य वर्गों की कुल मात्राएँ निश्चित कीजिए

ऊर्जा देने वाले :	अनाज
	जड़ व मूलकंद
	घी व तेल
	चीनी व गुड़
शारीरिक वृद्धि में सहायक	दूध व दूध से बने पदार्थ
	मांस/अंडे/मछली
	दालें
रोगों से बचाव व शरीर की क्रियाओं को सुचारू रूप से चलाने में सहायक	सब्जियाँ (हरे पत्तेदार, अन्य)

4) एक दिन में खाए जाने वाले आहार की संख्या निश्चित कीजिए।

5) निश्चित की गई कुल मात्रा को, विभिन्न समय के आहार में वितरित कीजिए।

6) प्रत्येक समय के आहार के लिए विभिन्न खाद्य वर्गों में से खाद्य पदार्थों व उनकी मात्रा निश्चित करके मेन्यू सुनिश्चित कीजिए।

7) यह जाँच कीजिए कि दैनिक आहार में विशेष खाद्य वर्ग निश्चित मात्रा में सम्मिलित है या नहीं।

इन चरणों का विस्तृत वर्णन निम्नलिखित है :

1) व्यक्ति व उसके गुणों को पहचानना – आहार नियोजन व्यक्ति की विशिष्टताएँ व पृष्ठभूमि पर निर्भर है। आय, सामाजिक–आर्थिक पृष्ठभूमि, धर्म व क्षेत्र, जहाँ का वह रहने वाला है, भी संतुलित आहार नियोजन के महत्त्वपूर्ण पहलू है।

2) ऊर्जा व प्रोटीन की प्रस्तावित दैनिक मात्रा का अवलोकन – यदि आहार में प्रस्तावित दैनिक मात्रा के अनुसार ऊर्जा व प्रोटीन हो तो वह आहार संतुलित आहार हो सकता है बशर्ते उसमें विटामिन व खनिज लवण के अच्छे स्रोत भी शामिल हों। इसलिए आहार नियोजन करते समय सबसे पहली ऊर्जा व प्रोटीन की आवश्यकता का अवलोकन आवश्यक है।

3) विशिष्ट खाद्य वर्गों की कुल मात्रा निश्चित करना – आय के अनुसार विभिन्न खाद्य पदार्थों जैसे अनाज, घी, चीनी, दूध, मांस/मुर्गी/मछली, दाल, सब्जी व फल की मात्रा निश्चित की जाती है। यह मात्राएँ निश्चित करते समय ध्यान रखें कि इससे ऊर्जा व प्रोटीन की प्रस्तावित दैनिक मात्रा पूरी हो जाए।

4) आहार संख्या निश्चित करना – यहाँ आहार संख्या का अर्थ है किसी व्यक्ति द्वारा दिन में लिए जाने वाले आहार की संख्या। आहार संख्या अलग–अलग व्यक्तियों के लिए अलग–अलग होती है और यह कई बातों पर निर्भर करती है। जैसे आयु, स्कूल या दफ्तर की समय–सारणी व उपलब्ध सुविधाएँ।

5) कुल निश्चित मात्रा को विभिन्न समय के आहार में विभाजित करें – सभी खाद्य वर्गों की जो कुल मात्रा निश्चित की गई है उसे दिन के प्रत्येक समय के आहार में विभाजित करें। इस विवरण की जानकारी आपको प्रयोगात्मक कार्यों की नियमावली से मिलेगी।

6) प्रत्येक समय के आहार के लिए विभिन्न खाद्य वर्गों में से खाद्य पदार्थ व उनकी मात्रा निश्चित करके मेन्यू सुनिश्चित करें – पहले प्रत्येक खाद्य वर्ग में से खाद्य पदार्थों का चयन करें व उनकी मात्रा भी निश्चित करें। इसी के आधार पर आप बता सकते हैं कि आहार में कौन–कौन से व्यंजन शामिल किए जा सकते हैं।

7) यह जाँच करें कि दैनिक आहार में प्रत्येक खाद्य वर्ग निश्चित मात्रा में सम्मिलित है या नहीं ।

प्रश्न 4. निम्नलिखित आहारों का मूल्यांकन करें व बताएँ कि यह संतुलित है अथवा नहीं। अपने उत्तर का कारण बताएँ व सुधार के लिए प्रस्ताव दें। (तीन खाद्य वर्गों वाले वर्गीकरण का प्रयोग करें)

1) दही–चावल, आम का आचार

....

2) खिचड़ी (जो चावल, दाल व हरे पत्तेदार सब्जियों से बनी हो)

....

3) रोटी (जो आटा, बेसन या चने के आटे से बनी हो) – दही

....

4) चाय–डबलरोटी मक्खन व जैम के साथ

....

5) इडली (उड़द की दाल व चावल) – नारियल की चटनी–साम्बर (अरहर की दाल व सब्जी) ....

उत्तर – 1) दही से प्रोटीन व चावल से ऊर्जा प्राप्त होती है। रोगों से बचाव वाले खाद्य पदार्थ के वर्ग में से केवल आम का अचार सम्मिलित किया गया है। इसमें एक सब्जी रखी जा सकती है जिससे आहार संपूर्ण हो, वैसे दही से भी कुछ विटामिन व खनिज मिलते हैं।

2) यद्यपि यह केवल एक ही व्यंजन है तथापि वह संतुलित आहार है क्योंकि इससे ऊर्जा (चावल), प्रोटीन (दाल), विटामिन और खनिज लवण (हरी पत्तेदार सब्जी) प्राप्त होते हैं।

3) यह रोटी, दाल व अनाज से मिलाकर बनाई गई है। अनाज से ऊर्जा और दाल, दही से प्रोटीन मिलती है। परंतु रोगों से बचाव में सहायक खाद्य पदार्थ शामिल करने के लिए कोई सब्जी या फल रखा जा सकता है।

4) इस आहार से केवल ऊर्जा प्राप्त होगी और शायद कुछ अन्य पोषक तत्त्व बहुत कम मात्रा में। इसके साथ दूध और एक फल दिया जा सकता है।

5) यह संतुलित आहार है। इसमें तीनों खाद्य पदार्थ शामिल हैं।

प्रश्न 6. किसी व्यक्ति के लिए आहार नियोजन करते समय उसकी कुछ विशिष्ट विशेषताओं को ध्यान में रखना आवश्यक है। उनमें से किन्हीं चार के नाम बताएँ।

उत्तर – निम्नलिखित में से कोई चार 5

– आयु,
– लिंग,
– कार्य स्तर,
– आय,
– सामाजिक/आर्थिक/प्रादेशिक कारक।

इकाई–7

आहर नियोजन के सिद्धांत और वयस्क के लिए आहार नियोजन

प्रश्न 1. आहार नियोजन किसे कहते हैं तथा इसके क्या लक्ष्य हैं?

उत्तर – आहार नियोजन का अर्थ पर्याप्त पोषण (adequate nutrition) प्रदान करने की योजना बनाना है।

आहार नियोजन खाद्य पदार्थ चुनने का ही अभ्यास नहीं है अपितु यह आकर्षक तथा मजेदार आहार बनाने से भी संबंधित है। भोजन स्वादिष्ट तथा सुवास–युक्त होना चाहिए। वस्तुतः आहार नियोजन एक कौशल है जो कि निरंतर अभ्यास से ही विकसित होता है।

आहार नियोजन के लक्ष्य का वर्णन निम्नलिखित है :

1) परिवार के सदस्यों की संख्या, आयु, लिंग व संरचना को ध्यान में रखते हुए परिवार के सभी सदस्यों की पोषण संबंधी आवश्यकताओं को पूरा करना।

2) परिवार की आय के आधार पर आहार योजना बनाना अर्थात् उपलब्ध धन का सर्वोत्तम तरीके से सदुपयोग करना।

3) भोजन की उचित खरीददारी, पकाने तथा परोसने में सहायता करना।

4) समय, श्रम तथा ईंधन की बचत करना।

5) तीनों खाद्य वर्गों में से उचित खाद्य पदार्थों के चुनाव द्वारा भोजन में विविधता लाना।

6) रंग, बनावट तथा सुवास को ध्यान में रखते हुए उचित खाद्य पदार्थों के चयन द्वारा भोजन को आकर्षक व स्वादिष्ट बनाना।

7) परिवार के सदस्यों की पसंद और नापसंद को ध्यान में रखते हुए पौष्टिक आहार का नियोजन करना।

8) समय पूर्व आहार की योजना बनाना ताकि पूर्व तैयारी की आवश्यकता हो तो वह की जा सके तथा बचे हुए भोजन का भी सही उपयोग हो सके।

प्रश्न 2. आहार नियोजन करते समय ध्यान रखने योग्य कारक कौन से हैं?

उत्तर – आहार नियोजन करते समय ध्यान रखने वाले कारकों का वर्णन निम्नलिखित है :

1) पौष्टिकता की दृष्टि से पर्याप्त (Nutritional adequacy) : आहार नियोजन में महत्त्वपूर्ण ध्यान रखने योग्य कारक व्यक्ति की पोषण संबंधी आवश्यकताओं की पूर्ति से है। जब हम परिवार के लिए आहार नियोजन करते हैं तो यह मुद्दा विशेष रूप से महत्त्वपूर्ण हो जाता है। प्रत्येक व्यक्ति की अपनी–अपनी विशेष पोषण संबंधी आवश्यकताएँ होती हैं। आहार नियोजन का मूल उद्देश्य प्रत्येक व्यक्ति की व्यक्तिगत पोषण संबंधी आवश्यकताओं की पूर्ति करना है।

2) संतुलित आहार नियोजन – शारीरिक वृद्धि में सहायक तथा रोगों से बचाव व शरीर की क्रियाओं को सुचारू रूप से चलाने में जो आहार सहायक होता है वह आहार संतुलित अर्थात् पौष्टिकता की दृष्टि से पर्याप्त हो जाता है। आहार नियोजन करते समय इस तथ्य को आप विशेष रूप से ध्यान में रखें।

3) आर्थिक पहलू – परिवार के प्रत्येक सदस्य के लिए भोजन की मात्रा व प्रकार का चयन परिवार की आय अर्थात् भोजन के लिए उपलब्ध धन पर निर्भर करता है। तीन आय वर्गों–निम्न, मध्यम, तथा उच्च वर्ग का वर्णन निम्नलिखित है :

क) सीमित आय वाले व्यक्ति (अर्थात् जो निम्न आय वर्ग से संबंध रखते हैं) अपने भोजन में अधिक मात्रा में दूध, मांस, फल आदि सम्मिलित नहीं कर सकते चूँकि ये महँगे खाद्य पदार्थ हैं। अतः ऐसी स्थिति में महत्त्वपूर्ण निर्णय यह लेना है कि कम लागत पर पौष्टिक आहार के लिए किन खाद्य पदार्थों का चयन किया जाए। वास्तव में, ऐसे बहुत से तरीके हैं जिनसे कम कीमत में पोष्टिक आहार की प्राप्ति हो सकती है। ये तरीके निम्नलिखित हैं :

– सस्ते खाद्य पदार्थ जैसे अनाजों का अधिक उपयोग करें। अनाज में भी चावल व गेहूँ के

स्थान पर सस्ते अनाज जैसे रागी, ज्वार, बाजरा तथा कुछ अंश तक जड़ व मूलकंद जैसे आलू, अरबी, टेपियोका आदि का प्रयोग किया जा सकता है।

– चीनी के स्थान पर गुड़ का प्रयोग किया जा सकता है।

– केवल मौसम के तथा स्थानीय रूप से उपलब्ध फलों व सब्जियों का प्रयोग किया जा सकता है।

– पौष्टिकता बढ़ाने के लिए खाद्य सम्मिश्रण (अनाज और दालों का सम्मिश्रण) तथा अंकुरण, खमीरीकरण जैसी विधियों का प्रयोग किया जा सकता है।

– सस्ती किस्म की दालों व सस्ते गिरीदार फल जैसे मूँगफली का प्रयोग किया जा सकता है।

– वनस्पति तेलों का प्रयोग किया जा सकता है।

ख) मध्यम आर्य वर्ग के लोग भोजन में अधिक विविधता लाने के लिए अनाज (चावल/गेहूँ) दालों, दूध, फल व सब्जियों का अधिक प्रयोग कर सकते हैं। वे अपने भोजन में उचित मात्रा में घी/तेल, चीनी को भी सम्मिलित कर सकते हैं। परंतु वे गिरीदार फलों, तिलहनों तथा अन्य कुछ पदार्थों जैसे–जैम, जैली आदि का सीमित प्रयोग कर पाएँगे।

ग) जैसे–जैसे आय बढ़ती है वैसे–वैसे व्यक्ति विभिन्न खाद्य पदार्थों–चाहे वह मौसम के हों या बिना मौसम के, स्थानीय हों या अन्य प्रांतों के–में से अपनी पसंद के खाद्य पदार्थों का चयन करने में सक्षम होते हैं।

4) खाद्य स्वीकृति – व्यक्ति की पसंद–नापसंद, धार्मिक निषिद्वता, सामाजिक व सांस्कृतिक रीतियाँ, कुछ ऐसे कारक हैं जो कि व्यक्ति की भोजन के प्रति स्वीकृति या अस्वीकृति को प्रभावित करते हैं। आहार नियोजन करते समय इन सभी पहलुओं को ध्यान में रखना चाहिए तथा इन्हीं के अनुसार खाद्य पदार्थों का चयन करना चाहिए।

5) खाद्य उपलब्धता – क्षेत्र विशेष में पाए जाने वाले खाद्य पदार्थों की उपलब्धता भी आहार नियोजन को प्रभावित करती है। उदाहरण के लिए तटवर्ती क्षेत्रों में मछली तथा अन्य समुद्री पदार्थ आसानी से तथा सस्ते मिल जाते हैं। इसलिए ये खाद्य पदार्थ इन तटवर्ती क्षेत्रों में रहने वाले लोगों के आहार का मुख्य अंग बन जाते हैं। उसी प्रकार चावल दक्षिण क्षेत्र में उगाए जाने के कारण वहाँ का मुख्य खाद्यान्न (staple food) है। इसलिए यह दक्षिण भारतीयों के आहार का मुख्य हिस्सा होता है।

6) आहार आवृत्ति तथा आहार पद्धति – प्रत्येक परिवार में एक दिन में खाए जाने वाले आहारों की संख्या भिन्न होती है। कुछ परिवारों में एक दिन में 2–3 बार आहार ग्रहण किया जाता है, जबकि अन्य परिवार में दिन में 5–6 बार भी आहार लिए जाते हैं। खाने का समय भी प्रत्येक घर में भिन्न होता है। वह इसलिए क्योंकि व्यक्ति की आय, सक्रियता स्तर, शारीरिक अवस्था (physiological state) तथा आयु आहार पद्धति को प्रभावित करते हैं। उच्च आय वर्ग के लोगों की आहार आवृत्ति निम्न आय वर्ग के लोगों की आहार आवृत्ति की तुलना में अधिक होती है (आय का प्रभाव)। शिशु एक बार में अधिक नहीं खा सकता है, इसलिए उसको थोड़े–थोड़े अंतराल में कई बार आहार की आवश्यकता होती है (आयु का प्रभाव)। इसी प्रकार गर्भवती तथा स्तनपान कराने वाली स्त्रियों (जिनकी पोषण संबंधी आवश्यकता बहुत बढ़ जाती है) को मुख्य आहारों के बीच के समय में पौष्टिक अल्पाहार तथा अन्य खाद्य पदार्थ देने की आवश्यकता होती है, जिनसे उसकी बढ़ी हुई पोषण संबंधी आवश्यकताओं की पूर्ति हो सके (शारीरिक अवस्था)। व्यक्ति की कार्य अनुसूची (work schedule) भी आहार पद्धति–घर पर तथा घर से बाहर खाए जाने वाले आहारों के समय तथा संख्या–को प्रभावित करती है।

7) समय, श्रम तथा ईंधन की बचत – आहार नियोजन का एक मूल उद्देश्य यह है कि समय, श्रम तथा ईंधन की बचत की जाए। यह बात उन परिवारों के लिए बहुत ही महत्त्वपूर्ण है जहाँ स्त्री घर से बाहर काम पर जाती है तथा जिसकी आय भी सीमित है। उसके पास व्यापक आहार योजना बनाने या पकाने के लिए पर्याप्त समय नहीं है। इसलिए शायद वह सरल आहार बनाना पसंद करे जो कि पकाने में आसान हो, जिससे समय व श्रम की भी बचत हो सके।

8) आहार में विविधता – किसी को भी एक ही प्रकार का भोजन प्रतिदिन खाना अच्छा नहीं लगता। इसीलिए आहार नियोजन करते समय विभिन्न खाद्य पदार्थों को आहार में सम्मिलित करना चाहिए। यदि आप अपने दैनिक भोजन में प्रत्येक खाद्य वर्ग के अंतर्गत आने वाले खाद्य पदार्थों के चयन में कुछ फेरबदल/परिवर्तन करें तो आपका भोजन सुरूचिपूर्ण होगा। आप आहार की एकरसता से बच सकेंगे। भिन्न–भिन्न रंगों, बनावट व सुवास के खाद्य पदार्थों के उचित चुनाव व मिश्रण से तथा भिन्न–भिन्न पाक विधियों के प्रयोग से भी भोजन को अधिक आकर्षक व रोचक बनाया जा सकता है।

9) क्षुधा संतृप्ति – आहार इस प्रकार का होना चाहिए जिससे क्षुधा संतृप्ति हो सके। यहाँ संतृप्ति से तात्पर्य ऐसे आहार से है जिसके खाने से हमें संतोष तथा तृप्ति का एहसास हो। वसा तथा प्रोटीन की प्रचुरता वाले आहार में कार्बोज–युक्त आहार की तुलना में अधिक क्षुधा संतृप्ति की क्षमता होती है। अतः आहार में कुछ मात्रा में वसा तथा प्रोटीन–युक्त खाद्य पदार्थों को भी अवश्य सम्मिलित करना चाहिए जिससे पर्याप्त संतृप्ति मिल सके तथा व्यक्ति को अगले आहार के समय से पहले भूख न लगे।

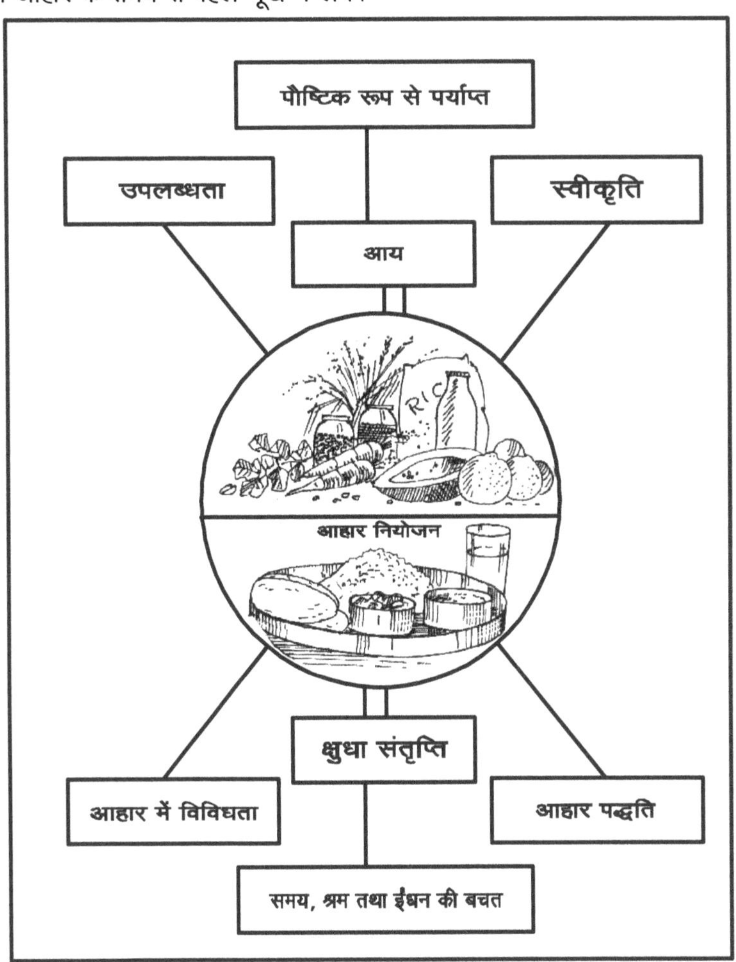

प्रश्न 3. आहार नियोजन करते समय याद रखने योग्य बातों का वर्णन कीजिए।

उत्तर – आहार नियोजन में याद रखने योग्य बातें निम्नलिखित हैं :

1) आहार नियोजन व्यक्ति की आयु, लिंग, सक्रियता स्तर, दिनचर्या के अनुसार ही करना चाहिए।

2) आहार की योजना पहले से ही बनाएँ।

3) सुनिश्चित करें कि आहार नियोजन ऐसा हो जिससे परिवार के सभी सदस्यों की पोषक तत्त्वों की दैनिक आवश्यकताओं की पूर्ति हो सके।

4) प्रत्येक आहार में तीनों खाद्य वर्गों में से कम से कम एक खाद्य पदार्थ को अवश्य सम्मिलित करना चाहिए।

5) आहार में मौसम के तथा स्थानीय रूप से उपलब्ध खाद्य पदार्थों को सम्मिलित करें।

6) समय, श्रम व ईंधन की बचत करें।

7) आहार में उन खाद्य पदार्थों/व्यंजनों का समावेश करना चाहिए जो कि परिवार के सभी सदस्यों को पसंद हो।

8) आहार उन विधियों द्वारा पकाइए जिनसे परिवार के सदस्य भली–भाँति परिचित हों।

9) विभिन्न रंगों, बनावट तथा सुवास वाले खाद्य पदार्थों के समावेश से आहार में विविधता लाइए।

10) आहार में एक ही तरह के खाद्य पदार्थों तथा पकाने की विधियों का बार–बार प्रयोग नहीं करना चाहिए।

11) सुनिश्चित करें कि बनाए गए आहार संतोषजनक व तृप्ति प्रदान करने वाले हों।

प्रश्न 4. 'भारतीय संदर्भ पुरुष' की परिभाषा बताइए। वृद्धावस्था से जुड़े शारीरिक परिवर्तनों की संक्षेप में जानकारी दीजिए। [जून 2008, प्रश्न.4 (क)]

उत्तर – भारतीय संदर्भ पुरुष 20–39 वर्ष के आयु वर्ग का माना गया है जिसके शरीर का भार 60 किलोग्राम होता है। वह पूर्ण रूप से स्वस्थ (किसी भी रोग से मुक्त) व्यक्ति होता है जो कि शारीरिक रूप से सामान्य कार्य को करने के योग्य होता है। हर दिन वह आठ घंटे के लिए किसी व्यवसाय आदि में मध्यम श्रम करता है। जब वह कार्य नहीं कर रहा होता है तो वह आठ घंटे सोता है, 4–6 घंटे बैठने तथा इधर–उधर घूमने में तथा 2 घंटे चलने, सक्रिय मनोरंजन या गृह कार्य में बिताती है।

वृद्धावस्था में शरीर में बहुत से शारीरिक परिवर्तन होते हैं। इन्हीं परिवर्तनों के कारण आहार के प्रकार, मात्रा, संख्या तथा पकाने की विधियों में कुछ निश्चित परिवर्तन अनिवार्य हो जाते हैं। ये परिवर्तन निम्नलिखित हैं :

1) वृद्धावस्था में प्रायः दाँत हिलने लगते हैं जिससे भोजन का चबाना कठिन हो जाता है। इसके लिए भोजन की संरचना तथा भोजन को पकाने की विधियों में बदलाव की सलाह दी जाती है। केवल नरम, पूरी तरह पकाए हुए, मसले हुए तथा बारीक कटे हुए खाद्य पदार्थों को आहार में सम्मिलित करना चाहिए। छिलके व बीज वाले सख्त खाद्य पदार्थों को आहार में सम्मिलित करना चाहिए। छिलके व बीज वाले सख्त खाद्य पदार्थों का प्रयोग न ही करें तो अच्छा है।

2) वृद्धावस्था में स्वाद के प्रति संवेदना भी कम हो जाती है, परिणामस्वरूप खाने का मजा जाता रहता है। इसलिए इस बात की सलाह दी जाती है कि विभिन्न रंगों वाले खाद्य पदार्थों

का सम्मिश्रण करके वृद्धों के भोजन को अधिक आकर्षक व पसंदीदा बनाना चाहिए। बहुत तीव्र सुवास या उसके विपरीत फीके व बेस्वाद खाद्य पदार्थ नहीं देने चाहिए।

3) वृद्धों के आहार में फलों/सब्जियों को सम्मिलित करने की तरफ विशेष ध्यान देना चाहिए क्योंकि वृद्धों के भोजन में रोगों से बचाव व शरीर की क्रियाओं को सुचारू रूप से चलाने में सहायक इन खाद्य पदार्थों को या तो अधिकतर नजरअंदाज किया जाता है या सम्मिलित ही नहीं किया जाता है।

4) अधिकांश वृद्ध व्यक्तियों को भारीपन या पेट भरा रहने की शिकायत रहती है। अतः इन परिस्थितियों में एक बार में खाए जाने वाले भोजन की कुल मात्रा को कम कर देना चाहिए। अपेक्षाकृत कम मात्रा में किंतु थोड़े–थोड़े अंतराल में भोजन देना चाहिए, जिससे पाचन की प्रक्रिया ठीक प्रकार से हो सके। तले हुए या अधिक घी वाले या सांद्र पदार्थ जैसे मिठाई के सेवन को कम कर देना चाहिए।

5) वृद्धावस्था में कब्ज की शिकायत बहुत आम बात है। इससे बचने के लिए आहार में अधिक मात्रा में रेशे वाले पदार्थों तथा तरल पदार्थों को सम्मिलित करना चाहिए।

प्रश्न 5. चार्ट द्वारा वयस्कों के लिए पोषक तत्त्वों की प्रस्तावित दैनिक मात्राएँ क्या होनी चाहिए?

उत्तर –

	पुरुष शरीर भार : 60 कि.ग्रा.			महिला शरीर भार : 50 कि.ग्रा.		
पोषक तत्त्व	**अल्प श्रम**	**मध्यम श्रम**	**भारी श्रम**	**अल्प श्रम**	**मध्यम श्रम**	**भारी श्रम**
ऊर्जा (कि.कैलारी)	2425	2875	3800	1875	2225	2925
प्रोटीन (ग्रा.)	60	60	60	50	50	50
कैल्सियम (मि.ग्रा.)	400	400	400	400	400	400
लौह तत्त्व (मि.ग्रा.)	28	28	28	30	30	30
विटामिन ए (मि.ग्रा.)						
रेटिनॉल	600	600	600	600	600	600
या						
कैरोटीन	2400	2400	2400	2400	2400	2400
थायेमिन (मि.ग्रा.)	1.2	1.4	1.6	0.9	1.1	1.2
राईबोफ्लेविन (मि.ग्रा.)	1.4	1.6	1.9	1.1	1.3	1.5
नियासीन (मि.ग्रा.)	16	18	21	12	14	16
एस्कार्बिक अम्ल (मि.ग्रा.)	40	40	40	40	40	40
फोलिक अम्ल (मि.ग्रा.)	100	100	100	100	100	100
विटामिन बी$_{12}$ (मि.ग्रा.)	1	1	1	1	1	1

प्रश्न 6. वयस्कों के लिए कौन–सी आहार पद्धति अपनानी चाहिए।

उत्तर – सामान्यतः यह देखा जाता है कि अधिकांश लोग '8' घंटे कार्य करते हैं। अतः उनके आहार का समय, आहार आवृत्ति तथा प्रकार, कार्यालय के समय के अनुसार ही समायोजित करना चाहिए। इसके लिए सामान्यतः आहार पद्धतियों में से कोई एक पद्धति अपनायी जा सकती है।

क	ख	ग	घ
नाश्ता पैक्ड लंच रात्रि का आहार	नाश्ता दोपहर–पूर्व आहार पैक्ड लंच सांयकाल की चाय रात्रि का आहार	भारी गरिष्ठ नाश्ता (ब्रंच) पैक्ड लंच सायंकाल की चाय रात्रि का आहार	भारी गरिष्ठ नाश्ता (ब्रंच) पैक्ड लंच सायंकाल की चाय रात्रि का आहार सोने से पूर्व

1) वयस्कों को दैनिक भोजन के रूप में दो मुख्य आहार लेने पड़ते हैं–दोपहर का आहार तथा रात्रि का आहार। वयस्कों को यह निश्चित करना चाहिए कि इनमें से प्रत्येक आहार दिनभर की कुल कैलोरी का एक–तिहाई भाग होना चाहिए। शेष एक–तिहाई भाग नाश्ता, शाम की चाय या अन्य आहार मिलकर लेना चाहिए।

2) सर्वप्रथम हमें पैक्ड लंच की जानकारी होनी चाहिए। पैक्ड लंच से हमारा तात्पर्य उस आहार से है जो काम करने वाले व्यक्ति अपने साथ कार्यस्थल पर ले जाता है तथा दोपहर को खाता है। इस संदर्भ में यह जरूरी है कि लंच संतुलित होना चाहिए। तात्पर्य यह है कि पैक्ड लंच में तीनों खाद्य वर्गों (ऊर्जा प्रदान करने वाले, शारीरिक वृद्धि में सहायक तथा शरीर की क्रियाओं को सुचारू रूप से चलाने में सहायक) में से कम से कम एक खाद्य पदार्थ अवश्य सम्मिलित करना चाहिए।

3) आहार पद्धति 'ग' में बताए गए ब्रंच से हमारा तात्पर्य सुबह के गरिष्ठ नाश्ते से है। इस आहार में वसा तथा प्रोटीनयुक्त खाद्य पदार्थ सम्मिलित करना लाभप्रद होता है– क्योंकि इससे भोजन में क्षुधा संतृप्ति मिल सकेगी तथा व्यक्ति को अगले आहार के समय से पहले भूख लगने की सम्भावना नहीं होती।

4) रात्रि का भोजन अगर गरिष्ठ भी हो तो कोई बात नहीं है, क्योंकि रात्रि में कोई भी व्यक्ति आराम से और रूचि लेकर खाता है। व्यक्ति को न तो समय की चिन्ता होती है और न ही ऑफिस व काम पर जाने की जल्दबाजी होती है परन्तु रात्रि के भोजन को परोसते समय हम सबको अपने उम्र व लिंग तथा काम वाले वर्ग का ख्याल अवश्य रखना चाहिए।

इकाई–8

गर्भवती तथा स्तनपान कराने वाली स्त्रियों के लिए आहार नियोजन

प्रश्न 1. गर्भवती महिला के लिए आहार नियोजन करते समय किन–किन बातों पर ध्यान देना आवश्यक है? [दिसम्बर 2007, प्रश्न.4(ग)][जून 2008, प्रश्न.4 (ग)]

उत्तर – गर्भवती स्त्री के लिए आहार बनाते समय निम्नलिखित बातों का ध्यान रखना जरूरी होता है :

1) गर्भवती स्त्री को सुबह के समय कार्बोज युक्त खाना देना चाहिए।
2) वसा युक्त खाद्य पदार्थों का सेवन कम होना चाहिए।
3) भोजन में रेशे युक्त खाद्य पदार्थ होने चाहिए।
4) तरल पदार्थ का सेवन होना चाहिए।
5) सब्जियों का अधिक मात्रा में सेवन होना चाहिए।
6) रक्त कोशिका में हीमोग्लोबिन बढ़ाने के लिए।
7) जल 6–8 गिलास प्रतिदिन होना चाहिए।

प्रश्न 2. गर्भावस्था किसे कहते हैं तथा इसके विभिन्न चरणों का उल्लेख कीजिए।

उत्तर – गर्भावस्था वयस्क स्त्री के जीवन की वह अवस्था है, जबकि स्त्री के शरीर के अंदर अजन्मे बच्चे अथवा भ्रूण का विकास होता है। वयस्क स्त्री के जीवन में दो अवस्थाएँ ऐसी आती हैं जब शरीर में पोषक तत्त्वों की आवश्यकता बहुत बढ़ जाती है–ये अवस्थाएँ हैं गर्भावस्था तथा स्तन्यकाल। इन दोनों ही अवस्थाओं में माँ पर बहुत शरीर क्रियात्मक प्रतिबल रहता है।

गर्भावस्था की अवधि नौ माह की होती है। यही वह अवधि है जब भ्रूण अर्थात् अजन्मे बच्चे की माँ के शरीर में वृद्धि होती है। मानव जीवन का प्रारंभ दो कोशिकाओं अण्डाणु (माता से) तथा शुक्राणु (पिता से) के मिलने से होता है। दोनों का मेल माँ के शरीर में होता है जहाँ ये मिलकर एक कोशिका बनाते हैं और जहाँ यह भ्रूण के रूप में विकसित होता है। यह छोटी–सी कोशिका पहले दो कोशिकाओं में फिर दो से चार, आठ तथा ऐसी बहुत सारी कोशिकाओं में विभाजित हो जाती है। इस तरह से कोशिकाओं की संख्या में तीव्र वृद्धि होती है तथा उनका आकार भी बढ़ता जाता है परन्तु हमें यह याद रखना चाहिए कि सब कोशिकाएँ एक समान नहीं होती। धीरे–धीरे इन कोशिकाओं की संरचना व कार्य विशिष्ट हो जाते हैं। एक ही तरह की कोशिकाएँ

मिलकर ऊतक बनती है। यही ऊतक शरीर के अंगों का निर्माण करते हैं। अंगो की वृद्धि तथा विकास जारी रहता है।

यहाँ वृद्धि से तात्पर्य शरीर के आकार व अंगों के बढ़ने से है। दूसरी ओर विकास से तात्पर्य गुणात्मक परिवर्तन से है। लगभग '270' दिन या 40 सप्ताह में तीव्र वृद्धि व विकास के कारण एक छोटी–सी कोशिका शिशु के रूप में आ जाती है, जिसका जन्म के समय वजन लगभग 2.5–3 किलोग्राम होता है।

इस प्रकार हम देखते हैं कि भ्रूण में वृद्धि तथा विकास बहुत तीव्र गति से होता है।

अब प्रश्न यह उठता है कि भ्रूण तक पोषक तत्त्व किस प्रकार पहुँच पाता है? इस संदर्भ में यह कहा जा सकता है कि भ्रूण को यह पोषक तत्त्व प्लेसेन्टा से प्राप्त होता है। प्लेसेन्टा वह स्पंजी ऊतक है जो गर्भाशय में गर्भावस्था के दौरान ही विकसित होता है। भ्रूण अपनी माँ से नाभिनाल द्वारा जुड़ा होता है तथा यह नाभिनाल आगे प्लेसेन्टा से जुड़ी होती है। प्लेसेन्टा ही वह ऊतक है, जहाँ माँ तथा भ्रूण के रक्त के बीच ऑक्सीजन, पोषक तत्त्व व अपशिष्ट उत्पाद का आदान प्रदान होता है।

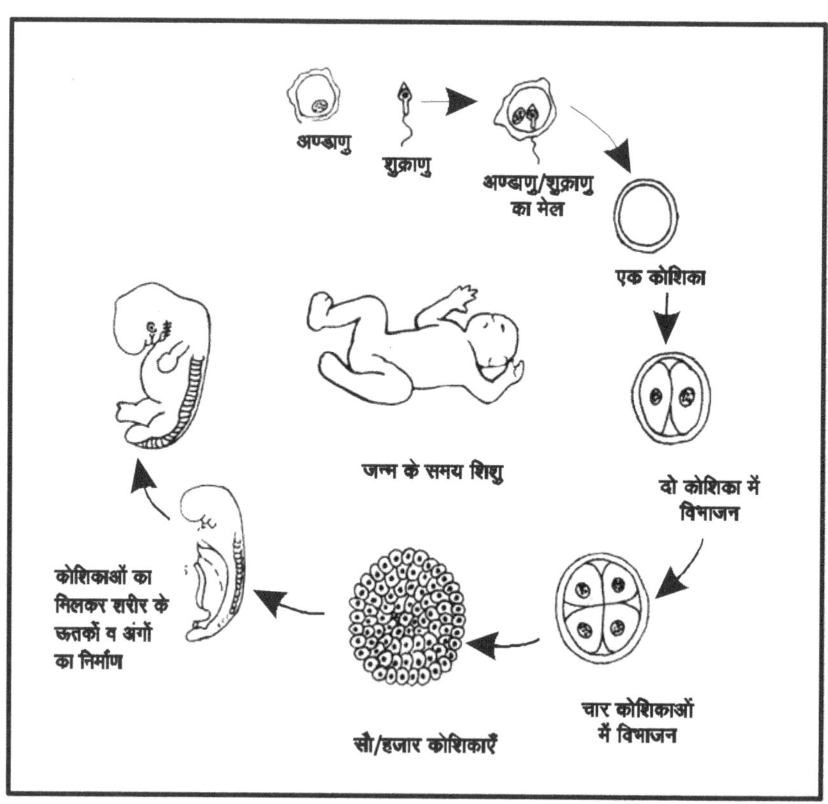

प्रश्न 3. गर्भावस्था के दौरान होने वाली शरीर क्रियात्मक परिवर्तनों का वर्णन कीजिए। ये गर्भवती महिला की पोषक तत्त्वों की जरूरतों को किस प्रकार प्रभावित करते है? चर्चा कीजिए। [जून 2009, प्रश्न.7 (क)]

उत्तर – गर्भावस्था में होने वाले शारीरिक परिवर्तन निम्नलिखित हैं :

क) शरीर के अंगों में परिवर्तन – प्लेसेन्टा के विकास के साथ–साथ शरीर के अंगों में निम्नलिखित परिवर्तन होते हैं :

1) भ्रूण के भरण–पोषण के लिए गर्भाशय तथा उसकी सहयोगी मांसपेशियों का आकार बड़ा हो जाता है, तथा

2) दुग्ध निर्माण की पूर्व तैयारी हेतु स्तनों का आकार बढ़ जाता है।

ख) शरीर के चयापचय में परिवर्तन – गर्भावस्था के दौरान माँ की आधारभूत चयापचयी दर बढ़ जाती है। गर्भावस्था के दौरान भ्रूण तथा माँ के ऊतकों की वृद्धि व विकास तीव्र गति से होता है। इसी तीव्र वृद्धि व विकास के कारण इस अवधि में आधारभूत चयापचयी दर बढ़ जाती है।

ग) शरीर में पाए जाने वाले द्रव्यों में परिवर्तन – गर्भावस्था के दौरान शरीर में पाए जाने वाले द्रव्य (बाह्य कोशिका द्रव्य तथा अंतःकोशिकी द्रव्य) की मात्रा बढ़ जाती है। रक्त की मात्रा लगभग 50 प्रतिशत बढ़ जाती है। भ्रूण तथा माँ के शरीर में बने नए ऊतकों तक पोषक तत्त्वों को सरलतापूर्वक पहुँचाने के लिए रक्त की मात्रा में वृद्धि होती है। यद्यपि रक्त की मात्रा बढ़ जाती है किन्तु हीमोग्लोबिन तथा रक्त के अन्य अवयवों की सांद्रता कम हो जाती है। एक स्वस्थ स्त्री की सामान्य हीमोग्लोबिन की मात्रा 100 मि.ली. रक्त में 12 मि.ग्रा. होती है। गर्भावस्था के समय यह मात्रा घट कर 100 मि.ली. रक्त में 10–11 मि.ग्रा. रह जाती हैं यह एक सामान्य शरीरक्रियात्मक परिवर्तन है। गर्भावस्था में हमें इस बात का पूरा ध्यान रखना चाहिए कि हीमोग्लोबिन की मात्रा 100 मि.ली. रक्त में 10 मि.ग्रा. से कम न होने पाए।

घ) पाचन क्रिया में परिवर्तन – गर्भावस्था के दौरान शरीर में एक महत्त्वपूर्ण परिवर्तन यह होता है कि जहाँ पहले सामान्य अवस्था में शरीर में कैल्सियम व लौह तत्त्व जैसे आवश्यक पोषक तत्त्वों का अवशोषण कम होता है अब उनके अवशोषण की दर बढ़ जाती है। शरीर की बढ़ी हुई माँग को पूरा करने के लिए ही ऐसा होता है। अवशोषण की दर में वृद्धि के साथ–साथ गर्भावस्था के दौरान पाचन क्रिया में निम्नलिखित परिवर्तन भी देखने को मिलते हैं:

– आमाशय द्वारा अम्ल तथा अन्य पाचक रसों का उत्पादन व स्राव कम हो जाता है। अतः भोजन सरल पोषक इकाइयों में ठीक प्रकार से टूट नहीं पाता और भली–भाँति पच नहीं पाता। इसके फलस्वरूप आमाशय में भोजन बहुत देर तक रहता है जिससे स्त्री को भारीपन अर्थात् पेट भरा हुआ सा महसूस होता है।

– गर्भाशय में बढ़ता हुआ भ्रूण आमाशय पर दबाव डालता है, इसलिए भोजन तथा आमाशय–अम्ल आहार नली की तरफ ढकेल दिए जाते हैं। इसके कारण गर्भावस्था के शुरू में जी मिचलाना,

वमन, जलन (हृद्दाह) तथा बदहजमी के अन्य लक्षण प्रायः देखने को मिलते हैं।

– मांसपेशियों की क्रियाशीलता कम हो जाने के कारण, पाचन नली से भोजन की आगे बढ़ने की गति धीमी और मंद हो जाती है। गर्भावस्था की अंतिम अवधि में यह परिवर्तन अधिक देखने में आता है। इसके फलस्वरूप अक्सर कब्ज की शिकायत रहती है।

ड़) शरीर के भार में परिवर्तन – गर्भावस्था में स्त्री के शरीर का वजन बढ़ जाता है। यह बढ़ोत्तरी निम्नलिखित कारणों से होती है :

– बढ़ते हुए भ्रूण का भार

– बढ़ते हुए गर्भाशय का भार

– बढ़ते हुए प्लेसेन्टा का भार

– बढ़े हुए स्तनों का भार

– रक्त की मात्रा में तथा कुल शारीरिक द्रव्यों में बढ़ोत्तरी और

– शरीर में वसा जमा होना (इस वसा की आवश्यकता स्तन्यकाल के समय ऊर्जा प्रदान करने के लिए होती है)

यद्यपि हर व्यक्ति दूसरे से भिन्न होता है फिर भी विशेषज्ञों का सुझाव है कि इस दौरान कुल वृद्धि 8–10 किलोग्राम होनी चाहिए अर्थात् गर्भवती स्त्री का वजन गर्भावस्था से पहले के वजन से 8–10 किलोग्राम अधिक बढ़ जाना चाहिए।

गर्भावस्था का पूर्ण काल 3 त्रिमासों में बाँटा जाता है। ये हैं :

– पहला त्रिमास – 0–3 माह

– दूसरा त्रिमास – 3–6 माह

– तीसरा त्रिमास – 6–9 माह

इन तीनों त्रिमासों में वजन में उत्तरोत्तर वृद्धि होती है। परन्तु यह देखा गया है कि दूसरे तथा तीसरे त्रिमास में ही वजन में अधिकतम बढ़ोत्तरी होती है। इस समय भ्रूण तथा माँ के ऊतकों की अधिकतम वृद्धि होती है। शुरू के तीन महीनों में वजन में सीमित या कम वृद्धि होती है क्योंकि इस समय भ्रूण बहुत छोटा होता है।

अतः वजन में वृद्धि, सहज और सामान्य गर्भावस्था का सबसे अच्छा सूचक है। वजन में उत्तरोत्तर वृद्धि यह दर्शाती है कि भ्रूण तथा माँ के ऊतकों में सामान्य रूप से वृद्धि हो रही है।

प्रश्न 4. गर्भवती स्त्री के लिए पोषक तत्त्वों की प्रस्तावित दैनिक मात्रा की सूची बनाओ।

उत्तर –

पोषक तत्त्व	**पोषक तत्त्वों की प्रस्तावित दैनिक मात्रा**
ऊर्जा (कि.कैलोरी)	+ 300
प्रोटीन (ग्रा.)	+ 15
कैल्सियम (मि.ग्रा.)	1000

लौह तत्त्व (मि.ग्रा.)	38
विटामिन ए (मि.ग्रा.)	
रेटिनॉल	600
या	
कैरोटीन	2400
थायेमीन (मि.ग्रा.)	+ 0.2
राइबोफ्लेविन (मि.ग्रा.)	+ 0.2
नियासीन (मि.ग्रा.)	+ 2.0
ऐस्कार्बिक अम्ल (मि.ग्रा.)	40
फोलिक अम्ल (मि.ग्रा.)	400
विटामिन बी12 (मि.ग्रा.)	1

प्रश्न 5. 'स्तनपान न कराने की अवधि की तुलना में स्तनपान कराने के दौरान एक महिला को अतिरिक्त पोषक तत्त्वों की जरूरत होती है'' इस कथन का अर्थ स्पष्ट कीजिए। [दिसम्बर 2007, प्रश्न.4 (ग)]

उत्तर – यह कथन सर्वथा उचित है क्योंकि स्तन्यकाल के दौरान ऊर्जा के अतिरिक्त प्रोटीन, कैल्शियम, विटामिन ए तथा विटामिन सी की आवश्यकताएँ भी बढ़ जाती हैं। बढ़ते हुए शिशुओं के ऊत्तकों की तीव्र वृद्धि के लिए शारीरिक वृद्धि में सहायक तथा रोगों से बचाव व शरीर की क्रियाओं को सुचारू रूप से चलाने में सहायक पोषक तत्त्वों की पर्याप्त मात्रा में आवश्यकता होती है। शिशु ये सभी पोषक तत्त्व अपनी माँ के दूध से प्राप्त करता है। इसीलिए स्तनपान कराने वाली स्त्री के आहार में ये सभी पोषक तत्त्व प्रचुर मात्रा में होने चाहिए।

प्रश्न 6. स्तनपान कराने वाली स्त्री के लिए आहार नियोजन में किन–किन बातों का ध्यान रखना आवश्यक है?

उत्तर – गर्भवती स्त्री के लिए आहार बनाते समय निम्नलिखित बातों का ध्यान रखना जरूरी होता है :

1) गर्भवती स्त्री को सुबह के समय कार्बोज युक्त खाना देना चाहिए।

2) वसा युक्त खाद्य पदार्थों का सेवन कम होना चाहिए।

3) भोजन में रेशे युक्त खाद्य पदार्थ होने चाहिए।

4) तरल पदार्थ का सेवन होना चाहिए।

5) सब्जियों का अधिक मात्रा में सेवन होना चाहिए।

6) रक्त कोशिका में हीमोग्लोबिन बढ़ाने के लिए।

7) जल 6–8 गिलास प्रतिदिन होना चाहिए।

इकाई–9

शिशुओं तथा शालापूर्व बच्चों के लिए आहार नियोजन

प्रश्न 1. शालापूर्व बच्चों के लिए आहार की योजना बनाते समय आहार सम्बन्धी ध्यान रखने योग्य विशेष बातों का वर्णन करो। [जून 2008, प्रश्न.4 (ग)]

उत्तर – शालापूर्व बच्चा, क्या करें :

1) ऊर्जा प्रदान करने वाले व प्रोटीन युक्त भोजन सम्मिलित करें

2) बच्चे को दूध, हरी पत्तेदार सब्जियाँ, गाजर, आम, पपीता, तथा अन्य विटामिन ए – युक्त खाद्य पदार्थ अधिक दें

3) जब बच्चा बीमारी से ठीक हो जाए तो उसको सामान्य मात्रा से अधिक आहार दें

4) ध्यान रखिए कि खाना खाते समय बच्चा तनावमुक्त तथा प्रसन्नचित हो

5) बच्चे को खाद्य पदार्थ छोटे आकार के टुकड़ों में काटकर दें, जो अंगुली में आसानी से पकड़े जाने लायक हों

6) बच्चे के आहार में तरह–तरह के खाद्य पदार्थों का प्रयोग करें

7) कम मात्रा में थोड़े–थोड़े अंतराल के बाद आहार दें

8) दो आहारों के मध्य में पौष्टिक अल्पाहार परोसें

9) बच्चे की पसंद/नापसंद के अनुसार आहार बनाएँ

10) बच्चे को एक जगह आराम से बैठकर खाने के लिए प्रेरित करें

क्या न करें :

1) जब बच्चा परिवार हो तो उसके खाने की मात्रा कम न करें

2) आहार को कभी भी बच्चों के लिए ईनाम या दण्ड का माध्यम (साधन) न बनाएँ

3) अल्पाहार मुख्य आहार के समय के आसपास न परोसों

4) कभी भी बच्चे को खाने के लिए बाध्य न करें

5) बहुत अधिक गर्म या ठण्डे खाद्य पदार्थ न परोसें

6) बच्चे को मीठे, चिपचिपे खाद्य पदार्थ या खाद्य व्यंजन खाने से मना करें

7) बहुत तेज सुवास वाले तथा मसालेदार व्यंजन न परोसें

प्रश्न 2. शिशुओं के लिए पोषक तत्त्वों की प्रस्तावित दैनिक मात्रा कितनी होनी चाहिए? स्पष्ट करो।

उत्तर – शिशुओं के लिए पोषक तत्त्वों की जानकारी हरेक माँ के लिए विशेष तौर पर जरूरी है क्योंकि एक जानकार माँ ही अपने बच्चों के लिए उचित पोषक तत्त्वों को दे सकती है तथा स्वस्थ बच्चे का पालन–पोषण कर सकती है। जबकि हम सभी इस बात को जानते हैं कि एक स्वस्थ बच्चे का ही विकास पूर्णरूपेण हो सकता है और आने वाली पीढ़ी के लिए वह आशा की किरण बन सकता है। अतः प्रत्येक माता को चाहिए कि अपने शिशु को उचित और सही पोषक तत्त्व दे। यहाँ यह स्पष्ट करने के लिए नीचे तालिका दी जा रही है :

पोषक तत्त्व	प्रस्तावित दैनिक मात्रा	
	आयु वर्ग 0–6 माह	**आयु वर्ग 6–12 माह**
ऊर्जा (कि.कैलोरी)	108 प्रति किग्रा.	98 प्रति किग्रा.
प्रोटीन (ग्रा.)	2.05 प्रति किग्रा.	1.65 प्रति किग्रा.
कैल्शियम (मिग्रा.)	500	500
लौह तत्त्व (माग्रा.)	70 प्रति किग्रा.	70 प्रति किग्रा.
विटामिन ए (मा.ग्रा.)		
रेटिनॉल	350	350
या		
कैरोटीन	1200	1200
थायेमीन (माग्रा.)	55 प्रति किग्रा.	50 प्रति किग्रा.
राइबोफ्लेविन (माग्रा.)	60 प्रति किग्रा.	65 प्रति किग्रा.
नियासीन (माग्रा.)	710 प्रति किग्रा.	650 प्रति किग्रा.
एस्कार्बिक अम्ल (मिग्रा.)	25	25
फोलिक अम्ल (माग्रा.)	25	25
विटामिन बी12 (माग्रा.)	0.2	0.2

ऊपर दी गई तालिका में हमने यह स्पष्ट किया है कि कुछ पोषक तत्त्वों जैसे ऊर्जा, प्रोटीन, विटामिन तथा लौह तत्त्वों की प्रस्तावित मात्राएँ प्रति किलोग्राम शरीर भार के रूप में दी गयी है न कि कुल मात्रा के रूप में। इसका कारण यह है कि इन पोषक तत्त्वों की प्रति किलोग्राम शरीर भार आवश्यकता इस विशेष आयु वर्ग के अन्तर्गत काफी भिन्न होती है। उल्लेखनीय है कि शिशु के लिए आवश्यक पोषक तत्त्वों की कुल मात्रा वयस्क व्यक्ति की आवश्यकता की तुलना में भले ही काफी कम लगे, परंतु जब यह आवश्यकता प्रति किलोग्राम शरीर भार के हिसाब से व्यक्त की जाती है तो अधिकांश पोषक तत्त्वों की आवश्यकता बच्चों में दुगुनी से भी अधिक होती है।

यहाँ यह स्पष्ट करना अति आवश्यक है कि जीवन का प्रथम वर्ष तेज वृद्धि की अवधि होता है। अतः इस आयु में ऊर्जा की आवश्यकता सबसे अधिक होती है। इसके साथ–साथ कैल्शियम, लौह तत्त्व, विटामिन सी तथा विटामिन ए की भी काफी जरूरत पड़ती है। इस काल में हड्डियों तथा पेशीतंत्र का विकास तीव्र गति से होता है इसीलिए कैल्शियम की आवश्यकता काफी होती है। लौह तत्त्व की भी काफी आवश्यकता होती है, ताकि हीमोग्लोबिन पर्याप्त मात्रा में बन सके।

प्रश्न 3. शिशुओं के लिए आहार नियोजन बनाते समय किन–किन बातों का ध्यान रखना चाहिए?

उत्तर – स्तनपान :

1) जन्म के तुरंत बाद (प्रसव के बाद) शिशु को स्तनपान कराना चाहिए

2) शिशु की माँग व भूख के अनुसार स्तनपान कराना चाहिए

3) जब तक संभव हो शिशु को स्तनपान कराना चाहिए (कम से कम 1 से 1.6 वर्ष तक)

पूरक आहार :

1) जब बच्चा 4 से 6 महीने का हो, पूरक आहार देना शुरू कर दें

2) 4–6 महीने की आयु में स्वच्छ व छने हुए तरल पूरक आहार जैसे फलों का रस तथा सब्जियों का सूप देना शुरू कर दें

3) 6–8 महीने पर अच्छी तरह पके हुए तथा मसले हुए आहार दें

4) 9–11 महीने के शिशु को चबाने के लिए रस्क, बिस्कुट, गाजर, खीरे के टुकड़े आदि दें।

5) एक वर्ष का होने पर शिशु को वह सभी खाद्य पदार्थ देना शुरू कर दें जो कि परिवार के लिए पकाया जाता रहा हो

6) 10 महीने से एक वर्ष के बच्चे को दिन में 4–6 बार आहार दें

7) शिशु के लिए बनाए गए पूरक आहार में मसालों का प्रयोग न करें

8) शिशु को मिश्रित संतुलित आहार दें। विभिन्न खाद्य पदार्थों को मिलाकर पौष्टिक आहार तैयार करें।

प्रश्न 4. शिशु को किस प्रकार का आहार दिया जाना चाहिए?

उत्तर – शिशु को किस प्रकार का आहार दिया जाए, ये शिशु की आयु पर निर्भर करता है। जन्म से लेकर 4 महीने तक केवल माँ का दूध ही देना चाहिए। बच्चे को दिन में कितनी बार दूध पिलाना चाहिए, इसके बारे में कोई निश्चित नियम नहीं है। बच्चे द्वारा दूध माँगने पर दूध की पद्धति की सलाह दी जाती है। फिर भी शुरू के कुछ महीनों तक एक दिन में 6–8 बार बच्चे को दूध देना चाहिए। बाद में धीरे–धीरे इस संख्या को कम किया जा सकता है। छः महीने की आयु से बच्चे को मुख्य खाद्यान्न से बना दलिया दिन में दो बार देना चाहिए। शुरू में 1–2 चाय के चम्मच भर दलिया ही काफी है, परंतु बाद में प्रत्येक आहार में लगभग 3–6

बड़े चम्मच भर दलिया देना चाहिए। 9 महीने के करीब स्तनपान के अतिरिक्त कई बार (कम से कम 4–6 बार) पूरक आहार देने चाहिए।

धीरे–धीरे स्तनपान कराना कम कर देना चाहिए। वास्तव में जब बच्चा 12 महीने से 18 महीने का हो जाए तो माँ का दूध छुड़ाने का प्रयास करना चाहिए। एक वर्ष की आयु में बच्चा बहुत से खाद्य पदार्थ खाने तथा पचाने में सक्षम हो जाता है। बच्चा परिवार में बनने वाले भोजन जैसे चपाती, दाल, चावल, सब्जियाँ खा सकता है। परंतु ध्यान रखें एक बार में बच्चा अधिक नहीं खा सकता है। दूसरी तरफ, बच्चे की ऊर्जा की आवश्यकता उसके शरीर के बढ़ते हुए आकार के कारण अधिक होती जाती है।

प्रश्न 5. पूरक आहार देने की प्रक्रिया से आप क्या समझते हैं?

उत्तर – शिशु के आहार में माँ के दूध के अतिरिक्त अन्य खाद्य पदार्थों की शुरूआत करने की प्रक्रिया को पूरक आहार देने की प्रक्रिया कहते हैं।

प्रश्न 6. रिक्त स्थान भरें :

क) पूरक पोषण लगभग............ महीने में शुरू कर देना चाहिए।

ख) सात महीने की आयु में............ तथा . ...ठोस आहार देने चाहिए।

ग) जब बच्चे के दाँत निकलने शुरू हो जाते हैं तो उसे .... खाद्य पदार्थ देने चाहिए।

घ) शिशु एक समय में अधिक नहीं खा सकता है। अतः उसे .... मात्रा में तथा .... बार आहार देने की आवश्यकता होती है।

ङ) पूरक आहार के साथ–साथ .... भी जारी रखना चाहिए।

च) दूध स्राव की असमर्थता की स्थिति में............ का दूध बच्चे के लिए सबसे अच्छा होता है।

उत्तर – क) 4–5, **ख)** पतले, मसले, **ग)** कुरकुरे

घ) कम, अधिक, **ङ)** स्तनपान, **च)** गाय

प्रश्न 6. माँ के दूध का महत्त्व बताइये।

उत्तर – शिशु को देने वाला पहला भोजन माँ का दूध ही होता है। इसमें सारे पोषक तत्त्व होते हैं। शुरू के कुछ महीनों तक शिशु को सिर्फ माँ का दूध ही दिया जाता है, इसलिए माँ का दूध शिशु के लिए सर्वप्रथम होता है।

प्रसव के पहले तीन या चार दिन तक स्तन से गाढ़ा चिपचिपा, पीला तरल स्त्रावित होता है, उसे नव दूध कहते हैं। यह शिशु के लिए लाभदायक होता है, क्योंकि इसमें सारे पोषक तत्त्व उपस्थित रहते हैं। जीवन रक्षक, भ्रूण रोग प्रतिकारक तथा श्वेत रक्त कणिका की मात्रा काफी ज्यादा होती है।

इकाई–10

स्कूलगामी तथा किशोरावस्था के बच्चों के लिए आहार नियोजन

प्रश्न 1. एक किशोर के लिए आहार योजना बनाते समय ध्यान रखने योग्य बातों का वर्णन कीजिए। [जून 2008, प्रश्न.4 (ग)]

उत्तर – किशोर, क्या करें :

1) ऊर्जा, प्रोटीन, लौह तत्त्व व कैल्सियम के उत्तम स्रोत सम्मिलित करे।

2) परिष्कृत अनाज की अपेक्षा साबुत अनाज दें।

3) दूध, गहरी हरी पत्तेदार सब्जियाँ व फल इत्यादि सम्मिलित करें।

4) यदि संभव हो तो दिन में 5–6 बार भोजन करें

5) सुबह के नाश्ते और दोपहर के खाने के बीच में, व चाय के समय ऐसे अल्पाहार दें जिनसे ऊर्जा, प्रोटीन, कैल्सियम तथा/या लौह तत्त्वों की दैनिक प्रस्तावित मात्रा का 1/4–1/5 भाग प्राप्त हो।

6) गर्भवती किशोरी को अधिक ऊर्जा व प्रोटीन देने वाले विटामिन व खनिज युक्त भोजन दें।

क्या न करें :

1) अतिशीघ्र तैयार होने वाले खाद्य पदार्थ सम्मिलित न करें।

2) अनुपयोगी व्यंजन परोसने से बचें

3) किशोर को बहुत ज्यादा संसाधित भोजन न खाने दें।

4) वजन कम करने वाले अथवा मांसपेशियों को उन्नत करने वाली अजीबो–गरीब भोजन पद्धति नहीं अपनानी चाहिए। यह भोजन अक्सर व कभी–कभी खतरनाक हो सकता है।

5) वसा व शर्करा से भरपूर भोजन न दें।

6) शराब व नशीली दवाओं का सेवन न करने दें विशेष रूप से यदि किशोरी गर्भवती हो।

प्रश्न 2. किशोर के लिए पोषक तत्त्वों की प्रस्तावित दैनिक मात्रा का वर्णन कीजिए।

उत्तर –

किशोर के लिए पोषक तत्त्वों की प्रस्तावित दैनिक मात्राएँ

पोषक तत्त्व	आयु वर्ग (वर्ष)			
	13–15 वर्ष (लड़के)	13–15 वर्ष (लड़कियाँ)	16–18 वर्ष (लड़के)	16–18 (लड़कियाँ)

ऊर्जा (कि.कैलोरी)	2450	2060	2640	2060
प्रोटीन (ग्रा.)	70	65	78	63
कैल्सियम (मि.ग्रा.)	600	600	500	500
लौह तत्त्व (मा.ग्रा.)	41	28	50	30
विटामिन ए (मा.ग्रा.)				
रेटिनॉल	600	600	600	600
या				
कैरोटीन	2400	2400	2400	2400
थायेमीन (माग्रा.)	1.2	1.0	1.3	1.0
राइबोफ्लेविन (माग्रा.)	1.5	1.2	1.6	1.2
नियासीन (माग्रा.)	16	14	17	14
एस्कार्बिक अम्ल (मिग्रा.)	40	40	40	40
फोलिक अम्ल (माग्रा.)	100	100	100	100
विटामिन बी12 (माग्रा.)	0.2–1.0	0.2–1.0	0.2–1.0	0.2–1.0

प्रश्न 3. स्कूलगामी बच्चे के लिए आहार नियोजन करते समय किन–बातों का ध्यान रखना चाहिए? [जून 2009, प्रश्न.3 (क)]

उत्तर – स्कूलगामी बच्चे के लिए आहार नियोजन करते समय निम्नलिखित बातों पर विशेष ध्यान देना चाहिए :

1) मुख्य आहार – स्कूलगामी बच्चे का नाश्ता पर्याप्त होना चाहिए। इसमें अंडे/दूध या दालों और फलों को सम्मिलित करना चाहिए। दोपहर तथा रात्रि का आहार संतुलित होना चाहिए। इनमें ऊर्जा, प्रोटीन, विटामिन तथा खनिज–लवण की प्रचुरता वाले खाद्य पदार्थ होने चाहिए।

2) अल्पाहार – अल्पाहार न केवल ऊर्जा युक्त होने चाहिए, बल्कि संतुलित भी होने चाहिए तथा उनमें काफी मात्रा में पोषक तत्त्व जैसे ऊर्जा, प्रोटीन, कैल्सियम तथा लौह तत्त्व मिलने चाहिए।

3) भोजन की मात्रा तथा आहार आवृत्ति – परोसे जाने वाले आहार का निर्धारण बच्चे के खाने की क्षमता को ध्यान में रखकर करना चाहिए। इस उम्र के बच्चों अर्थात् स्कूलगामी बच्चों को अधिक बार भोजन देना लाभप्रद हो सकता है।

4) भोजन संबंधी पसंद व नापसंद – विभिन्न प्रकार के खाद्य पदार्थों द्वारा उनके रंग, स्वाद, बनावट, आकार में भिन्नता से दैनिक भोजन मे विविधता लाई जा सकती है। अलग–अलग पाक विधियों और खाद्य पदार्थों के सम्मिश्रण से बने व्यंजनों को बच्चे ज्यादा पसंद करते हैं।

प्रश्न 4. किशोर को परिभाषित कीजिए तथा किशोरावस्था में होने वाले शारीरिक परिवर्तनों का उल्लेख कीजिए।

उत्तर : 13 से 18 वर्ष की आयु के बीच के व्यक्ति को किशोर कहा जाता है। किशोरावस्था में महत्त्वपूर्ण शारीरिक, मानसिक तथा भावात्मक परिवर्तन होते हैं। किशोरावस्था भी तीव्र बुद्धि का ही समय है। किशोरावस्था में वृद्धि की दर केवल शैश्वावस्था की तुलना में ही कम होती है। इस अवस्था में ऊँचाई तथा वजन तेजी से बढ़ते हैं। एक लड़का जिसका वजन लगभग 32 किग्रा. होता है, 18 वर्ष के अंत तक 59 कि.ग्रा का हो जाता है। इसके अलावा सुनिश्चित शरीर तंत्रों में जैसे कि अस्थिपंजर तथा मांसपेशी तंत्र में महत्त्वपूर्ण वृद्धि तथा विकास होता है। मांसपेशियों तथा हड्डियों का आकार और उनके कार्य करने की क्षमता भी बढ़ जाती है। किशोरावस्था में वृद्धि स्फुरण के दौरान हृदय, फेफड़े, आमाशय व गुर्दे अपने वयस्क आकार (पूर्ण आकार) व क्रियाशीलता के स्तर पर पहुँच जाते हैं। अचानक वृद्धि की गति बढ़ जाने को वृद्धि स्फुरण (growth spurt) कहते हैं।

रक्त की मात्रा में भी महत्त्वपूर्ण वृद्धि होती है। रक्त की मात्रा में यह वृद्धि, श्वसन, पाचन व रक्त परिसंचरण तंत्रों की क्रियाशीलता में सुधार के लिए आवश्यक है। किशोरावस्था के समाप्त होने पर वृद्धि भी पूर्ण हो जाती है, तथा व्यक्ति वयस्क हो जाता है। इस अवस्था तक शरीर के सभी अंग तथा तंत्र पूर्ण परिपक्व हो जाते हैं।

किशोरावस्था में लैंगिक लक्षणों का उभरना बहुत ही महत्त्वपूर्ण है। लड़कियों में होने वाले मुख्य लैंगिक परिवर्तनों में स्तनों का बढ़ना, बगलों तथा जांघों में बालों का आना तथा 12 – 14 वर्ष की आयु में मासिक धर्म की शुरूआत सम्मिलित है। मासिक धर्म का अर्थ है, लड़कियों में प्रतिमास रक्त का क्षय (3 से 7 दिन तक)। यह इस तथ्य का संकेत है कि लड़की का प्रजनन तंत्र क्रियाशील हो गया है, तथा पूर्ण परिपक्वता पर पहुँचने वाला है। मासिक धर्म की शुरूआत वृद्धि स्फुरण के पश्चात होती है।

लक्षणों के प्रकार	**प्रारंभिक लैंगिक लक्षण**	**गौण लैंगिक लक्षण**
विवरण	लैंगिक जनन से संबंधित प्रत्यक्ष शारीरिक परिवर्तन	शारीरिक परिवर्तन जो पुरुष व महिलाओं में भेद दिखलाता है, लेकिन जनन से संबंधित नही हो
उदाहरण लड़कियों में	मासिक धर्म की शुरूआत अण्डाशय (महिलाओं में	वक्षस्थल का बढ़ना, शरीर पर बालों का आना, कूल्हों के आकार

	जनन ग्रन्थि) का विकास	में तथा बनावट में बदलाव
लड़कों में	अण्ड ग्रान्थि (पुरुषों में जनन ग्रन्थि) का विकास	शरीर पर बालों का आना, आवाज में भारीपन कन्धों की चौड़ाई का बढ़ना

लड़को में बगलों, जांघों तथा शरीर के अन्य भागों जैसे गाल, ठोडी तथा ऊपरी होंठ पर बाल आ जाते हैं तथा उनकी आवाज भारी हो जाती है।

लड़कियों में उदर भाग में (पेट का निचला भाग) वसा एकित्रत हो जाती है तथा कूल्हों की चौड़ाई बढ़ जाती है। लड़कों में मांसपेशियाँ बढ़ जाती हैं, विशेषकर कन्धों और बाँह के ऊपरी भाग की। यदि आपको याद हो तो शारीरिक संघटन के यह भेद पहले पहल स्कूल अवस्था में प्रत्यक्ष होते हैं। इस आयु में वह भली–भाँति स्थापित हो जाते हैं।

इन्हीं शारीरिक परिवर्तनों से यौवनावस्था की शुरूआत होती है। यौवनावस्था का संबंध उन शारीरिक परिवर्तनों से है जिनमें कि लैंगिक परिपक्वता के साथ–साथ अन्य परिवर्तन भी शामिल हैं जो कि किशोरावस्था में होते हैं। यौवनावस्था के अंत में जब यह सब बदलाव आ जाते हैं तभी से लैंगिक प्रजनन संभव हो पाता है।

प्रश्न 5. स्कूलगामी बच्चों के लिए पोषक तत्त्वों की प्रस्तावित दैनिक मात्रा की सूची बनाओ।

उत्तर –

स्कूलगामी बच्चों के लिए पोषक तत्त्वों की प्रस्तावित दैनिक मात्राएँ

पोषक तत्त्व	**आयु वर्ग (वर्ष)**		
	7–9 (लड़के तथा लड़कियाँ)	**10–12 (लड़के)**	**10–12 (लड़कियाँ)**
ऊर्जा (कि.कैलोरी)	1950	2190	1970
प्रोटीन (ग्रा.)	41	54	58
कैल्सियम (मिग्रा.)	400	600	600
लौह तत्त्व (माग्रा.)	26	34	19
विटामिन ए (मा.ग्रा.)			
रेटिनॉल	600	600	600
या			
कैरोटीन	2400	2400	2400
थायेमीन (माग्रा.)	1.0	1.1	1.0
राइबोफ्लेविन (माग्रा.)	1.2	1.3	1.2

नियासीन (माग्रा.)	13	15	13
एस्कार्बिक अम्ल (मिग्रा.)	40	40	40
फोलिक अम्ल (माग्रा.)	50	70	70
विटामिन बी12 (माग्रा.)	0.2–1.0	0.2–1.0	0.2–1.0

प्रश्न 6. स्कूलगामी बच्चों के लिए कौन–कौन से पोषक तत्त्वों की आवश्यकता होती है?

उत्तर – स्कूलगामी बच्चों के लिए निम्नलिखित पोषक तत्त्व महत्त्वपूर्ण हैं :

1) ऊर्जा प्रदान करने वाले पोषक तत्त्व, जैसे कार्बोज

2) प्रोटीन

3) लौह तत्त्व

4) कैल्सियम

इकाई–11

खाद्य बजट

प्रश्न 1. परिवार के खाद्य बजट को प्रभावित करने वाले कारकों के बारे में बताइए। उचित उदाहरण देते हुए उत्तर को स्पष्ट कीजिए। **[जून 2008, प्रश्न.5 (ख)]**

उत्तर – बजट बनाना एक प्रक्रिया है। परिवार की आवश्यकताओं की पूर्ति के लिए उपलब्ध धन का व्यय करने की लिखित योजना को बजट कहते हैं। खाद्य पर व्यय होने वाले धन को निर्धारित करने में बहुत से कारक प्रभावित करते हैं। इनमें से कुछ व्यक्ति से और परिवार से संबंधित हैं जबकि कुछ अन्य कारक जैसे खाद्य उपलब्धता और खाद्य लागत से संबद्ध हैं। इन कारकों का वर्णन निम्नलिखित है :

1) पारिवारिक आय
2) परिवार का आकार
3) खाद्य पदार्थों के वर्तमान मूल्य दर
4) खाद्य उत्पादन व वितरण केन्द्रों तक परिवार की पहुँच
5) घरेलू उत्पादन और खाद्य संसाधन के अवसर
6) परिवार की भोजन और अन्य वस्तुओं में सापेक्षित रूचि

1) पारिवारिक आय – जीवित रहने और काम करने के लिए न्यूनतम भोजन की मात्रा का सेवन करना जरूरी है। इसलिए भोजन पर खर्च होने का प्रतिशत, आय कम होने के साथ–साथ बढ़ता जाता है। यह न्यूनतम मात्रा तो आय के साथ नहीं बढ़ती। इसलिए जैसे–जैसे आय बढ़ती है वैसे–वैसे लोग भोजन पर आय का कम प्रतिशत खर्च करते हैं। निम्न आय वर्ग के लोग आय का अधिक प्रतिशत भोजन पर व्यय करते हैं जबकि उच्च आय वर्ग के लोग भोजन पर कम प्रतिशत व्यय करते हैं। फिर भी, अमीर व्यक्ति भोजन पर अधिक पैसे खर्च करते हैं।

2) परिवार का आकार – परिवार के सदस्यों की संख्या की बढ़ोत्तरी के साथ–साथ परिवार के भोजन पर व्यय भी बढ़ जाता है तथापि जैसे–जैसे सदस्यों की संख्या बढ़ती है प्रति व्यक्ति के भोजन पर खर्च घटता जाता है। इसी सिद्धांत पर बड़े समूह के भोजन की लागत निर्धारित की जाती है। यदि बड़े समूह के लिए भोजन बनाया जा रहा हो तो प्रति व्यक्ति मूल्य उतना ही कम हो जाता है और जितने छोटे समूह के लिए भोजन बनाया जा रहा हो प्रति व्यक्ति मूल्य उतना ही बढ़ता जाता है चाहे मेन्यू (व्यंजन सूची) दोनों स्थितियों में एक ही हो।

3) खाद्य पदार्थों के वर्तमान मूल्य दर – बाजार में खाद्य पदार्थों के मूल्यों का बजट पर सीधा प्रभाव पड़ता है। यदि दाम कम है तो भोजन पर व्यय कम होता है और जब मूल्य बढ़ जाते हैं तो भोजन पर व्यय भी बढ़ जाता है। भोजन एक अनिवार्य आवश्यकता होने के कारण भोजन बेहत आसानी से व्यय की अन्य मदों को परिवार के बजट से बाहर खदेड़ सकता है और इस तरह जीवन की खान–पान की प्रकृति को प्रभावित कर सकता है। हमें यह निश्चित कर लेना चाहिए कि बजट बनाते समय हम खाद्य पदार्थों की मौजूदा दरों को ध्यान में रखें। मौसम के फल इसके अच्छे उदाहरण हैं। आम को गर्मी के बजट में सम्मिलित करना चाहिए। उन्हें सर्दी के बजट में सम्मिलित करने से खर्च ज्यादा होगा।

4) खाद्य उत्पादन व वितरण केन्द्रों तक परिवार की पहुँच – हमारे देश की अधिकांश आबादी अभी भी गाँवों में है और कुछ बड़े नगरों और शहरों को छोड़कर ज्यादातर शहर और नगर ग्रामीण क्षेत्रों के पास हैं जहाँ अधिकांश खाद्य पदार्थों का उत्पादन होता है, विशेषतः ताजे फल, सब्जियाँ, खाद्यान्न, दूध और अंडों के मामले में। जहाँ खाद्य पदार्थों का उत्पादन होता है वहाँ उनका मूल्य शहरी क्षेत्रों के बाजारों की अपेक्षा काफी कम होता है क्योंकि **(1)** शहरों में उत्पादन क्षेत्र से बाजार तक खाद्य पदार्थों को लाने ले जाने का आपको मूल्य भी चुकाना पड़ता है। **(2)** खाद्य पदार्थों को लाने ले जाने में खराब हुए खाद्य पदार्थों का दाम भी इसमें जुड़ जाता है जैसे कुछ अंडे टूट सकते हैं या फल और सब्जियाँ खराब हो सकती हैं। **(3)** बाजार या दुकान का किराया भी इनके दाम में सम्मिलित हो जाता है, और **(4)** इसमें उन लोगों का मेहनताना भी सम्मिलित हो जाता है जो शहर के बाजारों में इन्हें बेचने के लिए लाते हैं। यह सब मिलकर खाद्य पदार्थों के दाम बहुत अधिक हो जाते हैं। इसलिए कोई आश्चर्य की बात नही है कि आलू शायद शहरों में 6 रूपये प्रति किलो हो जबकि गाँव में जहाँ यह उगाए जाते हैं वहाँ उनका मूल्य 2 रूपये प्रति किलो हो।

उत्पादन क्षेत्र और शहर या नगरों के बाजारों के बीच अन्य बिक्री स्थल भी हैं। इनका लाभ उठा सकते हैं। कई शहरों में, शहर से बाहर साप्ताहिक बाजार लगते हैं जहाँ उत्पादक अपनी उत्पादित वस्तुओं को बेचने के लिए लाते हैं। यहाँ इन वस्तुओं की कीमतें बाजारों से कम होती हैं क्योंकि बाजार की कीमतों को प्रभावित करने वाले उपर्युक्त चार कारकों में से एक या ज्यादा कारक इस स्थिति में लागू नहीं होते हैं।

5) घरेलू उत्पादन और खाद्य–संसाधन के अवसर – यदि कुछ खाद्य वस्तुएँ घर पर उगाई या संसाधित की जा सकें तो यह भोजन के व्यय को कम करने के साथ–साथ खाए जाने वाले भोजन की कोटि को भी बेहतर बनाने में सहायक होती हैं। तथापि यह उपलब्ध सुविधाओं और परिवार की ऐसा करने की निपुणता पर निर्भर करता है। सब्जियाँ–विशेषतः हरी पत्तेदार सब्जियाँ जैसे पालक, चौलाई, सरसों, पुदीना और धनिया गृह–वाटिका में उगाकर और जैम, जैली, मक्खन, टमाटर की सॉस, टमाटर का शोरबा, स्क्वैश, अचार और पापड़ घर पर बनाकर धन की बचत के साथ–साथ भोजन की कोटि को भी बेहतर बनाया जा सकता है।

6) परिवार की भोजन और अन्य वस्तुओं में सापेक्षित रूचि – यह भोजन की कोटि को सुनिश्चित करने और फलस्वरूप उस पर होने वाले व्यय को प्रभावित करने वाला बहुत महत्त्वपूर्ण कारक है। कुछ लोग खान–पान को बहुत महत्त्व देते हैं। वे भोजन की कोटि और उसकी पौष्टिक पर्याप्तता के बारे में बहुत सावधान/निश्चित होते हैं और इसके लिए ऐसा भोजन जुटाने के लिए वह कोई भी प्रयास करने के लिए भी तैयार रहते हैं। दूसरी ओर कुछ लोग उचित मात्रा में ठीक प्रकार का भोजन प्राप्त करने के अतिरिक्त किसी प्रकार का प्रयत्न करने को तैयार नहीं। अन्य कुछ ऐसे लोग भी हैं जो भोजन पर खर्च किए जाने वाले पैसों को भोजन के अतिरिक्त अन्य मदों पर जैसे कपड़ों पर व्यय कर देते हैं। भोजन के प्रति इस प्रकार का रवैया (उपेक्षणीय रवैया) रखने वाले व्यक्ति यदि अल्पपोषण से बचना चाहते हैं तो उन्हें अपने भोजन पर विशेष ध्यान देना चाहिए।

प्रश्न 2. बजट बनाना किसे कहते हैं तथा इसकी प्रक्रिया का वर्णन कीजिए।

उत्तर – अपने पारिवारिक धन की मात्रा से सावधानीपूर्वक आहार पर व्यय की योजना बनाना **'खाद्य बजट'** कहलाता है।

बजट बनाना एक ऐसी प्रक्रिया है, एक ऐसी कला है जिस पर सम्पूर्ण घर का मैनेजमेंट (प्रबंध) टिका होता है। जैसा बजट होगा, घर–परिवार की व्यवस्था भी वैसी ही होगी। प्रत्येक परिवार में बजट बनाने के पश्चात् ही कार्यों का सम्पादन किया जाता है।

बजट बनाने के लिए सर्वप्रथम हमें अपनी आवश्यकताओं की सूची बनानी चाहिए जिन पर हमें धन खर्च करना पड़ेगा। फिर आवश्यकताओं के अनुसार उसे क्रमबद्ध करना चाहिए। परन्तु यहाँ यह ध्यान रखना आवश्यक है कि अपने बजट में भोजन, स्वास्थ्य और शिक्षा को उच्च प्राथमिकता दें।

बजट बनाते समय इस बात का पूरा ध्यान रखना चाहिए कि प्रत्येक मद पर संभावित व्यय कितने लगेंगे, इसे मद्देनजर रखते हुए बजट बनाना ज्यादा अच्छा होता है।

इसके पश्चात् यह देखें कि हमारे पास कितनी राशि उपलब्ध है। फिर विभिन्न मदों पर अनुमानित आय के हिसाब से सबसे अनिवार्य व्यय ज्ञात करना चाहिए।

इस संदर्भ में जो सबसे महत्त्वपूर्ण बात है वह यह है कि अनुमानित आय और प्रस्तावित बजट में संतुलन होना चाहिए। कहने का तात्पर्य यह है कि बजट आय–व्यय के अनुसार होना चाहिए।

प्रश्न 3. खाद्य बजट को किफायती बनाने के लिए आवश्यक सिद्धान्तों और कारकों का वर्णन कीजिए। [दिसम्बर 2007, प्रश्न.5 (घ)]

उत्तर – खाद्य बजट की योजना बनाना और व्यय को पारिवारिक आय में सीमित रखना कोई आसान कार्य नहीं है क्योंकि हमारी आवश्यकताएँ हमें उपलब्ध धन से कहीं अधिक होती हैं।

ऐसी स्थिति में हमें अपनी आवश्यकताओं की पूर्ति कम से कम धन से करना महत्त्वपूर्ण हो जाता है। इसे किफायत कहते हैं और इसके लिए योजना के बुद्धिमता से आयोजन और क्रियान्वयन के अतिरिक्त पर्याप्त ज्ञान, सूझबूझ, सूचना और निपुणता की आवश्यकता होती है। ऐसे तीन मुख्य कारकों का वर्णन निम्नलिखित है :

1) पोषण संबंधी ज्ञान – पोषण विज्ञान के अध्ययन ने पोषक तत्त्वों की आवश्यकताओं के बारे में जानकारी दी है। ऐसी जानकारी उपलब्ध है जिसके द्वारा हम अपनी पोषक तत्त्वों की आवश्यकताओं का मूल्यांकन कर सकते हैं और अपने भोजन के बजट को इस तरह से बना सकते हैं कि अपने प्रत्येक सदस्य की आवश्यकताओं का ध्यान रखा जा सके।

भारत में व्यक्ति की पोषक तत्त्वों की आवश्यकताओं, खाद्य पदार्थों के पोषक मान और सही प्रकार से आहार नियोजन करने की पर्याप्त जानकारी उपलब्ध है। भोजन पर खर्च किए हुए धन से उचित संतोष प्राप्त करने के लिए हमें ऐसे खाद्य पदार्थों से बचना चाहिए जिनका पौष्टिक मूल्य कम या बिल्कुल नहीं है। यदि और जब भी ऐसे खाद्य पदार्थ खरीदें तो वह केवल एक विशेष उद्देश्य के लिए होना चाहिए और मूल पौष्टिक आवश्यकताओं की पूर्ति के अतिरिक्त ही होने चाहिए। उदाहरण के लिए, अंगूरों को लीजिए। अंगूरों में लगभग 80 प्रतिशत पानी और 20 प्रतिशत ठोस पदार्थ होते हैं जिनमें 16.5 प्रतिशत कार्बोज चीनी के रूप में और लगभग 3 प्रतिशत सैलूलोस और केवल 0.5 प्रतिशत खनिज होते हैं। अंगूर खाना उतना ही लाभप्रद है जितना कि एक गिलास पानी कुछ चीनी और सुवास मिलाकर पीना। चीनी और सैलूलोस के अतिरिक्त यह शरीर को और कई पोषक तत्त्व प्रदान नहीं करते और अधिकतर बहुत महंगे होते हैं।

फलों में पपीते और अमरूद पौष्टिकता की दृष्टि से अंगूरों और सेब तथा अनार से भी उत्तम हैं और यह काफी सस्ते भी हैं। सूप विशेषतः पतले पानी की तरह के, नन्हे बढ़ते हुए बच्चों को देने की सलाह नहीं दी जाती क्योंकि इनकी पौष्टिकता तो कम होती है परन्तु पेट भर जाता है।

2) समझपूर्ण खरीदारी – अपने पैसे से बढ़िया/उत्तम खाद्य पदार्थ प्राप्त करने के लिए खरीदार और बेचने वाले के बीच निरंतर तर्क–वितर्क होते देखा गया है। इसमें जीतने के लिए आपके निम्न के बारे में पता होना जरूरी है :

क) थोक में खरीदना सस्ता रहता है – किसी भी वस्तु का थोक या बहुत अधिक मात्रा में खरीदे जाने पर प्रति इकाई मूल्य सस्ता पड़ता है। सौ नींबू खरीदने पर एक नींबू का मूल्य छः नींबू की खरीद पर एक नींबू के मूल्य से कम पड़ता है। प्याज का प्रति किलो का मूल्य जब आप एक या दो किलो खरीदते हैं तो 50 किलो की बोरी खरीदने की तुलना में ज्यादा पड़ता है। सभी डिब्बाबंद और पैकेटबंद वस्तुएँ बड़े पैक में खरीदने पर छोटे पैक के खरीदने की अपेक्षा सस्ती पड़ती है। हाँ इसके लिए एक समय में अधिक मात्रा में खरीदने के लिए अतिरिक्त धन होने के अलावा आपके पास इन वस्तुओं के खरीदने और संग्रहण के लिए

सुविधाएँ और ज्ञान होना जरूरी है।

जल्दी खराब न होने वाले पदार्थों जैसे अनाज, दालें, चीनी, तेल, मसाले आदि के लिए थोक खरीदारी की सलाह दी जा सकती है। यह सब खरीदारी उस मौसम में की जा सकती है जबकि शायद यह पदार्थ मूल्य में तो कम हो और कोटि अच्छी हो। थोक खरीदारी आपको गुणवत्ता में एकसारता भी प्रदान करती है।

ख) मौसम के खाद्य पदार्थ/फल–सब्जियाँ खरीदना सस्ता रहता है – प्रत्येक खाद्य पदार्थ मौसम में बिना मौसम की अपेक्षा सस्ता होता है। यह विशेषतः फल और सब्जियों के लिए तो सही है। अधिकतर पाश्चात्य देशों की अपेक्षा हम अभी भी फल और सब्जियों की मौसम में उपलब्धता पर निर्भर करते हैं। आहार नियोजन करते समय और उसके लिए खरीदारी करते समय इस बात को ध्यान रखना बहुत जरूरी है। मौसम में मटन खाना मजेदार है परंतु बिना मौसम में यह भोजन के बजट पर बोझ बन जाते हैं। टमाटर की मौसम में खरीदारी करना इसका उत्तम उदाहरण हैं। साल के अन्य समय की अपेक्षा जब टमाटर के मौसम में यह बहुत सस्ते होते हैं आप इन्हें खरीद सकते हैं और टमाटर के शोरबे (टमाटर का गूदा जो टमाटर की सॉस की तरह पकाया जाता है परंतु मसाले और सुवास के बिना) के रूप में उनका परिरक्षण कर सकते हैं जिसका प्रयोग पकाने में तब किया जा सकता है जब टमाटर बहुत महँगा होता है। अचार, जैम, जैली और स्क्वैश बनाने के लिए मौसम में खरीदारी करना महत्त्वपूर्ण है। गेहूँ, चावल, दालें और इमली, धनिए के बीज आदि जैसे पदार्थों के लिए भी मौसम में खरीदारी धन का काफी बड़ा भाग बचाती है। यदि आपके पास घर में हिमीकरण की सुविधा हो तो मटर और अन्य ऐसे पदार्थ मौसम में खरीदकर उनका हिमीकरण करना आगे चलकर पैसे बचाने और आहार में विभिन्नता लाने, दोनों दृष्टि से फायदेमंद रहता है।

ग) निश्चित प्रयोग को दिमाग में रखकर खरीदारी करना – दूसरे शब्दों में, आपको पता होना चाहिए कि प्रत्येक वस्तु का जिसे आप खरीद रहे हैं कैसे प्रयोग किया जाएगा। उदाहरण के लिए, यदि आप इडली बनाने के लिए चावल खरीद रहे हैं तो आप सस्ते किस्म के चावल खरीद सकते हैं, यदि आप सब्जी में डालने के लिए टमाटर खरीद रहे हैं तो आप छोटे वाले खरीद सकते हैं, जो बड़े काटने वाली किस्म से सस्ते होते हैं। यदि आप आम का दूध बनाने (mango milk shake) के लिए आम खरीद रहे हैं तो महंगे काटने वाले आम की जगह आप सस्ते रसदार आम खरीद सकते हैं। लड्डू में काजू डालने के लिए काजू का टुकड़ा खरीद सकते हैं जो साबूत काजू से सस्ते होते हैं।

घ) भार व आयतन की जानकारी – प्रायः सभी डिब्बाबंद खाद्य उत्पादों पर आप उनका कुल भार लिखा हुआ पाएंगे। यह भार अंदर के खाद्य पदार्थ का वास्तविक भार है और इसमें डिब्बे का भार शामिल नहीं होता। यह जानना महत्त्वपूर्ण है कि जो हम खरीद रहे हैं उसका कुल भार क्या है और प्रति इकाई मूल्य क्या है?

ङ) श्रेणी, ब्राँड और लेबल का ज्ञान – श्रेणी एक विशेष उच्चतर या साधारण ''अ'' श्रेणी या

''ब'' श्रेणी आदि का द्योतक है। इस तरह ब्राँड हमें बताता है कि उत्पाद का निर्माता कौन है। अच्छी या बुरी गुणवत्ता धीरे–धीरे ब्राँड के नाम के साथ जुड़ जाती है। लेबल वह है जो उत्पादों के पात्रों के बाहर लिखा रहता है और इससे हमें अंदर क्या है इसके बारे में पर्याप्त जानकारी होनी चाहिए ताकि हम तय कर सकें कि हम उसे खरीदना चाहते हैं या नहीं, क्या वह हमारी आवश्यकता को पूरा करेगा या नहीं। विभिन्न प्रकार की डिब्बाबंद खाद्य पदार्थों की दिन–प्रतिदिन में मानो बाढ़ सी आने के कारण अपनी खरीदारी करने के लिए यह जरूरी है कि हम जान लें कि विभिन्न श्रेणियाँ क्यों और ब्राँड किसके द्योतक हैं और लेबल पर दी गई जानकारी का प्रयोग कैसे करना है?

च) बाजार से खरीदे जाने वाले खाद्य पदार्थों की सूची बनाना – इसका मतलब है केवल कागज पर लिखना कि कौन से खाद्य पदार्थ हमें खरीदने की जरूरत है। सामान्यतः हम जिन खाद्य पदार्थों का प्रयोग करते हैं वह निम्नलिखित वर्गों में आते हैं :

– अनाज, दालें और फलियाँ
– चीनी, नमक और मसाले
– मक्खन, घी, वनस्पति घी और तेल
– दूध, पनीर और चीज
– मांस, मछली और अण्डे
– सब्जियाँ, प्याज, आलू, शकरकंदी, अरवी
– ताजे फल और सब्जियाँ
– चाय और कॉफी
– जैम, जैली, अचार और पापड़

इनमें से कुछ ज्यादा मात्रा में खरीदे जा सकते हैं और साल या उससे अधिक नहीं तो महीनों के लिए अच्छी तरह से संग्रहित किए जा सकते हैं। निम्न में से कुछ केवल एक या दो महीने के लिए ठीक से संग्रहण किए जा सकते हैं और यदि आपके पास फ्रिज या हिमशीतन की सुविधा नहीं है तो कुछ को तो आवश्यकता के अनुरूप प्रतिदिन ही खरीदना पड़ता है।

छ) अनावश्यक खरीदारी से बचिए – उदाहरण के लिए मान लीजिए, आपको अपने परिवार के लिए केले का रायता बनाना है तो आपको उसके लिए केवल 2 केले चाहिए। यदि आप छः केले खरीदते हैं तो आपके पास चार अतिरिक्त हो जाते हैं। खराब होने से बचाने के लिए इन चार केलों को खाना पड़ेगा। इसको कहते हैं, ''भोजन इसलिए करना ताकि वह खराब न हो जाए'' या ''कृपया–खाँए–नहीं–तो–यह–व्यर्थ जाएगा''। इस प्रकार का खाना जो कि अनावश्यक भोजन है और यह जिसमें अधिक पैसा खर्च होने के साथ–साथ व्यर्थ ही शरीर के भार में भी बढ़ोत्तरी लाती है। यह भी एक तरह का नुकसान है–कोई भी अनावश्यक खर्चा नुकसान ही है। हममें से वह जिनके पास भोजन के लिए ''पर्याप्त'' धन है, बिना योजना बनाए अनियोजित खरीदारी करके भोजन पकाकर और फिर अपने आपको खाने के लिए या परिवार के अन्य

सदस्यों को इसके लिए बाध्य करते हैं। यह हमारा ध्यान एक तरह की खरीदारी की ओर आकर्षित करता है जिसके द्वारा भी हम जरूरत से ज्यादा भोजन करते हैं और धन के अनावश्यक खर्च की तरफ बढ़ते हैं। इसे कहते हैं ''आवेगी खरीदारी'' अर्थात् कोई चीज उसी क्षण खरीद लेते हैं बिना किसी योजना के कि उसका प्रयोग कैसे करेंगे।

3) घरेलू उत्पादन और संसाधन – उत्पादन से तात्पर्य है खाद्य पदार्थ उगाना और संसाधन का अर्थ है खाद्य पदार्थ को खाने के योग्य बनाकर तैयार करना। हममें से बहुत कम उस खाद्य पदार्थ को उगाते हैं जिसका हम प्रयोग करते हैं लेकिन हम अधिकतर प्रयोग में लाए जाने वाले सारे भोजन को अधिकांश स्थितियों में पहले चरण से ही संसाधित करते हैं। उदाहरण के लिए, गेहूँ को लेते हैं, हम गेहूँ खरीदते हैं, साफ करते हैं, कुछ तो उसे धोकर धूप में सुखाते हैं और उसे पिसाकर आटे के रूप में प्रयोग में लाते हैं लेकिन विज्ञान और प्रौद्योगिकी में हुई प्रगति के कारण और बड़े पैमाने और छोटे पैमाने के उद्योग में बढ़ोत्तरी के कारण हमारे बाजारों में पूर्णतः या आंशिक रूप से बने हुए भोजन की बाढ़ सी आ गई है। उदाहरण के लिए–नूडल्स, टमाटर की चटनी, डिब्बाबंद सूप, सूप के टुकड़े, जैम, जैली, अचार, तत्कालिक डोसा, इडली और गुलाबजामुन के मिश्रण, ब्रैड, बिस्कुट और अन्य बेकरी की चीजें, साफ हुआ मुर्गा, साफ करके कटा हुआ मुर्गा, साफ की हुई डिब्बाबंद मछली, इसके अलावा बना–बनाया भोजन–भोजन का प्रबंध करने वाले प्रतिष्ठानों से। ऐसे में आंशिक रूप से पके और पूर्णतः पके भोजन का मूल्य ज्यादा होना स्वाभाविक है। यह हमें निर्णय लेना है कि हमें किस हद तक इन चीजों का प्रयोग करना है और किस हद तक पैसे बचाने के लिए हम प्रयोग में लाने वाले भोजन को उत्पादित करते हैं और बनाते हैं।

प्रश्न 4. खाद्य बजट बनाना किसे कहते हैं तथा 1 वर्ष का खाद्य बजट चित्र द्वारा प्रस्तुत कीजिए।

उत्तर – बिनी किसी लिखित योजना के किसी भी खर्च को, विशेष रूप से भोजन पर होने वाले व्यय को, नियंत्रित रखना काफी कठिन है। पिछले अनुभवों की सहायता से वर्तमान बाजार भाव, प्रवृत्ति और व्यक्ति की क्रय क्षमता को ध्यान में रखकर बनाई गई व्यय की योजना को खाद्य बजट कहते हैं। यह दो प्रकार का हो सकता है–अल्पकालिक मासिक खाद्य बजट, और दीर्घकालिक वार्षिक खाद्य बजट।

अल्पकालिक मासिक बजट – वह बजट हममें से अधिकांश बनाना चाहेंगे क्योंकि ज्यादातर लोग मासिक आय ही प्राप्त करते हैं। हम प्रायः खाद्य पर होने वाले व्यय की ऐसी योजना बनाने का प्रयास करते हैं जो कि हमारी मासिक आय के अनुपात के अनुरूप हो। अल्पकालिक बजट बनाना इसलिए भी आसान है क्योंकि शीघ्र नष्ट न होने वाले खाद्य पदार्थों (ऐसे पदार्थ जो कुछ समय तक बिना खराब हुए रखे जा सकते हैं जैसे प्याज और आलू) पर व्यय मासिक व्यय है और शीघ्र नष्ट होने वाले पदार्थों (पदार्थ जो जल्दी खराब हो जाते हैं जैसे दूध, मांस और हरी

पत्तेदार सब्जियाँ) के मामले में साप्ताहिक या दैनिक खर्चा है। मासिक बजट माह में होने वाले खर्च और साप्ताहिक खर्च का हिसाब/लेखा–जोखा रखता है। नष्ट न होने वाले खाद्य पदार्थों जैसे अनाजों, दालें, चीनी या मसालों के खर्चे की योजना सैद्धांतिक रूप से वार्षिक आधार पर होनी चाहिए। ताकि मौसम में कीमतें कम होने पर और थोक खरीदारी करके हम खर्चे को कम कर सकते हैं।

दीर्घकालिक वार्षिक बजट – यह आने वाले वर्ष के दौरान भोजन पर खर्च और उपलब्ध धन का पूर्वानुमान है। इसमें वार्षिक क्रय और बारह महीने का भोजन पर मासिक व्यय सम्मिलित होता है। इससे आप पता लगा सकते हैं कि आने वाले वर्ष में भोजन पर आपका खर्चा क्या हो सकता है। इससे अनापेक्षित खर्चों के लिए समुचित समायोजन से आपको समय व अवसर मिल जाता है। आप उन खाद्य व्ययों पर खर्च घटा सकते हैं जिनके बिना आपका काम चल सकता है–उदाहरण के लिए, सालभर के लिए मटर हिमीकृत न करना–क्योंकि मटर खाए बिना भी मनुष्य जीवित रह सकता है या पहले की अपेक्षा कम अचार बनाना।

वर्ष के लिए खाद्य बजट

खाद्य पदार्थ	**जनवरी**		**फरवरी**		**मार्च**		**अप्रैल**		**मई**		**जून**	
	मा.	**ख.**	**मा.**	**ख.**	**मा.**	**ख.**	**मा.**	**ख.**	**मा.**	**ख.**	**मा.**	**ख.**
1) चावल												
2) गेहूँ												
3) सूजी												
4) बेसन												
5) चना												
6) उड़द												
7) मूँग												
8) खाने का तेल												
क) मूँगफली का तेल												
ख) सरसों का तेल												
ग) नारियल का तेल												
9) नमक												
10) चीनी												
11) गुड़												
12) नारियल												
13) मसाले												
14) धनिया												
15) सूखी मिर्च												

16) इमली

17) काजू

18) किसमिस

19) अन्य

सभी खाद्य पदार्थों का जोड़

20) तैयार भोजन

क) चटनी

ख) जैली

ग) डबल रोटी

घ) बच्चों का भोजन

ङ) बिस्कुट

21) पेय

क) कॉफी

ख) चाय

ग) अन्य

22) दूध

23) अंडा

24) मांस

25) मछली

26) सब्जियाँ

27) दूध से बना सामान

क) मक्खन

ख) घी

ग) पनीर आदि

कुल

मा. = मात्रा ख. = खर्च

इकाई–12

खाद्य पदार्थों का चयन – I

प्रश्न 1. निम्नलिखित का चयन करते समय आप किन–किन बातों को ध्यान में रखेंगे?
[दिसम्बर 2008, प्रश्न.5 (ख), जनू 2008, प्रश्न.5 (क)]

1) वसा व तेल

2) अंडे

3) दालें

4) फल व सब्जियाँ

5) अनाज और मोटे अनाज

उत्तर – 1) वसा व तेल – वसा व खाद्य तेलों का चयन करते समय ध्यान रखने योग्य बातें निम्नलिखित हैं :

क) वसा तथा तेल खरीदें वह साफ तथा किसी भी ठोस कण, धूल, मिट्टी तथा दुर्गंध रहित हो।

ख) घी की तुलना में वनस्पतिक तेलों का अधिक प्रयोग करें क्योंकि इनमें बहुअसंतृप्त वसा अम्ल अधिक मात्रा में पाये जाते हैं।

ग) बाजार से खुले तेल/वसा न खरीदें क्योंकि वह मिलावटी हो सकते हैं। टीन या प्लास्टिक के बंद डिब्बों में ही तेल खरीदें।

घ) सुनिश्चित करें कि जो भी वसा/खाद्य तेल आप खरीदें, उनमें प्राकृतिक रंग तथा स्वाद हो।

2) अंडे – अंडो का चयन करते समय निम्नलिखित बातों का ध्यान रखना चाहिए:

क) साफ अंडे जिनके छिलके टूटे हुए न हों खरीदें।

ख) अंडे खरीदते समय उन्हें पानी में डालकर देखें, ताजा अंडा पानी में डूब जाएगा। ऐसे ही अंडे खरीदें।

3) दालें – दालों का चयन करते समय ध्यान रखने योग्य बातें निम्नलिखित हैं :

क) दाल खरीदते समय यह जरूर देखें कि दालें साफ हों तथा उनमें बजरी, सूखे पेड़–पौधे के भाग, धूल, मिट्टी, पत्थर तथा रेत न हो।

ख) सावधानीपूर्वक जाँच कर यह सुनिश्चित करें कि दालें कीड़ों द्वारा खायी गयी न हों।

ग) सुनिश्चित करें कि जो दालें आप खरीदें वह सूखी (आर्द्र/नमी न हो) हो अन्यथा उसमें फफूंदी लग सकती है।

घ) दालों के दानों का आकार एक सा हो तथा दाना बढ़िया हो उसमें टूटे हुए दाने तथा कोई

मिलावटी पदार्थ जैसे अन्य बीज न हों।

4) फल व सब्जियाँ – फलों व सब्जियों का चयन करते समय ध्यान रखने योग्य बातें निम्नलिखित हैं :

क) ताजे फलों व सब्जियों का चयन करें जो कि ठोस व कुरकुरे हों, रंग चटकीला हो तथा जिन पर खरोंच न हो या वह सड़े हुए या मुरझाए हुए न हों।

ख) मौसम के फलों व सब्जियों का चुनाव करें क्योंकि उनकी कोटि अच्छी होती है व दाम भी कम होते हैं।

ग) साफ पत्तेदार सब्जियाँ जो कि नरम, कुरकुरी व चटकीले रंग की हों, का चयन करें।

घ) सुनिश्चित करें कि वही पत्तेदार सब्जियों को खरीदें जिनमें फूल, कीड़े, मिट्टी, धब्बे या छिद्र न हों।

ङ) पत्तागोभी व फूलगोभी जैसी सब्जियाँ खरीदते समय ध्यान रखें कि फूल सख्त, भारी व ठोस हों तथा खरोचों व कीड़ों रहित हों।

च) छोटे या मध्यम आकार की सब्जियों का चयन करें क्योंकि वह बड़ी व पूरी तरह से पकी हुई सब्जियों के मुकाबले अधिक कोमल व कम रेशेदार होती है।

छ) सिट्रस फल जैसे कि संतरे व नींबू खरीदते समय ठोस व पके हुए फल जिनका छिलका पतला हो तथा वजन आकार के मुकाबले भारी हो, का चयन करें।

ज) अपनी जरूरत के हिसाब से ही खरीदें। उदाहरण के तौर पर सलाद के लिए बड़े व गुद्दार टमाटर तथा मिश्रित सब्जियों में डालने के लिए छोटे व मध्यम आकार के टमाटरों का चयन किया जा सकता है। इसी तरह से, रस निकालने के लिए पतले छिलके वाले संतरों का चयन करें तथा ढीले छिलके वाले संतरों का छीलकर खाने के लिए।

झ) जितनी आवश्यकता हो उतनी ही खरीदें क्योंकि फल व सब्जियाँ जल्दी ही खराब हो जाती हैं।

5) अनाज और मोटे अनाज – अनाजों व मोटे अनाजों का चयन करते समय ध्यान रखने योग्य बातें निम्नलिखित हैं :

क) गेहूँ खरीदते समय देखिए दाने भरे हुए, मोटे व साबुत हों।

ख) सुनिश्चित कीजिए दाने साफ हों व उनमें मिट्टी व पत्थर आदि न हों।

ग) ध्यान से जांच कीजिए तथा सुनिश्चित कीजिए कि अनाज मिट्टी, फफूंदी या कीड़े द्वारा खाया हुआ न हो।

घ) कम से कम एक वर्ष पुराना चावल खरीदें क्योंकि यह पकाने में अच्छा होता है।

ङ) अपनी आवश्यकता के अनुसार ही अनाजों का चयन करें। लम्बे चावलों का पुलाव, फ्राइड चावल आदि बनाने में प्रयोग होता है जबकि छोटे, टूटे हुए (टुकड़ा) चावल खिचड़ी, पोंगल, इडली आदि बनाने के लिए सही रहते हैं।

च) सेला चावल खरीदें क्योंकि ये मशीनों में कुटे चावलों से सस्ते व अधिक पौष्टिक होते हैं।

छ) सुनिश्चित करें कि अनाज का आटा (गेहूँ, ज्वार, बाजरा) कीड़े, ढेलों व फफूंदी रहित हो।

प्रश्न 2. ऊर्जा देने वाले खाद्य पदार्थों की श्रेणी में कौन–कौन से खाद्य पदार्थों को रखा जाता है? वर्णन करो।

उत्तर – ऊर्जा देने वाले खाद्य पदार्थों का चयन – ऊर्जा देने वाले खाद्य पदार्थों में अनाज, जड़ व मूलकंद, वसा, चीनी या गुड़ आदि का नाम विशेष रूप से उल्लेखनीय है। इन पौष्टिक तत्त्वों की आवश्यकता हमारे शरीर के लिए महत्त्वपूर्ण है। ये सारे ऊर्जावर्द्धक खाद्य पदार्थ बाजारों में आसानी से उपलब्ध हो जाते हैं।

अनाजों का चयन – अनाज ऊर्जा के सर्वोत्तम तथा सबसे सस्ते साधन हैं। यही कारण है कि विश्व के अधिकांश आहारों का यह मुख्य हिस्सा है, विशेषकर तब जब आहार के लिए उपलब्ध धन पर्याप्त न हो। एक तरफ जहाँ चावल और गेहूँ को ''महीन अनाज वर्ग'' में रखा गया है वहीं बाजरा, रागी, ज्वार आदि को मोटे अनाजों की श्रेणी में रखा गया है।

गेहूँ – हमारे देश में अधिकांश गेहूँ आटे के रूप में प्रयुक्त होता है, जिससे चपाती, पूरी या परांठे बनाए जाते हैं। भारत में 1988–89 में गेहूँ का कुल उत्पादन 54 मिलियन टन था। भारतीय गेहूँ की दो किस्में होती हैं जिन्हें 'शरबती' तथा 'बंसी' कहते हैं, जो चपाती बनाने के लिए विशेष रूप से उपयुक्त होती हैं। हमारे देश में परंपरागत मुलायम सफेद गेहूँ भी पाया जाता है, जिसे पिस्सी कहते हैं, जो मैदा बनाने के लिए उपयुक्त होता है। मध्यम सख्त किस्म की गेहूँ जिसे 'दारा' कहा जाता है, इससे दलिया तथा सूजी बनाया जाता है। एक किस्म का गेहूँ जो काफी सख्त होता है, उसे 'डूरम' कहते हैं, उससे सेवइयाँ आदि बनायी जाती हैं।

चावल – अनाजों में चावल एक बहुत ही महत्त्वपूर्ण अनाज है, जिसे कई राज्यों में मुख्य तौर पर आहार के रूप में प्रयोग किया जाता है। चावल में माप, आकार, सुवास तथा पकाने के उपरांत बनावट में क्षेत्रीय वरीयता बहुत अधिक पायी जाती है। चावलों में बासमती, तिलकचंदन, हंसराज आदि उत्तमकोटि के सुगंधित चावल होते हैं जो उत्तरी क्षेत्रों के दैनिक भोजन में प्रतिदिन ही प्रयोग में लाये जाते हैं। दक्षिण भारत में इन किस्मों का पुलाव या बिरयानी के रूप में प्रयोग किया जाता है, जबकि मोटे किस्म का चावल प्रतिदिन के आहार में प्रयोग में लाया जाता है। पूर्वी भागों में उसना चावल (हल्के पीले रंग का) दैनिक आहार में प्रयोग किया जाता है। केरल में काफी मोटा चावल प्रयोग किया जाता है।

चावल का चयन करना बहुत ही व्यक्तिगत विषय है। परन्तु यहाँ यह अवश्य याद रखना चाहिए कि पकाने के लिए एक वर्ष पुराना चावल अच्छा रहता है। हमारे यहाँ लगभग आधे से भी ज्यादा पैदा किया गया चावल उसना चावल होता है। उसना चावल का एक अच्छा उदाहरण सेला चावल है। उसना चावल के लिए सर्वप्रथम धान को कुछ दिन के लिए ठंडे पानी में भिगोया जाता है। फिर उसे मुलायम होने तक उबाला जाता है। फिर उन्हें सूखने के लिए फैला दिया जाता हे और सूखने के पश्चात् उससे चावल तैयार कर लिया जाता है। इसे ही उसना चावल कहते हैं, जो कच्चे चावल से ज्यादा सुपाच्य होता है।

मोटे अनाज – मोटे अनाजों में ज्वार, बाजरा, रागी का नाम विशेष रूप से उल्लेखनीय है। ये अधिकतर पठारी क्षेत्र में, जहाँ वर्षा निश्चित समय पर नहीं होती है, उगाए जाते हैं। चावल व गेहूँ की भाँति इनका भी छिलका या भूसा उतारना पड़ता है। चूँकि दोनों को पानी में भिगोया जाता है तथा दलिया बनाया जाता है या पीसकर कोई व्यंजन बनाया जाता है।

मोटे अनाजों में ज्वार सबसे अधिक प्रयोग किया जाता है। पिसे हुए ज्वार के आटे को खाने में चावल के स्थान पर प्रयोग किया जा सकता है तथा इससे स्वादिष्ट चपाती भी बनायी जा सकती है। बाजरा मुख्य रूप से मध्य तथा पश्चिमी भारत में उगाया जाता है। इसका अधिकतर ज्वार की तरह ही प्रयोग किया जाता है। रागी मुख्य रूप से दक्षिण में उगायी जाती है तथा यह कैल्शियम का सर्वोत्तम स्रोत है। रागी को भिगोकर अंकुरित करने के लिए कुछ दिन के लिए रख दिया जाता है, फिर सुखाकर थोड़े–से नमक तथा काली मिर्च के साथ पीसकर पाउडर बनाया जाता है, जिसका प्रयोग बच्चों के लिए दलिया बनाने में किया जाता है।

मक्का मुख्य रूप से पंजाब, उत्तर प्रदेश, बिहार, राजस्थान तथा महाराष्ट्र में उगायी जाती है। आटा बनाने के लिए इसे भी गेहूँ की भाँति पीसा जाता है।

जल व मूलकंद – जड़ व मूलकंद वाली सब्जियाँ काफी लाभदायक व महत्त्वपूर्ण हैं, क्योंकि इनमें कार्बोज प्रचुर मात्रा में पाया जाता है। जड़ व मूलकंद वाली सब्जियों में आलू, शकरकंदी, टेपियोका, रतालू, अरबी का नाम विशेष रूप से उल्लेखनीय है। ये सभी हमें ऊर्जा प्रदान करते हैं। उल्लेखनीय है कि विश्व के आहारों में ऊर्जा के स्रोत के रूप में आलू का तीसरा स्थान है, जिसमें विटामिन सी भी काफी मात्रा में पाया जाता है।

सभी जड़वाली सब्जियों में आलू सबसे अधिक उपयोगी है। इसे चावल, रोटी, दाल के साथ सब्जी के रूप में प्रयोग किया जाता है। कभी इसे अल्पाहार के रूप में पकौड़े आदि बनाकर, तो कभी हलुए या मिष्ठान के रूप में प्रयोग किया जाता है।

वसा – हमारे शरीर के लिए कार्बोज, प्रोटीन, विटामिन खनिज–लवण की तरह वसा काफी महत्त्वपूर्ण है जो मक्खन, घी, वनस्पति, खाद्य तेल या हाइड्रोजनीकृत वानस्पतिक तेल में पाया जाता है। परन्तु वैज्ञानिक भाषा में 'वसा' शब्द वसा तथा तेल दोनों के लिए किया जाता है। हमारे यहाँ वसा मुख्य रूप से वानस्पतिक तिलहनों से प्राप्त होती है। वसा प्राप्ति के लिए बहुत पहले से प्रयोग किए जाने वाले तिलहन–तिल, सरसों तथा नारियल हैं। उल्लेखनीय है कि सिन्धु घाटी सभ्यता से भी पहले से ये तेल प्रयोग किए जाते थे, बाद में मूंगफली का तेल, सूरजमुखी का तेल, चावल के छिलके का तेल, कुसुम का तेल आदि व्यवहार में आने लगे।

शर्करा, गुड़ तथा अन्य मीठा स्वाद उत्पन्न करने वाले पदार्थ – हमारे देश में भिन्न–भिन्न तरह की चीनी उपलब्ध है। परंपरागत रूप से हम गुड़ और खांडसारी जो कि ढेलों वाली चीनी होती है, बनाते थे। परन्तु आधुनिक समय में सफेद चीनी का उत्पादन व्यापक पैमाने पर किया जाता है। सफेद चीनी में लगभग 99.5 प्रतिशत शुद्ध सुक्रोस होती है, जबकि गुड़ में थोड़ी

मात्रा में लौह तत्त्व भी पाया जाता है, जो हमारे शरीर के पोषण के लिए काफी जरूरी है। हमारे देश के बाजारों में उपलब्ध विभिन्न प्रकार की चीनी तथा अन्य मीठा स्वाद उत्पन्न करने वाले पदार्थ निम्नलिखित हैं :

1) **सफेद दानेदार क्रिस्टलीय शर्करा** – इसे हम सभी चीनी के नाम से जानते हैं। चीनी की किस्म क्रिस्टल के आकार तथा उसकी सफेदी पर निर्भर करती है। चीनी की पाँच श्रेणियाँ (ग्रेड) हैं, जिनमें से तीन उत्तम श्रेणी की जो बड़े दाने व काफी साफ होती है तथा दो निम्न श्रेणी की होती है, जिनका रंग हल्का भूरा होता है। हालाँकि बड़े क्रिस्टल वाली चीनी घुलने में काफी समय लगाती है, परन्तु यह शुद्ध और साफ होती है।

2) **क्यूब शर्करा** – छोटे दाने वाली घन आकार की चीनी को मशीनों से दबाकर क्यूब शर्करा बनाई जाती है। चूँकि यह क्रिया महँगी होती है। अतः यह चीनी भी महंगी होती है। यह इतनी छिद्रदार होती है कि द्रव्य में डालने पर शीघ्र ही घुल जाती है।

3) **आइसिंग शर्करा या सफेद चीनी** – इसे बूरा भी कहते हैं। यह क्रिस्टलीय चीनी को बहुत ही महीन पीसकर बनाई जाती है। इसका अधिकतर उपयोग सेंकने की विधि तथा आइसिंग द्वारा पकाए जाने वाले व्यंजनों में होता है।

4) **ब्राउन शर्करा** – चीनी बनाने की प्रक्रिया में बचे अंतिम अवशेष मोलास (काले रंग का पका हुआ गन्ना) को क्रिस्टलीकृत करके ब्राउन शर्करा बनाया जाता है। यह कोई विशेष उपयोगी नहीं होती। इसका कोई खास स्वाद भी नहीं होता। हमारे देश के बाजारों में उपलब्ध अधिकांश ब्राउन शर्करा आमतौर पर इस्तेमाल की गयी चीनी के दानों पर मोलेसीस के घोल की परत चढ़ाकर बनायी जाती है।

5) **तरल शर्करा** – यह केवल सूक्रोस ही है, जो अम्ल या एंजाइम क्रिया के द्वारा ग्लूकोस तथा फ्रक्टोस में विभक्त हो जाता है। यह जितना मीठा होता है, उतना ही पकाए जाने वाले व्यंजनों में प्रयोग करना आसान होता है।

6) **ग्लूकोस** – यह दो रूपों में उपलब्ध होता है। पहला है ठोस ग्लूकोस जो चूर्ण या पाउडर के रूप में, दूसरा है तरल ग्लूकोस जिसमें 15 प्रतिशत पानी होता है तथा इसे निर्जलीकरण के उपचार के लिए रोगी को दिया जाता है।

7) **गुड़**– इसे बेलम भी कहा जाता है। परंपरागत रूप से यह गन्ने के रस, नारियल के गूदे, खजूर के गूदे, ताड़ के गूदे तथा साबूदाने के गूदे से बनाया जाने वाले उत्पाद है। इसका मुख्य कार्य ऊर्जा प्रदान करना है। हमारे यहाँ अधिकांश गाँवों में आज भी ज्यादातर गुड़ का ही प्रयोग किया जाता है। विशेषकर पर्व–त्यौहार के लिए इसे शुद्ध भी माना जाता है। हमारे देश में अधिकांश गुड़ गन्ने के रस से बनाया जाता है, जबकि पश्चिम बंगाल तथा तमिलनाडु में गुड़ ताड़ी तथा खजूर से भी बनाया जाता है।

8) **शहद** – यह मनुष्य द्वारा नहीं बनाया जाता, बल्कि मुधमक्खियाँ इसका निर्माण करती हैं। परन्तु आजकल यह किसानों द्वारा जिन्होंने मधुमक्खियों को आकर्षित करने के लिए कृत्रिम

छत्ते बनाए हुए हैं, से औद्योगिक स्तर पर बना यही शहद बाजार में बेचा जाता है। भारत में बनने वाले शहद में 20 प्रतिशत के लगभग जल तथा 80 प्रतिशत कार्बोज (सूक्रोस, ग्लूकोस तथा फ्रक्टोस) होता है। रोगाणु सहित कोई भी सूक्ष्मजीवी शहद में नहीं बढ़ते। यह काफी लाभदायक वस्तु होती है।

9) सैकेरिन तथा इससे संबंधित अन्य पदार्थ – मीठा स्वाद उत्पन्न करने वालों में सबसे पुराना तथा सबसे अधिक इस्तेमाल होने वाला पदार्थ सैकेरिन है। इसे चीनी का पूरक माना जाता है, विशेषकर उन लोगों के लिए जो मधुमेह से पीड़ित हैं तथा शरीर का भार घटाना चाहते हैं।

प्रश्न 3. दूध व दूध से बने खाद्य पदार्थों का चयन किस प्रकार किया जाता है?

उत्तर – हमारे देश में दूध के दो मुख्य स्रोत हैं – भैंसे तथा गाय का दूध। बकरी के दूध का प्रयोग बहुत कम होता है और जो होता भी है वह भी केवल घरेलू स्तर पर होता है। जो बकरी पालते हैं, वे उसके दूध का प्रयोग करते हैं, कुछ इसका प्रयोग इसलिए भी करते हैं क्योंकि उनका मानना है कि इसमें औषधीय गुण होते हैं।

दूध संसाधन (milk processing) तथा उत्पादन के क्षेत्र में हमारे देश में बहुत बड़ी औद्योगिक क्रांति हुई है। दूध गाँव से उन परिवारों के पास से आता है जिनके पास एक, दो या अधिक गाय व भैंसें हैं। यह दूध केन्द्रों पर ले जाया जाता है जहाँ दूध की किस्म का परीक्षण किया जाता है तथा उसकी किस्म के हिसाब से उसका मूल्य अदा कर दिया जाता है। दूध की किस्म का मूल्यांकन उसमें उपस्थित वसा की मात्रा के आधार पर किया जाता है। एकत्रित दूध को ट्रक द्वारा शीत केन्द्रों (chilling centre) पर ले जाया जाता है जहाँ इसको जल्दी से बहुत ठंडा किया जाता है जिससे कि उसमें उपस्थित जीवाणु बढ़ने न पाएँ। यदि डेयरी किसी नजदीक स्थान पर होती है तो गाँव के लोग दूध को सीधा ही वहाँ ले जाते हें। डेयरी पर सभी तरह का दूध चाहे वह भैंस का हो या गाय का हो एक स्थान पर इकट्ठा कर लिया जाता है तथा फिर उसका संसाधन किया जाता है। संसाधन के दो महत्त्वपूर्ण चरण हैं जिन्हें समझना हमारे लिए आवश्यक है। एक है मानकीकरण (standardising) तथा दूसरा पास्चुरीकरण (pasteurisation)।

मानकीकरण – प्रक्रिया में प्रत्येक दिन दूध की संरचना एक सी रखने के लिए या तो उसमें क्रीम मिलाई जाती है या थोड़ी बहुत क्रीम उसमें से निकाली जाती है।

पास्चुरीकरण – पास्चुरीकरण वह प्रक्रिया है जिसमें दूध को एक निश्चित समय के लिए निश्चित ताप पर गर्म करते हैं जिससे उसमें विद्यमान होने की संभावना वाले रोगजनक कीटाणु नष्ट हो जाते हैं। यह दूध संसाधन की प्रक्रिया में एक महत्त्वपूर्ण चरण है।

प्रश्न 4. ब्राउन सर्करा क्या होती है तथा तरल शर्करा कैसे बनायी जाती है?

उत्तर – चीनी बनाने की प्रक्रिया में बचे अन्तिम मोलास को क्रिस्टलीकृत करके ब्राउन शर्करा बनाई जाती है। इस्तेमाल की गई चीनी के दानों पर केरामेल चीनी के घोल की परत चढ़ाकर ब्राउन शर्करा बनाई जाती है।

सुंक्रोज को भी एक तरह की शर्करा कहा जाता है, जो अम्लीय या एंजाइम क्रिया के द्वारा ग्लूकोज तथा फ्रक्टोज में विभक्त हो जाते हैं।

प्रश्न 5. गिरीदार फलों को खरीदते समय कौन–कौन सी सावधानियाँ बरतनी चाहिएं?

उत्तर – गिरीदार फलों का चयन करते समय जो सावधानियाँ बरतनी चाहिए उनका वर्णन निम्नलिखित हैं :

1) सुनिश्चित करें कि गिरीदार फलों का रंग प्राकृतिक व चमकदार हो। उन पर कोई अप्राकृतिक धब्बे, दाग आदि न हों क्योंकि ये लक्षण घटिया किस्म में ही होते हैं।

2) गिरीदार फलों में कीड़े, धूल, मिट्‌टी, पत्थर, अन्य पदार्थ या पौधे के भाग न हों।

3) गिरीदार फलों में प्राकृतिक स्वाद होना चाहिए। किसी भी प्रकार का बेस्वाद या गंध में परिवर्तन का अर्थ होगा कि ये बासी हैं। ऐसे गिरीदार फलों का चयन नहीं करना चाहिए।

4) सिकुड़े हुए गिरीदार फलों को न लें।

प्रश्न 6. पास्चुरीकरण किसे कहते हैं? [दिसम्बर 2008, प्रश्न.1 (क) (5)]

उत्तर – पास्चुरीकरण एक ऐसी प्रक्रिया है, जिसमें दूध को एक निश्चित समय तक निश्चित तापमान तक गर्म किया जाता है। दूध में होने वाले कीटाणु पास्चुरीकरण से नष्ट हो जाते हैं।

इकाई–13

खाद्य पदार्थों का चयन – II

प्रश्न 1. खाद्य पदार्थों के चयन में श्रेणियों, ब्राँड व लेबल की भूमिका का वर्णन कीजिए।
[जून 2007, प्रश्न.5 (क)]

उत्तर – भारत में जिन खाद्य पदार्थों का उपभोग हम करते हैं, उनमें चुनाव कर पाने की अधिक गुंजाइश नहीं होती है। कुछ पदार्थों के विकल्प यदि होते भी हैं तो भी उनका चुनाव, पदार्थ के दाम को मददेनजर रखकर ही किया जाता है।

धीरे–धीरे जैसे प्रोसेस्ड व पैकेट बंद खाद्य पदार्थ हमारे जीवन में प्रवेश कर रहे हैं, वैसे–वैसे ही हम खाद्य पदार्थों की श्रेणी, ब्राँड व लेबलों से परिचित होते जा रहे हैं। उदाहरण के तौर पर एगमार्क वाला घी, सरसों का तेल; ब्राँड एक्स का पनीर; ब्राँड वाई की टमाटर की सॉस इत्यादि। उपरोक्त उदाहरण में एगमार्क श्रेणी को दर्शाता है तथा एक्स व वाई ब्रांड को। पैकेट या डिब्बे के बाहर जो लिखा होता है, उसे लेबल कहते हैं। इन तीनों का वर्णन निम्नलिखित है:

1) श्रेणी – समान गुण व मूल्य वाले पदार्थों की इकाइयों के समूह के वर्गीकरण को श्रेणी कहते हैं। जिन गुणों के हिसाब से श्रेणी निर्धारित की जाती है, जरूरी नहीं कि वह प्रत्येक उत्पाद के लिए समान होती हो। श्रेणी की वजह से बहुत से उत्पाद का आकार, परिपक्वता व अन्य घटक को गुणवत्ता निर्धारित करते हैं उन्हीं के अनुसार उनका वर्गीकरण व मानकीकरण किया गया है।

हमारे देश में खाद्य पदार्थों की उपलब्धता उनकी माँग के हिसाब से ही रही है। इसलिए जो कुछ भी हमें मिल पाता है, उसे लेकर हम इतने कृतज्ञ हो जाते हैं कि उसकी श्रेणी का प्रश्न तो हमारे दिमाग में उठता भी है तो हम उसकी उपेक्षा कर देते हैं। आज के युग में भी जबकि स्वास्थ्य, पोषण, खाद्य कोटि, मिलावट, प्रदूषण व संक्रमण के बारे में हमारी जानकारी व जागरूकता इतनी बढ़ती जा रही है, हम में से अधिकांश इनके बारे में नहीं सोचते हैं। तथापि यह स्थिति अब धीरे–धीरे बदल रही है। पर्याप्त ज्ञान व जानकारी से, हम इस स्थिति को तीव्रता से बेहतर बना सकते हैं।

1899 का बॉम्बे अधिनियम–2, भारत में पहला ऐसा अधिनियम बना जो कि खाद्य पदार्थों में मिलावट की रोकथाम को लेकर बनाया गया। भारत में एगमार्क तथा भारतीय मानक संस्थान (आई.एस.आई.) कोटि को निर्धारित करता है तथा उनके द्वारा दिया गया प्रमाणपत्र, स्वीकार्य सुनिश्चित कोटि का प्रमाणन है। घरेलू बाजार के लिए तो श्रेणी निर्धारण स्वैच्छिक है, परन्तु निर्यात के लिए यह अनिवार्य है। उपभोक्ता एगमार्क व आई.एस.आई. द्वारा प्रमाणित

पदार्थों की माँग कर एक सक्रिय भूमिका निभा सकते हैं। यानी कि आप शहद न माँग कर एगमार्क वाला शहद माँगे, कॉफी के पैकेट पर आई.एस.आई. का छाप देखकर ही लें तथा इन चिन्हों के बिना बिकने वाले पदार्थों को खरीदने से इंकार कर दें।

2) ब्राँड (ट्रेडमार्क) – जिस नाम के तहत कोई विशेष खाद्य पदार्थ बेचा जाता है, उसे ब्राँड कहते हैं। यानी कि आप कोई भी चॉकलेट माँगने के स्थान पर एक्स ब्रांड की ही चॉकलेट मांगे, कोई भी कॉफी माँगने के स्थान पर वाई ब्राँड की ही कॉफी की माँग करें। ऐसा कर पाने के लिए ब्राँड पर केन्द्रित विज्ञापन प्रचार चलाने की आवश्यकता होती है। साबुन व दंत मंजनों लिए ऐसे ही प्रभावशाली अभियान अखबारों, पत्रिकाओं, सड़कों के साथ–साथ लगे तख्तों, रेडियो व टेलीविजन पर देखने को मिलते हैं। ब्राँड की मदद से पदार्थों की बिक्री को बढ़ाने के लिए सालाना बहुत सा पैसा व्यय किया जाता है।

हमें विभिन्न ब्राँड तथा उनकी कोटि से परिचित होना चाहिए ताकि हम यह पहचान सकें कि कोई एक ब्राँड वाला पदार्थ किस कोटि को प्रस्तुत करता है। उपभोक्ता का विभिन्न ब्राँड के मानकों से परिचित होना उसके द्वारा एक समान कोटि के पदार्थों को खरीदने में भी सहायक होता है।

3) लेबल – किसी पदार्थ के नाम पत्र (लेबल) उसकी श्रेणी व ब्राँड से घनिष्ठ रूप से संबद्ध होते हैं। यह बहुत महत्त्वपूर्ण होते हैं तथा पैकेटबंद खाद्य पदार्थ खरीदते समय इन्हें ध्यान से पढ़ना चाहिए। किसी पदार्थ को खरीद पाने के लिए जो जानकारी अपेक्षित होती है, वह लेबल या नाम पत्र द्वारा उपलब्ध कराई जानी चाहिए। लेबल पर बने चित्र को ही देखकर उस पदार्थ के बारे में अपना निर्णय नहीं ले लेना चाहिए। कई बार तो जो चित्र बना होता है, वह उस पदार्थ का ना हो करके किसी अन्य संबंधित पदार्थ का होता है। लेबल का प्रकार तथा उत्पादक व उपभोक्ताओं द्वारा किया गया उसका इस्तेमाल, पदार्थ के बारे में सही जानकारी प्राप्त करा पाने के लिए बहुत महत्त्वपूर्ण होता है।

एक अच्छे लेबल पर पदार्थ की श्रेणी तथा जिस प्राधिकरण द्वारा श्रेणी निर्धारित की गई हो, उसकी छाप लगी होनी चाहिए। एक अच्छे लेबल को पदार्थ का वर्णन भी करना चाहिए। अंत में उसे सहज शब्दों में उस पदार्थ के इस्तेमाल व इस्तेमाल के दौरान बरतने वाली सावधानियों के बारे में भी पर्याप्त जानकारी प्रदान करनी चाहिए। पदार्थ को खरीदने के लिए जितनी भी जानकारी की आपको आवश्यकता है वह सब ही इनके द्वारा बताई जा रही है। लेबल पर लिखे गए वजन, दाम व उत्पादन की तारीख का आपको विशेष ध्यान रखना चाहिए।

भारतीय मानक ब्यूरो आई.एस.आई. मार्क
(ISI MARK)

एगमार्क रैपलिका
(Agmark Replica)

एफ.पी.ओ.
(F.P.O.)

भारतीय मानक ब्यूरो का इको लोगो
(Eco-Logo of B.I.S.)

प्रश्न 2. पेय पदार्थों से क्या तात्पर्य है? कुछ पेय पदार्थों का वर्णन कीजिए।

उत्तर – पेय पदार्थों से अभिप्राय 'पीने वाले पदार्थ' से है। हमारे देश में पेय पदार्थों में चाय, कॉफी, फलों का रस, शरबत, कार्डिअल्स तथा वातित जल (aerated water) का नाम विशेष रूप से उल्लेखनीय है।

चाय – चाय हमारे महत्त्वपूर्ण पेय पदार्थों में से एक है। आज व्यापक पैमाने पर इसका उत्पादन किया जा रहा है। आज भारत विश्व में सबसे ज्यादा चाय को पैदावार करने वाला देश है। चाय की दो महत्त्वपूर्ण विशेषताएँ हैं–सुवास व गाढ़ापन। ये दोनों विशेषताएँ चाय पत्ती में अक्सर एक साथ विद्यमान नहीं होती। दो तरह की चाय पत्ती होती है। एक तो बहुत ही हल्का व तृप्ति देने वाला सुवास होता है दूसरी दानेदार चाय की पत्ती जो तेज व कड़क होती है। चाय की श्रेणी आकार, माप व स्वाद पर निर्भर करती है। सबसे महँगी चाय में कलियों की अधिक तादाद होती है। चाय की कई अन्य कोटियाँ बाजार में उपलब्ध हैं। सबसे पहली कोटि में है 'साबुत पत्ती वाली' चाय। यह चाय काफी हल्की व सुगंध देने वाली होती है। इस कोटि की सबसे बेहतरीन चाय 'औरेंज–पीको' है जो बाजारों में उपलब्ध है। दूसरी कोटि में आती है पत्तियों वाली चाय। इसमें सबसे लोकप्रिय ब्रांड है 'ब्रोकन ऑरेंज पीको' या बी.ओ.पी.। तीसरे स्थान पर आती है छोटी पत्तियों की किस्म से बनाई गई चाय। सबसे अधिक अंतिम श्रेणी में आती है चाय की बुकनी जो निम्न कोटि की चाय मानी जाती है। यह काफी सस्ती चाय होती है। स्वाद व महक को बनाए रखने के लिए चाय का भण्डारण एक ऐसे डिब्बे में करना चाहिए जिसमें हवा प्रवेश न कर सके।

कॉफी – कॉफी का आगमन चार शताब्दियों पूर्व इथोपिया में शुरू हुआ। बाद में टर्की और फिर 18वीं शताब्दी में यूरोप से होती हुई इंग्लैंड जा पहुँची। कॉफी एक अरबी शब्द 'कहवा' है। हमारे यहाँ सबसे पहले इसके पौधे कर्नाटक की पहाड़ियों में उगाए गए थे फिर, अन्य जगहों पर इसका उत्पादन किया जाने लगा। कॉफी को बहुत–सी किस्में बाजारों में उपलब्ध हैं। आजकल ज्यादातर घरों में 'इन्सटेंट कॉफी' ही इस्तेमाल की जाती है, क्योंकि इसे बनाना काफी आसान होता है और इसमें समय भी कम लगता है।

चाय या कॉफी हमेशा सीलबंद ही खरीदनी चाहिए, न कि खुली। अपनी पसंद के ये पेय पदार्थ खरीदते समय काफी अहमियत दें। यदि महक वाली चाय पसंद हो, तो साबुत पत्ती वाली चाय की किस्म खरीदें। यदि तेज चाय पंसद हो तो दानेवाली चाय खरीदें।

अक्सर भुनी कॉफी के बीज खरीदें तथा उन्हें खुद भूनकर इस्तेमाल से पहले पीस लें।

प्रश्न 3. खाद्य उपसाधनों के अंतर्गत आने वाले खाद्य पदार्थों का वर्णन कीजिए।

उत्तर – खाद्य उपसाधनों के अंतर्गत वह खाने योग्य सामग्री (पदार्थ) आती है जो प्रमुखतः हमारे आहार के रूपरंग व सुवास को बेहतर बनाने के लिए प्रयुक्त होती है। सभी मसाले, जड़ी बूटियाँ, नमक, सिरका, इमली, नींबू, सुगंध प्रदान करने वाले तत्त्व जैसे कि केवड़ा, वैनीला, संतरे व स्ट्राबेरी

का सत तथा रंग प्रदान करने वाले सभी पदार्थ इसी वर्ग में आते हैं। इन्हें खाद्य उपबंध भी कहते हैं।

क) मसालें – मसाले आमतौर पर 'स्पाइसिस व कॉन्डिमेन्टस'' (Spices and condiments) के नाम से जाने जाते हैं। इन दो नामों की शुरूआत कैसे हुई इसके बारे में कुछ स्पष्ट प्रमाण नहीं परंतु जब से ये शब्द सामने आए हैं भिन्न–भिन्न लोगों ने इसे भिन्न–भिन्न अर्थ देने का प्रयास किया है। अंतर्राष्ट्रीय मानकीकरण संघटन (आई.ओ.एस.) के अनुसार स्पाइसिस व कॉनडिमेन्टस के बीच कोई स्पष्ट अंतर नहीं है तथा यह पारिभाषिक शब्द ऐसे प्राकृतिक वनस्पति पदार्थों या उनके मिश्रण से संबंधित है जो कि साबुत या पिसी हुई अवस्था में भोजन को सुवास व सुगंध प्रदान करते हैं तथा मसालेदार बना देते हैं।

विश्व में उगने वाले लगभग 70 मसालों में से 50 के करीब तो भारत में ही उगाए जाते हैं। इसी कारण से भारत मसालों के देश से जाना जाता है। वास्को–डि–गामा के समय में मसालों की इतनी कीमती उनके परिरक्षक प्रभाव (preservative action) के कारण समझा जाता था। इस कारण से ही वह यूरोप के अपर्याप्त खाद्य भण्डारों को और अधिक समय तक चला पाने में उपयोगी सिद्ध हुए थे। याद रहे कि यह बात उस समय की है जब परिरक्षण के लिए आधुनिक तरीकों जैसे कि डिब्बाबंद करना व रेफ्रिरजरेटर से लोग परिचित नहीं थे। मांस को लौंग, लकड़ी के धुएँ, खनिज नमक इत्यादि उपचार से लगभग एक साल के लिए परिरक्षित किया जा सकता था। यहाँ तक कि आज भी उत्तर भारत के पहाड़ी इलाकों में शिकार किए हुए मांस को लकड़ी के धुएँ से सुखाकर बाद में इस्तेमाल करने के लिए परिरक्षित किया जाता है। लौंग में यूजिनॉल (eugenol) नामक एक रसायन होता है जो कि जीवाणुओं को बढ़ने से रोकता है। सरसों को भी कुछ परिरक्षक गुण वाला माना जाता था।

2) जड़ी बूटियाँ – यह वह पौधे होते हैं जिनके पत्तों, डण्डियों व बीजों में पाक अथवा औषधीय गुण होते हैं। जड़ी बूटियाँ सुवास में जान डाल देते हैं। भारतीय पाक शास्त्र में साधारणतया प्रयुक्त होने वाली जड़ी–बूटियाँ हैं–पोदीने के पत्ते, धनिये के पत्ते, करी पत्ता तथा सोयाबीन के पत्ते। जड़ी बूटियाँ प्राप्त करने के लिए सबसे बेहतर स्थान आपका अपना ही बगीचा है। भारतीय, यूरोपियन व चीनी पाक विधियों में इस्तेमाल होने वाली जड़ी बूटियाँ बीजों द्वारा आसानी से उगाई जा सकती हैं। वह गमलों व डिब्बों में बिना अधिक मेहनत व जगह लिए उगाई जा सकती हैं।

3) नमक – नमक तो एक अनिवार्य खाद्य उपसाधन है। जंगली जानवर भी नमक की अपनी लालायित को शान्त करने के लिए मीलों का सफर तय करते हैं। गाँधी जी ने भी प्रतीकात्मक विरोध प्रकट करने के लिए नमक आन्दोलन बिना किसी वजह से नहीं चुन लिया था। मानव की नमक के लिए बेतहाशा इच्छा देखकर विभिन्न सरकारों ने नियमित व अधिक आय प्राप्त करने के लिए उसकी बिक्री पर एकाधिकार स्थापित कर दिया है। भारत में अंग्रेज यही करना चाह रहे थे जब गाँधी जी ने नमक आन्दोलन छेड़ा। वास्तव में नमक–जिसकी लागत के बारे में बिना सोचे या जाने हम प्रतिदिन उपभोग करते हैं–का इतिहास बहुत ही आकर्षक है। कुछ चार हजार वर्ष पहले चीनियों ने समुद्र के पानी से नमक बनाने की विधि के बारे में लिखा था।

अंग्रेजी का सैलेरी (salary) शब्द ही एक लैटिन शब्द सैलेरियम (salarium) से लिया गया है जिसका अर्थ ''साल्ट मनी'' (salt money) है। तेरहवीं शताब्दी के व्यापारी यात्री मार्को पोलो ने इस बात पर गौर किया कि तिब्बत में कबुलई खान की मोहर वाले नमक को पैसे की तरह इस्तेमाल किया जाता था। यह थी नमक की अहमियत जो हमारे भोजन में आज भी है। बाईबल के अनुसार भगवान द्वारा मानव को दी गयी उपाधि ''तुम धरती का नमक हो'' नमक के महत्त्व के बारे में अनायास ही बहुत कुछ कहता है।

4) सिरका – पश्चिमी पाक विधियों के मुकाबले कम इस्तेमाल किया जाता है, परंतु यह भारत में बनाया जाता है तथा अचार इत्यादि बनाने में मुख्य रूप में प्रयुक्त होता है। सिरका अंग्रेजी में 'विनेगर' कहलाता है। विनेगर दो फ्रेंच शब्दों ''विन'' और ''एगर'' से मिलकर बना है जिसका अर्थ है ''खट्टी मदिरा''।

5) इमली – यह इमली के पेड़ का पका हुआ फल होता है। जैसे कि हमारे देश के उत्तर के भागों में अमचूर तथा अनार के दानों का इस्तेमाल किया जाता है, उसी तरह दक्षिण भारत के भागों में, भोजन को खट्टापन प्रदान करने के लिए इमली का प्रयोग किया जाता है। वैसे तो यह हमारे देश में हर जगह ही उग जाती है, परंतु मध्य प्रदेश, आन्ध्र प्रदेश, तमिलनाडु व कर्नाटक आदि में यह विशेष रूप से उगाई जाती है।

6) सुवास प्रदान करने वाले निचोड़ – यह या तो वास्तविक निचोड़ का मादक घोल होता है या फिर उनके रासायनिक समगुण का निचोड़ होता है। नींबू, संतरा, वैनीला के बीज व केवड़ा कुछ ऐसे प्राकृतिक पदार्थ हैं जिनमें से सांद्रित निचोड़ प्राप्त करने का प्रचलन है। अन्य उपलब्ध निचोड़ तो केवल संश्लेषित पदार्थ ही होते हैं।

7) रंग प्रदान करने वाले पदार्थ – प्रकृति में रंगों की भरमार है। प्राकृतिक खाद्य पदार्थों में ही रंगो की विशाल किस्में हैं जो कि न सिर्फ उन्हें देखने में मनोहर बना देती हैं अपितु आप को उन्हें खाने के लिए लालायित/आकर्षित भी करती हैं।

खाद्य पदार्थों में प्राकृतिक रूप से उपस्थित सभी रंग मानव शरीर को स्वीकार्य होते हैं। जब भी कोई रंग अस्वीकार्य पाया गया तभी वह खाद्य पदार्थ जिसमें वह उपस्थित था, खाने योग्य नहीं पाया गया। जब तक हम ताजे व प्राकृतिक रंग वाले खाद्य पदार्थों का ही उपभोग करते हैं तब तक हमें रंगों के बारे में सोचने की आवश्यकता नहीं पड़ती है। उन्हें सराहने के साथ ही हमें यह भी ध्यान रखना चाहिए कि भोजन पकाते समय वह नष्ट न हो जाएं।

इकाई–14

खाद्य संग्रहण

प्रश्न 1. खाद्य पदार्थ को खराब करने वाले कारक कौन से हैं? उदाहरण देते हुए वर्णन कीजिए। **[दिसम्बर 2008, प्रश्न.6 (क)]**

उत्तर – खाद्य पदार्थों के खराब होने के मुख्य कारण निम्नलिखित हैं :

1) सूक्ष्मजीवी – सूक्ष्मजीवी मिट्टी, जल एवं वायु में, पशुओं की त्वचा पर, जानवरों की आंतों और शरीर के अन्य भागों में सभी जगह होते हैं। इतना ही नहीं, यह फल व सब्जियों के छिलकों, अनाज के छिलकों पर तथा सूखे फलों के कड़े आवरण पर भी पाए जाते हैं। सूक्ष्म जीवाणुओं में बैक्टीरिया, यीस्ट, फफूंदी, शैवाल, काई, प्रोटोजोआ का नाम विशेष रूप से उल्लेखनीय है। ये जिस खाद्य पदार्थ पर पाए जाते हैं, उसमें काफी परिवर्तन लाते हैं। इनमें से अधिकांश परिवर्तन हानिकारक होते हैं, जिनसे खाद्य पदार्थ खराब हो जाते हैं। परन्तु कुछ सूक्ष्म जीवाणु भोजन पर अनुकूल प्रभाव भी डालते हैं।

क) बैक्टीरिया – ये नन्हें सूक्ष्म जीवाणु, विभिन्न आकार के होते हैं : जैसे–वक्राकार, लंबे, पतले और पेंचदार। इन्हें हम नंगी आँखों से नहीं देख सकते। ये मांस, पोल्ट्री, दूध और दूध से बने पदार्थों तथा मछली से बने पदार्थों को खराब करने में महत्त्वपूर्ण भूमिका अदा करते हैं। उल्लेखनीय है कि उबालने तथा सूर्य की किरणों के साथ सीधे संपर्क से बैक्टीरिया नष्ट हो जाते हैं। ये उन खाद्य पदार्थों पर नहीं पनपते, जो अम्लीय या क्षारीय प्रकृति के होते हैं।

ख) यीस्ट – यीस्ट सूक्ष्म जीवाणुओं के एक अन्य वर्ग का प्रतिनिधित्व करता है। यह भोजन को खमीरीकृत करता हैं। खमीरीकरण एक ऐसी प्रक्रिया है जो डबल रोटी, ढोकला, इडली आदि बनाने के समय प्रयोग में आती है। खमीरीकरण शरीर को कितनी हानि पहुँचा सकता है, यह खाद्य पदार्थ में उत्पादित एल्कोहल की मात्रा पर निर्भर करता है। जब संतरे के स्क्वैश या टमाटर सॉस में बुलबुले उठने लगें, तो हम यीस्ट के कारण होने वाले विकास को पहचान सकते हैं।

ग) फफूंदी – यह एक ऐसा सूक्ष्मजीवी है जो गर्म, आर्द्र और अंधेरी जगह पसंद करता है। फफूंदी का आकर काले बालों जैसा या रूई जैसा होता है, जो अक्सर डबल रोटी या पनीर पर देखने को मिलता है। कुछ फफूंदी इस प्रकार की हैं, जो विषैले पदार्थ भी उत्पन्न करती है, जैसे माइक्रोटॉक्सिन, एफलाटॉक्सिन। उल्लेखनीय है कि मूँगफली पर आने वाली फफूंदी द्वारा उत्पादित विषैला पदार्थ ऐसा ही एक उदाहरण हैं।

2) कीड़े तथा चूहे – खाद्य पदार्थों को खराब करने में कीड़ों तथा चूहों की भी भूमिका महत्त्वपूर्ण होती है। खाद्य पदार्थों को तो वे खाते ही हैं, इसके अतिरिक्त ये इन्हें नुकसान भी पहुँचाते हैं। ये खाद्य पदार्थों में बैक्टीरिया, यीस्ट और फफूंदी के संक्रमण को बढ़ावा देते हैं। चूहे एवं कीड़े अपने मलमूत्र से सारा अनाज दूषित कर देते हैं। चूहों के मल और मूत्र में कई प्रकार के रोग उत्पन्न करने वाले सूक्ष्मजीव पाए जाते हैं, जो मनुष्य को संक्रमित करते हैं।

खाद्य पदार्थों में खराबी को प्रभावित करने वाले कारक – खाद्य पदार्थों को प्रभावित करने वाले कारक निम्नलिखित हैं :

1) तापमान – तापमान में परिवर्तन लाकर सूक्ष्म जीवाणुओं की वृद्धि और एंजाइम की अभिक्रिया को नियंत्रित किया जा सकता है। अक्सर खाद्य पदार्थों को कम ताप पर संगृहीत करने के लिए हिमशीतन (freezing) और शीतन (chilling) का प्रयोग किया जाता है। हिमशीतन की प्रक्रिया द्वारा सूक्ष्मजीवी का नाश होता है और यह संग्रह के दौरान भी चलता रहता है।

2) हवा और ऑक्सीजन – ऑक्सीजन फफूंदी की बढ़ोत्तरी में सहायक होती है। जैसे– डिब्बाबंद खाद्य पदार्थों में वैक्यूम द्वारा या डिब्बे में नाइट्रोजन या कार्बन डाइआक्साइड के संप्रवाहन द्वारा ऑक्सीजन को निकाला जाता है, ताकि ऐसे निम्नीकरण से बचा जा सके।

3) आर्द्रता और सूखापन – आर्द्रता और सूखापन खाद्य पदार्थों के संग्रहण में महत्त्वपूर्ण भूमिका अदा करते हैं। आर्द्र खाद्य पदार्थ सूखने पर खराब हो जाते हैं। आर्द्रता सूक्ष्म जीवाणुओं के पनपने तथा एंजाइम प्रक्रियाओं के लिए आवश्यक है।

4) रोशनी – कुछ विटामिन विशेषकर राइबोफ्लेविन, विटामिन ए तथा विटामिन सी और खाद्य पदार्थों के कई रंग रोशनी के सम्पर्क में आने से नष्ट हो जाते हैं। जैसे–गहरे रंग की बोतलें और चीनी मिट्टी के मर्तबान।

5) समय – उत्पादन के बाद कोई भी खाद्य पदार्थ कुछ समय तक अच्छी स्थिति में होता है। परन्तु यह अवधि बहुत ही छोटी होती है। जितना समय अधिक लगेगा, उतना ही विघटनकारी कारकों का प्रभाव अधिक होगा। सभी खराबी करने वाले कारक समय के साथ बढ़ते जाते हैं। जैसे–खाद्य एंजाइम की क्रिया, सूक्ष्म जीवाणुओं की वृद्धि, कीड़ों द्वारा विघटन आदि।

प्रश्न 2. तापमान में परिवर्तन किस प्रकार खाद्य परिरक्षण में सहायक होता है?

[दिसम्बर 2008, प्रश्न.6 (ख)]

उत्तर – भोजन सामग्री को 6^0 सेंटीग्रेड से ज्यादा तापमान पर रखने पर नष्ट होने का खतरा ज्यादा होता है। हमेशा भोजन सामग्री को 4–6 डिग्री सेंटीग्रेड तक हिमीकृत करना पड़ता है, इससे भोजन सामग्री नष्ट नहीं होती है और लगभग 12 घंटे तक सुरक्षित रहती है।

ज्यादा तापमान पर एन्जाइम तथा सूक्ष्म जीवाणु, दोनों की क्रिया बढ़ जाती है और ये जीवाणु भोजन सामग्री को जल्दी नष्ट कर देते हैं।

प्रशन 3. घर में कीट–नियंत्रण के लिए आप जिन उपायों को अपनाएंगे, उनका संक्षेप में वर्णन कीजिए। **[दिसम्बर 2008, प्रश्न.6 (ग)]**

उत्तर – घर को, विशेषकर रसोईघर को साफ रखना कीड़ों की रोकथाम का सबसे पहला चरण है। सभी डिब्बों के ढक्कन कसकर बंद रखना और खाद्य पदार्थों को आस–पास/जमीन पर गिरने न देना और यदि गिर भी जाए तो गिरे हुए पदार्थ को संग्रहण कक्ष में या रसोईघर में पड़े न रहने देना भी कीड़ों की रोकथाम के लिए आवश्यक है। रसोईघर के कूड़े के लिए ढक्कन वाला कूड़ेदान होना बहुत जरूरी है। इस कूड़ेदान में कागज या प्लास्टिक का लिफाफा बिछा होना चाहिए जिसे कूड़े के साथ फेंक दिया जाना चाहिए और इस तरह कूड़ेदान साफ ही रहेगा। कूड़ेदान को यदि संभव हो दिन में दो बार अवश्य खाली करना चाहिए।

इन कीड़ों के घर/बिलों में और अपने भोजन में प्रवेश को रोकने के लिए निम्न उपाय सहायक होंगे :

1) खरीदते समय यह निश्चित कर लें कि खाद्य पदार्थ कीड़ों–मकौड़ों से प्रभावित न हों। शीतल पेय की बोतलों के ढक्कन की दरारों में अधिकतर तिलचट्टे होते हैं। दुकानों से खरीदी गई बोरियों में अधिकतर कीड़े होते हैं।

2) सभी अनाज, दालों, फलियों तथा मसालों को साफ करके धूप लगाकर (संग्रहण से पहले ठंडा करके) संग्रहीत करें। ध्यान रखें कि चावल धूप में नहीं रखने चाहिए।

3) संग्रहण के डिब्बों को निश्चित काल बाद साफ करते रहना चाहिए। उन्हें धूप में सुखाएँ और खाद्य पदार्थों से भरने से पहले ठंडा कर लें। डिब्बों के ढक्कन कसकर बंद होने वाले होने चाहिए।

4) यह निश्चित कर लें कि दीवारों, दरवाजों और खिड़कियों की सभी दरारें और छिद्र बंद हों। यह कीड़ों के रहने और वृद्धि के लिए अनुकूल स्थान है।

5) सभी नालियों और पानी के निकास स्थान जाली द्वारा ढके होने चाहिए ताकि चूहों और तिलचट्टों के प्रवेश को रोका जा सके। यदि रसोईघर का दरवाजा बाहर आंगन में खुलता हो तो ध्यान रखें कि वह हमेशा बंद रखा जाए ताकि चूहों को अंदर आने से रोका जा सके। हवा और रोशनी के लिए एक जाली का दरवाजा लगवा लें।

6) यदि आवश्यकता हो तो चूहे पकड़ने वाले पिंजरों का प्रयोग करें।

रासायनिक कीटनाशक का रसोईघर में छिड़काव नहीं करना चाहिए। ऐसा करना छिड़काव करने वाले व्यक्ति के लिए ही नहीं अपितु उस रसोईघर में बने भोजन खाने वाले के लिए भी हानिप्रद और खतरनाक है। फिर भी, कीटनाशक का छिड़काव करने वाले व्यक्ति पर उसके हानिकारक प्रभाव गंभीर रूप से पड़ते हैं। ऐसी स्थिति हो कि कीटनाशक का प्रयोग बहुत अनिवार्य हो जाए तो पेस्ट कंट्रोल सहायक की सहायता लीजिए। छिड़काव का यह काम कभी भी स्वयं न करें।

7) रासायनिक कीटनाशियों के विकल्प के रूप में आप घरेलू चीजों जैसे–हल्दी, नीम के पत्ते

का तेल का इस्तेमाल भी कर सकते हैं। चावलों में हल्दी या गेहूँ या चावलों में नीम के पत्ते डालकर रखने का आम प्रचलन है। यदि आप अपनी दादी माँ या घर के किसी बड़े व्यक्ति से इनके बारे में बात करें तो आपको कीड़ों की रोकथाम के ऐसे कई घरेलू उपाय जानने को मिलेंगे।

प्रशन 4. खाद्य पदार्थों में खराबी को प्रभावित करने वाले कारकों का वर्णन कीजिए।

उत्तर – कुछ कारक जैसे तापमान, आर्द्रता आदि सूक्ष्मजीवाणुओं की वृद्धि और एंजाइम की अभिक्रिया को प्रभावित करते हैं और इस तरह खाद्य पदार्थों को खराब करने में महत्त्वपूर्ण भूमिका निभाते हैं। इन कारकों का वर्णन निम्नलिखित है :

तापमान – प्रत्येक सूक्ष्मजीवाणु एक इष्टतम तापमान (optimal temperature) पर पनपता है अर्थात् ऐसा तापमान जिस पर उनकी वृद्धि सबसे अधिक होती है तथा उनकी संख्या तेजी से बढ़ती है। इसी प्रकार एंजाइम भी अपने इष्टतम तापमान पर सबसे अधिक क्रियाशील होते हैं। अतः तापमान में परिवर्तन (कम या अधिक) लाकर सूक्ष्मजीवाणुओं की वृद्धि और एंजाइम की अभिक्रिया को नियंत्रित किया जा सकता है। प्रायः खाद्य पदार्थों को कम ताप पर संग्रहीत करने के लिए हिमशीतन (freezing) और शीतन (chilling) का प्रयोग किया जाता है। हिमशीतन की प्रक्रिया से सूक्ष्मजीवाणुओं का नाश होता है और यह संग्रह के दौरान भी चलता रहता है।

भोजन को रेफ्रीजरेटर (फ्रिज) में भी संग्रहीत किया जाता है परंतु अधिक समय तक नहीं। तथापि याद रखें कि अपेक्षा से अधिक गर्मी और ठंडक, दोनों से ही खाद्य पदार्थ का निम्नीकरण हो सकता है। अपेक्षा से अधिक गर्मी से प्रोटीन और विटामिन नष्ट हो सकते हैं और आर्द्रता के समाप्त हो जाने से भोजन सूख जाता है। उसी तरह अपेक्षा से अधिक शीतता को यदि हिमीकरण के दौरान नियंत्रित नहीं किया जाता तो खाद्य पदार्थों की बाहरी परत और झिल्ली टूट जाती है। हिमद्रवण (thawing) के दौरान ऐसे खाद्य पदार्थों में सूक्ष्मजीवाणु प्रवेश पाकर उसे खराब कर देते हैं।

आर्द्रता और सूखापन – आर्द्रता या सूखापन खाद्य पदार्थों के संग्रहण में महत्त्वपूर्ण भूमिका निभाते हैं। आर्द्र खाद्य पदार्थ सूखने पर खराब हो जाते हैं और इसी प्रकार सूखे खाद्य पदार्थ आर्द्रता प्राप्त करने पर खराब हो जाते हैं। आर्द्रता सूक्ष्मजीवाणुओं के पनपने तथा एंजाइम प्रक्रियाओं के लिए आवश्यक है। अतः किसी भी खाद्य पदार्थ में उचित तापमान में आर्द्रता सूक्ष्मजीवाणुओं और फफूंदी की बढ़ोत्तरी को तीव्रता प्रदान करती है। इसके लिए यह जरूरी नहीं है कि खाद्य पदार्थ के सभी भागों में आर्द्रता बराबर के अनुपात में हो। फल और सब्जियों की सतह पर आर्द्रता केवल बाह्य वातावरण से ही नहीं आती है बल्कि श्वसन और पारश्वसन से भी उत्पन्न होती है। अतः जब इन्हें आर्द्रता–रोधी पैक जैसे प्लास्टिक के लिफाफों में रखा जाता है तो यह आर्द्रता बीच में ही बंद हो जाती है और सूक्ष्मजीवाणुओं की बढ़ोत्तरी में

सहायता करती है।

हवा और ऑक्सीजन – कुछ विटामिन विशेषकर विटामिन ए और सी तथा खाद्य पदार्थों के रंग और सुवास हवा और ऑक्सीजन के सपंर्क से नष्ट हो जाते हैं। ऑक्सीजन फफूंदी की बढ़ोत्तरी में सहायक होती है। डिब्बाबंद खाद्य पदार्थों में वैक्यूम द्वारा या डिब्बे में नाइट्रोजन या कार्बन डाईऑक्साइड के संप्रवाहन द्वारा ऑक्सीजन को निकाला जाता है ताकि ऐसे निम्नीकरण से बचा जा सके। हवा खाद्य पदार्थों की नमी सोख लेती है। शुष्कता से खाद्य पदार्थों में खराबी आ जाती है।

रोशनी – कुछ विटामिन विशेषकर राइबोफ्लेविन, विटामिन ए तथा विटामिन सी और खाद्य पदार्थों के कई रंग रोशनी के संपर्क में आने से नष्ट हो जाते हैं। संवेदनशील खाद्य पदार्थों को अधिकतर रोशनी से बचाने के लिए प्रायः ऐसे डिब्बों में रखा जाता है जिनमें रोशनी प्रवेश नहीं कर पाती है। उदाहरण के लिए गहरे रंग की बोतलें और चीनी मिट्टी के मर्तबान।

समय – उत्पादन के पश्चात् कोई भी खाद्य पदार्थ (फसल काटने के बाद/पशुवध करने के बाद) कुछ समय तक अच्छी स्थिति में होता है परंतु यह अवधि बहुत ही छोटी होती है–फसल कटने के बाद कुछ घंटों से लेकर शायद एक या दो दिन तक, जैसे कि ताजे मटर और ताजी मक्का की स्थिति। हमारे देश में यातायात की उचित सुविधा न होने के कारण इतना समय तो फसल काटने के बाद खेतों में ही लग जाता है। सभी खराबी उत्पन्न करने वाले कारक जैसे सूक्ष्मजीवाणुओं की वृद्धि, कीड़ों द्वारा विघटन, खाद्य एंजाइम की क्रिया, कम ताप, ऑक्सीजन, रोशनी और आर्द्रता आदि के प्रभाव समय के साथ बढ़ते जाते हैं। जितना ज्यादा समय लगेगा उतना ही विघटनकारी कारकों का प्रभाव अधिक होगा। यह भी सच है कि कुछ खाद्य पदार्थ जितने पुराने होते हैं उतने ही अच्छे माने जाते हैं। जैसे कुछ प्रकार के पनीर, मदिरा तथा अचार। लेकिन अधिकांश खाद्य पदार्थों की प्रकृति समय के साथ निम्नतर ही हो जाती है।

प्रश्न 5. खाद्य संग्रहण से क्या तात्पर्य है तथा इसकी विधियों का वर्णन कीजिए।

उत्तर – सभी के लिए पर्याप्त भोजन उपलब्ध कराने के लिए केवल पारिवारिक–छोटे स्तर पर ही नहीं, बल्कि देश–बड़े स्तर पर पर्याप्त खाद्य पदार्थों की आपूर्ति सुनिश्चित करने का पहला चरण है–उचित संग्रहण।

खाद्य संग्रहण की विधियाँ – नष्ट न होने वाले खाद्य पदार्थ, देर से नष्ट होने वाले खाद्य पदार्थ और शीघ्र नष्ट होने वाले खाद्य पदार्थ। इन सभी वर्गों के खाद्य पदार्थों के लिए अलग–अलग संग्रहण सुविधाओं की आवश्यकता होती है जिनका वर्णन निम्नलिखित है :

1) नष्ट न होने वाले खाद्य पदार्थों का संग्रहण – प्रायः अनाज, दाल, सूखी फलियाँ, चीनी, नमक और इमली तथा कुछ मसाले भी अधिकतर ग्रामीण लोगों द्वारा लगभग एक वर्ष तक संग्रहीत किए जाते हैं (अधिकतर एक फसल से दूसरी फसल कटने तक)। नगरों और शहरों में जहाँ उपभोक्ता अपने भोजन का सारा सामान बाजार से खरीदते हैं, स्थिति कुछ अलग है।

उपलब्ध जगह, सुविधाओं तथा एक समय में अधिक मात्रा में खरीदने के लिए धन की सीमितता तथा काफी हद तक उचित (विश्वसनीय) विपणन सुविधाएँ अधिकतर लोगों को केवल मासिक खरीदारी के लिए प्रेरित करते हैं। फिर भी, खाद्य पदार्थों की मात्रा को खराब होने से बचाने के लिए उचित संग्रहण की आवश्यकता होती है।

2) देर से नष्ट होने वाले खाद्य पदार्थों का संग्रहण – कुछ अनाज से बने पदार्थ, जड़ व मूलकंद, सूखे मेवे, तिलहन और फल इसी वर्ग में आते हैं।

– अनाजों से बने पदार्थ : विभिन्न प्रकार के अनाज जैसे आटे, सूजी, सेवियाँ, दलिए में समय के साथ एक दुर्गंध भी आ जाती है और इन्हें कीड़ा भी जल्दी लग जाता है। उन्हें इन सभी खराब करने वाले पदार्थों से बचाने के लिए साफ करके छानकर, कुछ घंटे धूप लगाकर तथा ठंडा करके, कसकर बंद होने वाले डिब्बों या बोतलों में संग्रह करना चाहिए। बोतलें ज्यादा अच्छी रहती हैं क्योंकि उनमें समय–समय पर अंदर की चीज की जाँच की जा सकती है कि खाद्य पदार्थ ठीक है या नहीं।

– जड़ और मूलकंद : प्याज और आलू को ठंडे, सूखे और हवादार जगह पर संग्रहीत करना चाहिए ताकि उनमें अंकुरण होने और फफूंदी लगने को रोका जा सके। वह छत से लटकने वाले तार या प्लास्टिक के छिक्कों में या टोकरी में उत्तम रहते हैं क्योंकि इससे उनमें हवा का संचरण होता रहता है। उन्हें रसोईघर में नहीं रखना चाहिए। उन्हें ठंडे स्थान की आवश्यकता होती है।

– सूखे मेवे : सूखे मेवों में भी दुर्गन्ध सी आ जाती है और कीड़े लग जाते हैं। आपको इन्हें तभी अधिक मात्रा में खरीदना चाहिए यदि आप उनका छिलका उतारकर प्लास्टिक के लिफाफों में फ्रिज में संग्रहीत कर सकते हैं।

– फल : सेब, संतरे और अध–पके आम कुछ हफ्तों तक तो ठीक रह जाते हैं परन्तु उन्हें कागज से ढकी हुई टोकरी में रखना चाहिए ताकि उन्हें सूखने से बचाया जा सके। खाने के लिए तैयार संतरों और आम को रखने का श्रेष्ठतम तरीका है–प्लास्टिक के लिफाफों में डालकर फ्रिज में रखना। उन्हें अधिक समय तक रखने के लिए ठंडे वातावरण की आवश्यकता होती है।

3) शीघ्र नष्ट होने वाले खाद्य पदार्थों का संग्रहण – निम्न तापमान–एंजाइम और सूक्ष्मजीवाणु दोनों की ही क्रिया को बंद कर सकते हैं। अतः शीघ्र नष्ट होने वाले खाद्य पदार्थों को फ्रिज के कम तापमान पर रखना चाहिए। घरेलू रेफ्रीजरेटर में तापमान आम तौर पर 4^0 सेंटीग्रेड और 10^0 सेंटीग्रेड के बीच रहता है।

इकाई–15

भोजन का परिरक्षण और पौष्टिक मान बढ़ाना

प्रश्न 1. खाद्य पदार्थों का पौष्टिक मान सुधारने की विधियों का वर्णन कीजिए।
[दिसम्बर 2008, प्रश्न.8 (1)]

उत्तर – बढ़ती हुई जनसंख्या और भोजन के सीमित संसाधनों के कारण हमारे लिए उपलब्ध खाद्य पदार्थ के प्रत्येक भाग से अधिकतम पोषक मान प्राप्त करना महत्त्वपूर्ण हो जाता है। आप उपलब्ध भोजन का पोषक मान बढ़ाकर भोजन पकाने से पोषक तत्त्वों की हानि को कम करके या रोककर/भोजन के अपव्यय को रोककर यह प्राप्त कर सकते हैं।

पोषक मान बढ़ाने के उपाय – अंकुरण, खमीरीकरण तथा विभिन्न खाद्य पदार्थों को आहर में मिला–जुलाकर प्रयोग करना, इन सभी विधियों का विस्तार से विवरण निम्नलिखित है :

1) अंकुरण – सूखी दालें, फलियाँ तथा अनाज में सामान्यतः विटामिन सी नहीं होता, परंतु जब उन्हें अंकुरित होने या उगने दिया जाए तो अनाज और बढ़ते हुए अंकुर में विटामिन सी बन जाता है। अंकुरण से सूखी दालों में बी समूह के विटामिनों की मात्रा भी बढ़ जाती है। अंकुरण में दाल या अनाज को 24 घंटे पानी में भिगोकर रखने के बाद, किसी दूसरे नम कपड़े से ढक दिया जाता है। दो या तीन दिन के अंदर ही अनाज या दाल के दाने उगने लगते हैं तथा अंकुर 3–4 इंच तक बढ़ जाते हैं। आपको ढके हुए कपड़े को हमेशा नम रखना है। उगे हुए दाने या तो कच्चे खाए जा सकते हैं या बहुत थोड़े समय तक पकाकर (ताकि उसमें बना हुआ विटामिन नष्ट न हो जाए)। सामान्यतः अंकुरण के लिए चने का प्रयोग किया जाता है। चने से भी बढ़िया है साबुत मूंग की दाल। अंकुरित मूंग की दाल में अंकुरित चने की अपेक्षा तीन गुणा विटामिन सी होता है। यह किसी खाद्य पदार्थ से बहुत ही साधारण और सस्ती विधियों द्वारा अधिकतम पौष्टिक लाभ उठाने का उत्तम उदाहरण है।

2) खमीरीकरण – यदि वातावरण की स्थितियाँ सूक्ष्मजीवाणुओं तथा भोजन में प्रतिक्रिया के अनुकूल हों तो भोजन में प्राकृतिक खमीरीकरण हो जाता है। खमीरीकृत गेहूँ का आटा जिसका प्रयोग भटूरा और नान बनाने में किया जाता है तथा खमीरीकृत डोसा और इडली बनाने के मिश्रण प्राकृतिक खमीरीकरण के उदाहरण हैं। खमीरीकरण की प्रक्रिया कुछ विशेष सूक्ष्मजीवाणुओं के पनपने और भोजन में उनके चयापचयी क्रिया को बढ़ावा देती है। जब हम दूध से दही बनाते हैं तो हम यही करते हैं। हम दूध में लैक्टिक अम्ल बनाने वाले बैक्टीरिया को पनपने में बढ़ावा देते हैं। यदि आप दही को एक प्रबल सूक्ष्मदर्शी के नीचे रखकर देखें तो आप दही

में इन्हीं बैक्टीरिया को तैरते पाएंगे। महत्त्वपूर्ण तथ्य यह है कि खमीरीकरण से उत्पन्न अम्ल और एल्कोहल भोजन में प्रवेश करने वाले रोग उत्पादक सूक्ष्मजीवाणुओं को पनपने नहीं देते। खमीरीकृत भोजन अधिकतर खमीरीकृत न किए हुए भोजन की तुलना में अधिक पौष्टिक होता है। ऐसा तीन कारणों से होता है। पहला कारण है कि सूक्ष्मजीवाणु न केवल अधिक जटिल यौगिकों को विघटित करते हैं बल्कि वह बहुत से जटिल विटामिनों जैसे राइबोफ्लेविन, विटामिन बी1 2 तथा विटामिन सी का संश्लेषण भी करते हैं। इसलिए खमीरीकृत भोजन में न खमीरीकृत किए हुए भोजन की अपेक्षा इन विटामिनों की मात्रा अधिक होती है।

3) खाद्य सम्मिश्रण – इस तथ्य के बारे में भी कि अनाज और दालों का अलग–अलग प्रयोग करने से हमारे शरीर को पर्याप्त प्रोटीन नहीं मिल सकता। इस तरह से आहर में एक या दूसरे किसी अनिवार्य एमीनो एसिड की कमी रह जाएगी। फिर भी यदि हम दाल, अनाज और अन्य वानस्पतिक खाद्य पदार्थों के विवेकपूर्ण सम्मिश्रण का प्रयोग करें तो हमें अनिवार्य एमीनो एसिड उपलब्ध हो सकते हैं। अनाज और दालों के प्रोटीन में प्राकृतिक पूरक प्रभाव होता है। किसी एक खाद्य पदार्थ में किसी अनिवार्य एमीनो ऐसिड की कमी को दूसरे खाद्य पदार्थ में उसी अनिवार्य एमीनो ऐसिड की अधिकता द्वारा पूरा किया जा सकता है। इसके लिए यह जरूरी है कि दोनों खाद्य पदार्थ एक ही समय के आहार में प्रयोग में लाए जाएं। भोजन की पौष्टिकता की दृष्टि से हमारे कुछ पारंपरिक व्यंजन जैसे इडली–सांबर, दाल–चावल, छोले–भटूरे, खिचड़ी, दाल–रोटी, पुलीहोरा, बिसिबेल्ला–फुलिहाना कुछ ऐसे ही लाभप्रद सम्मिश्रण के उदाहरण हैं। आप अपने प्रदेश में ऐसे कुछ अन्य उदाहरण ढूंढ सकते हैं। शिशुओं, बढ़ते हुए बच्चों और गर्भवती तथा स्तनपान कराने वाली स्त्रियों के लिए उनके पौष्टिक स्तर को बढ़ाने में रूचि रखने वाली विभिन्न संस्थाओं और संगठनों ने पौष्टिकता की दृष्टि से बहुत–से लाभप्रद सम्मिश्रणों के बारे में पता लगाया जाता है।

फॉरटीफिकेशन – फॉरटीफिकेशन एक ऐसी प्रक्रिया है जिसमें किसी विशेष खाद्य पदार्थ में कुछ अतिरिक्त पोषक तत्त्व मिलाए जाते हैं। फॉरटीफिकेशन के लिए ऐसे पोषक तत्त्व चुने जाते हैं जो अक्सर आहार में खाने की आदतों या मिथ्या धारणाओं के कारण कम मात्रा में होते हैं या वह अधिकतर महंगे खाद्य पदार्थों में पाए जाते हैं। फॉरटीफिकेशन के लिए ऐसे खाद्य पदार्थों का चयन किया जाता है जिनमें अतिरिक्त पोषक तत्त्व मिलाने से खाद्य पदार्थ की स्वीकृति पर असर न पड़े, व उन खाद्य पदार्थों का जनता के अधिकांश भाग द्वारा प्रयोग किया जाता है। हमारे देश में खाद्य पदार्थों में फॉरटीफिकेशन के कुछ उदाहरण हैं–वानस्पतिक घी में विटामिन ए और डी, नमक में आयोडीन तथा लौह तत्त्व, दूध में बी समूह के विटामिन।

प्रश्न 2. खाद्य परिरक्षण के सिद्धांत तथा विधियों का वर्णन कीजिए।

[जून 2008, प्रश्न.8(4)]

उत्तर – भोजन परिरक्षण का मौलिक सिद्धांत है भोजन को खराब करने वाले कारकों को खत्म करना। ये कारक हैं–सूक्ष्म जीवाणुओं का पनपना और प्राकृतिक एंजाइम की क्रियाशीलता।

इन जीवों की बढ़ोत्तरी पर हम नियंत्रण रख सकते हैं।

1) सूक्ष्म जीवाणुओं द्वारा विघटन की रोकथाम – सूक्ष्म जीवाणुओं द्वारा विघटन की रोकथाम के लिए मुख्यतः दो विधियाँ हैं–पहली, जीवाणुरोधी विधि (Bacteriostatic method) तथा जीवाणुनाशक विधि (Bactericidal Method)।

क) जीवाणुरोधी विधि – ऐसी विधि को, जिसके द्वारा सूक्ष्म जीवाणु अपना कार्य नहीं कर पाते और पनप नहीं पाते, जीवाणुरोधी विधि कहते हैं। जैसे–निर्जलीकरण, अचार बनाना, नमक का प्रयोग, धुएँ का प्रयोग आदि इस विधि के उदाहरण हैं।

ख) जीवाणुनाशक विधि – ऐसी विधि को जिसमें सूक्ष्म जीवाणुओं को नष्ट कर दिया जाता है, जीवाणुनाशक विधि कहते हैं। उल्लेखनीय है कि खाद्य पदार्थों की डिब्बाबंदी, रासायनिक पदार्थों का प्रयोग तथा विकिरण ऐसी विधियाँ हैं जिनमें जीवाणु नष्ट हो जाते हैं। उल्लेखनीय है कि इनमें से प्रत्येक विधि द्वारा खाद्य पदार्थों के रंग–रूप अथवा पोषक मान में कमी भी आ सकती है।

2) सुखाना – सामान्य वृद्धि करने वाले सूक्ष्म जीवाणुओं में 80 प्रतिशत से अधिक जल रहता है। वे जिस भोजन पर पनपते हैं, उससे वे जल ग्रहण करते हैं। इसलिए फफूंदी प्रायः अर्द्ध सूखे भोजन पर भी पनपती है। जैसे–बासी डबलरोटी और आंशिक रूप से सुखाए गए फलों पर फफूंदी का उगना। अतः सुखाने से भोजन की सूक्ष्म जीवाणुओं से रक्षा की जा सकती है।

3) अम्ल – कुछ सूक्ष्म जीवाणु अन्य की अपेक्षा अम्ल के प्रति अधिक संवेदनशील होते हैं। खमीरीकरण से एक सूक्ष्म जीवाणु द्वारा उत्पादित अम्ल अन्य जीवाणुओं की बढ़ोत्तरी नहीं होने देता। जैसे–सिट्रिक अम्ल तथा फॉस्फोरिक अम्ल कार्बोनीकृत पेय जैसे पदार्थों में मिलाए जाते हैं। वे भोजन में उत्पादित भी हो सकते हैं जैसा हम दही जमाते समय करते हैं।

4) अधिक मात्रा में चीनी तथा नमक – जब सूक्ष्म जीवाणुओं को चीनी की गाढ़ी चाशनी में या अधिक नमक युक्त जल में डाला जाता है, तो कोशिका के अंदर का जल बाहर चीनी या नमक वाले घोल में आ जाता है और इस तरह कोशिकाओं में आंशिक निर्जलीकरण की स्थिति उत्पन्न हो जाती है। ये सूक्ष्म जीवाणुओं की बढ़ोत्तरी और पनपने में बाधा उत्पन्न करते हैं। जैसे–जैम या जैली में अधिक मात्रा में मिलाई गई चीनी इन पदार्थों को परिरक्षित रखने के लिए जिम्मेदार है।

5) वायु – वायु द्वारा भी सूक्ष्मजीवी की बढ़ोत्तरी पर नियंत्रण रखा जा सकता है।

6) रासायनिक पदार्थ – कुछ ऐसे रासायनिक पदार्थ हैं जो सूक्ष्म जीवाणुओं को नष्ट करते हैं या उनको पनपने से रोकते हैं। जैसे–सोडियम बंजोएट फफूंदी को पनपने से काफी प्रभावी ढंग से रोकता है तथा इसका प्रयोग जैम और जैली को परिरक्षित करने के लिए किया जाता है।

7) विकिरण – खाद्य पदार्थों को विकिरण द्वारा परिरक्षित करना अति आधुनिक विधि है।

जैसे–एक्स–रे, माइक्रोवेव, अल्ट्रावायलेट किरणें तथा आयोनाइजिंग किरणें, विभिन्न प्रकार की किरणें हैं, जिनका प्रयोग भोजन को परिरक्षित करने के लिए किया जाता है।

प्रश्न 3. एंजाइम द्वारा भोजन के स्व–विघटन को टालना या रोकने पर संक्षिप्त टिप्पणी करो।

उत्तर – कई सिद्धांत जो सूक्ष्मजीवाणुओं की रोकथाम के लिए लागू होते हैं, वे प्राकृतिक खाद्य एंजाइमों पर भी लागू होते हैं। उच्च ताप, कम ताप, निर्जलीकरण, कुछ रासायनिक पदार्थ और विकिरण प्राकृतिक खाद्य एंजाइमों को भी निष्क्रिय करते हैं। जब भोजन को सूक्ष्मजीवाणुओं को नष्ट करके निर्जीवीकृत या पाश्चुरीकृत किया जाता है तो यह एंजाइम भी आंशिक या पूर्णरूप से निष्क्रिय हो जाते हैं।

ब्लॉचिंग की प्रक्रिया जिसमें हिमीकृत करने से पहले सब्जियों को उबलते पानी में 3 से 5 मिनट तक डालकर फिर जल्दी से ठंडा कर लिया जाता है, यह भी एक उदाहरण है जिसमें एंजाइम को नष्ट करके स्व–विघटन को रोका जाता है। इसी प्रकार, जब सूक्ष्मजीवाणुओं की क्रिया को धीमा करने के लिए कम ताप का प्रयोग किया जाता है तो इन एंजाइमों की क्रिया में भी कमी आ जाती है। फिर भी कुछ ऐसे प्राकृतिक खाद्य एंजाइम हैं जो उच्च ताप, कम ताप, निर्जलीकरण और विकिरण का अन्य सूक्ष्मजीवाणुओं की अपेक्षा अधिक प्रतिरोध कर सकते हैं और इसलिए अधिकतर जीवाणु प्रभावी रूप से नष्ट हो जाते हैं परंतु ये एंजाइम विघटन की प्रक्रिया को जारी रखने के लिए ज्यों के त्यों बने रहते हैं।

प्रश्न 4. रिक्त स्थानों की पूर्ति कीजिए :

क) अधिकांश बैक्टीरिया, यीस्ट तथा फफूंदी सबसे ज्यादा 160 सेंटीग्रेड से .... सेंटीग्रेड तापमान पर पनपते हैं।

ख) बैक्टीरिया तथा यीस्ट को फफूंदी की अपेक्षा........... नमी की आवश्यकता होती है।

ग) सुखाए गए खाद्य पदार्थ........... हो जाते हैं यदि उनमें फिर से नमी मिला दी जाए क्योंकि उन पर .... उगने लगती है।

घ) .... गर्मी के साथ मिलकर भोजन परिरक्षण की बहुत प्रभावी विधि बनाते हैं क्योंकि इससे गर्मी सूक्ष्मजीवाणुओं के लिए और अधिक विनाशकारी हो जाती है।

ङ) सूक्ष्मजीवाणु जिन्हें पनपने के लिए वायु की आवश्यकता होती है......... कहलाते हैं।

उत्तर – क) 380

ख) अधिक

ग) खराब, बैक्टीरिया

घ) अम्ल

ङ) वायुजीवी

प्रश्न 5. निम्नलिखित को जोड़ें :

क) पाश्चुरीकरण 1) बैक्टीरिया को पनपने न देने के लिए भोजन में से जल को निकालना

ख) निर्जीवीकरण 2) दूध को 60–620 सेंटीग्रेड तापमान पर 30 मिनट के लिए गर्म करना

ग) हिमद्रवण 3) फल और सब्जियों को 3 से 5 मिनट तक उबलते पानी में डालना

घ) ब्लॉचिंग 4) खाद्य पदार्थों को आग के ऊपर धुँआ लगवाना

5) एक खाद्य पदार्थ में से सभी सूक्ष्म–जीवाणुओं को निकाल देना

6) हिमशीतित खाद्य पदार्थों को सामान्य ताप पर लाना

उत्तर – क) 2 **ख)** 4 **ग)** 1 **घ)** 3

प्रश्न 6. खमीरीकरण द्वारा खाद्य पदार्थों में क्या लाभकारी परिवर्तन होते हैं?

उत्तर – 1) खमीरीकण भोजन को हल्का और अधिक पाचनशील बनाता है।

2) खमीरीकृत भोजन अधिक समय तक ठीक रहता है क्योंकि ऐसे भोजन के खमीरीकरण के बहुत से अंतिम उत्पाद अम्ल और एल्कोहल रोग उत्पादक सूक्ष्मजीवाणुओं को पनपने नहीं देते।

3) खमीरीकृत भोजन अधिक पौष्टिक होता है।

प्रश्न 6. भोजन के अपव्यय को रोकने के उपायों के वर्णन कीजिए।

उत्तर – भोजन के अपव्यय को रोकने के लिए उपाय निम्नलिखित हैं :

क) कम से कम एक हफ्ते के आहार के लिए पहले से ही योजना बनाएं। एक सप्ताह के लिए आहार योजना को ध्यान में रखते हुए आहार बनाने की प्रक्रिया का आयोजन करें।

ख) आहार आयोजन करते समय बचे हुए भोजन को या बचने वाले भोजन को ध्यान में रखें।

ग) बचे हुए भोजन का जल्दी से जल्दी प्रयोग कर लें।

घ) बाहर से खरीद की सूची बनाने से पहले अपने भंडार/संग्रहण कक्ष को देख लें कि वहाँ क्या चीज पहले से ही उपस्थित है।

ङ) अपने संग्रहण कक्ष का हर हफ्ते निरीक्षण करें और जल्दी खराब होने वाली वस्तुओं का प्रयोग पहले करें।

च) खाद्य पदार्थों की उचित आवश्यक मात्रा ही खरीदें। इस तरह से पर्याप्त आहार होने का संतोष भी रहेगा और भोजन का अपव्यय भी नहीं होगा। इस मामले में उन खाद्य पदार्थों पर विशेष ध्यान दिया जाना चाहिए जिन्हें संग्रहीत नहीं किया जा सकता और इसलिए जिनका प्रयोग किया जाना जरूरी है।

छ) एक दिन के अंत में अगले दिन की आहार योजना का पुनरावलोकन कीजिए। अपने परिवार की योजना में हुई किसी नई घटना का ध्यान रखते हुए या बचे हुए भोजन का प्रयोग करने के लिए, जिसके बचने की आपको आशा नहीं थी, आप उन्हें बदल सकते हैं।

इकाई–16

खाद्य सुरक्षा

प्रश्न 1. ''खाद्य पदार्थों की मिलावट'' को स्पष्ट कीजिए। आप यह कैसे सुनिश्चित कर सकते हैं कि खाद्य पदार्थ में मिलावट नहीं है। [जून 2008, प्रश्न.5 (ग)]

उत्तर – अधिक मुनाफा कमाने के लिए किसी खाद्य पदार्थ की कोटि को निम्न बना दिया जाता है या उसमें घटिया कोटि के पदार्थ को मिलाकर उसे अशुद्ध कर दिया जाता है अथवा किसी खाद्य पदार्थ में से कुछ चीज निकाल लेना जिसकी वजह से उसकी कोटि निम्न हो जाती है। मिलावट के आम उदाहरण हैं दूध में पानी मिलाकर उसकी मात्रा को बढ़ाना तथा उपभोक्ता की जानकारी के बिना दूध की मलाई निकाल लेना। उच्च कोटि की हरी इलायची में ऐसी इलायची मिला देना जिसमें से तेल निकाला जा चुका है, भी मिलावट का ही एक उदाहरण है।

सामान्य रूप से मिलावट वाले खाद्य पदार्थों में मिलावट की जाँच के लिए हम कई परीक्षण कर सकते हैं। इनमें से कुछ के लिए हमें साधारण प्रतिकर्मक, रसायन व उपकरणों की आवश्यकता पड़ती है, जो कि आसानी से व कम कीमत पर मिल जाते हैं। मिलावट की जाँच के लिए इन्हें ला कर रखने की तकलीफ भी नहीं है। कुछ आसान परीक्षणों का वर्णन निम्नलिखित है :

नमक या बारीक दानों वाली चीनी में पतली रेत या सूजी की जाँच करना – नमूने को परखने के लिए साफ पानी के एक गिलास में डालकर मिला लें। चीनी या नमक तो पानी में घुल जाएगा तथा रेत या सूजी की परत गिलास में नीचे बैठ जाएगी।

गुड़ में रेत या मिट्टी की जाँच करना – गुड़ को थोड़े पानी में उबाल लें। गुड़ तो पानी में घुल जाएगा तथा रेत व मिट्टी नीचे बैठ जाएगी।

प्रश्न 2. निम्नलिखित प्रत्येक के लिए किन्हीं दो–दो सरल परीक्षणों का वर्णन कीजिए जिनसे आप इनमें अपमिश्रण की जाँच कर सकते हैं।

क) दूध ख) मसाले [दिसम्बर 2007, प्रश्न.5 (ख)]

उत्तर – क) दूध में अधिक पानी की जाँच करना – लेक्टोमीटर नामक एक सरल यंत्र से दूध के विशिष्ट घनत्व की जाँच की जा सकती है। किसी भी वैज्ञानिक उपकरणों की दुकान में यह अवश्य मिल जाएगा। विशिष्ट घनत्व का अंक यदि चार से कम हो, तो इसका मतलब होता है कि दूध में अधिक पानी मिला हुआ है।

ख) काली मिर्च में पपीते के बीजों की जाँच करना – पानी के गिलास में थोड़ी सी काली मिर्च डालें। काली मिर्च तो नीचे बैठ जाएगी तथा पपीते के बीज ऊपर तैरते रहेंगे।

प्रश्न 3. निम्नलिखित की सुरक्षा सुनिश्चित करने वाले भारतीय कानून का नाम बताइए।

क) विनिर्मित फल उत्पाद ख) माँस व माँस उत्पाद [जून 2008, प्रश्न.5 (घ)]

उत्तर – क) फल उत्पाद आदेश **ख)** माँस उत्पाद आदेश

प्रश्न 4. उपभोक्ता संरक्षण के लिए खाद्य कानून (नियम) क्यों अनिवार्य है? खाद्य कानूनों के प्रमुख उद्देश्यों की जानकारी दीजिए। [दिसम्बर 2007, प्रश्न.5 (क)]

उत्तर – उपभोक्ता संरक्षण एक महत्त्वपूर्ण विषय है, क्योंकि जब तक उपभोक्ता को अपने संरक्षण की जानकारी नहीं होगी, लोगों को बाजार के दुकानदार लूटते ही रहेंगे। अतः खाद्य पदार्थों को कड़ी स्वास्थ्यकर व स्वच्छ स्थिति में ही तैयार किया जाना चाहिए। पदार्थ संदूषण मुक्त होने चाहिए तथा पोषक मान का अधिक नुकसान किए बिना उन्हें तैयार किया जाना चाहिए। साथ ही उपर्युक्त लेबल लगाकर सफाई से उन्हें पैकेट बंद करना चाहिए। एक उपभोक्ता को इस बात की पूरी जानकारी होनी चाहिए कि हम किस चीज का उपयोग कर रहे हैं। उपभोक्ता के हितों की सुरक्षा के लिए हमारे देश में कई कानून लागू किए जा चुके हैं।

खाद्य कानून – जनसाधारण तक स्वास्थ्यकर पौष्टिक व विषरहित खाद्य पदार्थ पहुँचाने में खाद्य कानूनों का बहुत ही महत्त्व है। इसका मुख्य उद्देश्य मिलावट के कारण होने वाले स्वास्थ्य के खतरे से उपभोक्ता की रक्षा करना तथा अनुचित व्यापार आचरण से उपभोक्ता को सुरक्षा प्रदान करना है। हमारे देश में 1 जून, 1955 में एक उपभोक्ता सुरक्षा संबंधी कानून बना, जिसे खाद्य मिलावट एवं रोकथाम संबंधी कानून कहते हैं। इसे पी.एफ.ए. अधिनियम भी कहते हैं। इस अधिनियम का उद्देश्य उपभोक्ताओं को विषैले खाद्य पदार्थों से स्वास्थ्य पर पड़ने वाले हानिकारक प्रभावों से सुरक्षा प्रदान करना है। यह खाद्य कोटि की न्यूनतम मूलभूत आवश्यकताओं के मार्गदर्शन का कार्य करता है।

फल उत्पाद आदेश – खाद्य मिलावट एवं रोकथाम अधिनियम के अतिरिक्त 1955 में फल उत्पाद आदेश जारी किया गया था, जिसके अनुसार फलों से बने पदार्थों का निर्यात से पूर्व निरीक्षण होना जरूरी है। इसके अन्तर्गत फलों के उत्पाद बनाने से पहले उन्हें बनाने के लिए लाइसेंस प्राप्त करना अनिवार्य है।

प्रश्न 5. उपभोक्ता संरक्षण में संलग्न एजेंसियों की भूमिका का वर्णन कीजिए।

[जून 2007, प्रश्न.5 (ख)]

उत्तर – पी.एफ.ए. एक्ट उपभोक्ता द्वारा हानिकारक मिलावटी खाद्य पदार्थों से सुरक्षा प्रदान करने के मुख्य उद्देश्य को रखकर बनाया गया है। इसके नियम, खाद्य मानकों की केन्द्रीय समिति द्वारा बनाए गए हैं। खाद्य के लिए मानक भारतीय मानक ब्यूरो (बी.आई.एस.) द्वारा बनाए जाते हैं तथा यह पी.एफ.ए. द्वारा अपनाए गए मानकों के संपूरक हैं। यह मानक कच्चे पदार्थों, संसाधित खाद्य पदार्थों, पैकिंग के लिए इस्तेमाल किए गए पदार्थों व खाद्य पदार्थ तैयार करने वाले परिसर पर लागू होते हैं।

ऐसे चार नियामक निकाय हैं जो संसाधित खाद्य पदार्थों की कोटि निर्धारित व नियंत्रित करते हैं। महत्तानुसार उनका क्रम इस प्रकार है :

(1) उपभोक्ता **(2)** उद्योगों के कोटि नियंत्रक अथवा अनुसंधान व परिवर्धन में लगे हुए वैज्ञानिक **(3)** सरकारी संस्थाएँ जैसे केन्द्रीय खाद्य मानक समिति (सी.सी.एफ.एस.), खाद्य मिलावट एवं रोकथाम अधिनियम तथा उसको लागू करने के लिए प्रवर्तन निदेशालय, भारतीय मानक ब्यूरो तथा **(4)** संसद। जन समुदाय के प्रतिनिधियों द्वारा चुने गए सदस्यों की संसद इन कानूनों को लागू करती है। अधिकतर वह सी.सी.एफ.एस. की सिफारिशों के अनुसार कार्य करती है परंतु वह उसकी सिफारिशों से बाध्य नहीं होती है।

सरकारी संस्थाएँ – केन्द्रीय व राज्य सरकारों के पी.एफ.ए. विभाग तथा बी.आई.एस. विभिन्न केन्द्रीय व राजकीय प्रयोगशालाओं के माध्यम से अपने विनियम लागू करते हैं और इनके तहत मानकों व कोटि की जाँच की जाती है। इसके अंतर्गत बड़े शहरों में नगर निगम की प्रयोगशालाएँ, राज्य सरकारों की खाद्य व औषध प्रशासन प्रयोगशालाएँ, भारत सरकार की केन्द्रीय खाद्य निरीक्षण प्रयोगशालाएँ तथा निर्यात परिषद् की प्रयोगशालाएँ आदि हैं।

स्वयंसेवी संस्थाएँ – कई स्वयंसेवी संस्थाएँ, उपभोक्ताओं को मिलावटी खाद्य पदार्थों के सेवन से बचाने के लिए शिक्षाप्रद कार्यक्रम द्वारा उन्हें सतर्क करती हैं। खाद्य विश्लेषण के लिए कई गैर सरकारी खाद्य निरीक्षण प्रयोगशालाएँ भी उपलब्ध हैं। अधिकांश कंपनियों की अपनी ही कोटि नियंत्रण प्रयोगशालाएँ होती हैं।

उपभोक्ताओं को सुरक्षा प्रदान करने के लिए शहरी केन्द्रों में बहुत–से उपभोक्ता संरक्षण संगठन सामने आए हैं। भारत की कन्ज्यूमर गाइडेंस सोसायटी, स्वयंसेवी उपभोक्ता सुरक्षा संगठन का एक उदाहरण है। इसकी शुरूआत बंबई में मुख्य कार्यालय की स्थापना से तथा अन्य प्रधान शहरों में शाखाओं के खुलने से हुई। यह संगठन उपभोक्ताओं में विभिन्न प्रकार की मिलावटों के बारे में जागरूकता लाने की चेष्टा करती है। शैक्षिक संस्थाओं में प्रदर्शनियाँ लगाकर तथा रेडियो तथा अन्य जनसंपर्क माध्यमों द्वारा मिलावटी खाद्य पदार्थों के बारे में बतला कर यह उपभोक्ता में ऐसे पदार्थों के उपभोग के प्रति विरोध को विकसित करती है। जागरूक उपभोक्ता ही इस समिति के अध्यक्ष होते हैं। यह समिति खाद्य पदार्थों के नमूनों की

जाँच कराती रहती है तथा ''कीमत'' नामक पत्रिका के अपने प्रकाशन में वह उपभोक्ताओं को खाद्य संबंधी अनाचरों की रोकथाम के लिए किए गए संघर्षों की जानकारी देती रहती है। यह उपभोक्ताओं को खाद्य पदार्थों में मिलावट की जाँच के लिए आसान तरीके भी बताती रहती है।

कई और उपभोक्ता संगठन भी हैं जो कि उपभोक्ताओं को वैध क्षतिपूर्ति में मदद करते हैं। यदि एक व्यक्ति खाद्य पदार्थ खरीदता है तो उसे कैसे पता चलेगा कि वह मिलावटी है? एक उपभोक्ता जिसे अपने पैसे की पूरी कीमत नहीं मिल पाई हो, उसके हितों की रक्षा के लिए क्या कदम उठाए जा सकते हैं? स्थानीय उपभोक्ता संगठनों द्वारा कुछ इस प्रकार की समस्याएँ ही उठाई जाती हैं। इसके साथ ही वह उपभोक्ता को सबसे बेहतर कार्यप्रणाली के बारे में भी सलाह देते हैं।

प्रश्न 6. खाद्य अपमिश्रण निवारण अधिनियम के अंतर्गत जिन बातों की मनाही है उनमें से छः की सूची बनाइए। [जून 2007, प्रश्न.5 (ग)]

उत्तर – सर्तकता ही सबसे महत्त्वपूर्ण है। यदि आप थोड़ा सा ध्यान दें तथा पर्याप्त सावधानियाँ बरतें तो आप अपने आपको मिलावट से होने वाले नुकसान से बचा सकते हैं। निम्नलिखित बातों को ध्यान में रखें :

1) पैकेट बंद खाद्य पदार्थ ही खरीदें। विशेष तौर पर तेल व मसाले कभी भी खुले न खरीदें।

2) परिचित दुकानों व सहकारी स्टोर समितियों से ही खरीदारी करें।

3) आई.एस.आई., एगमार्क, एफ.पी.ओ. जैसे चिन्ह देखकर ही वस्तु खरीदें।

4) कृत्रिम रंगों वाले चावल, दालें, मिठाइयाँ व मसाले न खरीदें।

5) आहारों को दिखने में सुंदर बनाने के लिए स्वाभाविक रंग वाले पदार्थों का उपयोग खुद भी करें तथा औरों को भी कराना सिखाएँ। यदि कृत्रिम रंग डालना आवश्यक हो तो आई.एस.आई. मार्क वाले रंग ही खरीदें।

6) जहाँ तक हो सके मसाले, बेसन व अनाजों का आटा खुद ही पीसें।

प्रश्न 7. खाद्य मानक पर संक्षिप्त टिप्पणी कीजिए। [दिसम्बर 2008, प्रश्न.8 (4)]

उत्तर – खाद्य पदार्थों के कोटि मानक प्रस्तुत करने तथा उन मानकों के लागू किए जाने पर उन्हें प्रमाणित करने के लिए दो संस्थान जुटे हुए हैं। ये हैं **भारतीय मानक ब्यूरो (बी.आई.एस.)** तथा **विपणन व निरीक्षण निदेशालय।** भारतीय मानक संस्थान को ही अब भारतीय मानक ब्यूरो (बी.आई.एस.) कहा जाता है तथा यह हमारे देश का मानक निकाय है। यह 1952 का प्रमाणीकृत मार्क अधिनियम परिचलित करता है। इसके तहत संसाधित खाद्य पदार्थों की कोटि के मानक निर्देशित किए गए हैं। 1952 के आई.एस.आई. एक्ट के तहत भारतीय मानक ब्यूरो को किसी भी पदार्थ अथवा प्रणाली के लिए भारतीय मानक ब्यूरो के तहत

निर्देशित प्रतिबंधों के अनुसार आई.एस.आई. प्रमाणन मार्क प्रदान करता है, उन्हें दोबारा स्थापित करता है तथा दिए गए लाइसेंस को रद्द भी कर सकता है। इसमें लगभग सभी उपभोग्य वस्तुएँ, बिजली के उपकरण, बर्तन, कॉस्मैटिक्स तथा खाद्य पदार्थ शामिल हैं। पी.एफ.ए. अधिनियम के तहत आई.एस.आई. के निशान के बिना खाद्य रंग बेचे नहीं जा सकते। अतः आई.एस.आई. मार्क देखना न भूलें।

एगमार्क मानक – 1937 में 'कृषि उत्पादन अधिनियम' पेश करने के साथ ही भारत सरकार के विपणन व निरीक्षण निदेशालय द्वारा इसे भी पेश किया गया। इस अधिनियम के तहत सरकार कच्चे खाद्य पदार्थों की कोटि उनकी श्रेणी तथा विभिन्न श्रेणियों को सूचित करने की प्रणाली भी बतलाती है। 1963 के निर्यात एक्ट के अन्तर्गत निर्यात के खाद्य पदार्थ तथा तम्बाकू, रूई इत्यादि जैसे पदार्थों के लिए एगमार्क प्रमाणीकरण अनिवार्य है। 41 पदार्थों को एगमार्क द्वारा प्रमाणित किया गया है।

इकाई–17

प्रमुख पोषणहीनता जन्य रोग–I : प्रोटीन ऊर्जा कुपोषण तथा जीरोप्थैलमिया

प्रश्न 1. प्रोटीन–ऊर्जा कुपोषण के स्वरूप, नैदानिक लक्षण, कारण, उपचार तथा रोकथाम आदि पर संक्षिप्त टिप्पणी करो। **[दिसम्बर 2008, प्रश्न.3 (क)]**

उत्तर – प्रोटीन–ऊर्जा कुपोषण का स्वरूप – प्रोटीन–ऊर्जा की कमी से होने वाली विसंगतियों को प्रोटीन–ऊर्जा कुपोषण कहा जाता है। सामान्यतः प्रोटीन ऊर्जा कुपोषण हमारे देश में छोटे बच्चों में (0–6) व्यापक रूप में पाया जाता है। परंतु खाने की कमी के कारण या विशेषकर अकाल जैसे समयों में यह किशोरों, विशेषकर स्तनपान कराने वाली स्त्रियों में भी पाया जाता है। कभी–कभी प्रोटीन–ऊर्जा कुपोषण के कारण व्यक्ति की मृत्यु तक हो जाती है।

प्रोटीन–ऊर्जा कुपोषण के नैदानिक लक्षण – प्रोटीन–ऊर्जा कुपोषण के कारण मुख्यतः निम्नलिखित दो विसंगतियाँ उत्पन्न हो जाती हैं :

1) मरास्मस (सूखा रोग)

2) क्वाशियोरकर

1) मरास्मस – यह अधिकतर शिशुओं तथा बहुत छोटे बच्चों में पाया जाता है। मरास्मस की स्थिति में रोगी के शरीर का भार उस आयु के सामान्य बच्चे के अपेक्षित भार की तुलना में कम हो जाता है। त्वचा के नीचे पाई जाने वाली वसा का क्षय होता है तथा स्थूल मांसपेशियाँ क्षीण होती जाती हैं।

2) क्वाशियोरकर – यह रोग अक्सर 1–3 वर्ष की आयु के बच्चों में पाया जाता है। यह वह स्थिति है जिसमें जलीय सूजन हो जाती है तथा रोगी के शरीर का भार उसके आयु–वर्ग के लिए अपेक्षित सामान्य भार से कम हो जाता है।

प्रोटीन–ऊर्जा कुपोषण होने के कारण – प्रोटीन–ऊर्जा कुपोषण होने के निम्नलिखित कारण हैं :

1) निर्धनता – इस कुपोषण का सबसे मौलिक कारण गरीबी है। यह अधिकतर भूमिहीन, खेतिहर मजदूरों के परिवारों, गरीब जनजातियों, पिछड़ी व गंदी बस्ती में रहने वाले लोगों के बच्चों में पाया जाता है।

2) मातृक कुपोषण – माँ का पोषण स्तर नवजात शिशु के पोषण स्तर की स्थिति को सुनिश्चित करता है। यदि माता का पोषण स्तर घटिया हो, तो बच्चे में कुपोषित होने की संभावना अधिक हो जाती है। अतः मातृक कुपोषण होने पर बच्चों का जन्म के समय भार कम

हो जाता है और आमतौर से बच्चे के जीवन की शुरूआत विकलांगता से होती है।

3) संक्रमण तथा अस्वच्छता – प्रोटीन–ऊर्जा कुपोषण होने का एक महत्त्वपूर्ण कारण संक्रमण तथा अस्वच्छता है। सामान्यतः पतले दस्त या खसरा होने के बाद क्वाशियोरकर हो जाता है। अस्वच्छता के कारण भी प्रोटीन ऊर्जा की कमी देखी जाती है।

4) अज्ञानता – प्रोटीन–ऊर्जा कुपोषण के महत्त्वपूर्ण कारणों में माता की अज्ञानता भी एक कारण है। अज्ञानता के कारण माँ बच्चे को एक वर्ष तक अपने बच्चे को सिर्फ अपना दूध या ऊपर का दूध देती है, अन्य पूरक आहार से वंचित रखती है, जबकि छः महीने की आयु के बाद बच्चे को माँ के दूध या ऊपर के दूध के अतिरिक्त अन्य पूरक आहार जैसे–दाल का पानी, फलों का रस, चावल की पतली खिचड़ी का पानी आदि दिया जाना अनिवार्य है।

5) बच्चे को आहार देने संबंधी गलत प्रचलन – हमारे यहाँ अधिकांशतः बच्चों को दिनभर में दो या तीन बार ही आहार दिया जाता है, जबकि उसे कम से कम 5–6 बार आहार अवश्य दिया जाना चाहिए।

प्रोटीन–ऊर्जा कुपोषण का उपचार – प्रोटीन–ऊर्जा कुपोषण का कारण आहार की कमी होना है। अतः उपचार का एक मुख्य उद्देश्य बच्चे को अधिक ऊर्जा और प्रोटीन युक्त खाद्य पदार्थ देना है, जिससे उसकी आवश्यकताओं की पूर्ति हो सके और उसके वजन में पर्याप्त वृद्धि हो।

1) जब किसी बच्चे को प्रोटीन तथा ऊर्जा की कमी हो और बच्चा कुपोषण का शिकार हो, तो उसे सर्वप्रथम निकट के चिकित्सक के पास ले जाना चाहिए और इलाज संबंधित बीमारी के चिकित्सक से करवाना चाहिए।

2) यदि बच्चे को कोई गंभीर संक्रमण जैसे–अतिसार आदि न हो, तो उचित पर्यवेक्षण में ऐसे बच्चों का उपचार घर पर ही किया जा सकता है।

3) प्रोटीन–ऊर्जा कुपोषण के शिकार बच्चे को घर पर अधिक ऊर्जा वाले तरल खाद्य पदार्थ दिये जाने चाहिए। घर में सामान्य रूप से खाए जाने वाले खाद्य पदार्थों जैसे अनाज, दालों, गिरीदार फलों तथा चीनी गुड़ के प्रयोग से बच्चे को पर्याप्त मात्रा में ऊर्जा और प्रोटीन दी जा सकती है।

4) प्रोटीन–ऊर्जा कुपोषण से पीड़ित बच्चे के लिए हालाँकि दूध देना अनिवार्य नहीं है, परन्तु अगर दूध दिया जाए तो आहार की कोटि और भी उत्तम हो जाती है।

5) इसके पीड़ित बच्चे को घर पर ही उच्च प्रोटीन वाले खाद्य पदार्थ का व्यंजन दिया जाना चाहिए, न कि बाजार में मिलने वाले ऊर्जा–प्रोटीन युक्त खाद्य पदार्थ।

6) प्रोटीन–ऊर्जा कुपोषण की रोकथाम में माँ की भूमिका विशिष्ट होनी चाहिए। अतः हमें देखना चाहिए कि गर्भवती स्त्री गर्भावस्था के दौरान अपनी पौष्टिक आहार की पुष्टि के लिए अतिरिक्त आहार लें।

7) माँ का दूध शिशु के लिए सर्वोत्तम है। माँ को यथासंभव शिशु को अपना दूध ही देना

चाहिए। साथ ही पूरक आहार (जैसे–अनाज, दाल व गिरीदार फल का मिश्रण) देना चाहिए।
8) प्रोटीन–ऊर्जा कुपोषण की रोकथाम का सबसे महत्त्वपूर्ण पहलू टीकाकरण है। टीकाकरण द्वारा क्षयरोग या खसरा, काली खाँसी की रोकथाम प्रोटीन–ऊर्जा कुपोषण की रोकथाम का एक महत्त्वपूर्ण पहलू है।

प्रश्न 2. मरास्मस के कुछ सामान्य नैदानिक लक्षणों का वर्णन कीजिए।

उत्तर – मरास्मस के कुछ सामान्य नैदानिक लक्षण निम्नलिखित हैं :

1) मांसपेशियों का कृश होना – मरास्मस का विशिष्ट लक्षण मांसपेशियों का बहुत अधिक कृश होना तथा त्वचा के नीचे वसा का कम या बिल्कुल न होना है। ''कृशता'' से हमारा तात्पर्य शरीर का क्षीण या दुबले होने से है। इस रोग में छाती की पसलियाँ स्पष्ट दिखाई देने लगती हैं। वसा न होने के कारण त्वचा झुर्रीदार–विशेषकर कूल्हों के स्थान पर–वह खुश्क हो जाती है। अतः मरास्मस रोग से पीड़ित बच्चा हड्डियों का ढाँचा भर रह जाता है।

2) न पनप पाना – मरास्मस से ग्रस्त बच्चा उचित रूप से पनप नहीं पाता तथा वह अधिकतर चिड़चिड़ा तथा उदास रहता है। वास्तव में बच्चा इतना अधिक कमजोर हो जाता है कि बच्चे के रोने पर भी उसकी आवाज नहीं निकलती।

3) वृद्धि अवरोधन – वृद्धि न होना अथवा वृद्धि का रूक जाना मरास्मस का अन्य मुख्य लक्षण है। इस रोग में अधिकतर बच्चे का वजन कम हो जाता है। बच्चे का शरीर भार अपनी आयु के सामान्य बच्चे की तुलना में 50 प्रतिशत या इससे कम हो जाता है। उदाहरण के लिए, एक वर्ष के बच्चे का सामान्य वजन 10 किलोग्राम होता है जबकि मरास्मस से पीड़ित बच्चे का वजन 5 से 6 किलोग्राम ही होगा।

वृद्धि अवरोधन के साथ–साथ इस स्थिति में अधिकतर पानी जैसे पतले दस्त होते हैं जिससे शरीर से काफी मात्रा में जल निकल जाने से निर्जलीकरण हो जाता है। बच्चे में अन्य पोषणहीनता जन्य रोग विशेषकर विटामिन ए की कमी भी पाई जाती है।

प्रश्न 3. क्वाशियोरकर के कुछ सामान्य नैदानिक लक्षणों का वर्णन कीजिए।

उत्तर – क्वाशियोरकर के कुछ सामान्य नैदानिक लक्षण निम्नलिखित हैं :

1) शोफ या जलीय सूजन – क्वाशियोरकर का सबसे अधिक महत्त्वपूर्ण नैदानिक लक्षण शोफ (जलीय सृजन) है। शोफ क्या होता है? ऊतकों के अंतरकोशिकीय स्थान में अत्यधिक जल/द्रव्य का एकत्र होना शोफ कहलाता है। शोफ अधिकार निचली भुजाओं में पाया जाता है। परंतु ये संपूर्ण शरीर यहाँ तक कि चेहरे पर भी हो सकता है।

2) वृद्धि अवरोधन – वृद्धि अवरोधन क्वाशियोरकर का प्रारंभिक लक्षण है तथा इसकी पहचान हम शरीर भार के माप से कर सकते हैं। क्वाशियोरकर से ग्रस्त बच्चे का शरीर भार उसी आयु के सामान्य बच्चे की तुलना में केवल 60 प्रतिशत होता है।

3) चिड़चिड़ापन – क्वाशियोरकर से ग्रस्त बच्चा सामान्यतः चिड़चिड़ा हो जाता है तथा उसे अपने चारों तरफ के वातावरण में कोई रूचि नहीं रहती है।

4) त्वचा में परिवर्तन – उपरोक्त लक्षणों के अतिरिक्त, त्वचा में भी कुछ विशिष्ट परिवर्तन होते हैं। त्वचा मोटी तथा इतनी सख्त हो जाती है कि ऐसा प्रतीत होता है कि जैसे कि त्वचा पर रोगन किया गया हो। बच्चे की त्वचा शुष्क हो जाने के कारण आसानी से छिल जाती है जिससे कि त्वचा पर दरारें व घाव बन जाते हैं।

5) बालों में परिवर्तन – बच्चों के बाल कम हो जाते हैं तथा जल्दी टूटने लगते हैं। साथ ही साथ बालों के रंग में भी परिवर्तन आ जाता है। काले बाल धीरे–धीरे लाल भूरे रंग के हो जाते हैं।

6) चेहरे का चन्द्राकार होना – क्वाशियोरकर से ग्रस्त बच्चे का चेहरा सूजन आने के कारण फैला हुआ तथा बड़ा गोल चन्द्रमा के आकार का हो जाता है। बच्चे के गाल भी लटके हुए प्रतीत होते हैं। इसी लक्षण को चन्द्राकार मुँह (moon face) भी कहते हैं।

7) संबंधित पोषणहीनता – बच्चे में अन्य पोषणहीनता जैसे विटामिन ए की कमी तथा बी समुदाय के विटामिनों की कमी के लक्षण भी प्रकट हो सकते हैं।

8) संबंधित रोग – क्वाशियोरकर से पीड़ित अधिकतर बच्चों को अक्सर पतले पानी जैसे दस्त या अति गंभीर श्वास संबंधी संक्रमणों (खाँसी) की स्थिति में अस्पताल लाया जाता है। अक्सर देखने में आता है कि बच्चा खसरे से ग्रस्त होगा। (खसरा बचपन में होने वाला रोग है जिसमें त्वचा पर दाने व ज्वर हो जाता है)।

प्रश्न 4. जीरोप्थैलमिया की रोकथाम पर संक्षिप्त टिप्पणी करो।

[जून 2007, प्रश्न.8 (ड)]

उत्तर – जीरोप्थैलमिया की रोकथाम के लिए निम्नलिखित नियमों का पालन करना चाहिए :

1) अधिक विटामिन ए–युक्त आहार का सेवन करें – जीरोप्थैलमिया मुख्यतः आहार में विटामिन ए की कमी होने के कारण होता है। अतः विटामिन ए की कमी की रोकथाम का सबसे उचित तरीका यह है कि विटामिन ए की प्रचुरता वाले खाद्य पदार्थों का सेवन किया जाए। सस्ते खाद्य पदार्थ जैसे हरी पत्तेदार सब्जियाँ (पालक, चौलाई आदि), पीले–नारंगी रंग वाली सब्जियाँ (सीताफल तथा गाजर) तथा फल (पपीता और आम), बीटा कैरोटीन के अच्छे स्रोत हैं। बीटा कैरोटीन विटामिन ए का पूर्वगामी रूप है। अतः इन खाद्य पदार्थों का सेवन करें।

2) निश्चित अंतराल के बाद विटामिन ए देना – जीरोप्थैलमिया के कारण होने वाली अंधता एक गंभीर समस्या है तथा इसका तुरंत उपचार होना चाहिए। विटामिन ए को लंबे समय के लिए यकृत में संग्रहीत किया जा सकता है जोकि समय–समय पर शरीर को मिलता रहता है। अतः यह संभव है कि बच्चे को समय–समय पर विटामिन ए की मात्रा देकर उसके शरीर में पर्याप्त विटामिन ए को संग्रहीत कर लिया जाए। इस सिद्धांत का प्रयोग करते हुए

जीरोप्थैलमिया के कारण होने वाली अंधता को रोकने के लिए नेशनल इंस्टिट्यूट ऑफ न्यूट्रीशन (एन.आई.एन.) यानि की राष्ट्रीय पोषण संस्थान द्वारा एक कार्यक्रम तैयार किया गया। ये कार्यक्रम भारत सरकार द्वारा देश के विभिन्न भागों में चलाया जा रहा है। इस कार्यक्रम के अंतर्गत एक से पाँच वर्ष के बच्चों को प्रत्येक 6 महीनों में विटामिन ए की खुराक (200,000 आई.यू.) मुँह द्वारा दी जाती है। विटामिन ए की यह मात्रा ग्रामीण स्तर के स्वास्थ्य कर्मचारी जैसे कि राज्य सरकार द्वारा रखे गए बहु–उद्देशीय स्वास्थ्य कार्यकर्त्ताओं द्वारा वितरित की जाती है। यदि इस कार्यक्रम को सही प्रकार से क्रियान्वित किया जाए तो 80 प्रतिशत छोटे बच्चों में जीरोप्थैलमिया की समस्या को रोका जा सकता है। कार्यक्रम की सफलता के लिए इसके साथ–साथ पोषण संबंधी शिक्षा देना भी महत्त्वपूर्ण है।

प्रश्न 5. विटामिन ए की कमी का उपचार पर संक्षिप्त टिप्पणी कीजिए।

[दिसम्बर 2007, प्रश्न.8 (3)]

उत्तर – उपचार के लिए पहले हमें विटामिन ए की कमी के मंद तथा भयंकर रूपों में अंतर मालूम होना चाहिए। कॉर्निया के परिवर्तनों को सबसे अधिक गंभीर रूप से समझना चाहिए क्योंकि इससे अंधता हो सकती है। इसका उपचार बिना अविलंब करना चाहिए। ऐसे रोगियों को 1000,00 आई.यू. मात्रा का विटामिन ए का इंजेक्शन अंतः मांसपेशी में लगाया जाता है। अगले दिन फिर विटामिन ए की एक बड़ी खुराक (200,000 आई.यू. की मात्रा) मुँह द्वारा दी जाती है।

(विटामिन ए की 3 आई.यू. (इंटरनेशनल यूनिट) मात्रा, 1 माइक्रोग्राम विटामिन ए के बराबर होती है।)

वह बच्चे जो रतौंधी, कंजक्टिवा जीरोसिस तथा बिटोट बिंदु से पीड़ित हैं, उनका उपचार विटामिन ए की काफी बड़ी खुराक (200,000 आई.यू.) मुँह द्वारा देकर किया जाता है।

इकाई–18

प्रमुख पोषणहीनता जन्य रोग– II : पोषणज एनीमिया तथा आयोडीन की कमी से होने वाली विसंगतियाँ

प्रश्न 1. आयोडीन की कमी से होने वाले नैदानिक लक्षणों की सूची बनाइए। भारत में आयोडीन हीनता नियंत्रण कार्यक्रम का वर्णन कीजिए। [दिसम्बर 2007, प्रश्न.6 (क)]

उत्तर – आयोडीन की कमी से उत्पन्न विसंगति का अर्थ आहार में आयोडीन की अपर्याप्त मात्रा से उत्पन्न वे हानिकारक स्थितियाँ हैं, जो मनुष्य के स्वास्थ्य को जीवन के प्रारंभिक काल (गर्भावस्था) से व्यस्क अवस्था तक जीवनपर्यन्त प्रभावित करती हैं। आयोडीन की कमी से होने वाली विसंगतियाँ आज हमारे देश की प्रमुख स्वास्थ्य संबंधी समस्या है। लगभग 200 लाख लोगों को इस समस्या से जूझना पड़ रहा है, जो चिन्ताजनक विषय है।

कारण, लक्षण तथा निदान – आयोडीन की कमी वातावरण अर्थात् मिट्टी, जल तथा खाद्य पदार्थों में आयोडीन की कमी के कारण होती है। इसका सामान्य लक्षण गलग्रंथि पर सूजन होना है। आयोडीन की कमी से उत्पन्न रोग या दुष्प्रभाव का सबसे गंभीर रूप क्रेटीनता है। इसका लक्षण कम मानसिक विकास, वृद्धि न होना तथा गूंगापन व बहरापन है। गलगंड तथा क्रेटीनता आयोडीन की कमी से होने वाले दुष्प्रभावों के अंतिम चरण हैं। इन दो रूपों के बीच में आयोडीन की कमी से होने वाली विसंगतियों, दुष्प्रभाव के बहुत से अन्य रूप भी पाए जाते हैं। आयोडीन की कमी की रोकथाम साधारण नमक में आयोडीन मिलाकर की जा सकती है। हमारे देश में यह कार्यक्रम पिछले लगभग 25 वर्षों से चल रहा है। उल्लेखनीय है कि आयोडिनीकृत तेल के इंजेक्शन से 3–5 वर्ष तक के लिए आयोडीन की कमी से बचा जा सकता है। इन सेवाओं के उपयोग के लिए समुदायों को पोषण शिक्षा देना आयोडीन की कमी से होने वाली विसंगतियों की रोकथाम में महत्त्वपूर्ण कदम होगा।

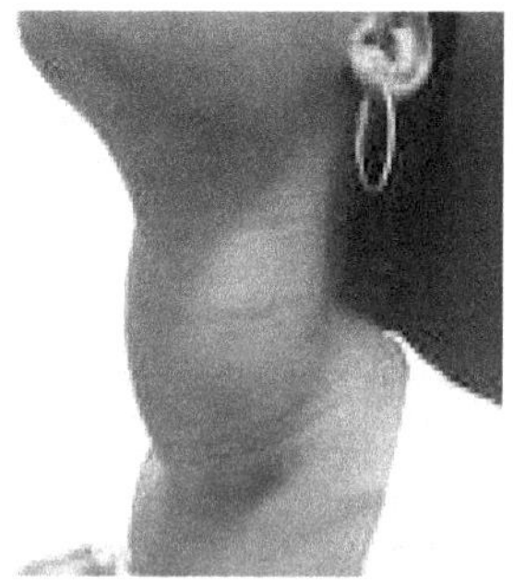

प्रश्न 2. रक्ताल्पता के नैदानिक लक्षण क्या हैं? विस्तार से वर्णन कीजिए।

[जून 2007, प्रश्न.6 (क)]

उत्तर – रक्ताल्पता के नैदानिक लक्षण निम्नलिखित हैं :

1) रक्ताल्पता के लक्षण शारीरिक क्रियाओं से संबंधित होते हैं। रक्ताल्पता का प्रारम्भिक लक्षण है शारीरिक कार्य करने में असमर्थता। जैसे–थकावट, चक्कर आना, कार्य करने पर सांस फूलना, नींद न आना, हृदय का जोर से धड़कना तथा भूख न लगना। शारीरिक क्रियाओं से संबंधित ये सारे लक्षण बहुत ही उल्लेखनीय हैं।

2) रक्ताल्पता का एक अन्य लक्षण है शरीर के कुछ भागों में पीलापन आना। पीलापन एक ऐसा नैदानिक लक्षण है जिसके आधार पर रक्ताल्पता की पहचान की जाती है। इस समय व्यक्ति की जीभ, कंजक्टिवा तथा नाखूनों के निचले सिरे में पीलापन देखा जा सकता है।

3) रक्ताल्पता से ग्रस्त रोगियों की अंगुलियों तथा पैरों के नाखून भंगुर तथा चम्मच के हो जाते हैं। रोगी की जीभ सपाट तथा चमकदार नजर आती है। इस प्रकार हम देखते हैं कि जब शरीर की आवश्यकताओं की पूर्ति के लिए रक्त द्वारा शरीर को ऑक्सीजन पर्याप्त मात्रा में नहीं मिल पाती, तो रक्ताल्पता के स्पष्ट लक्षण देखे जा सकते हैं।

प्रश्न 3. रक्ताल्पता के कारणों की चर्चा कीजिए। [जून 2007, प्रश्न.6 (ख)]

उत्तर – लौह तत्त्व की कमी से उत्पन्न रक्ताल्पता के विभिन्न कारणों को दो मुख्य शीर्षकों के अंतर्गत रखा जा सकता है–आहार संबंधी कमी तथा शरीर से लौह तत्त्व का क्षय।

क) आहार में अपर्याप्तता – शरीर में आहार संबंधी कमी दो कारणों से हो सकती है–आहार में कम मात्रा में लौह तत्त्व का अंतर्ग्रहण या शरीर में लौह तत्त्व का कम अवशोषण। कुछ शारीरिक अवस्थाओं जैसे शैशवावस्था, बाल्यावस्था तथा प्रजनन के वर्षों में स्त्रियों (मासिक काल, गर्भावस्था तथा स्तनपान काल) के शरीर की लौह तत्त्व की आवश्यकताएँ बढ़ जाती हैं। यदि इन अवस्थाओं में पर्याप्त मात्रा में लौह तत्त्व न ग्रहण किया जाए तो निश्चित रूप से रक्ताल्पता हो जाता है।

ख) लौह तत्त्व का क्षय – रक्ताल्पता का दूसरा प्रमुख कारण शरीर से लौह तत्त्व का अधिक क्षय है। एक वयस्क स्त्री में मासिककाल के दौरान रक्तस्राव के कारण प्रत्येक महीने लौह तत्त्व का क्षय होता है। मासिककाल के क्षय के अतिरिक्त गर्भावस्था, प्रसवकाल तथा स्तन्यकाल के दौरान भी लौह तत्त्व का क्षय होता है। गर्भावस्था में भ्रूण की लौह तत्त्व की आवश्यकता की पूर्ति स्त्री के शरीर द्वारा ही होती है अतः स्त्री के शरीर से लौह तत्त्व का क्षय होता है। प्रसवकाल के दौरान होने वाले रक्तस्राव से भी लौह तत्त्व का क्षय होता है। इसी प्रकार जब स्त्री अपने बच्चे को स्तनपान कराती है तो दुग्ध स्राव में भी कुछ मात्रा में उसके शरीर से लौह तत्त्व का क्षय होता है। इन्हीं कारणों से उसे अतिरिक्त लौह तत्त्व की आवश्यकता होती है। यदि ऐसी अवस्थाओं में स्त्रियों की उचित देखभाल न की जाए, तो उसे रक्ताल्पता हो सकता है।

हुलकृमि तथा अन्य कृमि संक्रमणों से ग्रस्त व्यक्तियों के शरीर से भी लौह तत्त्व का अधिक क्षय होता है क्योंकि छोटी आंत में रहने वाले ये कृमि व्यक्ति का रक्त चूसते हैं। शल्यचिकित्सा या दुर्घटना के समय हुए रक्तस्राव से भी लौह तत्त्व का अधिक क्षय हो सकता है।

प्रश्न 4. रक्ताल्पता की रोकथाम में सहायता करने वाले उपायों का वर्णन कीजिए।

[जून 2007, प्रश्न.6 (घ)]

उत्तर – रक्ताल्पता एक ऐसी बीमारी है, जिसका सीधा संबंध आहार की कमी से होता है, विशेषकर लौह तत्त्वों की कमी से। अतः इस रोग की रोकथाम के लिए हमें निम्नलिखित उपायों का सहारा लेना चाहिए:

1) आहार संबंधी उपाय – रक्ताल्पता की रोकथाम का सबसे उचित या विवेकपूर्ण उपाय आहार में पर्याप्त मात्रा में लौह तत्त्व लेना है। लौह तत्त्व के सस्ते स्रोतों में हरी पत्तेदार सब्जियाँ, चिड़वा, अन्य सब्जियाँ (कमल ककड़ी) तथा गिरीदार फलों का नाम विशेष रूप से उल्लेखनीय है। अगर रूचिकर हो या खरीदने की सामर्थ्य हो, तो मांस तथा यकृत (जिगर) लौह तत्त्व के उत्तम आहारीय स्रोत हैं।

2) फोरटिफिकेशन – फोरटिफिकेशन से तात्पर्य उस विधि से है जिसके द्वारा एक या अधिक पोषक तत्त्व को खाद्य पदार्थ में मिलाकर खाद्य पदार्थों के पोषक मूल्य को बढ़ाया जाता है। इसके लिए उस खाद्य पदार्थ का चयन करना चाहिए, जिसका प्रयोग सभी लोग–विशेषकर हमारी जनसंख्या के जरूरतमंद निर्धन लोग, लगभग एक–सी मात्रा में प्रतिदिन करते हों। अतः लौह तत्त्व के फोरटिफिकेशन के लिए इसे माध्यम के रूप में चुना गया है। उन शिशुओं में जिन्हें लम्बे समय तक कृत्रिम दूध दिया जाता है, रक्ताल्पता से बचाने के लिए शिशु आहार में भी लौह तत्त्व मिलाया जा सकता है।

3) लौह तत्त्व व फोलिक अम्ल की गोलियों का वितरण – लौह तत्त्व की गोलियाँ लेने से रक्त में हीमोग्लोबिन की मात्रा बढ़ाई जा सकती है। भारत सरकार ने सन् 1970 से ''पोषणज रक्ताल्पता नियंत्रण संबंधी राष्ट्रीय कार्यक्रम'' चलाया है। उल्लेखनीय है कि इस कार्यक्रम के तहत लाभ उठाने वालों को लौह तत्त्व तथा फोलिक अम्ल की 100 गोलियाँ दी जाती हैं।

प्रश्न 5. रक्ताल्पता का पता लगाने के लिए 'हीमोग्लोबिन के अंतकीय स्तरों से आप क्या समझते हैं? अंतकीय स्तरों के उदाहरण देते हुए स्पष्ट रूप से समझाइए।

[जून 2007, प्रश्न.6 (ग)]

उत्तर – सामान्य स्वस्थ व्यक्ति के रक्त में हीमोग्लोबिन की मात्रा लगभग 15 ग्राम प्रति डेसीलिटर (100 मि.ली.) होती है। रक्ताल्पता की जाँच के लिए विश्व संगठन ने विभिन्न आयु वर्ग के व्यक्तियों के लिए हीमोग्लोबिन के अंतकीय स्तर निर्धारित किए हैं। हीमोग्लोबिन के अंतकीय स्तर का अर्थ है कि हीमोग्लोबिन का वह स्तर जिसके नीचे किसी विशेष आयु वर्ग

के व्यक्ति को रक्ताल्पता से ग्रस्त माना जाता है। विभिन्न आयु वर्ग के व्यक्तियों के ये अंतकीय स्तर नीचे दिए गए हैं

आयु	ग्राम/100 मि.ली.
6 महीने से 6 वर्ष	11
6 वर्ष से 12 वर्ष	12
12 वर्ष से अधिक (पुरुष)	13
12 वर्ष से अधिक (स्त्री)	12
गर्भवती स्त्री	11

इकाई–19

अन्य पोषणात्मक समस्याएँ

प्रश्न 1. निम्नलिखित के नैदानिक लक्षण बताइए। **[जून 2009, प्रश्न. 5 (ग)]**

1) बेरी–बेरी

2) रिकेट्स

3) पी.ई.एम.

उत्तर – 1) बेरी–बेरी – सामान्यतः इस रोग के प्रारंभिक रूप हैं, भूख का कम होना, कमजोरी व टाँगों में भारीपन। यह रोग की शुरूआत के लक्षण हैं। व्यक्ति बहुत जल्दी ही थक जाता है।

रोगी टाँगों में सुइयाँ चुभने या सुन्न होने की शिकायत करता है। इस रोग में अनुभूति का क्षय (जैसे टाँगों को स्पर्श करने पर स्पर्श महसूस न होना), हो जाता है। यह रोग दो रूपों में होता है। रोग गीली बेरी–बेरी या सूखी बेरी–बेरी के रूप में सामने आता है। गीली बेरी–बेरी के लक्षण हैं शरीर में द्रव्य का संचयन। इसके कारण कभी–कभी हृदय गति भी रूक जाती है। रोगी तीव्र हृदय की धड़कन की शिकायत कर सकता है। (रोगी द्वारा महसूस की जाने वाली तेज व प्रबल हृदय की धड़कन) और कभी–कभी उसे छाती में दर्द भी होता है। दबाव डालने पर टाँगों की मांसपेशियों में भी दर्द हो सकता है।

2) रिकेट्स – रोग की प्रारंभिक अवस्था में बच्चे बेचैन लगते हैं। मांसपेशियों की सुदृढ़ता कम हो जाती है और वह दुर्बल हो जाती है। जब उदर की मांसपेशियाँ ढीली हो जाती हैं तो उदर फैल जाता है। एक विशेष उम्र के बच्चे के दाँत गिरने लगते हैं। एक विशेष उम्र में ही बच्चा बैठता व घुटनों के बल चलता है। इन्हें विकासात्मक मानदंड कहा जाता है। रिकेट्स हो जाने पर विकास में विलम्ब हो जाता है उदाहरणतः रिकेट्स से ग्रस्त बच्चों में दाँत देर से गिरते हैं। बच्चे के निर्धारित समय पर बैठने और घुटने के बल चलने में काफी विलम्ब हो जाता है। बच्चे को जिस आयु में बैठना या घुटनों के बल चलना चाहिए ऐसा करने में वह काफी पिछड़ जाता है। बच्चा अत्यंत कमजोर और चलने में असमर्थ होता है।

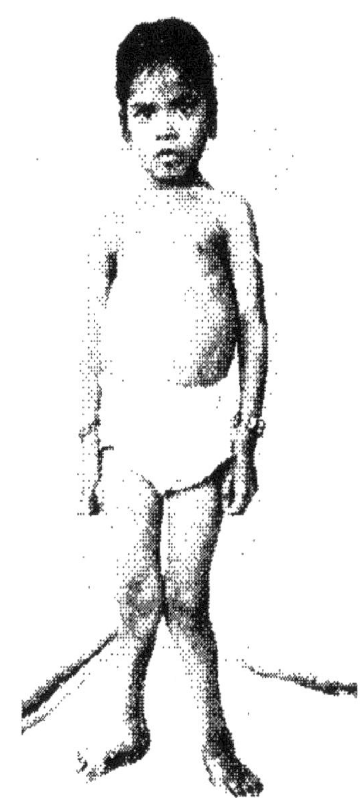

3) पी.ई.एम. (प्रोटीन–ऊर्जा कुपोषण) – भारत के साथ–साथ कम विकसित देशों के गरीबों में प्रोटीन ऊर्जा कुपोषण बहुत अधिक पाया जाता है। अधिक जनसंख्या, कम वार्षिक आय, अस्वच्छ वातावरण, अज्ञानता व अंधविश्वास पी.ई.एम. के लिए उत्तरदायी है।

प्रारम्भ में विटामिन ए की कमी होने पर आँखों पर खुजली और जलन होती है तथा पलकें सूज जाती हैं। इसके बाद रात्रि–अन्धता (रतौंधी) का रोग हो जाता हैं

नाक, गला, वायुनली, ब्रान्काइटिस की श्लेष्मिक झिल्ली सूख जाती है और उनमें रोगाणु के संक्रमण की आशंका बनी रहती है। पाचक रस कम मात्रा में स्रावित होते हैं तथा सभी पौष्टिक तत्त्वों के अवशोषण में रूकावट पैदा होती है।

अश्रु ग्रन्थियों के स्राव की कमी अर्थात् कम अश्रु बनने के कारण आँख की सतह सूख जाती है। इससे जीरोप्थैलमिया की स्थिति उत्पन्न हो जाती है। आँखों का काला भाग कॉर्निया, सूख जाता है। उनमें धुँधलापन आ जाता है और अन्त में संक्रमण के कारण जख्म हो जाते हैं। आँख में सफेद भाग को ढकने वाली झिल्ली कनजक्टिवा सूख जाती है तथा चमकहीन हो जाती है।

कई बार कॉर्निया के दोनों तरफ सफेद या भूरे रंग के बिन्दु हो जाते हैं जिन्हें कहते Bitot spot हैं।

– विटामिन ए की कमी होने पर त्वचा में बहुत से परिवर्तन आते हैं, जैसे त्वचा शुष्क, खुरदरी और चितकबरी हो जाती है। विशेषकर कन्धों, जांघों, पीठ, गर्दन आदि पर बड़े–बड़े चकत्ते हो जाते हैं और त्वचा मेढ़क की त्वचा की समान लगने लगती है।

विटामिन ए की कमी से पथरी बनने में वृद्धि होती है।

विटामिन ए की कमी से शारीरिक ढाँचा कमजोर रह जाता है। मस्तिष्क और रीढ़ की हड्डी पर भी प्रभाव पड़ सकता है।

प्रश्न 2. राइबोफ्लेविन हीनता के लक्षण कारण और रोकथाम का वर्णन कीजिए।

उत्तर – विटामिन सी समूह की कमियों से होने वाली यह कमी अधिकांश लोगों में होती है।

लक्षण – राइबोफ्लेविन हीनता के प्रमुख लक्षण निम्नलिखित हैं :

क) कोणीय मुखपाक – राइबोफ्लेविन हीनता के प्रमुख लक्षणों में से कोणीय मुखपाक एक है। इसमें मुख के दोनों कोण फट जाते हैं। बच्चों में यह लक्षण आमतौर से पाया गया है। यह इतना ज्यादा होता है कि 30–35 प्रतिशत बच्चों में कोणीय मुखपाक देखा गया है।

ख) जिह्वाशेय – यह महिलाओं में – विशेषकर गर्भावस्था के दौरान, आमतौर पर देखा गया है। इसमें जीभ और लाल हो जाती है। गर्म और ज्यादा मसालेदार भोजन खाने पर जीभ में जलन होती है। इसका प्रभाव सबसे पहले जीभ के अनुभाग पर पड़ता है। अत्यधिक कमी होने पर जीभ फट भी सकती है।

ग) कीलोसिस – ठोंठ फट जाते हैं और लाली आ जाती है। रोगी को भूख भी लगनी बंद हो सकती है।

कारण –आहार में राइबोफ्लेविन की अपर्याप्त मात्रा के कारण ही राइबोफ्लेविन हीनता होती है। हरी पत्तेदार सब्जियाँ, दूध, मांस राइबोफ्लेविन के अच्छे स्रोत हैं। साबुत अनाज और दालें, सूखे मेवे सीमित मात्रा में राइबोफ्लेविन प्रदान करते हैं। गाँव के गरीब लोगों के आहार में दालों और दूध की मात्रा न के बराबर होती है। मांस भी कभी–कभी ही खाया जाता है। परिणामस्वरूप, हमारे देश में राइबोफ्लेविन की कमी बहुत अधिक होती है। वास्तव में राइबोफ्लेविन की अनिवार्यता प्रत्यक्ष रूप से खाई जाने वाली खाद्य ऊर्जा की मात्रा से संबद्ध है। जितनी अधिक मात्रा में आहार से ऊर्जा प्राप्त होती है उतनी ही ज्यादा राइबोफ्लेविन की जरूरत पड़ती है।

उपचार – राइबोफ्लेविन हीनता से पीड़ित रोगियों को सात से दस दिन तक बी.काम्पलेक्स की एक गोली प्रतिदिन खाने को दी जानी चाहिए।

रोकथाम – दूध राइबोफ्लेविन का स्रोत है। तथापि दूध के ऊँचे दाम को देखते हुए उसे खरीदने का सामर्थ्य सब लोगों में नहीं है अतः हमें सुनिश्चित करना है कि ऐसे समुदायों के आहार में हरी पत्तेदार सब्जियाँ, साबुत अनाज और दालें तथा सस्ते गिरीदार फल, उनके दैनिक आहार में प्रचुर मात्रा में हों ताकि राइबोफ्लेविन हीनता को होने से रोका जा सके।

प्रश्न 3. रिक्त स्थानों की पूर्ति कीजिए।

क) दूध राइबोफ्लेविन का .... स्रोत है।

ख) आहार में ऊर्जा के अधिक होने से राइबोफ्लेविन की आवश्यकता.............. जाती है।

ग) जिह्वा में राइबोफ्लेविन हीनता के कारण होने वाले परिवर्तनों को .... कहा जा सकता है।

उत्तर – क) अच्छा

ख) ज्यादा या अधिक

ग) जिह्वाशोथ

प्रश्न 4. घर पर ही आप अतिरिक्त फलुओराइड को जल से कैसे निकाल सकते हैं?

उत्तर – फलुओरोसिस की रोकथाम तो की जा सकती है परंतु इस रोग से मुक्ति नहीं पाई जा सकती है। फलुओरोसिस की रोकथाम का सर्वोत्तम तरीका ऐसे पानी का उपयोग करना है जिसमें प्रति लीटर पानी में 1 मि.ग्रा. से कम फलुओराइड हो। दूसरे शब्दों में लोगों को फलुओरोसिस होने से बचाने के लिए ऐसे कदम उठाने चाहिए कि पीने वाले पानी की फलुओराइड सुरक्षित स्तर तक ही हो। जहाँ ऐसा संभव न हो वहाँ पानी का विफलोरीकरण (यानी कि फलुओरिन की अतिरिक्त मात्रा को निकालना) इसका एकमात्र विकल्प है। इस क्रिया को घर में भी किया जा सकता है और इसका तरीका भी आसान है। पहले पीने वाले पानी में थोड़ा चूना डालिए। फिर उसमें फिटकरी डालिए। तत्पश्चात् पानी को 10 मिनट तक हिलाइए। फिर इस पानी को निथार कर साफ बर्तन में पीने के लिए संग्रहित करके रखा जा सकता है। इस पानी में फलुओरिन सुरक्षित मात्रा में होगा। बड़े पैमाने पर कीमती आधुनिक यंत्रों द्वारा विफलोरीकरण करना संभव नहीं है। घरेलू स्तर पर विफलोरीकरण के लिए लोगों को पूरी तरह भावपूर्ण ढंग से प्रशिक्षित करना अनिवार्य है।

इकाई–20

पोषण और संक्रमण

प्रश्न 1. संक्रमण और कुपोषण की पारस्परिक क्रिया की चर्चा कीजिए।

[जून 2008, प्रश्न.6 (ख)]

उत्तर – कुपोषण और संक्रमण का पारस्परिक संबंध काफी गहरा है, जिसकी जानकारी सभी के लिए आवश्यक है। भारतीय बच्चों में कुपोषण और संक्रमण अक्सर साथ–साथ ही देखने को मिलते हैं। इन दोनों का मिला–जुला असर बच्चों की सेहत के लिए हानिकारक होता है। यह बच्चे की बीमारी से लड़ने की शक्ति को कम करके उसे कुपोषण और संक्रमण की ओर ले जाता है। दूसरी तरफ संक्रमण के कारण भूख कम हो जाती है जिससे भोजन अंतर्ग्रहण की मात्रा को कम कर देता है तथा आहार पर लगे प्रतिबंध व अवशोषण मिलकर कुपोषण का कारण बन जाते हैं। अतः दोनों का संबंध काफी घनिष्ठ है। संक्रमण और कुपोषण के इस योगवाही प्रभाव परस्पर संबंध के कारण ही भारत के गरीब समुदाय में बच्चों की मृत्यु दर काफी अधिक है। यही कारण है कि कुपोषण और संक्रमण के पारस्परिक संबंध को दुष्चक्र के रूप में जाना जाता है।

प्रश्न 2. संक्रमण में कुपोषण को बढ़ावा देने वाले कारकों की सूची बनाइए।

उत्तर – कुपोषण किस प्रकार संक्रमण को बढ़ावा देती है इसका वर्णन निम्नलिखित है :

क) प्रतिरक्षी के निर्माण में कमी – एक सुपोषित सामान्य बच्चे को संक्रमण होने का कम खतरा होता है। उससे भी महत्त्वपूर्ण बात यह है कि यह बच्चा संक्रमण का बेहतर ढंग से सामना कर सकता है। सुपोषित बच्चों में रोग प्रतिरक्षी पदार्थों यानि कि रोग, प्रतिकारकों को उत्पन्न करने की क्षमता अधिक होती है इसी कारण वे संक्रमण का बेहतर ढंग से सामना कर सकते हैं। बच्चे पर संक्रमण के कुप्रभाव न के बराबर ही होते हैं। किन्तु गंभीर प्रोटीन ऊर्जा कुपोषण या फिर विटामिन ए की कमी के दौरान प्रतिरक्षक कारकों का बनना कम हो जाता है। कुपोषित बच्चे की बीमारी से जूझने की क्षमता काफी हद तक क्षीण हो जाती है जिसकी वजह से उसके संक्रमित होने की प्रवृत्ति बढ़ जाती है।

ख) त्वचा व श्लेष्मल झिल्ली की सुस्वस्थता पर प्रभाव – सामान्य व सुपोषित व्यक्तियों की त्वचा, श्लेष्मल झिल्ली तथा अन्य ऊतक, संक्रामक कारकों को प्रवेश करने से रोकते हैं।

ये ऊतक संक्रमण के लिए अवरोधक का काम करते हैं तथा संक्रामक कारकों को मानव शरीर में प्रवेश नहीं करने देते हैं। परंतु प्रोटीन ऊर्जा कुपोषण की स्थिति में यह सुरक्षात्मक प्रक्रिया कार्य नहीं करती है। श्लेष्मल (mucous) का स्त्रावण भी कम हो जाता है तथा श्लेष्मल झिल्ली पारगम्य (permeable) हो जाने की वजह से संक्रामक कारकों की वृद्धि के लिए सहायक वातावरण स्थापित कर देती है। इस वजह से एक कुपोषित बच्चे को जल्दी ही संक्रमण हो जाता है।

ग) प्रोटीन ऊर्जा कुपोषण तथा कृमि ग्रसन – पाचन तंत्र में पाचन के दौरान खाया गया भोजन विभिन्न प्रक्रियाओं से होकर गुजरता है। इस भोजन के पाचन के लिए पाचन तंत्र का सक्रिय होना सही सामान्य पाचन के लिए आवश्यक है। कुपोषित व्यक्तियों में पाचन तंत्र की गतिशीलता धीमी/कम पड़ जाती है जिसकी वजह से कृमियों को बढ़ने के लिए और अधिक समय मिल जाता है। इसी कारण गोल कृमियों से होने वाले संक्रमण गंभीर हो सकते हैं। साथ ही पेट व आँत के संक्रमण की मियाद व गंभीरता भी अधिक हो सकती है।

प्रश्न 3. पोषण स्तर पर संक्रमण का प्रभाव किस प्रकार पड़ता है?

उत्तर – एक व्यक्ति की पोषक तत्त्वों के उपयोग से प्रभावित उसकी स्वास्थ्य की स्थिति ही वास्तव में उसका **पोषण स्तर** कहलाती है।

1) भोजन के अंतर्ग्रहण में कमी – दस्त या श्वसन संक्रमण से पीड़ित बच्चे में जो सबसे पहला परिवर्तन देखने को मिलता है, वह है भूख न लगना या भूख कम लगना। अक्सर ऐसे बच्चों को खाना अच्छा नहीं लगता या फिर वे भोजन पचा नहीं पाते हैं।

2) पोषक तत्त्वों का अवशोषण पर प्रभाव – उल्लेखनीय है कि पोषक तत्त्वों के अवशोषण में कोई भी कमी किसी विशेष पोषक तत्त्व की कमी को उत्पन्न कर सकती है। जैसे–दस्त, खसरा व श्वसन की बीमारियाँ। संक्रमण के दौरान पोषक तत्त्वों के अवशोषण में कमी आ जाती है।

3) प्रोटीन की क्षति – कुछ संक्रमण व बुखारों (ज्वरों) में कुछ पोषक तत्त्व, विशेष तौर पर प्रोटीन, शरीर से निष्कासित हो जाते हैं, जिसकी वजह से संक्रमण व ज्वर होने पर प्रोटीन की आवश्यकता बढ़ जाती है।

प्रश्न 4. संक्रमण के दौरान आहारा व्यवस्था पर टिप्पणी कीजिए।

उत्तर – कुपोषण और दस्त व खसरे जैसे संक्रमण बच्चे के वृद्धि व विकास पर प्रभाव डालते हैं। कुपोषण और संक्रमण के योगवाहिता प्रभावों को देखते हुए यह याद रखना महत्त्वपूर्ण हो जाता है कि इन दोनों स्थितियों को ध्यान में रखकर ही इनकी रोकथाम के उपाय किए जाने चाहिए।

खसरे में आहार व्यवस्था – इन परिस्थितियों में आपको यह सुनिश्चित करना चाहिए कि बच्चे को सभी पोषक तत्त्व पर्याप्त मात्रा में प्राप्त हों। साधारणतया गाँवों में रहने वाली माताएँ यह समझती हैं कि खसरे के दौरान बच्चे को कुछ भी खाने को नहीं दिया जाना चाहिए। परंतु यह एक गलत धारणा है तथा आपको यह प्रयास करना चाहिए कि माताएँ यह समझ लें तथा स्वीकार कर लें कि बिना पर्याप्त भोजन के बच्चा गंभीर कुपोषण का शिकार हो सकता है। पोषण संबंधी सलाह माँ को दी जा सकती है जो निम्नलिखित है :

क) यदि बच्चा माँ के दूध पर ही पल रहा है तो माँ को स्तनपान जारी रखने की सलाह दें।

ख) बच्चे को तरल पदार्थ जैसे दूध, काँजी तथा अर्ध ठोस खाद्य पदार्थ (पतली खिचड़ी) तथा ए.आर.एफ. डालकर पतला किया गया पौष्टिक दलिया देना चाहिए।

ग) यदि बच्चा दस्त से पीड़ित है तो निर्जलीकरण से बचने के लिए माता को उस बच्चे को जीवनरक्षक घोल देने की सलाह देनी चाहिए।

घ) खसरे से पीड़ित सभी बच्चों को मुँह के द्वारा विटामिन ए की एक बड़ी खुराक दें।

ङ) खसरे से पीड़ित बच्चे के लिए सही व पर्याप्त मात्रा में भोजन देने का प्रबंध करें।

अतिसार में आहार व्यवस्था – खसरे की तरह दस्त लगने पर भी माताएँ बच्चे के खाने पर इस डर से प्रतिबंध लगा देती हैं कि कहीं बीमारी और गंभीर न हो जाए। यह धारणा बिल्कुल गलत है। दस्त लगने पर बच्चे को ठीक प्रकार से भोजन खिलाने के बारे में आपको माता को बताना चाहिए। पोषण संबंधी ध्यान रखने योग्य बातें निम्नलिखित हैं :

1) माँ को इस बात की सलाह दें कि वह बच्चे को स्तनपान करना जारी रखें। यदि बच्चा स्तनपान करता है और यदि वह ऊपर के दूध पर ही पल रहा है तो दूध में बराबर मात्रा में साफ उबला पानी डालकर उसे पतला करके ही बच्चे को पिलाएँ।

2) बच्चे को आसानी से पचने वाले नरम, अच्छी तरह मसले हुए व बिना मिर्च–मसाले वाला भोजन ही दें। उदाहरण के तौर पर बच्चे की दाल के साथ नरम व अच्छी तरह पके हुए चावल दें या फिर खिचड़ी, सूप, अण्डा, मछली इत्यादि दिए जा सकते हैं।

3) बच्चे को पोटैशियम से भरपूर पदार्थ जैसे कि फलों के रस, मसला हुआ केला, आलू, गाजर व अच्छी तरह पकाए हुए साबुत अनाज खाने को दें।

4) बच्चा जितना खाना चाहे, उसे खाने दें, उसे ज्यादा खाने के लिए विवश न करें और न ही जोर–जबरदस्ती करें। परंतु यह सुनिश्चित करें कि बच्चा एक दिन में कम से कम 5–7 बार आहार ले।

5) दस्त लगने पर ही बच्चे को पहले से अधिक तरल पदार्थ जैसे कि चावल का पानी (काँजी), फलों का रस, नारियल का पानी, लस्सी, दाल का सूप, पतला किया हुआ दूध, चाय, नींबू पानी, जौ का पानी या इनके अलावा कोई भी अन्य तरल पदार्थ जो कि घर पर उपलब्ध हो और बच्चे को पसंद हो, पीने को दें।

6) बच्चे को जीवनरक्षक घोल पीने को दें। जीवनरक्षक घोल पानी में घुले हुए चीनी और

नमक का मिश्रण होता है। दस्त के दौरान मल में निष्कासित तरल पदार्थ व खनिज लवण की कमी को यह पूरा करता है।

प्रश्न 5. जीवनरक्षक घोल बनाने की विधि का वर्णन कीजिए।

उत्तर – एक लिटर साफ पानी लें, उसमें चुटकी भर नमक तथा मुट्ठी भर चीनी डालकर अच्छे से मिलाएँ। यह घोल बाजार में उपलब्ध विद्युत अपघट्य के समान ही फायदेमंद होता है। नमक की मात्रा एक लीटर चावल की पतली काँजी या जौ के पानी में मिलाकर बच्चे को दी जा सकती है। जीवनरक्षक घोल की तरह यह तरल भी दस्त की रोकथाम में फायदेमंद सिद्ध होगा। कम आय वर्ग की माताएँ इसे अधिक पसंद करती हैं क्योंकि चीनी या गुड़ अक्सर उनके पास घर में होता नहीं है जबकि हर घर में काँजी बनाने के लिए कोई न कोई अनाज तो होता ही है। बच्चे को यह घोल जितनी अधिक बार दिया जा सके, देना चाहिए।

इकाई–21

मोटापा, हृदयरोग और मधुमेह में आहार व्यवस्था

प्रश्न 1. उच्च रक्तचाप से ग्रस्त व्यक्ति को आप क्या आहार संबंधी सलाह देंगे?
[दिसम्बर 2008, प्रश्न.3 (ग)]

उत्तर – उच्च रक्तचाप की हर स्थिति यानि कि मंद, मध्यम या गंभीर में रोगी के आहार की एक महत्त्वपूर्ण भूमिका होती है। असल में मंद उच्च रक्तचाप तो आहार में बदलाव लाकर ही नियंत्रित किया जाता है, परंतु मध्यम या गंभीर उच्च रक्तचाप में बदलाव लाने के साथ ही आवश्यक दवाइयाँ भी दी जाती हैं।

मध्यम या गंभीर उच्च रक्तचाप के मरीजों के उपचार के लिए तो आपको किसी प्रशिक्षित आहार विशेषज्ञ तथा डॉक्टर की मदद लेनी पड़ेगी।

किसी भी अन्य हृदय रोग की भाँति ही उच्च रक्तचाप के मरीजों के आहार में भी कुल ऊर्जा तथा वसा के अंतर्ग्रहण पर नियंत्रण लगाया जाता है। हृद् धमनी संबंधी रोग के मरीजों के लिए नियंत्रित वसा और ऊर्जा पर प्रतिबंध वाले निर्धारित आहार ही उन्हें दिये जाने चाहिए। आपको आहार में वसा के अंतर्ग्रहण को और कुल ऊर्जा के अंतर्ग्रहण को कम करके बदलाव लाने पड़ेंगे। इसके अतिरिक्त, इन मरीजों द्वारा अंतर्ग्रहित नमक की मात्रा को भी आपको नियंत्रित करना पड़ेगा। बहुत से अनुसंधानों द्वारा इस बात की पुष्टि की गई है कि सोडियम के अंतर्ग्रहण का रक्तचाप पर सीधा प्रभाव पड़ता है। यह भी पता चला है कि वसा पर नियंत्रण के साथ ही सोडियम के अंतर्ग्रहण को नियंत्रित करके मंद तथा मध्य उच्च रक्तचाप को नियंत्रित किया जा सकता है।

हमारे आहार में सोडियम का मुख्य स्रोत नमक या सोडियम क्लोराइड है। अन्य स्रोत में निम्नलिखित सम्मिलित हैं :

– बेकिंग पाऊडर तथा बेकिंग सोडा

– कुछ परिरक्षक और आहार में डाले जाने वाले अन्य पदार्थ (जैसे कि मोनोसोडियम ग्लूटामेट)

– दूध, अंडे का सफेद भाग, मांस, मुर्गी, मछली, हरी पत्तेदार सब्जियाँ, चुकंदर, मूली, गाजर, फूलगोभी, सूखी हुई कमलककड़ी, दालें, जीरा तथा अजवायन जैसे मसालों इत्यादि जैसे सोडियम से भरपूर खाद्य पदार्थ।

मंद उच्च रक्तचाप में केवल नमक मात्र पर प्रतिबंध भी लाभकारी सिद्ध होता है। मध्यम और गंभीर उच्च रक्तचाप के मरीजों के लिए तो खाना बिना नमक के बनाना ही उपयुक्त है।

इसके अतिरिक्त कुछ मरीजों के लिए तो सोडियम से भरपूर खाद्य पदार्थों के अंतर्ग्रहण पर भी प्रतिबंध लगा दिया जाता है।

हमारे देश में नमक का दैनिक अंतर्ग्रहण 3–4 ग्रा. से लेकर 10–12 ग्रा. तक है। मंद उच्च रक्तचाप के मरीजों को इसे कम करके दिन में 2 से 2.5 ग्रा. नमक दिया जाता है। नमक के अंतर्ग्रहण को कम करने के लिए कुछ संकेत निम्नलिखित हैं :

– पकाते समय नमक का प्रयोग कम करें।

– पके हुए भोजन में ऊपर से नमक न डालें।

– नमक द्वारा परिरक्षित खाद्य पदार्थ जैसे कि कैचप, सॉस, अचार, चटनी, डिब्बाबंद खाद्य पदार्थ, प्रोसेस्ड मांस, नमक लगे या धुँए द्वारा परिरक्षित मछली इत्यादि न दें।

– अधिक नमक वाले खाद्य पदार्थ जैसे नमकीन मक्खन, पिजा, नूडल्स, वेफर, नमकीन, नमक लगे गिरीदार फल, प्रोसेस्ड चीज और चीज स्प्रैड इत्यादि न दें।

– खाद्य पदार्थों और दवाइयों के लेबल अवश्य पढ़ें। किसी दवाई के लेबल पर यदि सोडियम किसी अवयव के रूप में है तो उस दवाई को न दें। इसी तरह यदि किसी खाद्य पदार्थ के लेबल में नमक या सोडियम लिखा हुआ है तो उसे भी न दें।

प्रश्न 2. मोटापे से क्या अभिप्राय है? मोटापे के खतरे के कारकों की व्याख्या कीजिए।
[जून 2008, प्रश्न.6 (ख)]

उत्तर – मोटापा से तात्पर्य मोटा होने या अत्यधिक वसा के ऊतकों की उपस्थिति से है। उल्लेखनीय है कि जीवन बीमा निगम द्वारा एकत्रित किए गए आँकड़ों से पता चलता है कि सामान्य वजन वाले व्यक्तियों की तुलना में मोटे व्यक्तियों की प्रत्याशित आयु कम होती है। मोटे व्यक्ति को हृदय रोग, मधुमेह आदि होने का खतरा अधिक होता है।

मोटापा एक बहुत ही गंभीर विकास है जो दिनोंदिन व्यक्ति के लिए विभिन्न बीमारियों का कारण बन जाता है। कुछ लोग इसे 'शक्ल के पहलू' के रूप में समझकर मोटापे को सहज स्वीकार कर लेते हैं, जो आगे चलकर उन्हें परेशानियों में डाल देता है। वास्तव में मोटापा कई बीमारियों की जड़ होता है।

मोटे व्यक्तियों को शल्य क्रिया, गर्भावस्था और बच्चे के जन्म के दौरान अधिक खतरा रहता है। मोटापे में श्वसनतंत्र पर अधिक दबाव पड़ने के कारण श्वसन से संबंधित कई तकलीफें भी उत्पन्न हो सकती हैं।

खतरे के कारक – शरीर में ऊर्जा का असंतुलन ही मोटापे का कारण होता है। ऊर्जा असंतुलन से यहाँ हमारा तात्पर्य ऊर्जा अंतर्ग्रहण तथा ऊर्जा के व्यय में असंतुलन से है। मोटापा कई कारणों से होता है, जो निम्नलिखित है :

1) **आवश्यकता से अधिक खाना –** कुछ लोगों की यह आदत–सी बन गई है कि वे जरूरत से ज्यादा वसात्मक चीजें खाना पसंद करते हैं। जैसे–मक्खन, केक, पेस्ट्री, जेली, वेफर और ऊर्जा से भरपूर वसात्मक पदार्थ।

2) अल्पश्रमिक जीवन शैली – शहरी क्षेत्रों में समृद्ध व्यक्तियों की जीवन–शैली अल्पश्रमिक रहती है। वे अपना अधिकांश समय मानसिक कार्यों में लगाते हैं तथा दौड़–भाग और चलने–फिरने जैसे काम कम ही करते हैं। महिलाओं के पास काम आसान करने के लिए वैक्यूम क्लीनर्स, मिक्सर्स, कपड़े धाने की मशीनें आदि बिजली के उपकरण उपलब्ध होते हैं। ऐसे लोग आहार के रूप में खाई गई कैलोरी का बहुत थोड़ा अंश ही व्यय कर पाते हैं, जो आगे चलकर मोटापे का कारण बन जाता है।

3) मनोवैज्ञानिक कारक – कुछ लोग घबराहट में, ऊबने पर या फिर अकेलापन महसूस करने पर जरूरत से ज्यादा खाते हें, जो मोटे होने के कारण बन जाता है।

4) आनुवंशिकता का प्रभाव – अक्सर ऐसा व्यावहारिक अनुभव बताता है कि मोटे माँ–बाप के बच्चे भी मोटे ही होते हैं, परन्तु अपवाद सभी जगह होता है।

प्रश्न 3. मधुमेह में आहार व्यवस्था कैसी होनी चाहिए? संक्षिप्त टिप्पणी कीजिए।

[जून 2008, प्रश्न.8 (3)]

उत्तर – मधुमेह में आहार व्यवस्था – इस रोग में आहार व्यवस्था निर्धारित करना एक सामान्य समस्या है। फिर भी कुछ सुझाव दिए जा सकते हैं; जैसे–

1) सर्वप्रथम तो सामान्य तंदुरूस्ती और शरीर का मानक वजन बनाए रखने के लिए ऊर्जा के अंतर्ग्रहण पर नियंत्रण रखना अनिवार्य है।

मधुमेह से पीड़ित एक वयस्क की कुल ऊर्जा अंतर्ग्रहण के बारे में निर्णय लेने के लिए आप निम्न प्रदत्त चार्ट का प्रयोग कर सकते हैं :

शरीर की स्थिति	शरीर के वजन के प्रति किग्रा. के लिए कि.कैलोरी (वांछनीय वजन)
वजन घटाने के लिए	20
बिस्तर पर पड़े हुए मरीज के लिए	25
अल्प श्रम करने वाला व्यक्ति	30
मध्यम श्रम करने वाला व्यक्ति	35
अधिक श्रम करने वाला व्यक्ति	40

इस तालिका की मदद से हम मधुमेह से पीड़ित अन्य व्यक्तियों के लिए भी ऊर्जा की आवश्यकता का पता लगा सकते हैं।

2) एक सामान्य व्यक्ति के लिए प्रोटीन की एक ग्राम प्रति किलोग्राम शरीर भार की प्रस्तावित दैनिक मात्रा मधुमेह से पीड़ित व्यक्तियों के लिए भी वांछनीय है।

3) वसा के अत्यधिक विभाजन से और उससे उत्पादित पदार्थों के जमाव को रोकने के लिए आहार में 80–100 ग्राम कार्बोज अवश्य होना चाहिए। इस बीमारी में मरीज को साबुत दालें, साबुत अनाज और हरी पत्तेदार सब्जियाँ अवश्य खानी चाहिए।

4) रोगी को दिनभर में 15–20 ग्राम से अधिक वसा नहीं लेनी चाहिए। संतृप्त वसा तथा कोलेस्ट्रॉल से भरपूर खाद्य पदार्थों का अंतग्रहण कम करना चाहिए। असंतृप्त वसीय अम्ल वाले वसा पदार्थ ही देने चाहिए।

5) प्रस्तावित दैनिक मात्रा के अनुसार आहार में पर्याप्त मात्रा में विटामिन तथा खनिज पदार्थ देना चाहिए। मधुमेह के रोगी को असंतृप्त वसा; जैसे मूँगफली का तेल, सोयाबीन का तेल, कुसुम का तेल, मक्की का तेल इत्यादि के प्रयोग को बढ़ावा देना चाहिए। दूध प्रचुर मात्रा में लिया जाना चाहिए तथा दूध से बने पदार्थ भी लिये जा सकते हैं। अंडे, खासतौर पर अंडे की जर्दी का सेवन कम ही करना चाहिए। इतना ही नहीं कलेजी, गुर्दे जैसे अंग वाले मांस कोलेस्ट्रॉल से भरपूर होते हैं। जिमीकंद, अरबी, आलू, शकरकंद जैसे जड़ और मूलकंदों का प्रयोग कम करना चाहिए, क्योंकि इनमें उपलब्ध कार्बोज अधिक होता है।

प्रश्न 4. हृदधमनी रोग की आहार व्यवस्था का वर्णन कीजिए।

[दिसम्बर 2007, प्रश्न.6 (ख)]

उत्तर – इस रोग से ग्रसित व्यक्ति को वसा तथा कॉलेस्ट्राल का स्तर सामान्य सीमा के अन्दर रखना चाहिए। ऊर्जा का अंतर्ग्रहण केवल उतना ही होना चाहिए, जिससे शरीर का मानक वजन बना रहे। सामान्य व्यक्ति के लिए प्रोटीन का एक ग्राम प्रति किलोग्राम शरीर के वजन की प्रस्तावित दैनिक मात्रा इन मरीजों के लिए उपयुक्त है। चूँकि वसा तथा वसा से भरपूर खाद्य पदार्थों का हृदय रोग के साथ सीधा संबंध है, इसलिए मरीज द्वारा वसा को अंतर्ग्रहित मात्रा का नियंत्रण ध्यानपूर्वक किया जाना चाहिए। प्रस्तावित दैनिक मात्रा के अनुसार आहार में विटामिन तथा खनिज–लवण पर्याप्त मात्रा में होने चाहिए। इसके अतिरिक्त मरीज को सोडियम (नमक) के अंतर्ग्रहण पर नियंत्रण रखना चाहिए। चिकित्सक के संपर्क में हमेशा रहना चाहिए।

इकाई–22

मातृक कुपोषण

प्रश्न 1. गर्भावस्था में उन खतरों के कारकों का वर्णन कीजिए जो गर्भावस्था के परिणाम पर प्रभाव डाल सकते हैं। **[दिसम्बर 2008, प्रश्न.3 (ख)]**

उत्तर – गर्भावस्था में उन खतरों के कारकों का वर्णन निम्नलिखित है जो गर्भावस्था के परिणाम पर प्रभाव डाल सकते हैं :

1) बार–बार गर्भवती होना

2) जल्दी–जल्दी बच्चे होना

3) बार–बार संक्रामक रोग होना

4) अधिक शारीरिक श्रम

5) शराब तथा धूम्रपान करना

1) बार–बार गर्भवती होना – भारतीय महिला कई बार गर्भावस्था तथा स्तन्यकाल के दौर से गुजरती है। इस प्रकार बार–बार गर्भवती होने से माँ तथा बच्चे के स्वास्थ्य पर बुरा प्रभाव पड़ता है। इन महिलाओं में एनीमिया भी अधिक होती है। जो बच्चे, इन अनेकों बार गर्भवती होने वाली महिलाओं से पैदा होते हैं, उनके जन्म के समय अल्प वजन होने की भी संभावना होती है।

2) जन्म के बीच अंतर – हमारे देश की अधिकांश महिलाओं के अगले बच्चे के जन्म के समय बड़ा बच्चा मात्र एक वर्ष का ही होता है। इस प्रकार दो बच्चों के जन्म के बीच का अंतराल बहुत कम होता है। जन्म के बीच अंतर कम होना न केवल माँ के लिए वरन् बच्चे के लिए भी हानिकारक होता है। गर्भावस्था तथा स्तन्यकाल दो ऐसी अवस्थाएँ हैं जब माँ को अतिरिक्त पोषण की आवश्यकता होती है। जल्दी–जल्दी जन्म होने के कारण माँ को पिछले प्रसव के शारीरिक तनाव से संभलने का समय ही नहीं मिल पाता।

3) बार–बार संक्रामक रोग होना – गर्भावस्था के दौरान संक्रमण की संभावना भी बहुत अधिक होती है। वास्तव में गर्भवती महिला को मूत्र तंत्र संबंधी संक्रमण होने की अधिक संभावना होती है। उन्हें दस्त, मलेरिया तथा यकृत शोथ भी हो जाता है। इसके अतिरिक्त एनीमिया, जो गर्भवती महिलाओं को अक्सर हो जाती है, से संक्रमणों का खतरा बढ़ जाता है। संक्रमणों से भ्रूण का विकास कम होता है तथा इसे मृत जन्म (प्रसव) या बच्चे का अल्प वजन हो सकता है। इससे माँ भी बहुत कमजोर हो जाती है।

4) अधिक कार्यभार व श्रम – भारतीय महिलाएँ गर्भावस्था के दौरान भी घरेलू कामकाज के अतिरिक्त खेतीबाड़ी के काम में भी हाथ बंटाती हैं। गरीबी के कारण निम्न आय वर्ग की महिलाएँ मजदूरी करती हैं। दूर–दराज के ग्रामीण क्षेत्रों की महिलाओं को पानी तथा ईंधन लाने के लिए काफी दूरी तय करनी पड़ती है। इस प्रकार ऐसी महिलाओं को अधिक ऊर्जा की आवश्यकता होती है चूँकि ये महिलाएँ अपर्याप्त आहार पर निर्भर रहती हैं, गर्भावस्था के दौरान इनका वजन बहुत कम बढ़ता है तथा उनके बच्चे भी छोटे होते हैं।

5) शराब पीना और धूम्रपान करना – धूम्रपान करने तथा शराब पीने का बुरा प्रभाव पड़ता है विशेषकर बच्चे के वजन पर। धूम्रपान करने वाली महिलाओं के जन्म के समय अल्प वजन बच्चे, धूम्रपान न करने वाली महिलाओं की तुलना में दुगुने होते हैं। यदि ये धूम्रपान करने के साथ–साथ शराब का भी सेवन नियमित रूप से करते हैं तो धूम्रपान तथा मदिरापान न करने वालों की अपेक्षा उनके चौगुने अल्प वजन पैदा होंगे। भारत की महिलाओं में धूम्रपान तथा मदिरापान का सेवन बढ़ रहा है जो चिंता का विषय है।

प्रश्न 2. रिक्त स्थानों की पूर्ति कीजिए।

1) निम्न आय वर्ग का भारतीय गर्भवती महिलाओं का वजन .... बढ़ता है।

2) मातृक कुपोषण का अर्थ है .... का कुपोषण।

3) गर्भावस्था के दौरान सामान्य महिला का .... कि.ग्रा. बढ़ता है।

4) बहुत कम अन्तर में पैदा हुए बच्चों को .... कुपोषण का खतरा होता है।

5) गर्भावस्था के दौरान............ कि.ग्रा. से कम शारीरिक वजन खतरे का घटक है।

उत्तर – 1) घटता

2) माता

3) वजन 10 से 15

4) अधिक

5) 5.6

प्रश्न 3. मातृक कुपोषण क्या है तथा यह परिवार व समुदाय के लिए किस प्रकार खतरा साबित हो सकता है?

उत्तर – मातृक शब्द का संबंध माँ से है। इस कारण 'मातृक कुपोषण'' का अर्थ है माताओं का कुपोषण। इसमें प्रजननीय आयु वर्ग तक महिलाएँ शामिल हैं। महिला के जीवनकाल में गर्भावस्था तथा स्तन्यकाल अधिक खतरे का समय होता है क्योंकि इस दौरान उसे शारीरिक रूप से अधिक पोषण की आवश्यकता होती है। जल्दी–जल्दी बच्चे पैदा होने तथा लम्बे समय तक स्तनपान कराने से महिला के ऊतकों (tissues) से अनिवार्य–पोषक तत्त्वों का क्षय होता है। यह महिलाओं की अकाल मृत्यु का एक मुख्य कारण है। इस समय उन्हें रोग तथा

संक्रमण अधिक हो सकते हैं जिसका अंतिम परिणाम मृत्यु होता है। हमारे देश में अधिकांश मौत प्रसवपूर्ण अच्छी देखभाल न होने के कारण होती हैं अर्थात् गर्भावस्था के दौरान माँ की भली–भाँति देखभाल न होने के कारण होती है। यदि वे बच भी जाती हैं तो खराब स्वास्थ्य तथा कुपोषण के कुपरिणामों को भुगतती रहती हैं।

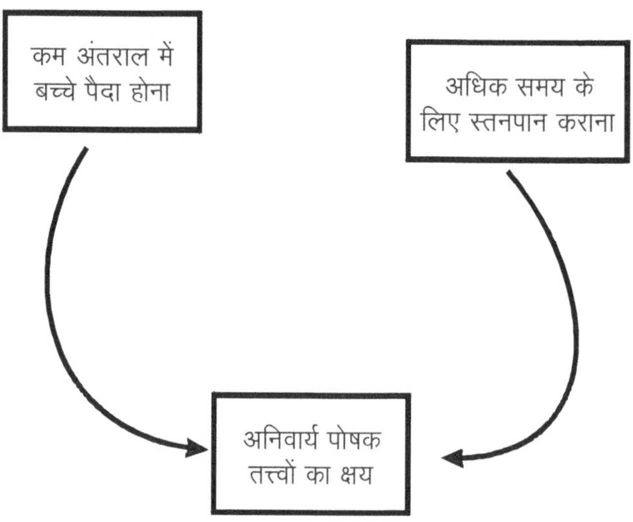

मातृक कुपोषण का कारण है अपर्याप्त तथा अनुचित प्रकार का भोजन। इसी कारण हम पाते हैं कि विशेषतया गाँवों तथा ग्रामीण गंदी बस्तियों की महिलाओं का वजन और कद कम होता है। इससे भारतीय महिलाओं में लौह तत्त्व तथा बी कॉम्पलेक्स समूह के विटामिनों की कमियों के कारणों का भी पता चलता है। इन महिलाओं का भोजन अपर्याप्त होता है, विशेषकर इसलिए क्योंकि वे गरीब होती हैं तथा उनके पास खाद्य पदार्थ खरीदने के लिए पैसे नहीं होते। इस कारण उनकी समस्याएँ बढ़ जाती हैं। उन्हें अपने तथा अपने परिवार के लिए खाद्य पदार्थों का बुद्धिमता पूर्वक चुनाव करने की जानकारी भी नहीं होती।

वास्तव में हम अक्सर इस बात का अनुभव नहीं करते कि किशोरावस्था के वर्षों के दौरान के पोषण से ही मातृक कुपोषण आरंभ हो जाता है। हमारे स्वास्थ्य और पोषण के कार्यक्रम के लक्ष्य में किशोरियों को भी सम्मिलित करना चाहिए जिससे वे सफल मातृत्त्व के लिए भली प्रकार तैयार हो सकें। मातृक कुपोषण का परिणाम खराब स्वास्थ्य है तथा कई बार मृत्यु तक हो सकती है। मातृक कुपोषण भ्रूण, शिशु तथा छोटे बच्चे के स्वास्थ्य को भी प्रभावित करता है। यहाँ तक कि इससे बच्चे की मृत्यु भी हो जाती है। यदि बच्चा जीवित बच भी जाता है तब भी वह आजीवन अस्वस्थ रह सकता है।

प्रश्न 4. मातृक कुपोषण के घातक प्रभावों का वर्णन करो।

उत्तर – एक पूर्ण आहार पोषित महिला ही स्वस्थ बच्चे को जन्म दे सकती है। दूसरी ओर यदि माँ कुपोषित होती है, तो उसके लिए हमें खराब स्वास्थ्य तथा माँ और बच्चे की मृत्यु के रूप में भारी कीमत चुकानी पड़ती है। अतः कुपोषित माँ से जन्मा बच्चा कभी–कभी आसानी से मृत्यु को गले लगा लेता है।

कुपोषित माँ के गर्भ से जन्मे बच्चों को कई घातक प्रभावों से गुजरना पड़ता है।

सर्वप्रथम तो बच्चों में संक्रमण अधिक होने की संभावना काफी बनी रहती है। दूसरे, ऐसे बच्चों के मस्तिष्क की कोशिकाएं कम हो सकती हैं। बच्चों का विकास दर कम हो सकता है तथा ऐसे कुपोषित बच्चों में मंद बुद्धि होने के आसार अधिक हो सकते हैं।

अतः मातृक कुपोषण के लिए भोजन का अभाव ही मुख्य रूप से जिम्मेदार है। यही कुपोषण वह बुनियादी कारण है जिसके परिणामस्वरूप बच्चों को घातक समस्याओं का सामना करना पड़ता है, जिसे राष्ट्र के लिए शुभ नहीं कहा जा सकता।

प्रश्न 5. भारतीय महिलाओं का पोषण स्तर किस प्रकार का है?

उत्तर – किसी व्यक्ति का पोषण स्तर मापने के लिए हम शरीर के भार तथा कद को भी ध्यान में रखते हैं। देश के विभिन्न भागों में किए गए सर्वेक्षणों के अनुसार गाँवों तथा शहरी गंदी बस्तियों में रहने वाली कम आय वर्ग की भारतीय महिलाओं का औसत वजन लगभग 40–50 किलो होता है। अच्छा पोषण पाने वाली महिला का वजन लगभग 55–60 किलो होता है। इस प्रकार गरीब भारतीय महिला, अच्छी तरह पोषण प्राप्त स्वस्थ महिला से लगभग 10 से 15 किलो तक कम वजन की होती है। इसी प्रकार औसतन निम्न आय वर्ग की भारतीय महिला का कद 150 सेंटीमीटर तथा स्वस्थ और अच्छा पोषण प्राप्त महिला का कद 160 सेंटीमीटर है। इन आँकड़ों से पोषण स्तर पर गरीबी के प्रभाव का प्रत्यक्ष पता चलता है। कद छोटा होने के कारण महिला को प्रसव के समय कठिनाई हो सकती है तथा ऐसे कठिन समय उसकी मृत्यु तक हो सकती है। यह भी एक सच्चाई है कि कम वजन वाली महिलाएँ कम वजन वाले शिशुओं को जन्म देती हैं। जन्म के समय 2.5 किलोग्राम से कम वजन के शिशु को हम जन्म के समय कम वजन वाले शिशु कहते हैं। निम्न आय वर्ग की कुपोषित महिलाएँ जिन कम वजन वाले शिशुओं को जन्म देती हैं उनकी दर अधिक है। कम वजन वाले शिशुओं के खतरे दुगुने होते हैं। पहला, बच्चे की मृत्यु होने का खतरा रहता है, दूसरा बच्चा कद में छोटा तथा कुपोषित वयस्क बनता है जिसके कारण उसकी उत्पादकता क्षमता बहुत कम होती है।

इकाई–23

मुख्य पोषण कार्यक्रम 1– पोषणहीनता जन्य रोगों की रोकथाम के कार्यक्रम

प्रश्न 1. पोषणज एनीमिया नियंत्रण संबंधी राष्ट्रीय कार्यक्रम पर संक्षिप्त टिप्पणी कीजिए। **[जून–2009, प्रश्न.8 (घ)]**

उत्तर – विश्व स्वास्थ्य संगठन सहित अन्य कई अनुसंधान संस्थाओं द्वारा किए गए सर्वेक्षणों से यह पता चलता है कि हमारे देश में निर्धन वर्गों के लगभग 50 प्रतिशत शालापूर्व बच्चे एनीमिया से ग्रस्त हैं। महिलाओं में, विशेषकर गर्भावस्था में 70 प्रतिशत या इससे भी अधिक एनीमिया होने की संभावना है। बार–बार गर्भधारण करने के कारण महिलाओं में एनीमिया और गंभीर हो जाता है।

पोषणज एनीमिया के गंभीर परिणाम देखते हुए सरकार ने पोषणज एनीमिया नियंत्रण संबंधी राष्ट्रीय कार्यक्रम शुरू किया।

उद्देश्य – इस कार्यक्रम का लक्ष्य प्रजनन में सक्षम आयु की महिलाओं–विशेषकर गर्भवती और स्तनपान कराने वाली महिलाओं तथा शालापूर्व बच्चों में एनीमिया की व्यापकता व दर को कम करना है। कार्यक्रम मुख्यतः निम्नलिखित बातों पर ध्यान देता है :

1) लौह तत्त्व से भरपूर खाद्य पदार्थों का नियमित सेवन,

2) अधिक संवेदनशील समूह को लौह तत्त्व और फोलिक अम्ल गोलियों के रूप में देना तथा

3) एनीमिया से ग्रस्त व्यक्तियों की पहचान और उनका उपचार करना।

लाभार्थी – इस कार्यक्रम के लाभ निम्नलिखित व्यक्तियों तक पहुँचाए जाते हैं :

क) गर्भवती महिलाएँ

ख) स्तनपान कराने वाली महिलाएँ

ग) परिवार नियोजन को अपनाने वाली महिलाएँ (जो महिलाएँ परिवार नियोजन के अंतगर्भाशय गर्भ–निरोधक साधन और नसबंदी जैसे तरीके अपनाती है) तथा

घ) एक से पाँच वर्ष की आयु के दोनों लिंगों के बच्चे।

वितरण प्रणाली – एनीमिया से ग्रस्त व्यक्तियों को मुख्यतः लौह तत्त्व और फोलिक अम्ल की गोलियाँ बांटी जाती हैं। प्रायः दो तरह की गोलियाँ बांटी जाती हैं: **(1)** बड़ी गोलियाँ (महिलाओं के लिए), जिनमें प्रत्येक गोली में 60 मि.ग्रा. लौह तत्त्व (फैरस सल्फेट) और 500 मा.ग्रा. फोलिक अम्ल होता है। गर्भ की पहली तिमाही के बाद एक बड़ी गोली प्रतिदिन 100 दिनों तक गर्भवती महिलाओं को देनी चाहिए। पहली तिमाही के बाद टिटनेस का टीका

लगवाने के लिए आई गर्भवती महिलाओं को यह गोलियाँ बांटनी चाहिए। इसी प्रकार, स्तनपान कराने वाली महिला और अंतगर्भाशय गर्भ–निरोधक साधन अपनाने वाली महिलाओं को भी एक गोली प्रतिदिन 100 दिनों तक मिलनी चाहिए। टीके लगवाने के समय माताएँ अक्सर अपने शिशुओं के साथ आती हैं। इस समय पर उन्हें गोलियाँ दी जा सकती हैं।

(2) छोटी गोलियाँ (बच्चों के लिए) जिनमें प्रत्येक गोली में 20 मि.ग्रा. लौह तत्त्व और 100 मा.ग्रा. फोलिक अम्ल होता है, प्रतिदिन एक वर्ष में 100 दिनों के लिए दी जाती हैं। बच्चों में वृद्धि के रिकॉर्ड के लिए प्रयुक्त रजिस्टर में गोलियों के सेवन का रिकॉर्ड भी रखा जाता है। बहुत छोटे बच्चे जो गोली निगल नहीं सकते, उन्हें लौह तत्त्व और फोलिक अम्ल की छोटी गोली में उपस्थित मात्रा के बराबर 2 मि.ली. घोल दिया जाता है।

प्रश्न 2. पोषणज अंधता की रोकथाम के लिए राष्ट्रीय रोग निरोधक कार्यक्रम का वर्णन कीजिए। [दिसम्बर–2009, प्रश्न.6 (ख)(i)]

उत्तर – यह बीमारी विटामन ए की कमी से होती है। विटामिन ए की कमी से 'रात्रि अंधता' तथा आँख की अन्य तकलीफें जैसे कि 'कंजक्टिवा का सूखना', 'बिटोटस बिन्दु का हो जाना' आदि होता है। हालाँकि ये खतरनाक नहीं होते, क्योंकि ये रोग विटामिन ए लेने से ठीक हो सकते हैं। अक्सर यह रोग शालापूर्व बच्चों (1 से 5 वर्ष) में देखा जाता है अर्थात् इन बच्चों की आँखों में 'कैरोटोमलेशिया' हो जाता है, जिसके परिणामस्वरूप आँख का काला भाग पूर्णरूपेण खराब हो जाता है।

इस अंधता जैसे रोग की रोकथाम के लिए हमारी सरकार ने राष्ट्रव्यापी स्तर पर विटामिन ए को वितरित करने का कार्यक्रम चलाया है। उल्लेखनीय है कि विटामिन ए का वितरण स्वास्थ्य और परिवार कल्याण मंत्रालय के स्वास्थ्य विभाग से जुड़ी नर्स/दाई (auxiliary nurse या midwife) द्वारा किया जाता है। हमारी सरकार द्वारा चलाए गए इस कार्यक्रम को राष्ट्रीय रोग निरोधक कार्यक्रम कहा जाता है।

राष्ट्रीय रोग निरोधक कार्यक्रम का मुख्य उद्देश्य विटामिन ए की एक बड़ी खुराक देकर बच्चों में (6 महीने से 5 वर्ष) विटामिन ए की कमी से होने वाली अंधता को रोकना है। इस कार्यक्रम के तहत एक से पाँच वर्ष (1–5) की आयु के प्रत्येक बच्चे को तेल में बनाई गई विटामिन ए की तरल खुराक दी जाती है। इससे 2,00,000 आई.यू. विटामिन ए मिलता है। विटामिन ए के घोल को सूर्य की किरणों से बचाकर रखना चाहिए और जिस बोतल को एक बार खोल लिया जाता है, उसे 6–8 हफ्तों के अन्दर प्रयोग कर लेना चाहिए। उल्लेखनीय है कि बच्चे को 5 वर्ष की आयु तक मुँह द्वारा विटामिन ए की 9 खुराकें मिल जानी चाहिए। 9–12 महीने की आयु से शिशु को खसरे का टीका लगाते समय ही साथ में विटामिन ए की खुराक भी देनी चाहिए।

इस कार्यक्रम के तहत हमारी सरकार ने एक राज्य में 3000–5000 व्यक्तियों के लिए

एक सहायक नर्स की व्यवस्था की है, जिसका मुख्य कार्य परिवार कल्याण करना है। बच्चों के लिए खुराक का वितरण छः महीने में एक बार लाभार्थी के घर जाकर किया जाता है।

प्रश्न 3. आयोडीन रोग निरोधक कार्यक्रम पर एक संक्षिप्त टिप्पणी कीजिए।

उत्तर – गलगंड – यह आयोडीन की कमी के कारण होता है। वास्तव में, आयोडीन की कमी न केवल गलगंड बल्कि बहुत–सी अन्य अपंगताएँ/विसंगतियाँ जैसे बच्चों में शारीरिक और मानसिक विकास में रूकावट, बच्चों में सुनने और बोलने की शक्ति में कमी और महिलाओं में अचानक गर्भपात तथा मृत शिशु का जन्म भी हो सकता है। सर्वेक्षणों से ज्ञात हुआ है कि गलगंड की बीमारी हिमालय की तराई वाले क्षेत्रों में पाई जाती है। यह क्षेत्र उत्तर पश्चिम में कश्मीर से लेकर पूर्व में नागा पहाड़ियों तक फैला है और इस क्षेत्र में विभिन्न राज्य जैसे हिमाचल प्रदेश, पंजाब, हरियाणा, उत्तर प्रदेश, बिहार, पश्चिम बंगाल, सिक्किम, असम, मिजोरम, त्रिपुरा, मणिपुर, नागालैंड और अरूणाचल प्रदेश आते हैं। इसके अतिरिक्त हाल ही में गुजरात, महाराष्ट्र, आन्ध्रप्रदेश और इनके पड़ोसी राज्य जैसे दिल्ली और केरल में गलगंड से प्रभावित क्षेत्रों का पता चला है।

अनुमान है कि लगभग 140 लाख लोग इन स्थानिक (जहाँ गलगंड अधिक पाया जाता है) क्षेत्रों में रहते हैं और लगभग 40 लाख लोग आयोडीन की कमी से उत्पन्न विसंगतियों/रोगों से पीड़ित हैं। आयोडीन की कमी से उत्पन्न रोगों के स्वास्थ्य और समाज पर गंभीर प्रभावों को देखते हुए, भारत सरकार ने सन् 1962 में राष्ट्रीय गलगंड नियंत्रण कार्यक्रम शुरू किया। यह कार्यक्रम अब आयोडीन रोग निरोधक कार्यक्रम कहलाता है। यह एक अध्ययन पर आधारित है। कार्यक्रम का आधार अखिल भारतीय आयुर्विज्ञान संस्थान के वैज्ञानिकों द्वारा कांगड़ा घाटी में मध्य 1950 में किया गया एक अध्ययन है। अध्ययन से यह पता चला कि साधारण नमक के स्थान पर आयोडीनकृत नमक के प्रयोग से गलगंड की दर काफी कम हो जाती है। इस अध्ययन के परिणामों को ध्यान में रखते हुए ही आयोडीन रोग निरोधक कार्यक्रम शुरू किया गया।

उद्देश्य – इस कार्यक्रम के मुख्य उद्देश्य निम्नलिखित हैं :

– गलगंड से प्रभावित क्षेत्रों का पता लगाना,

– गलगंड से प्रभावित क्षेत्रों में साधारण नमक के स्थान पर आयोडीनीकृत नमक पहुँचाना, तथा

– कुछ समय पश्चात् कार्यक्रम के प्रभाव को आंकना।

वितरण प्रणाली – आयोडीनीकृत नमक का उत्पादन देश में कुछ चुने हुए क्षेत्रों में ही किया जाता है। नमक बनाने वाले संयंत्रों से जो गुजरात, राजस्थान और तमिलनाडु में है, आयोडीनीकृत नमक प्राथमिकता के अनुसार रेलगाड़ी और/अथवा सड़कों के द्वारा गलगंड के स्थानिक क्षेत्रों में भेज दिया जाता है। स्थानिक क्षेत्रों में व्यापारियों को बिना आयोडीनीकृत

नमक को बेचने से रोका जाता है। स्थानीय प्रशासन का यह कार्य है कि वह यह देखे की आयोडीनीकृत नमक स्थानिक क्षेत्रों में पहुँच रहा है तथा अन्य क्षेत्रों से बिना आयोडीनीकृत साधारण नमक इन क्षेत्रों में न आ सके।

इस कार्यक्रम को ठीक से चलाने में कुछ कठिनाइयाँ आती हैं–जैसे कठिन रास्ते, आयोडीनीकृत नमक का कम उत्पादन, नमक के स्थानांतरण में असुविधाएँ, स्थानीय व्यापारियों को प्रशासन के साथ सहयोग करने के लिए प्रेरित करने में परेशानी (अपर्याप्त लाभ के कारण) आदि। हालाँकि यह कार्यक्रम पिछले कई दशकों से चल रहा है, फिर भी गलगंड तथा आयोडीन की कमी से उत्पन्न अन्य विसंगतियों के सुधार में कोई खास उन्नति नहीं हुई है। इसका कारण स्थानिक क्षेत्रों में नमक की दोहरी आपूर्ति है अर्थात् आयोडीनीकृत और बिना आयोडीनीकृत साधारण नमक, दोनों प्रकार का नमक इन क्षेत्रों में मिलता है। इस समस्या से निपटने के लिए सरकार अब इस बात पर विचार कर रही है कि पूरे देश में सिर्फ आयोडीनीकृत नमक का ही उत्पादन हो ताकि आयोडीनीकृत नमक सभी जगह पहुँच सके।

इकाई–24

मुख्य पोषण 2 – पूरक आहार कार्यक्रम

प्रश्न 1. आई.सी.डी.एस. की संकल्पना की चर्चा कीजिए। आई.सी.डी.एस. के अन्तर्गत प्रदान की जाने वाली सेवाओं का संक्षेप में वर्णन कीजिए।

[दिसम्बर 2008, प्रश्न.5 (क)]

उत्तर – आई.सी.डी.एस. कार्यक्रम मुख्यः बाल कल्याण का कार्यक्रम है। इसकी शुरूआत भारत सरकार द्वारा 1975–76 में की गयी। समन्वित बाल विकास कार्यक्रम आरंभ होने से पहले बहुत से बच्चों के स्वास्थ्य तथा पोषण के कार्यक्रम विभिन्न विभागों द्वारा बिना किसी उचित समन्वय के चलाए जा रहे थे। आई.सी.डी.एस. में सर्वप्रथम सभी सेवाओं जैसे स्वास्थ्य, पोषण तथा शिक्षा संबंधी सेवाओं को संगठित करके एक साथ बच्चों तथा माताओं को देने का प्रयास किया गया। सभी सेवाओं का समन्वय तथा माँ और शिशु को एक 'जैविक इकाई' समझना, इस कार्यक्रम की मुख्य विशेषताएँ हैं।

आई.सी.डी.एस. की संकल्पना – इनका उद्देश्य विशिष्ट पोषक तत्त्वों की कमी से होने वाली बीमारियों जैसे जीरोप्थैलमिया, एनीमिया, आयोडीन की कमी से होने वाली विसंगतियों का नियंत्रण तथा रोकथाम है। दूसरे शब्दों में, ये कार्यक्रम मात्र एक उद्देश्य को ध्यान मे रखकर बनाए गए थे तथा उनमें लक्षित जनसंख्या को लाभान्वित कराने पर अधिक महत्त्व दिया गया था।

आर्थिक दृष्टि से निर्धन समुदाय में कुपोषण केवल लोगों की निर्धनता के कारण नहीं होता। अज्ञानता या अंधविश्वासों के कारण आहार संबंधी गलत आदतें, बार–बार होने वाले संक्रामक रोग तथा अस्वच्छ वातावरण के कारण कृमि ग्रसन (जिसके कारण अतिसार, पेचिश, खाँसी तथा ज्वर हो जाते हैं) सभी समान रूप से उत्तरदायी हैं। बहुत से पोषणहीनताजन्य रोग अधिकतर साथ–साथ होते हैं। दूसरे शब्दों में, लोग एक समय में एक से अधिक प्रकार के कुपोषण से ग्रस्त होते हैं। उदाहरण के लिए प्रोटीन ऊर्जा कुपोषण से ग्रस्त बच्चे को विटामिन ए की कमी तथा एनीमिया भी हो सकता है। गलगंड रोग से पीड़ित स्त्री को एनीमिया तथा विटामिनों की कमी भी हो सकती है। इसीलिए कुपोषण की समस्या का उचित समाधान विभिन्न कारकों (जैसे निर्धनता, शिक्षा की कमी, खराब स्वास्थ्य की समस्याओं) का एक साथ समन्वित तरीके से हल ढूँढने में संभव है। इस तथ्य को जानने के बाद हमारी सरकार ने बच्चों के पूर्ण विकास के लिए संगठित प्रयास की योजना बनाई जिसके परिणामस्वरूप आई.सी.डी.एस. कार्यक्रम शुरू हुआ।

आई.सी.डी.एस. के अन्तर्गत प्रदान की जाने वाली सेवाओं का संक्षेप में वर्णन निम्नलिखित है: कार्यक्रम के अंतर्गत आने वाली सेवाएँ जैसे पूरक पोषण या टीकाकरण। आई.सी.डी.एस. कार्यक्रम बहुत सी सेवाओं का समूह है।

लाभार्थी वह व्यक्ति होता है जो कि किसी विशेष सेवा को प्राप्त करता है। आई.सी.डी.एस. कार्यक्रम की सेवाएँ सभी लोगों के लिए नहीं है।

1) पूरक पोषण
2) टीकाकरण
3) नियमित रूप से स्वास्थ्य जाँच तथा छोटी–मोटी बीमारियों का उपचार और संदर्भ सेवाएँ
4) वृद्धि अनुवीक्षण
5) अनौपचारिक शालापूर्व शिक्षा
6) महिलाओं को स्वास्थ्य तथा पोषण संबंधी शिक्षा
7) स्वच्छ पेयजल

इन सेवाओं को प्रदान करने का मुख्य केन्द्र आँगनवाड़ी है। आँगनवाड़ी या शालापूर्व बच्चों का केन्द्र गाँव के अंदर, गंदी बस्ती या आदिवासी क्षेत्र में स्थित होता है। प्रत्येक केन्द्र एक आँगनवाड़ी–कार्यकर्त्ता तथा एक सहायक की देखरेख में चलाया जाता है। ग्रामीण तथा शहरी क्षेत्रों में 1000 लोगों की जनसंख्या तथा आदिवासी क्षेत्रों में 700 लोगों के लिए एक आँगनवाड़ी खोले जाने का प्रावधान है।

प्रश्न 2. मध्याह्न भोजन कार्यक्रम की संकल्पना, प्रासंगिकता, उद्देश्यों और घटकों का संक्षेप में वर्णन कीजिए। [जून 2008, प्रश्न.3 (ख)]

उत्तर – मध्याह्न पोषण कार्यक्रम एक ऐसा कार्यक्रम है, जिसका मुख्य उद्देश्य उन बच्चों को अतिरिक्त आहार प्रदान करना है, जो विद्यालय की प्राथमिक कक्षाओं में पढ़ रहे हैं। इसका उद्देश्य केवल उनके पोषण स्तर में सुधार लाना नहीं है, बल्कि इससे निर्धन बच्चों को विद्यालय आने के लिए आकर्षित करना है। इस कार्यक्रम का यह भी उद्देश्य है कि अधिक से अधिक बच्चों का रूझान पढ़ाई की तरफ हो तथा वे विद्यालय से कम से कम अनुपस्थित हों।

इस कार्यक्रम को प्रारंभ करने का मुख्य कारण है–आहार संबंधी सर्वेक्षण। यह कार्यक्रम शिक्षा विभाग द्वारा संचालित किया जाता है। स्थानीय प्राथमिक चिकित्सा केन्द्र के स्वास्थ्य कार्यकर्त्ता अथवा विद्यालय स्वास्थ्य विभाग उन बच्चों को स्वास्थ्य सेवाएँ प्रदान करते हैं जो मध्याह्न पोषण कार्यक्रम में भाग लेते हैं। अतः यह कार्यक्रम इस प्रकार से बनाया गया है, जिससे उसमें पोषण, शिक्षा, तथा स्वास्थ्य सेवा के घटक सम्मिलित हो सकें।

इस कार्यक्रम में मुख्य लाभ उठाने वाले छह से ग्यारह वर्ष के बच्चे हैं, जो प्राथमिक विद्यालयों में जाते हैं। इस कार्यक्रम के अंतर्गत दिया जाने वाला प्रत्येक आहार प्रतिदिन 450–500 किलो कैलोरी तथा 20–30 ग्राम प्रोटीन प्रति बच्चे को प्रदान करता है, जिससे बच्चे की एक–तिहाई ऊर्जा तथा आधी प्रोटीन की दैनिक प्रस्तावित आवश्यकता की पूर्ति हो सके। अन्तर्राष्ट्रीय संस्थाओं द्वारा प्रदान किए गए कच्चे खाद्य पदार्थों में मक्का, सोया, दुग्ध, आहार, गेहूँ तथा सोया का सम्मिश्रण, सलाद का तेल आदि विशेष रूप से उल्लेखनीय हैं।

प्रश्न 3. बाल विकास परियोजना अधिकारी क्या है?

उत्तर – बाल विकास परियोजना अधिकारी (सी.डी.पो.ओ.) – एक वरिष्ठ अधिकारी को कार्यक्रम की देखभाल के लिए नियुक्त किया जाता है, जिसे बाल विकास परियोजना अधिकारी कहते हैं। वह अपने खंड में कार्यक्रम के कार्यान्वयन के लिए उत्तरदायी होता है। सी.डी.पी.ओ. को दो माह के लिए बाल विकास, लेखाकरण, आयव्यवस्था तथा सर्वेक्षण के तरीकों के विषय प्रशिक्षण दिया जाता है। उसके निम्नलिखित कार्य हैं :

(1) समन्वित बाल विकास सेवाओं, प्राथमिक स्वास्थ्य केन्द्र तथा खंड प्रशासन में संबंध स्थापित करना।

(2) आँगनवाड़ी के लिए परिसर की व्यवस्था करना।

(3) मुख्य सेविका तथा आँगनवाड़ी कार्यकर्त्ता के कार्यों का नियमित निरीक्षण करना तथा उनका मार्गदर्शन करना।

(4) लाभार्थियों की पहचान, केन्द्र में भोजन की आपूर्ति तथा स्वास्थ्य संबंधी सेवाओं की उपलब्धता को बनाए रखना।

(5) कार्यक्रम का निरीक्षण करना तथा राज्य सरकार को कार्यक्रम की रिपोर्ट भेजना।

प्रश्न 4. रिक्त स्थानों की पूर्ति करो।

क) आई.सी.डी.एस. कार्यक्रम में पोषण, स्वास्थ्य तथा .... सेवाएँ सम्मिलित हैं।

ख) आई.सी.डी.एस. के लाभार्थी छह वर्ष से कम उम्र के बच्चे और .... तथा .... हैं।

ग) मध्याह्न पोषण कार्यक्रम उन बच्चों को पोषण प्रदान करता है, जो .... में पढ़ते हैं।

घ) मध्याह्न पोषण कार्यक्रम का उद्देश्य .... में तथा बच्चों के .... स्तर में सुधार लाना है।

उत्तर – क) शिक्षा

ख) माँ, गर्भवती महिला

ग) स्कूल

घ) गर्भवती, पोषण।

इकाई–25

पोषण स्तर का निर्धारण

प्रश्न 1. वृद्धि अनुवीक्षण का महत्त्व पर संक्षिप्त टिप्पणी करो।

[दिसम्बर 2008, प्रश्न.8 (2)]

उत्तर – वृद्धि का अर्थ है–सजीव वस्तु के आकार और भार में नियमित बढ़ोत्तरी। प्रारंभिक बाल्यावस्था में वृद्धि तीव्र गति से होती है। परंतु इस तीव्र वृद्धि के कारण बच्चा अपर्याप्त आहार या रोगों से अधिक प्रभावित होता है तथा इनसे उसकी वृद्धि मंद हो सकती है या रूक सकती है। दूसरे शब्दों में, वृद्धि अवरोधन हो जाता है। वृद्धि अवरोधन इस बात को दर्शाता है कि बच्चा अस्वस्थ है, जिसकी जाँच और निदान आवश्यक है। अतः वृद्धि पर निगरानी या उसका माप बच्चे के स्वास्थ्य के निर्धारण का अच्छा तरीका है। वृद्धि का सबसे सही तथा सुग्राही माप भार का बढ़ना है। अतः नियमित रूप से बच्चे के भार लेने से हमें उसके वृद्धि के स्वरूप के विषय में काफी जानकारी मिल जाती है। वृद्धि अनुवीक्षण के तरीके में यही सिद्धांत निहित है। सरल शब्दों में अनुवीक्षण का अर्थ है किसी चीज पर नियमित रूप से (प्रत्येक सप्ताह या महीने) निगरानी रखना। अतः एक निर्धारित समय के दौरान (उदाहरण के लिए, प्रत्येक महीने) भार में परिवर्तन पर निगरानी रखना **वृद्धि अनुवीक्षण** कहलाता है। इस कथन से यह लगता है कि वृद्धि का रिकॉर्ड रखना केवल भारत के निर्धारण का एक साधन है। परंतु यह सही नहीं है। वृद्धि का रिकॉर्ड रखने के अंतर्गत नियमित रूप से भार लेना, भार को ग्राफ पर अंकित करना तथा बच्चे की वृद्धि के परिवर्तन का विश्लेषण करना भी आता है। इस अभ्यास से प्राप्त परिणामों द्वारा माँ को उचित सलाह देकर, उपचार के तरीकों के बारे में बताकर अनुवर्ती कार्रवाई की जा सकती है। दूसरे शब्दों में, वृद्धि अनुवीक्षण में भार का निर्धारण तथा उसके (भार के) अनुसार कार्रवाई (किए जाने वाले उपचार कार्य) करना दोनों ही शामिल हैं। वृद्धि अनुवीक्षण के इन कार्यों को वृद्धि अनुवीक्षण तथा वर्धन शब्द द्वारा व्यक्त किया जाता है। ''वर्धन'' शब्द को इसलिए इसमें जोड़ा गया है क्योंकि वृद्धि अनुवीक्षण शब्द केवल भार निर्धारण का ही सूचक प्रतीत होता है, न कि उपचार कार्य का।

वृद्धि अनुवीक्षण को कई रूपों में परिभाषित किया जा सकता है। समन्वित बाल विकास सेवाएँ कार्यक्रम के अंतर्गत इसे निम्न रूप से परिभाषित किया जाता है:

वृद्धि अनुवीक्षण, वृद्धि का नियमित रूप से मापन है, जिससे माता अपने बच्चे में वृद्धि के होने या न होने का पता लगा सकती है तथा बच्चे की नियमित वृद्धि को बनाए रखने और बच्चे को स्वस्थ रखने के लिए उचित तथा व्यावहारिक निर्देश और सलाह प्राप्त कर सकती हैं।

प्रश्न 2. आहार सर्वेक्षण पर चर्चा कीजिए। [दिसम्बर 2008, प्रश्न.8 (3)]

उत्तर – 'सर्वेक्षण' शब्द का अर्थ है किसी विषय की क्रमबद्ध जाँच करना। व्यक्तियों या समूहों की खाद्य आपूर्ति तथा खाद्य उपयोग की विधिवत जाँच आहार सर्वेक्षण कहलाती है। आवश्यकतानुसार देश के विभिन्न परिवारों (विभिन्न आय वर्गों के) या किसी विशेष आयु वर्ग या व्यवसाय के व्यक्तियों के आहार के आँकड़े एकत्र किए जा सकते हैं। आहार सर्वेक्षण से मूलतः किस प्रकार की जानकारी प्राप्त हो सकती है? निश्चित रूप से आपके लिए यह एक विचारणीय प्रश्न है। आपको यह जानकर आश्चर्य होगा कि आहार सर्वेक्षण से कई प्रकार की जानकारी प्राप्त की जा सकती है। उदाहरण के लिए एक तरफ तो हम एक समूह द्वारा किसी वस्तु–गेहूँ, चीनी आदि–के अंतर्ग्रहण के अनुमानित आँकड़ों की जानकारी प्राप्त कर सकते हैं तो दूसरी ओर एक व्यक्ति के दैनिक आहार में पोषक तत्त्वों के अंतर्ग्रहण जैसे एक दिन में लाए जाने वाले विटामिन सी या लौह तत्त्व की मात्रा, का यथार्थ या सही मूल्यांकन कर सकते हैं। यद्यपि आँकड़ों की यथार्थता, जानकारी एकत्र करने के लिए प्रयोग किए गए तरीके पर निर्भर करती है।

प्रश्न 3. आहार–सर्वेक्षण का उद्देश्य बताइए। 24 घंटे के आहार का स्मरण' विधि से आप एक गृहणी से आहार–सम्बन्धी आँकड़े कैसे एकत्रित कर सकते हैं?

[जून 2008, प्रश्न.3 (क)]

उत्तर – आहार सर्वेक्षण – पोषण स्तर को निर्धारित करने वाले विभिन्न तरीकों में आहार सर्वेक्षण एक महत्त्वपूर्ण तरीका है। व्यक्तियों या समूहों की खाद्य आपूर्ति तथा खाद्य उपयोग की विधिवत जाँच **आहार सर्वेक्षण** कहलाती है। यह विभिन्न स्तरों–राष्ट्रीय, क्षेत्रीय, पारिवारिक तथा व्यक्तिगत, पर आधारित, आपूर्ति तथा ग्राह्यता के आँकड़ें एकत्र करने का तरीका है। आहार सर्वेक्षण से कई प्रकार की जानकारी प्राप्त की जा सकती है। जैसे–एक तरफ तो हम एक समूह द्वारा किसी वस्तु–गेहूँ, चीनी आदि के अंतर्ग्रहण के अनुमानित आँकड़ों की जानकारी प्राप्त कर सकते हैं, तो दूसरी ओर एक व्यक्ति के दैनिक आहार में पोषक तत्त्वों के अंतर्ग्रहण जैसे एक दिन में लिए जाने वाले विटामिन सी या लौह तत्त्व की मात्रा का यथार्थ या सही मूल्यांकन कर सकते हैं।

आहार सर्वेक्षण के लिए विभिन्न तरीके प्रयोग किये जाते हैं। उन विभिन्न तरीकों की सूची निम्नलिखित है :

1) खाद्य संतुलन चार्ट से प्राप्त कृषि संबंधी आँकड़ें – खाद्य उपभोग की प्रवृत्ति। किसी देश के कृषि उत्पादन, कृषि विधियों खाद्य आयात तथा निर्यात का स्थूल अनुमान लगाया जा सकता है। इस विधि से प्राप्त आँकड़े स्थूल अनुमान ही दे पाते हैं।

2) खाद्य रिकॉर्ड या डायरी – व्यक्तियों द्वारा खाए गए भोजन के आँकड़े प्रस्तुत करता है। व्यक्ति द्वारा एक निर्धारित समय में लिए गए सभी खाद्य तथा पेय पदार्थों की लिखित

जानकारी रिकॉर्ड करनी पड़ती है। एक समय में परोसे जाने वाली मात्रा का अनुमान खाद्य नमूनों और मानक मापक यंत्रों से या खाद्य पदार्थों को तोलकर लगाया जा सकता है।

तोल का तरीका – व्यक्ति के आहार अंतर्ग्रहण का यथार्थ तरीका। इस विधि में व्यक्ति द्वारा आहार में प्रयोग किए जाने वाले सभी खाद्य पदार्थों–पेय तथा ठोस पदार्थों–को खाने से पहले सावधानीपूर्वक तोला जाता है। थाली में बचे हुए आहार (न खाए गए खाद्य पदार्थ) का रिकॉर्ड भी रखा जाता है। इसके बाद सरल गणना द्वारा व्यक्ति के आहार अंतर्ग्रहण के बारे में पता लगाया जाता है।

आहार वृत्त – पिछले किसी निर्धारित समय में व्यक्ति के खाद्य और पोषक तत्त्वों के अंतर्ग्रहण का अनुमान। इसमें पिछले 3 महीने से एक वर्ष तक में किसी व्यक्ति द्वारा ग्रहण किए गए आहार तथा पोषक तत्त्वों का अनुमान शामिल होता है। खाद्य संबंधी जानकारी इंटरव्यू या व्यक्तियों से प्रश्न पूछकर (उदाहरण के लिए, बच्चे के मामले में माँ से) प्राप्त की जा सकती है।

24 घंटे के आहार का स्मरण – बड़े आहार सर्वेक्षणों में व्यक्तियों के आहार अंतर्ग्रहण के आँकड़े एकत्र करने के लिए प्रयुक्त विधि। इसके अंतर्गत व्यक्ति विशेष को उसके द्वारा पिछले 24 घंटों में खाए गए आहार के बारे में स्मरण करके अधिक से अधिक बताने को कहा जाता है। (यह जानकारी इंटरव्यू या प्रश्न–सूची तैयार करके हासिल की जा सकती है)। यह इंटरव्यू खाद्य नमूनों तथा मानक मापक यंत्रों का प्रयोग करके किसी प्रशिक्षित व्यक्ति द्वारा लिया जाता है।

आहार आवृत्ति – इस तरीके में व्यक्तियों से (इंटरव्यू या जाँच–सूची द्वारा) उनके द्वारा खाए गए, विशिष्ट आहार (दिन में, महीने में, सप्ताह में) की संख्या के बारे में पूछा जाता है। सामान्यतः खाद्य पदार्थों को खाद्य वर्गों (पोषक मूल्यों तथा आहार में इनके कार्यों की समानता के आधार पर) में विभाजित किया जाता है। इन्हीं वर्गों के आधार पर व्यक्तियों द्वारा खाए गए भोजन की आवृत्ति को रिकॉर्ड किया जाता है। जनसंख्या की आहार पद्धति के सूचक के रूप में इसका प्रयोग किया जाता है।

परन्तु यहाँ आहार सर्वेक्षण का विस्तृत वर्णन करना आवश्यक नहीं है। अध्ययन की सुविधा के लिए चार्ट द्वारा विभिन्न तरीकों की जानकारी दी गयी है। यहाँ आहार सर्वेक्षण के सबसे सरल और सबसे अधिक प्रयुक्त होने वाले तरीके का विवरण देना ही आवश्यक है–व्यावहारिक दैनिक जीवन में आहार सर्वेक्षण के ऐसे तरीके की जानकारी प्रासंगिक व जरूरी है जिसका प्रयोग हम आहार सर्वेक्षण में कर सकें। यह महत्त्वपूर्ण व प्रासंगिक तरीका है–''14 घंटे के आहार का स्मरण''।

24 घंटे के आहार का स्मरण –24 घंटे के आहार का स्मरण शायद आहार निर्धारण के लिए सर्वाधिक रूप से प्रयुक्त होने वाला तरीका है। इस तरीके में उसके द्वारा पिछले 24 घंटे में खाए गए आहार के बारे में स्मरण करके अधिक से अधिक बताने के लिए कहा जाता है।

इसके अन्तर्गत आहार के अंतर्ग्रहण संबंधी कई बातों का ब्यौरा देना पड़ता है।

सर्वेक्षण के द्वारा गृहिणी से सम्पर्क करके उनसे आहार में प्रयोग किए गए खाद्य पदार्थों की मात्रा, आहार तैयार करने की विधि तथा प्रत्येक सदस्य को दिए गए आहार की मात्रा के बारे में पूछा जाता है। गृहिणी से उपर्युक्त जानकारी प्राप्त करने के लिए मानक मापों जैसे कप, चम्मच, गिलास आदि की सहायता ली जा सकती है।

24 घंटे की स्मरण विधि से आहार सर्वेक्षण करना काफी आसान हो जाता है क्योंकि यह विधि काफी उपयोगी और सरल है।

मूलभूत जानकारी एकत्र करना – इसके अन्तर्गत परिवार के सदस्यों की आयु, लिंग, शरीर, क्रियात्मक स्तर तथा सदस्यों का व्यवसाय एकत्र करनी चाहिए।

आहार पद्धति संबंधी जानकारी एकत्र करना – आहार पद्धति से संबंधित जानकारी एकत्र करनी चाहिए अर्थात् एक दिन पहले सुबह के नाश्ते, दोपहर के भोजन, शाम की चाय तथा रात्रि के भोजन में क्या बना था, उसे भी इस विधि के तहत नोट करना चाहिए। साथ ही बनाए गए व्यंजनों के स्थानीय नाम, व्यंजनों में प्रयुक्त होने वाली सामग्री का नाम नोट करना चाहिए, ताकि सर्वेक्षण में आसानी हो।

प्रश्न 4. मानवमित्तीय माप क्या है तथा स्पष्ट करें कि क्या पोषण स्तर को निर्धारित करने में इसकी भूमिका महत्त्वपूर्ण होती है।

उत्तर – मानवमितीय माप का अर्थ है–शरीर के विभिन्न आकारों का माप। शरीर भार तथा लम्बाई (कद) का माप वृद्धि विश्लेषण और शरीर आकार तथा संरचना को सुनिश्चित करने के लिए उपयोगी आँकड़े प्रदान करते हैं। आयु के अनुरूप मापे गए भार तथा लंबाई में वृद्धि यह दर्शाती है कि उस समय (अर्थात् उस आयु) तक बच्चे के शरीर में कुल क्या परिवर्तन हुए। लंबाई तथा भार के माप के अतिरिक्त शरीर की परिधियों का माप शरीर में वसा की मात्रा तथा शरीर में वसा–रहित ऊतकों अर्थात् शरीर में मांसपेशियों की मात्रा की पहचान में सहायता करती है। अतः यह माप प्रोटीन ऊर्जा कुपोषण तथा मोटापे की पहचान में सहायक होता है। सर्वाधिक प्रयोग होने वाले तथा सरल मानवमितीय माप, जो पोषण स्तर के अच्छे सूचक हैं, निम्नलिखित हैं :

– आयु के अनुरूप भार
– आयु के अनुरूप लम्बाई
– आयु के अनुरूप बाजू की परिधि
– लम्बाई (कद) के अनुरूप भार

मानवमितीय माप विशेषकर शारीरिक लंबाई तथा भार का माप दो कारकों पर निर्भर करता है – **(1)** आयु का सही निर्धारण, तथा **(2)** तुलना के लिए उचित सामान्य माप या मानक।

आयु का उचित निर्धारण आवश्यक है क्योंकि शारीरिक माप (अर्थात् शरीर की लंबाई, भार

तथा परिधि का माप) आयु के साथ–साथ बढ़ता है। यदि सही आयु नहीं ज्ञात होगी तो सही निर्धारण नहीं हो पाएगा। इसके अतिरिक्त, शारीरिक माप का प्रयोग तब और भी उपयोगी हो जाता है जब व्यक्ति की वास्तविक मापों की तुलना ज्ञात माप या मानक से की जाए। सुपोषित तथा स्वस्थ बच्चे (समृद्ध घरों/वर्गों से संबंधित) जोकि चिकित्सीय तथा सामाजिक रूप से भली प्रकार सुरक्षित हों, उनके औसत शारीरिक माप मानक कहे जाते हैं तथा इन मापों का प्रयोग तुलना के लिए किया जाता है। यदि बच्चे का शारीरिक माप समृद्ध परिवार के मानक कहे जाते हैं तथा इन मापों का प्रयोग तुलना के लिए किया जाता है। यदि बच्चे का शारीरिक माप समृद्ध परिवार के स्वस्थ बच्चे के समान ही हो तो बच्चे को पोषण की दृष्टि से स्वस्थ माना जाता है।

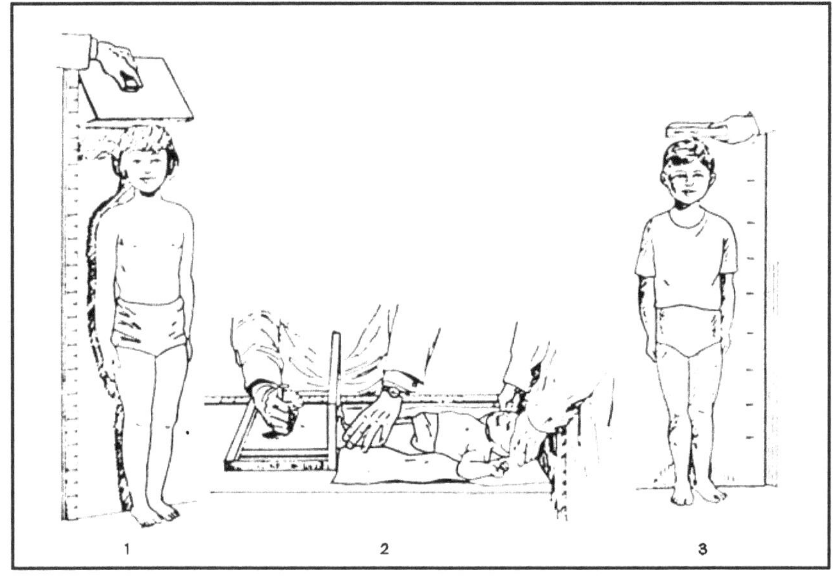

इकाई–26

भोजन परिवेषण संस्था की योजना

प्रश्न 1. ग्राहकों का सर्वेक्षण करना तथा प्रारंभिक निर्णय लेना पर संक्षिप्त टिप्पणी करो।

उत्तर – ग्राहकों का सर्वेक्षण करना तथा प्रारंभिक निर्णय लेना – रीमा ने सर्वप्रथम अपने दिमाग में एक योजना बनाई। फिर उसके सामने सबसे बड़ी समस्या ग्राहकों के सर्वेक्षण की थी। उसने अल्पाहार व आहार बनाने का उद्यम तो शुरू करने की ठान ही ली थी, परन्तु अब समस्या यह थी कि उसके अल्पाहार या आहार का खरीददार कौन होगा तथा वह किस प्रकार का आहार पसंद करेंगे–इस दिशा में वह लगातार कार्यरत रही। एक दिन रीमा अपनी सहेली रागिनी के साथ नजदीकी स्कूल गयीं, जहाँ उसने प्रधानाचार्य से एक अल्पाहार कैंटिन खोलने की बात रखी, परन्तु वहाँ पहले से ही यह व्यवस्था मौजूद थी। तत्पश्चात् उसने एक बड़े शोरूम के पास जाकर मालिक से जगह की माँग की, परन्तु मालिक ने जगह देने का आश्वासन तो दिया, परन्तु वह रीमा के खर्चे से बाहर था। अन्ततः वह एक नए ऑफिस जो औद्योगिक क्षेत्र वाला ऑफिस था, वहाँ गयी और उसने उसके निर्देशक से प्रत्यक्षतः बात की कि वह ताजे अल्पाहार व स्वास्थ्यवर्द्धक पौष्टिक भोजन की गर्म थाली का प्रस्ताव रखा, जिसे डायरेक्टर ने प्रसन्नतापूर्वक स्वागत किया, क्योंकि उस ऑफिस में काम करने वाले कर्मचारीगण व ऑफिसर मूँगफली व कुलचे–छोले खाते–खाते थक चुके थे। ऑफिस वालों की चाहत थी कि भोजन ऑफिस में ही पहुँच जाए, जिसे रीमा ने सहर्ष स्वीकारा। उल्लेखनीय है कि इस सर्वेक्षण और बातचीत के बाद रीमा को विश्वास हो गया था कि उसे सही प्रकार के ग्राहक मिल गए हैं, जिनकी आवश्यकता रीमा को थी।

इस प्रकार रीमा के सर्वेक्षण से यह स्पष्ट हो जाता है कि किसी भी भोजन परिवेषण संस्था स्थापित करने से पहले सबसे पहला कार्य है आस–पड़ोस के इलाके में चल रही भोजन–परिवेषण संस्थाओं का पता लगाना व उनका मूल्यांकन करना तथा यह देखना कि किस प्रकार के ग्राहक उनका लाभ उठाते हैं। ऐसे सर्वेक्षण से यह स्पष्ट हो जाता है कि कुछ ऐसे व्यक्ति भी हैं जिनकी जरूरतें तत्कालीन समय में चलने वाली भोजन परिवेषण संस्थाएँ पूरा नहीं कर पाती। ऐसे व्यक्ति ही संभावित ग्राहक बन जाते हैं।

1) व्यक्तिगत व सामूहिक अभिरूचियों को पहचानना – सर्वेक्षण के पश्चात रीमा के सामने एक समस्या आई कि वह ग्राहकों से उनकी पसंद को जाने और तद्नुसार व्यंजन सूची तैयार करे। फिर वह इस कार्य में जुट गयी और ऑफिस जाकर लोगों से उनकी पसंद के बारे में

पूछताछ करके व्यंजनों की सूची तैयार की, जिसे मेन्यू भी कहते हैं। सूची द्वारा रीमा ग्राहकों की अभिरूचियों को पहचान पाई।

यह चार्ट आहार संबंधी है। सर्वप्रथम उसने आहार अर्थात् भोजन के रूप में लेने वाले व्यंजन के चार्ट को ग्राहकों के लिए तैयार किया, जो इस प्रकार है :

खाद्य पदार्थ	**ग्राहकों की संख्या**
मूँग की पकौड़ी के साथ पुदीने की चटनी	–10
चावल तथा राजमा या सब्जी	–5
चावल–कढ़ी	–25
पाव–भाजी के साथ चिली सॉस	–12
पूरी तथा छोले व सलाद	–11
ब्रेड पकौड़े के साथ खोए की बर्फी	–10

ऊपर वर्णित चार्ट में ग्राहकों के पसंदीदा व्यंजन हैं, जिसे उनकी राय जानने के बाद रीमा बनाने में जुट गयी है। इस पैक्ड लंच में ऊर्जा, प्रोटीन, विटामिन और वसा सभी तत्त्वों पर ध्यान दिया गया है, ताकि पैक्ड लंच में तीनों खाद्य वर्गों अर्थात् ऊर्जा प्रदान करने वाले, शारीरिक वृद्धि में सहायक तथा शरीर को सुरक्षा प्रदान करने वाले खाद्य पदार्थों की पूर्ति हो जाए और ग्राहक स्वस्थतापूर्वक आनंद लेकर आहार ले सकें। इसके पश्चात् रीमा ने एक अल्पाहार की सूची बनायी :

अल्पाहार की सूची

खाद्य पदार्थ	**ग्राहकों की संख्या**
पकौड़े	27
समोसे	30
बड़े	10
सैंडविच या प्रुस्थॉल्स	15

यानी व्यंजन सूचियों में रीमा ने ग्राहकों के स्वास्थ्य का पूरा ख्याल रखा है। साथ ही साथ सफाई को मद्देनजर रखते हुए लंच तैयार किया, जो एक कुशल व समझदार व्यवसायी की विशेषता है। इस प्रकार रीमा ने ग्राहकों की अभिरूचि की जानकारी सर्वेक्षण द्वारा प्राप्त की। सरिता की तरह आप भी जिस जगह पर संस्था चलाना चाहते हैं, वहाँ पर ऐसा ही सर्वेक्षण करें तो उस क्षेत्र की आहार उपभोग पद्धति के अनुसार आपकी अभिरूचि की सूची बदल जाएगी।

2) व्यंजन सूची (मेन्यू) को निश्चित करना – रीमा ने व्यंजन सूची बनाते समय निम्नलिखित बातों को ध्यान में रखा :

आहार ऐसा होना चाहिए जो

1) आसानी से बनने वाला हो।

2) जिनकी मात्रा व कोटि से ग्राहक संतुष्ट हों

3) पौष्टिकता पर्याप्त हो।

4) आसानी से पैक हो जाने वाला हो।

5) स्वीकृत और पहचाना हुआ हो।

6) जिसका मूल्य उचित हो।

व्यंजन सूची को नियोजित करते समय रीमा ने केवल उन्हीं व्यंजनों को सम्मिलित किया जिन्हें बनाने में वह अपने–आपको कुशल समझती थी। फिर उसे हर व्यंजन की मात्रा की आवश्यकता का हिसाब लगाया। एक गृहिणी होने के नात रीमा को इस बात का अंदाजा था कि भोजन की कितनी मात्रा एक व्यक्ति को संतुष्ट करने के लिए पर्याप्त है। इतना ही नहीं, उसे खाद्य पदार्थों के पोषकमान की भी जानकारी थी।

रीमा ने व्यंजन सूची के व्यंजनों की मात्रा का उनके ऊर्जा, प्रोटीन, विटामिन व खनिज के योगदान के लिए मूल्यांकन किया। वैसे उसे प्रत्येक खाद्य पदार्थ के पोषकमान की सही व उचित जानकारी तो थी नहीं, फिर भी वह यह कि अनाज, दालों, सब्जियों व दूध के पदार्थों के आनुपातिक सम्मिश्रण से आवश्यक पोषक तत्त्व पर्याप्त मात्रा में उपलब्ध हो पाएंगे। इसी आधार पर उसने ऐसे व्यंजनों का नियोजन किया जिनसे एक व्यक्ति को 80–100 ग्राम अनाज, 30 ग्राम दालें, 100–150 ग्राम सब्जियाँ तथा 100 मिली. दही उपलब्ध हो। रीमा के विचार में यह मात्रा दफ्तर जाने वाले एक अल्पश्रमिक व्यक्ति को दिनभर के पोषक तत्त्वों की प्रस्तावित दैनिक मात्रा का एक–तिहाई हिस्सा प्रदान करने के लिए पर्याप्त थी।

इसके बाद रीमा ने प्रत्येक व्यंजन के तैयार रूप पर गौर किया, क्योंकि वे उस रूप में होने चाहिए थे जिसे आसानी से पैक किया जा सके। इसलिए उसने व्यंजनों की संख्या को अनाज व सब्जियों के सम्मिश्रण जैसे कि पकौड़ी वाली चटनी या कढ़ी के रूप में बनाकर कम रखने का निर्णय लिया। उसने पूरी–परांठे व फ्राइड चावलों का चयन किया, क्योंकि वे कुछ समय तक बिना खराब हुए रखे जा सकते हैं।

उसने इस बात का पूरा ध्यान रखा कि बनाई गई व्यंजन सूची ग्राहकों की अभिरूचियों के अनुसार ही हो। इस तरह उसने सुनिश्चित कर लिया था कि ग्राहक उसके द्वारा बनाए गए आहार को खरीदने में तत्पर होंगे।

उसने ग्राहकों से बातचीत करने के पश्चात् प्रति लंच पैक 8 रूपये से ज्यादा नहीं रखा अर्थात् पैक्ड लंच का मूल्य निर्धारण रीमा ने अपने और ग्राहकों के तालमेल पर तैयार किया। उसने इस बात का भी पूरा ध्यान रखा कि आहार के विक्रय के मूल्य में सभी व्यय सम्मिलित होने चाहिए, साथ ही उनमें से यथोचित मुनाफा भी मिलना चाहिए।

3) व्यंजन सूची पर होने वाले व्यय का पूर्वानुमान – इससे हमारा तात्पर्य व्यंजनों को बनाने में होने वाले व्यय के अनुमान से है। रीमा ने हर व्यंजन के लिए आवश्यक सामग्री की सूची बनाई तथा जिस दाम पर वह खरीदा गया, उसके हिसाब से उस व्यंजन पर होने वाले व्यय का परिकलन किया। प्रत्येक व्यंजन के लिए आवश्यक सामग्री की मात्रा के अनुसार उन पर

होने वाले व्यय को लिखा गया और विभिन्न सामग्री पर होने वाले व्यय का योग करके मेन्यू पर होने वाले कुल व्यय का पता लगाया गया। ऐसा करके इस बात का पता आसानी से लग गया कि भोजन पर व्यय को विक्रय मूल्य के 50 प्रतिशत तक रखने पर उसे व्यंजन को परोसना उपयुक्त है या नहीं।

वर्तमान मूल्यों की मदद से व्यंजनों पर होने वाले व्यय का अनुमान लगाने से रीमा को एक ऐसी व्यंजन सूची बनाने में मदद मिली जिसे वह एक पूर्व– निर्धारित व्यय के अनुसार बना सके। मेन्यू के व्यंजनों का मूल्य उचित हो तथा उन्हें बनाना संभव हो यह जानने के लिए उसने मेन्यू पर होने वाले व्यय का अनुमान लगाया ताकि वह विक्रय मूल्य का 50 प्रतिशत ही रहे।

4) ग्राहकों की संख्या की जाँच करना – रीमा ने अगला काम यह ज्ञात करने के लिए किया कि कितने व्यक्ति उसके द्वारा बनाए गए आहार खरीदने के इच्छुक होंगे। इस उद्देश्य को कार्यान्वित करने के लिए वह उस दफ्तर में फिर गई तथा उन व्यक्तियों जिनसे वह पहले मिली थी, उनको उसने यह बताया कि वह उनको पैक किया हुआ गर्म–गर्म दोपहर का आहार दफ्तर में ही उचित मूल्य में पहुँचा सकती है। शुरू में तो लोगों ने उस पर विश्वास नहीं किया, लेकिन प्रारंभिक प्रतिक्रिया में हतोत्साहित न होकर रीमा ने प्रयोग के तौर पर आहार के कुछ पैकेट मुफ्त में बाँटे। जो उन्हें चखने के इच्छुक थे, उसके साथ रीमा ने कुछ इश्तहार भी बाँटे। जो व्यक्ति उसके द्वारा मुफ्त आहार चख चुके थे, रीमा ने उन्हें अन्य कर्मचारियों से भी कहने को कहा। अतः रीमा ने उन दफ्तरवालों से पैकेट में आहार की मात्रा, उसकी कोटि तथा क्या वह संतुष्ट थे, पर भी उनकी राय जानी। इतना करने के पश्चात् दो दिन के बाद जाकर उसे आहार के 45 पैकेट उपलब्ध कराने का पहला आदेश मिला।

प्रश्न 2. गीता कौन है? तथा इसकी सूझ पर एक नोट लिखो।

उत्तर – गीता एक खुशहाल गृहिणी थी जो कि घर के काम–काज इत्यादि आदि बच्चों की पढ़ाई की देख–रेख में अपना समय व्यतीत करती थी। जैसे–जैसे बच्चे बड़े होते गए, वैसे–वैसे वे गीता पर कम आश्रित रहने लगे। घर के श्रमसाध्य काम–काज जैसे सफाई व कपड़े धोने आदि के लिए तो उसने एक काम वाली भी रख ली थी। इससे यह हुआ कि उसके पास बहुत–सा समय होता था जिसे वह खाली बैठकर व्यतीत करती थी व जिसके सदुपयोग का कोई रास्ता उसे नजर नहीं आ रहा था। वह इस प्रकार की महिला भी नहीं थी जो कि अपना समय व्यर्थ ही जाने दे। इसलिए उसने कुछ सृजनात्मक व चुनौतीपूर्ण कार्य करने की सोची जिससे उसे बच्चों की पढ़ाई व शादी इत्यादि पर होने वाले खर्च में भी मदद मिल सके। गीता यह जान चुकी थी कि, अधिक पढ़ी–लिखी न होने के कारण तथा किसी नौकरी की योग्यता के अभाव में उसे कोई उपयुक्त नौकरी मिलना तो मुश्किल ही था। उसने इस विषय पर अपने बचपन की सहेली उमा से बात की। बातचीत के दौरान गीता को ऐसा लगने लगा कि वह आहार व अल्पाहार बनाने की अपनी निपुणता को अपने खाली समय में कुछ पैसा

कमाने के लिए प्रयोग में ला सकती है। गीता ने इस बात पर गंभीरता से विचार किया क्योंकि उसने अपने पाकशास्त्र की निपुणता पर पूरा भरोसा था। उसने अपने पति व बच्चों से भी इस बारे में बातचीत की। सभी ने उसे इस कार्य के लिए प्रोत्साहित किया। उसके पति ने इस संस्था को आरंभ करने तथा आवश्यक धनराशि जुटा पाने के लिए पूरे सहयोग का आश्वासन दिया।

प्रश्न 3. व्यय का हिसाब किस प्रकार लगाया जाता है?

उत्तर – धन की अपनी आवश्यकता को निर्धारित करने के लिए सबसे पहले गीता ने व्यय की सूची बनाई। एक गृहिणी होने के नाते उसको अपनी संस्था में धन के प्रयोग को नियोजित करने का अच्छा खासा अंदाजा था ही। सबसे पहले तो उसे व्यंजन बनाने के लिए कच्चे खाद्य पदार्थ खरीदने की आवश्यकता थी। पकाने में तथा ग्राहकों तक आहार पहुँचाने में मदद करने वाले लड़कों को भी तनख्वाह देने के लिए पैसे की आवश्यकता थी। आवश्यक बर्तन तथा श्रम बचाने वाले उपकरणों को खरीदने के लिए भी धन की आवश्यकता थी। इस तरह, उसने व्यय के मुख्य क्षेत्रों की यानि कि खाद्य पदार्थ, श्रमिक व उपकरणों की पहचान की। व्यय के मुख्य क्षेत्रों की पहचान करने के बाद उसने प्रत्येक क्षेत्र के अंतर्गत एक महीने के व्यय के लिए आवश्यक धनराशि की मात्रा का हिसाब लगाया। वह जान चुकी थी कि खरीदे जाने वाले तीनों साधनों में से उपकरणों पर होने वाला व्यय सबसे अधिक होगा, परंतु यह व्यय हर महीने होने वाले व्यय में से नहीं था। इसलिए उसने अपनी संस्था के लिए आवश्यक उपकरणों को जुटाने हेतु होने वाले व्यय का अंदाजा लगाया।

उपकरणों पर होने वाले व्यय का हिसाब लगाना – यह जानने के लिए कि उसे किस प्रकार के उपकरणों तथा कितने बर्तनों की आवश्यकता पड़ेगी, वह पास के ही एक ढाबे, एक स्कूल में चलने वाले जलपान–गृह (कैंटीन) तथा एक दुकानों के समूह में चलने वाले रेस्टोरेंट में गई। उनकी मदद से वह अपनी संस्था को चला पाने के लिए आवश्यक उपकरणों व बर्तनों की सूची बना पाई। विभिन्न संस्थाओं में जाकर वह इनमें से कुछ उपकरणों को काम करते हुए भी देख पाई थी। आवश्यक उपकरणों व बर्तनों की सूची बना लेने के बाद उसने उनको खरीदने में होने वाले व्यय का अनुमान लगाया।

यह कर पाने के लिए वह उपकरणों को काम करते हुए भी देख पाई थी। आवश्यक उपकरणों व बर्तनों की सूची बना लेने के बाद उसने खरीदने में होने वाले व्यय का अनुमान लगाया। यह कर पाने के लिए वह उपकरण व बर्तन बनाने व बेचने वाले विभिन्न व्यापारियों के दफ्तर में गई तथा उनसे इनके दाम व अन्य सेवाओं के बारे में जानकारी प्राप्त की। इस जानकारी की मदद से वह उन उपकरणों व बर्तनों को खरीद पाने के लिए आवश्यक धनराशि का अनुमान लगा पाई। संस्था के सफल संचालन के लिए उपकरण व बर्तन अति आवश्यक हैं इसलिए अनुमानित लागत का नियोजन करते समय उन्हें प्राथमिकता दी गई। आवश्यक उपकरण व बर्तनों की सूची बना कर उनके लगभग खर्च का अनुमान लगा लिया गया। पकाने के लिए

बड़े बर्तन–जिनमें प्रैशर कुकर व कड़ाही सम्मिलित थे, पर ही लगभग 5,000 रूपये की लागत लगानी थी। श्रम बचाने वाले उपकरण जैसे कि मिक्सर व ब्लेन्डर तथा गीले पदार्थों के लिए ग्राइन्डर पर भी 5000 रूपये की लागत लगनी थी। फ्रिज, भोजन गर्म रखने वाला उपकरण तथा तराजू पर लगभग 15,000 रूपये का व्यय अनुमानित था। इनके अलावा गैस के दो सिलेंडर तथा दो व्यापारिक चूल्हों के लिए भी उसे 2,000 रूपयों की आवश्यकता थी। इन सबका जोड़ निकालकर लक्ष्मी ने अनुमान लगाया कि उसे उपकरण व बर्तन खरीदने के लिए लगभग 27,000 रूपयों की आवश्यकता थी।

उसके घर की रसोई इतनी बड़ी थी कि उसमें अधिक मात्रा में भोजन बनाया जा सकता था, इसलिए उसने एक अन्य रसोईघर बनाने के लिए आवश्यक धनराशि पर ध्यान नहीं दिया। रसोई के साथ ही एक अन्य कमरा भी था जहाँ पर पदार्थों का भण्डारण किया जा सकता था तथा एक बंद बरामदा भी था जहाँ पर आहारों को पैक किया जा सकता था। इनकी वजह से वह हर महीने खर्च होने वाले 500 रूपये देने से बच गई जो कि उसे किराए के रूप में देने पड़ सकते थे। किसी नई जगह को खरीद कर उस पर अपनी संस्था स्थापित करना तो उसके लिए कठिन था।

खाद्य पदार्थों पर होने वाले व्यय का अनुमान लगाना – व्यय का अगला मद, कच्चे खाद्य पदार्थ खरीदना था। इस पर खर्च होने वाली धनराशि की मात्रा व्यंजनों की संख्या, परोसे जाने वाले व्यक्तियों की संख्या, भण्डारण के लिए उपलब्ध जगह तथा खरीदारी की प्रणाली जैसे कारकों पर निर्भर करती थी।

लक्ष्मी ने पैक्ड लंच में अनाज, दाल, सब्जियों व दही से बने व्यंजन देने की योजना बनाई थी। व्यंजन सूची में विविधता लाने के लिए उसने प्रतिदिन प्रयोग में लाए जाने वाले अनाज, दाल व सब्जियों में भिन्नता लाने की सोची। शुरू में तो उसको 25 व्यक्तियों ने ही आहार लेने का संकेत दिया परंतु इस संख्या की 3 माह के अंदर ही 100 तक पहुँचने की संभावना थी। इसलिए उसने शुरू से ही खाद्य पदार्थ पर होने वाला व्यय 100 व्यक्ति प्रतिदिन के हिसाब से ही लगाया ताकि भविष्य में अपनी संस्था को आगे बढ़ाने के लिए उसके पास पर्याप्त साधन हों।

जैसा कि पहले भी बताया गया था, एक आहार का पैकेट यदि 6 रूपये में बेचा जाना था तो उसको बनाने वाले कच्चे खाद्य पदार्थ पर व्यय 3 रूपये से अधिक नहीं होना चाहिए था यानि की विक्रय मूल्य का 50 प्रतिशत। इस तरह, उसने 25 दिन, 3 रूपये की दर के हिसाब से 100 व्यक्तियों के लिए कच्चे खाद्य पदार्थ पर होने वाले व्यय का अनुमान लगाया। यह अनुमानित व्यय 7500 रूपये था।

बने हुए व्यंजनों को उपयुक्त पदार्थ में पैक करके ग्राहकों तक पहुँचाना था। लक्ष्मी ने दुकानों का सर्वेक्षण करके सबसे बेहतर पैकिंग सामग्री का चयन करने की सोची। उसने आहार पैक करने के लिए गत्ते के डिब्बों, एल्यूमिनियम की पन्नी, प्लास्टिक के डिब्बों व थैलियों का प्रयोग

करने की सोची। दुकानदारों से सामग्री की दर मालूम करने से पता चला कि एक आहार को पैक करने में लगभग 60 पैसे लगेंगे। एक माह इस पैकिंग सामग्री पर होने वाले व्यय का अनुमान उसने 1500 रूपये लगाया। लक्ष्मी ने इस व्यय को अपने विक्रय मूल्य का 10 प्रतिशत के रूप में रखने का सोचा।

कच्चे खाद्य पदार्थों व पैकिंग पदार्थ पर होने वाला खर्च तो प्रत्येक माह ही होने वालों में से था। दूसरे माह से ही, बेचे गए पैकेटों के कारण आने वाली धनराशि इस व्यय की भरपाई करने के लिए पर्याप्त थी। इसलिए यह अति आवश्यक था कि प्रारंभिक लागत का हिसाब लगाते समय कच्चे खाद्य पदार्थों व पैकिंग सामग्री पर होने वाले व्यय केवल एक ही माह का हो।

कार्यकर्त्ताओं पर होने वाले व्यय का अनुमान लगाना – कच्चे खाद्य पदार्थों पर होने वाले व्यय का अनुमान लगा लेने के बाद, अगला चरण जिस पर होने वाले व्यय का अनुमान लगाना था वह था श्रमिकों पर। रीमा को ऐसा लगा कि निर्धारित व्यंजन बनाने के लिए उसे एक कार्यकर्त्ता तथा पैक किए हुए आहारों को ग्राहकों तक पहुँचा पाने के लिए उसे दो कार्यकर्त्ताओं की आवश्यकता पड़ेगी। उसने निश्चय कर लिया था कि श्रमिकों पर व्यय वह प्रत्येक माह के विक्रय मूल्य के 15 प्रतिशत से अधिक न होने देगी। इसलिए उसने अपने कार्यकत्ताओं को 2250 रूपये प्रतिमाह देने के लिए पहले से ही अलग करके रख लिए। कच्चे खाद्य पदार्थों की तरह ही इस व्यय के लिए धनराशि भी दूसरे माह से आने वाले पैसों में से निकल जाती थी। इसलिए प्रारंभिक लागत का हिसाब लगाने के समय कार्यकर्त्ताओं पर होने वाला व्यय केवल एक माह के लिए ही लगाया गया था।

रीमा ने 3 कार्यकर्त्ताओं को रखने का निश्चय इस भरोसे पर किया था कि वह एक दिन में लगभग 100 पैकेट तो बेच ही पाएगी। परन्तु पहले माह तो उसे केवल 25 ग्राहक ही मिल पाए। इसके बावजूद उसको शुरू से ही कार्यकुशलता व संतोषजनक सेवाओं को बनाए रखने के लिए तीन कार्यकर्ता रखने पड़े। इसलिए शुरू के महीनों में कार्यकर्त्ताओं के वेतन उसे कच्चे खाद्य पदार्थ खरीदने के लिए रखे गए पैसों में से देने पड़े क्योंकि विक्रय का पैसा प्रत्येक व्यय की भरपाई के लिए पर्याप्त नहीं था।

रीमा को प्रत्येक माह लगभग 750 रूपयों (एक माह के विक्रय मूल्य का 5 प्रतिशत) की आवश्यकता ईंधन, बिजली, पानी, परिवहन व अन्य फुटकर व्यय के लिए भी थी। इस व्यय का हिसाब भी एक माह के लिए ही लगाया गया क्योंकि दूसरे महीने से तो यह विक्रय आय में से पूरी करनी थी।

इसके अतिरिक्त विक्रय आय का 5 प्रतिशत तो टूटे–फूटे सामान को बदलने के लिए तथा उपकरण व रसोईघर की मरम्मत आदि के लिए निकालकर अलग रखना था। प्रत्येक माह आने वाला यह पैसा हर महीने प्रयोग में नहीं आना था परंतु जरूरत पड़ने पर नए उपकरण खरीद पाने के लिए तथा पुरानों की मरम्मत आदि में इस्तेमाल के लिए जमा किया जाना था।

प्रश्न 4. बजट बनाने पर एक संक्षिप्त नोट प्रस्तुत कीजिए।

उत्तर – वैसे भी किसी भी संस्था को संचालित करने के लिए व उससे मुनाफा अर्जित करने के लिए बजट बनाना एक महत्त्वपूर्ण कार्य होता है। किस तरह से रीमा ने उपकरण, खाद्य पदार्थ, पैकिंग तथा काम करने वाले व्यक्तियों के लिए आवश्यक धनराशि का अनुमान लगाया। इनके आधार पर रीमा को अब होने वाले कुल व्यय का अनुमान लगाना है। ऐसा करने से उसको व्यय करने वाली धनराशि का व्यापक अंदाजा हो जाएगा।

उल्लेखनीय है कि प्रत्येक मद पर अनुमानित व्यय को एक साथ रखकर पता लगा कि रीमा को 40,000 रूपये प्रारंभिक लगात लगाने की आवश्यकता है।

1) मूलधन लागत (अनावर्ती व्यय)

उपकरण व बर्तन–27,000 रूपये

2) चालू पूँजी (आवर्ती व्यय)

1) 100 व्यक्तियों के लिए प्रति माह 7500 रू. (विक्रय मूल्य) कच्चे खाद्य पदार्थों पर व्यय का लगभग 50 प्रतिशत)

2) कार्यकर्त्ताओं पर व्यय–2250 रूपये (विक्रय मूल्य का लगभग 15 प्रतिशत)

3) ऊपरी व्यय – 750 रूपये (विक्रय मूलय का लगभग 5 प्रतिशत)

4) अनुरक्षण व्यय– 750 रूपये (विक्रय मूल्य का 5 प्रतिशत)

5) पैकिंग पदार्थ–1500 रूपये (विक्रय मूल्य का लगभग 10 प्रतिशत)

कुल 39,750 रूपये या फिर 40,000 रूपये

उल्लेखनीय है कि इस मूलधन का अनुमान इस आधार पर लगाया गया था कि यह एक महीने में 25 दिन 100 आहार के पैकेट बनाने में, जिससे कि एक माह में 15000 रूपये (6 **X** 100 ग्राहक **X** 25 दिन = 15000) की आय होगी, के लिए उपयोग में लाया जाएगा। इस आधार पर इस मूलधन की चालू पूँजी का हिसाब लगाया गया।

इकाई–27

भोजन परिवेषण संस्था की स्थापना करना

प्रश्न 1. खाद्य परिवेषण कार्य पद्धति पर संक्षिप्त नोट लिखो।

[जून 2007, प्रश्न.8 (घ)]

उत्तर – उपभोक्ता की जरूरतें तथा संस्थागत उद्देश्य किसी भी संस्था को आगे बढ़ाने के लिए सर्वोपरि है। उदाहरण के लिए, सुमन ने धन कमाने के उद्देश्य से अल्पाहार तथा आहार बेचने का व्यवसाय शुरू करने का निश्चय किया। इस उद्देश्य की पूर्ति के लिए उसके द्वारा उठाया गया पहला कदम था उपभोक्ता की आवश्यकताओं का पता लगाना। उपभोक्ता की आवश्यकताएँ पता चलने पर ही उसने आहार नियोजन किया। व्यंजन सूची किसी भी भोजन परिवेषण संस्था के सभी कार्यकलापों का निर्णायक केन्द्र बिंदु होती है। किन खाद्य पदार्थों को बनाना है, कौन–से खाद्य पदार्थ परोसने हैं, इकाई को चलाने के लिए कौन–से उपकरण तथा कितने बर्तनों की आवश्यकता होगी, खाद्य पदार्थ पकाने, पैक करने और वितरित करने के लिए कितने कर्मचारियों की आवश्यकता होगी–ये सभी निर्णय व्यंजन सूची के आधार पर ही लिए जाते हैं।

एक बार जब खाद्य सामग्री, उपकरण तथा व्यक्तियों की आवश्यकता का पता चल जाता है, अगला चरण होता है इन साधनों को प्राप्त करना। इसके अतिरिक्त, किसी भी आहार परिवेषण संस्था के दो मुख्य कार्य– **(1)** भोजन बनाना; तथा **(2)** परिवेषण के अंतर्गत आने वाली विभिन्न क्रियाएँ ।

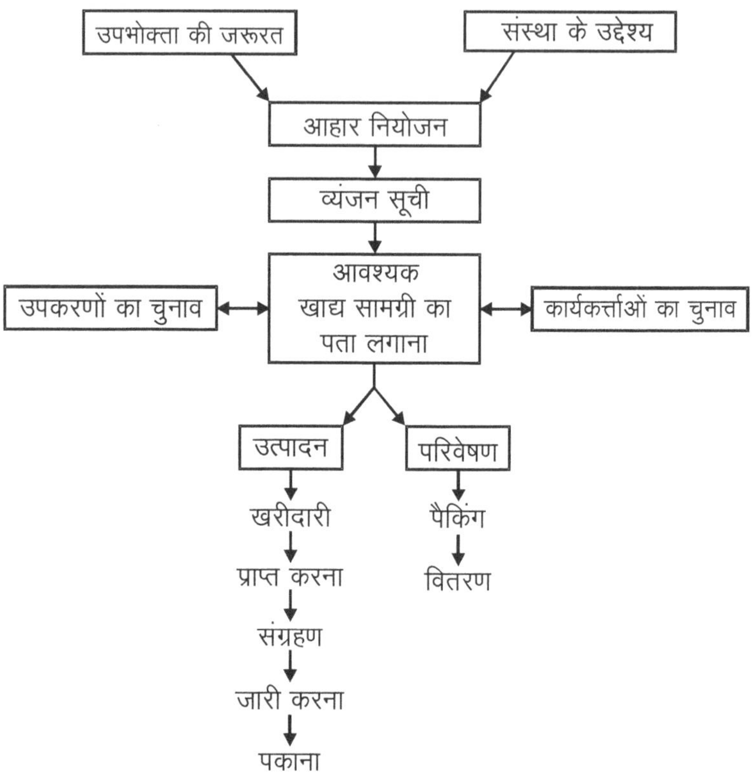

प्रश्न 2. खाद्य परिवेषण कार्य पद्धति के अन्तर्गत उपकरण खरीदना पर एक संक्षिप्त नोट लिखो। [दिसम्बर 2009, प्रश्न.7(क)]

उत्तर – बजट की योजना बनाते समय गीता ने पूँजी निवेश पर हुए व्यय अर्थात् बर्तन और अन्य आवश्यक उपकरण खरीदने के लिए आवश्यक धनराशि को प्राथमिकता दी थी। खरीदने वाले बर्तनों तथा उपकरणों की सूची बनाकर लक्ष्मी इनके निर्माता तथा वितरकों के कार्यालयों में गई। सर्वप्रथम वह बड़े पैमाने पर बर्तनों का वितरण करने वाले वितरकों के पास गई। दुकान पर जाकर वह विभिन्न किस्मों तथा विभिन्न कार्यों के लिए प्रयुक्त होने वाले विभिन्न प्रकार के बर्तनों को देखकर दुविधा में पड़ गई। वहाँ पर एल्यूमीनियम, पीतल, मिश्र धातु तथा स्टैनलैस स्टील के बर्तन उपलब्ध थे। लक्ष्मी यह निर्णय नहीं ले पा रही थी कि वह कौन–से बर्तन खरीदे। अंत में उसने धातु की क्वालिटी, मजबूती, टिकाऊपन, रख–रखाव तथा सफाई में आसानी और मूल्य को आधार मानकर खरीदारी करने का निश्चय किया।

इस कसौटी के आधार पर उसने कुछ कार्य जैसे बर्तन धोने के लिए एल्युमीनियम, खाना पकाने के लिए मिश्र धातु, तलने के लिए लोहे के तथा पैकिंग से पहले पके हुए खाद्य पदार्थों को रखने के लिए स्टैनलैस स्टील के बर्तन खरीदे। फिर वह छुरी, कांटे, चम्मच तथा भोजन

परिवेषण संस्था में आमतौर पर प्रयुक्त होने वाले अन्य बर्तनों के वितरकों के पास गई। यहां उसको बहुत तरह के चाकू, कड़छी, चम्मच दिखाए गए (भोजन परिवेक्षण संस्था में प्रयोग होने वाले सामान्य बर्तनों की सूची परिशिष्ट 1 में दी गई है)। इनमें से उसने कुछ चाकू, चम्मच, कड़छी, छिलका उतारने वाले चाकू, कद्दूकस आदि खरीदे। नीचे चार्ट में उसके द्वारा खरीदे गए बर्तनों की सूची दी गई है:

बर्तन	**कुल मूल्य (रूपये में)**
एल्युमीनियम का पतीला (2) रूपये 200 प्रति	400.00
मिश्र धातु का पतीला (2)	1,600.00
स्टील का छोटा पतीला (4) रूपये 400 प्रति	1600.00
कडाही–2 भिन्न मापों की	300.00
बड़ा तवा	200.00
प्रैशर कुकर (बड़ा) एक	1200.00
कड़छी तथा परोसने के चम्मच	200.00
कुल	5500.00

अतः बर्तनों तथा चम्मच पर कुल पाँच हजार पाँच सौ रूपये खर्च हुए।

उपरोक्त सामान के अतिरिक्त मेहनत के कार्यों से बचने के लिए गीता ने मिक्सी तथा ग्राइंडर और वेट ग्राइंडर (गीली सामग्री पीसने का यंत्र) जैसे उपकरण खरीदे। इनकी लागत का अनुमान लगाने के लिए उसने बाजार से इनका मूल्य मालूम किया। फिर वह इन उपकरणों के कुछ वितरकों के पास गई तथा बाजार में उपलब्ध विभिन्न ब्रांडों के ग्राइंडर सहित मिक्सी देखी। उपलब्ध विभिन्न ब्रांडों तथा मॉडलों में से एक सही मॉडल चुनने के लिए उसने कुछ आधार निश्चित किए। अपनी सभी आवश्यकताओं को मददेनजर रखते हुए उसने निर्णय लिया, जो मिक्सी निम्नलिखित शर्तों को पूरा करेगी वह उसी मिक्सी को खरीदेगी :

– मजबूत हो तथा न टूटने वाले धातु की बनी हो।

– भाग आसानी से अलग किए जा सकें और जिसको साफ करने में कठिनाई न हों

– रख–रखाव आसान हो तथा उसके पुर्जे आसानी से मिल सकें।

– निश्चित समय की गारंटी हों

– आई.एस.आई. चिह्न द्वारा प्रमाणित हो।

– बिना रूके लगातार वह कम से कम 30 मिनट तक काम कर सकें।

– दो से अधिक कार्य जैसे पीसना (सूखे पदार्थ), तरल पदार्थों को अच्छी तरह मिलाना तथा काटना आदि कर सकें

– अच्छी प्रतिष्ठित कंपनी द्वारा निर्मित हो; तथा

– मूल्य अनुमानित सीमा में ही हो।

इन विशेष वर्णनों के आधार पर विभिन्न ब्रांडों और मॉडलों का विश्लेषण करने के बाद लक्ष्मी ने एक ऐसी ग्राइंडर सहित मिक्सी का चयन किया, जो इन सभी शर्तों को पूरा करती थी। गीले पदार्थों को पीसने के ग्राइंडर की खरीद के लिए भी उसने उपरोक्त बातों को आधार बनाया। परंतु इस खरीद के समय उसने एक अन्य बात का भी ध्यान रखा इसका आकार बहुत अधिक बड़ा न हो, अन्यथा यह रसोई में अधिक स्थान घेरेगा।

अन्य मुख्य उपकरण जो उसे खरीदने थे, वे थे–गैस का चूल्हा, मापक तुला, रेफ्रिजरेटर तथा हॉट केस (खाना गरम रखने का उपकरण)। लक्ष्मी के घर पर रेफ्रिजरेटर था। उसे लगा कि शुरू में उसकी आवश्यकता की पूर्ति के लिए यही पर्याप्त रहेगा तथा इसलिए उसने रेफ्रिजरेटर की खरीद को तब तक के लिए स्थगित कर दिया जब तक कि उसकी संस्था लाभ में न चलने लगे। बाद में, जब उसने रेफ्रिजरेटर खरीदा तो दो दरवाजे वाला खरीदा जिससे फ्रीजर (बर्फ जमाने वाला भाग) तथा ठंडा करने वाला भाग, दोनों के लिए ही पर्याप्त और अलग स्थान हो और साथ ही साथ इसमें रखे खाद्य पदार्थों की गंध एक–दूसरे में न मिले।

रेफ्रिजरेटर का प्रयोग मुख्यतः शीघ्र खराब होने वाले तथा बचे हुए खाद्य पदार्थों जिनको अगले दिन प्रयोग किया जा सके, को रखने के लिए किया जाता था जिससे कि उनकी कोटि पर कोई प्रतिकूल प्रभाव न पड़े और न ही परिवर्तन ही आए। पके हुए खाद्य पदार्थों की पैकिंग तथा उन्हें वितरण से पहले गरम रखने के लिए हॉट केस का प्रयोग किया जाता था। मापक तुला तथा गैस सिलेंडर के साथ चूल्हा संस्थागत कार्य शुरू करने के लिए अत्यंत आवश्यक थे। मूल्य का अनुमान लगाते समय विभिन्न व्यापारियों द्वारा दिए गए मूल्य वर्णन के आधार पर इन्हें खरीदा गया। गैस सिलेंडरों के लिए उसे गैस एजेंसी के पास अपना नाम दर्ज कराना पड़ा तथा व्यावसायिक प्रयोग के लिए गैस सिलेंडर प्राप्त करने के लिए प्रार्थना–पत्र दिया। गैस सिलेंडरों का नंबर मिलते ही उसने अपेक्षित प्रतिभूमि राशि जमा करवा दी।

ग्राइंडर सहित मिक्सी, वेट ग्राइंडर, चूल्हा, हॉट केस तथा रेफ्रिजरेटर पर किया गया व्यय उसके अनुमानित मूल्य के ही बराबर हुआ क्योंकि ये सभी उपकरण उसने सीधे निर्माताओं से खरीदे तथा रेफ्रिजरेटर को सर्दियों में खरीदने के कारण उसे काफी छूट भी मिली। इन उपकरणों को प्राप्त करने के बाद उसने निर्देश पुस्तिका के अनुसार सभी उपकरणों की जाँच की तथा देखा कि बताई गई सभी सहायक सामग्री उपकरण के साथ दी गई है या नहीं।

प्रश्न 3. उपकरण खरीदते समय ध्यान रखने योग्य बातों का वर्णन कीजिए।

उत्तर – उपकरण खरीदते समय याद रखने योग्य बातें :

1) सर्वप्रथम, अपनी आवश्यकता का पता लगाएँ।

2) तत्पश्चात्, खरीदने वाले उपकरणों की सूची बनाएं।

3) विभिन्न स्रोतों से उपकरणों के मूल्य की जानकारी प्राप्त करके व्यय का अनुमान लगाएँ।

4) इन उपकरणों की खरीद के लिए मार्ग–निर्देशन/विशेष वर्णन सुनिश्चित करें।

5) सावधानीपूर्वक सोच–विचार करने के बाद इस बात का ध्यान रखते हुए कि उपकरण आपकी सभी शर्तों को पूर्ण करता है, उस उपकरण का चयन करें।

प्रश्न 4. निम्नलिखित को परिभाषित कीजिए।

1) **प्रमाणीकृत विधि**

2) साप्ताहिक व्यंजन सूची

उत्तर – 1) प्रमाणीकृत विधि – प्रमाणीकृत विधि उस विधि को कहते हैं जिसके प्रयोग से बार–बार बनाने पर भी एक ही प्रकार का व्यंजन प्राप्त होता है। इससे हमें किसी व्यंजन को बनाने के लिए विभिन्न पदार्थों की मात्रा और बनाने की विधि के विषय में मालूम चलता है। इससे हमें प्राप्त होने वाली मात्रा, संख्या तथा परोसे जाने वाली मात्रा का पहले से मालूम चल जाता है।

2) साप्ताहिक व्यंजन सूची – लक्ष्मी अपनी पाक निपुणता के कारण इस बात का ध्यान रखती थी कि कोई सब्जी दो–सप्ताह से पहले एक ही रूप में दोबारा न पकाई जाए। इसे ही साप्ताहिक व्यंजन सूची कहते हैं।

इकाई–28

भोजन परिवेषण संस्था की समीक्षा

प्रश्न 1. ''लाभ व हानि का विवरण भोजन उद्यम को चला पाने का मूल्यांकन करने में मदद करता है।'' इस कथन पर टिप्पणी प्रस्तुत कीजिए।

[दिसम्बर 2008, प्रश्न.4 (ख)]

उत्तर – लाभ व हानि का विवरण भोजन उद्यम को चला पाने का मूल्यांकन करने में मदद करता है। यह कथन सर्वथा उचित है क्योंकि लाभ–हानि विवरण एक वर्ष में हुई आय तथा व्यय की पूरी जानकारी देता है। यह एक तरीका है जिससे कि यह जाँचा जा सकता है कि आय, खर्चों को पूरा करके उपयुक्त लाभ देने के लिए पर्याप्त है या नहीं अथवा व्यय आय से ज्यादा है जिसका अर्थ है कि नुकसान हो रहा है। इस विवरण को बनाने से, यदि नुकसान हो रहा है तो उसका पता लगाकर सुधारात्मक उपाय अपनाने का अवसर मिलता है।

रीमा ने विभिन्न मदों पर हुए व्यय को एक तरफ नोट किया तथा आय को दूसरी तरफ। रीमा ने खाद्य पदार्थों, वेतन तथा ऊपरी खर्चों (गैस, बिजली, पानी, सवारी इत्यादि) तथा रख–रखाव पर व्यय किया। इन सब पर व्यय की गई राशि व्यय के अंतर्गत नोट की गई तथा पूरी बिक्री आय अर्थात् नियमित तथा आकस्मिक दोनों प्रकार के उपभोक्ताओं से प्राप्त राशि आय के अंतर्गत नोट की गई तथा अंत में कुल लाभ की गणना की गई। रीमा द्वारा प्रथम वर्ष के लिए बनाया गया लाभ–हानि विवरण नीचे दिया जा रहा है:

प्रथम वर्ष का लाभ हानि विवरण

व्यय		**आय**	
विवरण	राशि (रू.)	विवरण	राशि (रू.)
कच्चे खाद्य पदार्थ	80,947	नियमित उपभोक्ताओं से हुई बिक्री आय	1,62,396
वेतन (श्रम लागत)	25,800	आकस्मिक उपभोक्ताओं से हुई बिक्री आय	4,434
पैकेट बनाने में प्रयुक्त सामग्री	17,280		
ऊपरी खर्चे	8,600		
रख–रखाव	8,000		
कुल	**1,41,167**	**कुल**	**1,66,830**

लाभ = आय – व्यय

1,66,830 – 1,41,167 = 25,663

लाभ प्रतिशत = $\frac{\text{कुल लाभ}}{\text{बिक्री आय}} \times 100$

= $\frac{25,663}{1,66,830} \times 100$

= 15.3%

अनुमानित लाभ प्रतिशत = 15%

लाभ व हानि विवरण से स्पष्ट है कि सरिता निर्धारित लाभ प्राप्त करने में सफल रही। इससे वह बैंक को 6,507 रूपये की ऋण राशि पहले दो वर्ष में वापिस कर सकी तथा लाभ के रूप में अपने लिए अच्छी आय प्राप्त कर सकी।

प्रश्न 2. बिक्री विश्लेषण और व्यय विश्लेषण पर एक संक्षिप्त नोट लिखों

[दिसम्बर 2009, प्रश्न.7 (घ)]

उत्तर – बिक्री कैसी चल रही है, उसके उद्देश्यानुसार कार्य संचालन हो रहा है या नहीं–इन सबकी स्पष्ट जानकारी के लिए सर्वप्रथम प्रति माह स्थिति की समीक्षा करना आवश्यक है, क्योंकि इससे स्पष्ट पता चलता है कि सरिता का भोजन परिवेषण संबंधी कार्य सुचारू व योजनाबद्ध ढंग से चल रहा है या नहीं। नीचे इस समीक्षा के संदर्भ संस्था के बिक्री रिकॉर्ड का चार्ट दिया जा रहा :

रीमा की संस्था का बिक्री रिकॉर्ड

नियमित उपभोक्ता				आकस्मिक उपभोक्ता		
माह	उपभोक्ताओं की संख्या	बेचे गए पैकेटों की संख्या	बिक्री से होने वाली आय (रू. में)	पैकेटों की संख्या	बिक्री से होने वाली आय (रू. में)	कुल बिक्री से होने वाली आय (रू.में.)
अगस्त	25	610	3660	12	72	3732
सितम्बर	60	1476	8856	25	150	9006
अक्टूबर	100	2450	14700	80	480	15180
नवम्बर	110	2710	14733	90	540	16800
दिसम्बर	105	2510	15060	60	360	15420
जनवरी	120	2780	16680	87	522	17202
फरवरी	115	2700	16200	80	480	16680
मार्च	112	2700	16200	75	480	16650
अप्रैल	105	2570	15420	60	360	15780
मई	85	2050	12300	45	270	12510
जून	80	1960	11760	40	240	12200
जुलाई	105	2550	15300	85	510	15810

ऊपर की तालिका से स्पष्ट हो जाता है कि शुरू–शुरू में रीमा को बिक्री से अनुमानित आय प्राप्त नहीं हो सकी, परन्तु दूसरे महीने में ही उसके ग्राहकों की संख्या में वृद्धि हो गई, क्योंकि उसका शुद्ध और संतुलित आहार लोगों को काफी स्वादिष्ट लगा, जिससे ग्राहकों की संख्या में वृद्धि हो गयी। तीसरे महीने में सरिता से नियमित रूप से भोजन के पैकेट लेने वाले उपभोक्ताओं की संख्या 100 हो गई। आकस्मिक उपभोक्ताओं को भी लगभग 80 पैकट नकद–उधार पर बेचे गए। इस महीने में रीमा को अनुमानित बिक्री से ज्यादा बिक्री होने के कारण आय ज्यादा हुई। परन्तु गर्मी के महीनों में कुछ उपभोक्ता छुट्टी पर चले जाने के कारण उसके आहार के पैकेट कम बिके, जिससे उसकी आय कम हो गई, परन्तु वर्ष के अंत में फिर उसके ग्राहकों की संख्या बढ़ गयी, जिससे उसकी आय पुनः बढ़ गयी। उल्लेखनीय है कि 12 महीनों का औसत निकालने पर प्रतिदिन बेचे गए पैकेटों का औसत 94 निकला, जबकि पहले तीन महीने छोड़कर औसत निकालने पर यह 104 निकला। इसका अर्थ यह नहीं है कि उसे लाभ नहीं हुआ।

व्यय विश्लेषण – रीमा के लिए व्यय का विश्लेषण करना भी एक अहम् समस्या थी, जिसका निराकरण करने के लिए रीमा कच्चे खाद्य पदार्थों पर हुए व्यय का हिसाब माह के अंत में जोड़ती थी। प्रतिमाह खाद्य पदार्थों पर आयी लागत निर्धारित करने के बाद सरिता देखती थी कि यह अनुमानित व्यय राशि अर्थात् बिक्री राशि के 50 प्रतिशत के अंदर है या नहीं। इसकी

गणना भोजन तैयार करने पर आई लागत को बिक्री से विभाजित करके 100 से गुणा करके की जा सकती है।

खाद्य लागत प्रतिशत = खाद्य लागत / बिक्री आय x 100

प्रश्न 3. बही खाता क्या है?

उत्तर – यह एक रजिस्टर है, जिसमें आय और व्यय का पूरा हिसाब लिखा जाता है। इसमें हर एक मद के लिए एक पृष्ठ बना होता है। प्रत्येक मद संबंधी हिसाब उसी पृष्ठ पर लिखा जाता है।

प्रश्न 4. भोजन परिवेषण संस्था में रखे जा सकने वाले विभिन्न रिकॉर्डों का संक्षेप में वर्णन कीजिए। [जून 2009, प्रश्न.4 (ग)]

उत्तर – भोजन परिवेषण संस्था में रखे जा सकने वाले विभिन्न रिकॉर्डों को संक्षेप में नीचे दिया जा रहा है:

1) **आपूर्तिकर्त्ताओं की निर्देशिका –** इस निर्देशिका में आपूर्तिकर्त्ताओं की सूची, उनके नाम, पते, टेलीफोन नम्बर व स्वीकृत शर्तें दिए जाते हैं।

2) **खरीद आदेश –** इसमें उनके विशेष विवरण तथा स्वीकृत मूल्यों के साथ खरीदी जाने वाली वस्तुओं की सूची, दी जाती थी।

3) **बीजक/रसीद –** इसमें आपूर्तिकर्त्ताओं द्वारा वस्तुओं की सूची उनके मूल्यों के साथ दी जाती है।

4) **स्टॉक रजिस्टर –** यह एक रजिस्टर होता है जिसमें प्रत्येक वस्तु का रिकॉर्ड, उसका मूल्य, मात्रा, आपूर्ति का स्रोत, स्टोर में उपलब्ध मात्रा तथा जारी की गई मात्रा का रिकार्ड रखा जाता है।

5) **माँग पर्ची या माँग पत्र –** माँग पत्र एक आदेश फार्म है जो स्टोर प्रभारी (इंचार्ज) को उस व्यक्ति द्वारा दिया जाता है, जिसे स्टोर से कोई चीज जारी करानी होती है।

6) **व्यंजन सूची पुस्तिका –** इस पुस्तिका में एक दिन की व्यंजन सूची का रिकॉर्ड, व्यंजन सूची में दिए गए प्रत्येक व्यंजन को बनाने की निर्धारित विधि तथा एक दिन में बने व्यंजनों की परोसने की कुल संख्या नोट की जाती है।

7) **भोजन लागत का रिकॉर्ड –** इसमें व्यंजन सूची में सम्मिलित प्रत्येक व्यंजन की लागत का रिकार्ड रखा जाता है।

8) **बिक्री रिकॉर्ड –** बिक्री रिकॉर्ड में होने वाली मासिक तथा वार्षिक आय का पता चलता है।

9) **श्रम लागत रिकॉर्ड –** काम करने वालों पर उनके पारिश्रमिक तथा अन्य सुविधाओं के रूप में किए गए व्यय का रिकार्ड।

10) **ऊपरी खर्चे तथा रख–रखाव रिकॉर्ड –** ऊपरी खर्चों तथा रख–रखाव पर व्यय किए गए धन का रिकॉर्ड रखना।

इकाई–29

भोजन परिवेषण संस्था की योजना

प्रश्न 1. स्कूल की कैंटीन को चलाने के लिए आपको किस प्रकार के संसाधनों की जरूरत पड़ेगी, वर्णन कीजिए। [दिसम्बर 2008, प्रश्न.7 (क)]

उत्तर – सोहन ने इस ओर पहला कदम जो उठाया वह था अपनी कार्यविधि की योजना बनाने का। सबसे पहले उसने व्यय की मदों की सूची बनाई तथा फिर उनकी खरीदारी व प्रयोग का नियोजन किया।

रामू ने व्यय के निम्नलिखित मद–जिनके लिए उसे आवश्यक धनराशि जुटानी थी, की सूची बनाई :

1) जमानत राशि

2) कच्चे खाद्य पदार्थों पर होने वाला व्यय

3) उपकरणों पर होने वाला व्यय

4) अतिरिक्त व्यय तथा

5) कार्यकर्त्ताओं को वेतन देने में होने वाला व्यय

कच्चे खाद्य पदार्थों पर होने वाले व्यय का अनुमान लगा पाने से पहले उसे यह जानना आवश्यक था कि एक दिन में लगभग कितने विद्यार्थी व कर्मचारी कैंटीन का लाभ उठाएंगे। यह जानकारी उसे स्कूल के अधिकारियों से प्राप्त हुई। उन्होंने अनुमान लगाया कि प्रतिदिन लगभग 30–35 प्रतिशत विद्यार्थी तथा 50–60 प्रतिशत स्टाफ, कैंटीन का प्रयोग करेंगे। इस तरह से 320 विद्यार्थियों तथा 40 स्टाफ का प्रतिदिन कैंटीन का प्रयोग करने का अनुमान लगाया गया।

अगला मुख्य विषय जिसकी योजना उसे बनानी थी, वह था काम पर लगाए गए कार्यकर्त्ताओं को तनख्वाह देने के लिए आवश्यक पैसों का। विक्रम मूल्य का हिसाब लगाते समय रामू ने निर्णय लिया था कि कार्यकर्त्ताओं पर व्यय खाद्य पदार्थों के विक्रय मूल्य का 20 प्रतिशत होगा। सोहन ने कार्यकर्त्ताओं पर होने वाले व्यय के लिए इतना अधिक प्रतिशत छुट्टियों व अवकाश के दिनों को मद्देनजर रखकर उद्धिष्ट किया था जब विक्रय बिल्कुल ही नहीं होना था। स्कूल तो एक साल में सामान्यतः 180–200 दिन ही खुलते हैं तथा इन दिनों के विक्रय की आय में से ही रामू को कार्यकर्त्ताओं को साल के 365 दिनों के लिए तनख्वाह देनी थी।

व्यय का अगला मुख्य मद था कैंटीन की शुरूआत करने के खरीदे जाने वाले उपकरणों पर। सबसे पहले सोहन ने कैंटीन के लिए आवश्यक उपकरणों की सूची बनाई। ऐसा वह अपने हॉस्टल के अनुभव तथा अपने अनुभवी चाचा की सलाह की मदद से कर पाया। इसके लिए वह कुछ कैंटीनों को देखने के लिए भी गया। प्रत्येक उपकरण का मूल्य जानने के लिए उसने फिर दुकानों का सर्वेक्षण किया।

सोहन ने उपकरणों व उनकी अनुमानित मूल्यों की जो सूची बनाई, वह निम्नलिखित है :

''क'' श्रेणी : व्यंजन पकाने के लिए आवश्यक उपकरण

वस्तु	**संख्या**	**मूल्य (रू.)**
लोहे का तवा	1	450.00
लोहे की कड़ाही	2	1000.00
मिश्रित धातु का पतीला	3	900.00
प्रेशर कुकर	1	750.00
भाप द्वारा इडली पकाने का उपकरण	1	300.00
एल्युमिनियम की डेगची	1	50.00
एल्युमिनियम की केतली	1	60.00
मिश्रित धातु की परात	2	250.00
कड़छी	4	120.00
	कुल	**3880.00**

''ख'' श्रेणी : व्यंजन पकाने व भण्डारण के लिए आवश्यक उपकरण

वस्तु	**संख्या**	**मूल्य (रू.)**
सिलेंडर के साथ गैस का चूल्हा	2	2000.00
भोजन गर्म रखने वाला उपकरण	1	600.00
भोजन ठण्डा करने वाला उपकरण	1	450.00
गीले पदार्थों को पीसने वाला उपकरण	1	3500
	कुल	**6550.00**

''ख'' श्रेणी : व्यंजन पकाने व भण्डारण के लिए आवश्यक उपकरण

वस्तु		**संख्या**	**मूल्य (रू.)**
स्टील के फुल प्लेट	150	12/–रू.	2160.00
स्टील की कवार्टर प्लेट	300	7/– रू.	2100.00

चम्मच	300	2/–रू.	600.00
कप	100	3/–रू.	300.00
ट्रे	4	30/–रू.	120.00
		कुल	**5580.00**
व्यंजन पकाने के उपकरणों पर व्यय			3880.00
गैस चूल्हा इत्यादि उपकरणों पर व्यय			6550.00
परोसने के लिए आवश्यक उपकरणों पर व्यय			5580.00
उपकरणों पर होने वाला कुल व्यय			15,960.00
		या	16000.00 रू.

अतिरिक्त व्यय विक्रय मूल्य का 7.5 प्रतिशत अनुमानित था। इसमें ईंधन यानि गैस के लिए 480 रू. तथा बर्फ के लिए 100 रू. सम्मिलित थे।

प्रश्न 2. दर सूची बनाने पर एक नोट लिखो।

उत्तर – दूर सूची भावों की वह सूची होती है, जिस पर एक व्यक्ति कोई विशिष्ट पदार्थ बेचने के लिए तैयार होता है या फिर कोई विशिष्ट सेवा प्रदान करता है। अब सोहन का सबसे पहला काम था ' दर सूची बनाना' अर्थात् कौन–सा व्यंजन किस भाव में वह बेचेगा। इसकी उसने सूचना बनाई। इस क्रम में उसे अनुभव था कि भाव इतना ही कम नहीं होना चाहिए कि उसे कोई मुनाफा ही न हो तथा इतना भी अधिक नहीं होना चाहिए कि उसके दाम अन्य सभी प्रतियोगियों से अधिक हों। इसका अनुमान लगाने के पश्चात् व्यंजन के लिए खरीदे जाने वाले कच्चे पदार्थ के व्यय का अनुमान लगाना था। फिर खाद्य पदार्थों पर होने वाले व्यय तथा कार्यकर्त्ताओं को दिए जाने वाले वेतन का अनुमान लगाने से था। इसके अतिरिक्त दो और मुख्य व्यय जिनका अनुमान लगाया जाना था, वे थे–ईंधन, परिवहन तथा सॉस व चटनी जैसे खाद्य पदार्थों पर होने वाला व्यय। उसे स्कूल अधिकारियों की अनुज्ञापत्र शुल्क दे पाने व कैंटीन चला पाने के लिए जाने वाले ऋण को चुका पाने के लिए दी जाने वाली किश्तों की भी पूर्व–योजना तैयार करनी थी।

सोहन ने इन सारी बातों को ध्यान में रखते हुए दर की ऐसी सूची तैयार की, जिसमें व्यंजन का मूल्य यथोचित रखा गया तथा उसका विक्रय मूल्य अन्य सभी प्रतियोगियों से कम रखा गया। इस तरह सोहन द्वारा बनाया गया विक्रय मूल्य का बजट इस प्रकार है :

खाद्य पदार्थों पर व्यय	–	50 प्रतिशत
कार्यकर्त्ताओं पर व्यय	–	20 प्रतिशत
ऊपरी खर्च	–	7.5 प्रतिशत
रखरखाव पर व्यय	–	7.5 प्रतिशत

मुनाफा	–	15 प्रतिशत
कुल	–	100

उल्लेखनीय है कि हर व्यंजन का विक्रय मूल्य इस प्रकार से निर्धारित कर लेने के बाद सोहन ने कुछ ढाबों के मालिकों तथा कैंटीन चलाने वाले कांट्रेक्टरों से भी परामर्श किया। उन्होंने उसे बताया कि वह विक्रय मूल्य को खाद्य पदार्थों पर होने वाले व्यय से दुगुना ही रखे, ताकि उसमें से सभी व्यय निकल सकें और साथ ही पर्याप्त मुनाफा भी मिल सके।

अतः सोहन ने हर व्यंजन पर होने वाले व्यय का अनुमान लगाकर उस पर विक्रय मूल्य निर्धारित कर स्कूल अधिकारियों के सामने प्रस्तुत किया। सोहन के साथ–साथ सात और व्यक्तियों ने अपनी दर सूची प्रस्तुत की और अन्ततः परिणय की संतुलित सूची को पसंद कर स्कूल अधिकारियों ने उस पर अपनी मंजूरी दे दी।

प्रश्न 3. इकरारनामे की शर्तों का वर्णन करो तथा इकरारनामे का एक नमूना प्रस्तुत कीजिए।

उत्तर – इकरारनामे की शर्तों का वर्णन निम्नलिखित है।

1) कॉन्ट्रैक्टर को इकरारनामे पर हस्ताक्षर करने के 10 दिन या 20 दिन के अन्दर ही 2000 या 5000 रूपये तक जमानत के तौर पर जमा कराने हैं।

2) कॉन्ट्रैक्टर को हर महीने की 10 तारीख से पहले 300 रूपये लाइसेंस शुल्क के रूप में भी जमा कराना होगा।

3) बिजली और पानी का बिल भी कॉन्ट्रैक्टर को स्वयं ही जमा करना पड़ेगा।

4) स्कूल के हर कार्य दिवस में यह जलपानगृह सुबह 8 बजे से शाम 5 बजे तक काम करेगा।

5) स्कूल एक फ्रीज देगा, जिसके लिए कॉन्ट्रैक्टर को प्रतिमान 200 रूपये देने पड़ेंगे।

6) कैंटीन में किसी भी प्रकार की चोरी इत्यादि के लिए स्कूल जिम्मेदार नहीं होगा।

7) अवकाश के दिनों में भी स्कूल के किसी भी कार्यक्रम या सभाओं के लिए खान–पान का प्रबंध कॉन्ट्रैक्टर ही करेगा।

8) कैंटीन समिति की स्वीकृति के बारे में कॉन्ट्रैक्टर व्यंजन सूची में व्यंजनों की संख्या बढ़ा सकता है।

9) स्कूल के पास यह अधिकार है कि वह बिना कोई भी कारण बताए दो महीने का नोटिस देकर इकरारनामे को समाप्त कर सकता है।

इकरारनामे का नमूना

निम्नलिखित इकरारनामा श्री .... सुपुत्र श्री .... का रहने वाले व .... स्कूल के .... के बीच हस्ताक्षरित किया गया है तथा स्कूल के जलपानगृह के संचालन के प्रयोजन के लिए अब से

.... का कॉन्ट्रैक्ट में .... के नाम से तथा .... तथा .... स्कूल को अब से .... पुकारा जाएगा। यह इकरारनामा .... से .... तारीख तक का है।

प्रश्न 4. व्यंजन सूची बनाते समय किन चीजों का ध्यान रखना चाहिए?

उत्तर – व्यंजन सूची बनाते समय निम्नलिखित बातों का ध्यान रखना चाहिए:

1) वह व्यंजन लोकप्रिय तथा विद्यार्थी वर्ग द्वारा स्वीकार्य होना चाहिए।

2) वह व्यंजन आसानी से बनने वाला होना चाहिए तथा बिना खराब हुए वह कुछ समय तक रखे जाने योग्य होना चाहिए।

3) व्यंजन बनाने में बचे हुए खाद्य पदार्थ अगले दिन की व्यंजन सूची में प्रयोग में लाए जाने चाहिए।

4) व्यंजनों को बनाने में प्रयुक्त कच्चे खाद्य पदार्थ आसानी से उपलब्ध होने चाहिए तथा उनके भण्डारण की व्यवस्था करने में कठिनाई नहीं होनी चाहिए।

5) व्यंजन ऐसे होने चाहिए जिन्हें अलग–अलग या फिर एक–दो के साथ मिलाकर बेचा जा सके।

6) छुरी कांटे व चीनी मिट्टी के बर्तनों की कम से कम आवश्यकता पड़नी चाहिए

7) व्यंजनों का मूल्य विद्यार्थियों की खरीदने की क्षमता को ध्यान में रखकर ही निश्चित करना चाहिए।

प्रश्न 5. एक भोजन कैंटीन की योजना बनाने के लिए किन–किन चरणों से होकर गुजरना होता है?

उत्तर – भोजन परिवेषण संस्था की योजना बनाने में निम्नलिखित चरणों से गुजरना होगा :

1) सुअवसर की तलाश करना

2) एक विशिष्ट कार्य करने का निश्चय करना

3) दर सूची जमा करना

4) इकरारनामे पर हस्ताक्षर करना

5) ग्राहकों का अनुमान लगाना

6) व्यंजन सूची का नियोजन करना

7) अनुमान लगाना कि कुल व्यय कितना होगा

8) साधन जुटाना

इकाई–30

भोजन परिवेषण संस्था की स्थापना करना

प्रश्न 1. उपकरण खरीदते समय किन–किन बातों का ध्यान रखना आवश्यक है?

[जून 2009, प्रश्न.7 (ग)]

उत्तर – उपकरण खरीदते समय निम्नलिखित बातों को ध्यान में रखना चाहिए :

1) उपकरण आवश्यकतानुसार होने चाहिए।

2) उपकरण टिकाऊ, मजबूत तथा कम टूटने–फूटने वाले होने चाहिए।

3) उपकरणों से आवश्यकताओं की पूर्ति होनी चाहिए तथा उनका रखरखाव आसान होना चाहिए।

4) निर्माता के द्वारा कुछ निश्चित समय के लिए उनकी गारंटी दी जानी चाहिए तथा उन उपकरणों के लेबल पर आई.एस.आई. का निशान होना चाहिए।

इन सभी बातों को ध्यान में रखते हुए सोहन ने थोक बाजार से सस्ती दर पर उपकरणों की खरीदारी की। उपकरण खरीदने के पश्चात् इन उपकरणों को वह कार्यस्थल पर लगाने की व्यवस्था के क्रम में जुट गया। उसने उपलब्ध स्थान का निरीक्षण किया तथा इन उपकरणों के लिए आवश्यक विद्युत सप्लाई के लिए बिजली के तारों को लगा दिया।

प्रश्न 2. रिक्त स्थान भरो।

1) .... में हमें यह जानकारी मिलती है कि किसी व्यंजन को कैसे बनाया जाए।

2) समय अनुसूची जिसमें कार्य तथा उनके पूरे होने के समय का विवरण होता है, ... कहलाती है।

3) भोजन परिवेषण संस्था में सभी कार्यों/गतिविधियों का केन्द्र बिन्दु........... है।

उत्तर – 1) प्रमाणीकृत विधि

2) कार्य सूची

3) धनराशि

प्रश्न 3. कच्ची खाद्य सामग्री पर हुए व्यय का वर्णन कीजिए।

उत्तर – खाद्य पदार्थों की खरीदारी की आवृत्ति तथा तरीका मुख्यतः उनके संग्रहण काल, संग्रहण स्थान तथा व्यंजन सूची के प्रयोग पर निर्भर करता है। अपने खाद्य पदार्थों में शीघ्र खराब होने वाले पदार्थों की खरीदारी जहाँ स्थानीय मंडी तथा सहकारी सब्जी भण्डार से की,

वहीं दूसरी तरफ शीघ्र खराब न होने वाले खाद्य पदार्थ जैसे विभिन्न प्रकार के अनाज आदि की खरीदारी सोहन ने उचित दर की दुकान या सहकारी भंडार, मंडी या स्थानीय थोक बाजार से की। इस क्रम में वह दूध आदि की खरीदारी फुटकर विक्रेताओं से भी करता था।

इस प्रकार कच्ची खाद्य सामग्री की खरीदारी के लिए सोहन ने अपने ज्ञान तथा रसोइए की कुशलता के प्रयोग से सही बाजार के चयन द्वारा सस्ते मूल्य पर अच्छी श्रेणी की कच्ची खाद्य सामग्री खरीदी।

जाँच के उपरांत खराब होने या किसी अन्य प्रकार की हानि या चोरी से बचने के लिए सभी खाद्य पदार्थों का संग्रहण ठीक से करना सोहन के लिए अगली समस्या थी। शीघ्र खराब न होने वाले पदार्थों को उसने हवादार स्थान में रखने की व्यवस्था की, जबकि तुरंत खराब होने वाली चीजों को उसने रेफ्रिजरेटर में संगृहीत किया। इतना ही नहीं उसने अनाज, दालों, तेल तथा संसाधित पदार्थ जैसे–सॉस तथा बर्तन साफ करने के सामान को रखने के लिए अलग–अलग स्थान बना दिए। इस प्रकार संग्रहण के उचित और पर्याप्त तरीके के द्वारा परिणय ने इस बात का ध्यान रखा कि खरीदी गयी कच्ची सामग्री की कोटि बनी रहे और उपयोग होने तक ये पदार्थ सुरक्षित रहें।

प्रश्न 4. खाद्य पदार्थों की कितनी मात्रा भंडार गृह के स्थान से निकालनी चाहिए?

उत्तर – खाद्य पदार्थों की कितनी मात्रा भंडार गृह से निकाली जाए, यह उस दिन में विभिन्न व्यंजनों की बनने वाली कुल मात्रा पर निर्भर करता था। कुछ समय कैंटीन चलाने के बाद रामू प्रतिदिन बिकने वाली विभिन्न व्यंजनों की मात्रा का काफी सही अनुमान लगा पाया। उसने अनुमान लगाया कि एक सामान्य दिन में दोपहर के आहार की 75–120 प्लेट बिक्री होती है। एक दिन जब दोपहर के भोजन में कुलचे–छोले दिए गए तो 125 प्लेटें बिकीं, जबकि अगले दिन बन, सलाद और कटलेट दिया गया तो केवल 75–80 प्लेटों की बिक्री हुई। अतः औसतन एक दिन में 100 प्लेटों की बिक्री हुई। ऐसा ही अनुमान उसने लगाया था। कुछ समय बाद तो वह बिल्कुल सही संख्या का पता लगाने में सक्षम हो गया था। इस संख्या में 5–10 अतिरिक्त प्लेटें जोड़कर वह आवश्यक कच्ची सामग्री की मात्रा की गणना कर सका। उसने प्रत्येक पदार्थ की जारी की जाने वाली मात्रा की गणना उस पदार्थ के अखाद्य भाग (न खाए जाने वाला भाग), (विशेषकर खराब होने वाले पदार्थों में) को ध्यान में रखकर की। इस प्रकार, इन सभी कारकों को ध्यान में रखते हुए रामू ने आवश्यक सामग्री तथा संग्रहण से उनकी जारी की जाने वाली मात्रा की सूची बनाई। फ्रिज में रखे शीघ्र खराब होने वाले पदार्थों को जारी करने का कार्य भी इस प्रकार किया गया। उसी दिन खरीदे गए अन्य शीघ्र खराब होने वाले खाद्य पदार्थों की जाँच क्रय सूची के अनुसार की जाती थी। पदार्थों के वितरण पर नियंत्रण के लिए यह कार्य रामू स्वयं करता था। ये सामग्री मुख्य रसोइए को सुबह ही दे दी जाती थी। चोरी से बचाव के लिए तथा जारी करने के कार्य पर नियंत्रण के लिए

सामान्यतः सामग्री दिन में एक ही बार जारी की जाती थी तथा बांटी गई सामग्री की मात्रा का रिकॉर्ड रखा जाता था। यद्यपि यह मात्रा भंडार गृह से पहले से ज्ञात मात्राओं में से ही दी जाती थी।

प्रश्न 4. प्रमाणीकृत विधि क्या होती है तथा यह व्यंजन विधि में किस प्रकार सहायक सिद्ध होती है। स्पष्ट कीजिए।

उत्तर – व्यंजन बनाने का वह नुस्खा या विधि जिसके प्रयोग से हमेशा एक–सा ही परिणाम आता है, प्रमाणीकृत विधि कहलाती है। प्रमाणीकृत विधि के प्रयोग से किस प्रकार की सहायता मिलती, उसका विवरण निम्नलिखित है :

1) प्रमाणीकृत विधि के उपयोग से यह जानकारी मिलती है कि किसी एक दिन में कच्ची सामग्री की कितनी मात्रा खरीदनी तथा जारी करनी चाहिए।

2) उसे व्यंजन पकाने की विधि की विस्तृत जानकारी प्राप्त हुई जिससे उसे व्यंजन बनाने के लिए रसोइए को निर्देश देने में सहायता मिली। इसके अतिरिक्त, जब कभी रसोइया अनुपस्थित होता था तो सोहन प्रमाणीकृत विधि की सहायता से अन्य सहायकों से व्यंजन पकवाने का कार्य करवा सकता था।

3) प्रमाणीकृत विधि की सहायता से सोहन को व्यंजनों के मूल्य का पूर्वानुमान लगाने में सहायता मिली। सोहन ने विद्यालय व्यवस्थापकों से ठेका निश्चित किया था, जिसमें विभिन्न व्यंजनों की संख्या तथा श्रेणी निश्चित की गई थी। इन व्यंजनों का मूल्य ज्ञात करने के लिए उसने प्रमाणीकृत विधि का प्रयोग किया।

इकाई–31

भोजन परिवेषण संस्था की समीक्षा

प्रश्न 1. कैंटीन परियोजना की संभाव्यता का मूल्यांकन करने के लिए आपको किस प्रकार की सूचना की आवश्यकता होगी? यह मूल्यांकन आपके लिए किस प्रकार सहायक होगा? **[दिसम्बर 2008, प्रश्न. 7(ख)]**

उत्तर – प्रत्येक दिन की व्यंजन सूची, विभिन्न चीजों को बनाने की निर्धारित विधि, बनाए गए व्यंजनों की मात्रा तथा उससे बनने वाले अंशों की संख्या तथा एक वर्ष और महीनों के कार्य–दिवसों की संख्या तथा प्रतिदिन आने वाले नियमित और आकस्मिक उपभोक्ताओं की संख्या की जानकारी होनी चाहिए।

कुछ उन रिकॉर्डों को देखते हैं जोकि रामू ने अपने कार्य के प्रत्येक चरण पर रखे तथा जिनकी सहायता से वह अपनी स्थिति का ठीक–ठीक पता लगा सका।

खरीदारी – इस कार्य में सबसे पहला काम खरीद का था। रामू ने एक 'आपूर्तिकर्त्ताओं की निर्देशिका' अर्थात् आपूर्तिकर्त्ताओं की सूची, जिनमें वह अपने कैंटीन के लिए आवश्यक विभिन्न वस्तुएँ खरीद सकता था, तैयार कीं। इस सूची में उनके नाम, पते, टेलीफोन नम्बर, उपलब्ध चीजें तथा आपूर्तिकर्त्ताओं की खरीद से संबंधित शर्तें नोट की गई थीं। इस प्रकार की सूची से न केवल रामू को ही आसानी से किसी भी वस्तु के लिए उपयुक्त आपूर्तिकर्ता का पता लगाने में मदद मिली, बल्कि उसके रसोइए को भी रामू की अनुपस्थिति में आवश्यक वस्तु तुरंत प्राप्त करने के लिए आपूर्तिकर्त्ता से संपर्क करने में सहायता मिली।

रामू ने ''खरीद आदेश फार्मों'' का भी रिकॉड रखा।

रामू द्वारा खाद्य सामग्री खरीदने के लिए प्रयुक्त खरीद आदेश फार्म का एक नमूना नीचे दिया जा रहा है:

प्रेषक : रामू (प्राप्तकर्त्ता का नाम) **संदर्भ संख्या : 103 x11**
प्रेषित : मॉडर्न प्रोविजन स्टोर **दिनांक : 26.7.1991**
(आपूर्तिकर्त्ता का नाम)

	वस्तु	**विवरण**	**मात्रा**	**दर**
1.	चावल	सेला–टुकड़ा	5 किलो	4.50 रूपये प्रति किलोग्राम
2.	चावल	बासमती–टुकड़ा	5 किलो	5.00 रूपये प्रति किलोग्राम

3.	काबुली चना		10 किलो	16 रूपये प्रति किलोग्राम
4.	राजमा	चित्रा	7 किलो	15 रूपये प्रति किलोग्राम
5.	अरहर दाल		6 किलो	11 रूपये प्रति किलोग्राम
6.	बेसन		5 किलो	12 रूपये प्रति किलोग्राम
7.	....			
8.	....			

शर्तें : आपूर्ति के बाद स्कूल परिसर में भुगतान किया जाएगा।

क.ख.ग.

(हस्ताक्षर)

इससे खरीदी जाने वाली वस्तु की मात्रा तथा उससे संबंधित विशेष विवरण की जानकारी मिलती है। स्पष्ट विवरण से आपूर्तिकर्त्ताओं को भी ठीक चीज की आपूर्ति कराने में सहायता मिलती है। रामू ने हर संभव खरीद के लिए खरीद आदेश फार्म का प्रयोग किया।

इन खरीद आदेशों से यह स्पष्ट है कि आपूर्तिकर्त्ता को आपूर्ति की जाने वाली वस्तु तथा आपूर्ति और भुगतान आदि के संबंध में स्पष्ट निर्देश दिए गए। आपूर्ति की गई वस्तुओं के प्राप्त होने पर मिलान करने के लिए यह फार्म जाँच सूची के रूप में सहायक रहे।

प्राप्त करना – जब वस्तुएँ प्राप्त होती थीं कि उनकी जाँच खरीद आदेश तथा रसीदों/बीजकों से करके यह सुनिश्चित किया जाता था कि मंगवाई गई वस्तु ठीक हालत में प्राप्त हुई है या नहीं। उनके लिए भुगतान सदैव जाँच करने के बाद किया जाता था। सहायक रसोइए को मंगवाई गई वस्तुएँ प्राप्त करने के लिए उत्तरदायी बनाया गया था। वह बीजक से प्राप्त वस्तुओं को मिलान करके सुनिश्चित करता था कि बीजक में सम्मिलित वस्तुएँ वास्तव में प्राप्त हो गई है। उसके बाद बीजक को, उसके अनुसार आपूर्तिकर्त्ता को भुगतान करने के लिए भेजा जाता था। जब रसोइया मंडी से सामान खरीद कर लाता था या आपूर्तिकर्त्ता द्वारा सामान रामू के परिसर में भेजा जाता था, तब अधिकतर अंत में रामू स्वयं ही सामान की जाँच करता था।

संग्रहण प्राप्त सामान को भली–भाँति स्टोर में रखा जाता था। इस चरण पर सहायक रसोइया या स्टोर इंचार्ज स्टॉक बुक तैयार करता था। रामू स्वयं भी सप्ताह में एक बार स्टॉक बुक तथा स्टोर की जाँच करता था। स्टॉक बुक में प्रत्येक वस्तु के लिए एक पृष्ठ निर्धारित किया गया था। पृष्ठ के बाएँ हाथ की तरफ प्राप्तियाँ तथा दाएँ हाथ की तरफ जारी करने का विवरण और बचे हुए स्टॉक की मात्रा दर्शाई जाती थी। इसी में इस बात का भी संकेत दिया गया था कि

किसी वस्तु की कितनी मात्रा बाकी रहने पर उसे फिर से मंगाने के लिए आदेश दिया जाए।

स्टॉक बुक के एक पृष्ठ का नमूना नीचे दिया जा रहा है:

वस्तु का नाम		चावल सेला	
दिनांक	प्राप्ति (कि.ग्रा. में)	जारी (कि.ग्रा. में)	शेष (कि.ग्रा. में)
2.9.76	10	3	7
4.9.76	—	3	4
11.9.76	—	3	1
14.9.76	10	—	11
16.9.76	—	3	8
21.9.76	—	3	5
28.9.76	—	3	2
2.10.76	10	—	—
			क.ख.ग. हस्ताक्षर

इससे पता चलता है कि रामू एक महीने में केवल दो बार चावल खरीदता था। वह सेला चावल केवल इडली, डोसे तथा उत्पम के लिए आटा बनाने के लिए ही खरीदता था। इसके लिए सप्ताह में एक बार चावल जारी किया जाता था। जब स्टॉक में बचे चावल 1–2 किलोग्राम ही रह जाते थे तो रामू नया स्टॉक मंगवा लेता था।

भोजन बनाना – रामू ने तैयार किए गए सामान का भी रिकॉर्ड रखा कि कितना सामान तैयार हुआ तथा उसमें से कितनी परोसने की इकाई बन सकी। यह की गई बिक्री तथा बचे हुए सामान की जाँच करने के लिए आवश्यक था। इसके लिए रामू ने व्यवस्थित रूप से हर दिन की व्यंजन सूची का तथा किसी व्यंजन के बनाने की निर्धारित विधि का भी रिकॉर्ड रखा।

बिक्री रिकॉर्ड– प्रतिदिन की बिक्री का रिकॉर्ड रखने के लिए रामू ने उपभोक्ताओं को बेचे जाने वाले कूपनों की कार्बन प्रतियाँ रखीं। प्रत्येक उपभोक्ता द्वारा नकद भुगतान के आधार पर कूपन खरीदे जाते थे तथा काउंटर पर देकर उनके बदले व्यंजन ले लिए जाते थे। जब दिन का काम पूरा हो जाता था, तो कुल–बिक्री की जाँच कूपनों की कार्बन प्रतियों की सहायता से की जाती थी। कुछ बिक्री उधार पर भी की जाती थी, जिसका हिसाब रामू अलग से रखता था। बाद में, बचे हुए सामान को देखकर अंदाजा लगया जाता था कि वह अगले दिन की व्यंजन सूची में प्रयोग किया जा सकता था या नहीं। यदि बचे हुए सामान की मात्रा कम होती थी तो उसे कर्मचारियों को, उनके प्रयोग के लिए दे दिया जाता था।

अंत में उसने बिक्री का एक महीने का और एक साल का रिकॉर्ड तैयार किया, जिसमें उसे उपभोक्ताओं की प्रतिमाह/प्रतिदिन की संख्या का तथा एक दिन में/माह में/वर्ष में कुल आय की जानकारी प्राप्त हुई।

प्रश्न 2. परिवर्तन आवश्यक है या नहीं? टिप्पणी कीजिए।

उत्तर – परिवर्तन प्रकृति का नियम है। इस चक्र से हर व्यक्ति, हर संस्था व हर व्यवस्था को गुजरना पड़ता है, जो स्वाभाविक है। हालाँकि सोहन को अपने लक्ष्यों की प्राप्ति में बहुत हद तक सफलता मिली, उसने अनुमानित लाभ से ज्यादा लाभ भी कमाया, परन्तु आने वाले समय में बदलते हालात को देखकर सोहन ने भी अपनी योजना, अपने नियंत्रण व निरीक्षण विधि तथा कार्यान्वयन में कुछ आवश्यक परिवर्तन करना आवश्यक समझा। उसने यह महसूस किया कि

1) बिक्री बढ़ाने के लिए कैंटीन में नयी लोकप्रिय वस्तुओं की बिक्री करनी होगी तथा पहले से ही बनाई जा रही वस्तुओं को और अच्छा बनाना होगा।

2) सोहन ने बदलती परिस्थिति और बदलते समय को देखते हुए यह भी महसूस किया कि वार्षिक बजट के लिए अनुमान लगाते समय उसे स्कूल प्रबंधकों द्वारा बताई गई कार्य–दिवसों की संख्या के अतिरिक्त दो–तीन दिन की अतिरिक्त छुट्टियों का भी प्रावधान रखना होगा।

3) उसने यह भी महसूस किया कि खाद्य–सामग्री की लागत प्रतिशत में, मूल्य वृद्धि होने अथवा अन्य कारणों से आने वाले परिवर्तन के लिए उपयुक्त सुधारात्मक उपाय अपनाने होंगे।

4) साथ ही सोहन ने यह भी महसूस किया कि व्यय को निर्धारित सीमा में रखने के लिए प्रचालन के प्रत्येक चरण पर पूरा नियंत्रण रखने अथवा जाँच के लिए विभिन्न उपाय अपनाने होंगे।

प्रश्न 3. परिणय द्वारा किए गए कार्यों की समीक्षा कीजिए।

उत्तर – रामू की तरह सोहन ने भी बिक्री तथा व्यय का विश्लेषण किया। किसी भी संस्था को चलाने के सिलसिले में उसका सही मूल्यांकन करना जरूरी होता है, जबकि सही मूल्यांकन के लिए बिक्री तथा व्यय का विश्लेषण आवश्यक होता है। सोहन बिक्री आय की जाँच हर महीने करता था। इतना ही नहीं, वह हर वर्ष स्कूल का साल समाप्त होने पर वार्षिक जाँच भी करता था। ऐसा करना इसलिए जरूरी था क्योंकि हर महीने स्थिति की जाँच करना, लाभ या हानि का पता लगाने और यदि आवश्यक हो तो सुधारात्मक उपाय अपनाने के लिए आवश्यक था। बिक्री आय का मूल्यांकन करना इसलिए आवश्यक था, क्योंकि कैंटीन शिक्षा सत्र के अनुसार ही कार्य करती थी। अतः शिक्षा सत्र में समाप्त होने पर समीक्षा करने से कैंटीन की वास्तविक वित्तीय स्थिति का पता अधिक स्पष्ट रूप से लग सकता था।

इस प्रकार सोहन द्वारा अर्जित बिक्री आय न केवल भोजन, कर्मचारियों, ऊपरी खर्चों तथा

रखरखाव पर हुए व्यय पूरे करने के लिए थी, वरन् इसमें निर्धारित किया गया लाभांश भी सम्मिलित था। उल्लेखनीय है कि इस लाभ का एक भाग ऋण का भुगतान करने के लिए भी दिया जाना था। सोहन ने बिक्री आय का विश्लेषण कैंटीन में बनाए तथा बेचे गए सामान की सीधी बिक्री के आधार पर किया। उसने अन्य स्रोतों से भी आय प्राप्त की। उदाहरणार्थ–ठंडे पेय, चिप्स, बिस्कुट की बिक्री आदि से प्राप्त आय। उल्लेखनीय है कि सोहन को अन्य स्रोतों से भी आय प्राप्त होती थी। जैसे स्कूल में आयोजित विभिन्न समारोहों जैसे वार्षिक समारोह तथा अन्य अवसरों; जैसे स्टाफ मीटिंग आदि पर चाय–पानी, भोजन की व्यवस्था का उत्तरदायित्व लेकर आय प्राप्त करना। हालाँकि सोहन केवल कैंटीन से अपनी अनुमानित आय प्राप्त नहीं कर सका था, परन्तु उसने यह कमी इन अवसरों पर कैटरिंग का उत्तरदायित्व लेकर पूरी कर ली।

इस प्रकार सोहन के अनुभव के आधार पर कोई भी व्यक्ति न केवल कैंटीन ही चला सकता है, वरन् अनेक अवसरों पर आवश्यक कैटरिंग का अतिरिक्त दायित्व भी ले सकता है।

व्यय विश्लेषण – किसी भी व्यक्ति के लिए संस्था चलाने और उसके सफल संचालन के लिए व्यय का विश्लेषण करना आवश्यक होता है। सोहन ने भी ऐसा ही किया। उसने काफी सोच–समझकर तथा प्राप्त अनुभव का लाभ उठाकर वह उतना ही सामान तैयार करवाने का प्रयास करता था, जितना उसी दिन बिक जाए। उल्लेखनीय है कि पूरे वर्ष के लिए खाद्य सामग्री की लागत मासिक खाद्य सामग्री की लागत के आधार पर निकाली जाती थी। अतः व्यय का विश्लेषण करके सोहन को काफी लाभ हुआ। उसे अपने खर्चे और आमदनी का पूरा अंदाजा आसानी से लग गया।

श्रम–लागत विश्लेषण – इस संदर्भ में सोहन को श्रम–लागत विश्लेषण करना भी अनिवार्य था, जो उसने अपने अनुभव के आधार पर किया। सोहन ने अपने कैंटीन में कई कार्यकर्त्ताओं को रखा जिनमें एक रसोइया, एक सहायक रसोइया और तीन बैरों का नाम विशेष रूप से उल्लेखनीय है।

उसने अपने कर्मचारियों के वेतन, बोनस तथा अन्य सुविधाओं का सही–सही रिकॉर्ड रखा। इसके अतिरिक्त सोहन ने कुछ ऊपरी खर्चे रखे। उल्लेखनीय है कि ऊपरी खर्चों में उसने गैस, बिजली, सवारी, कागज की प्लेटों, नैपकिन तथा अन्य विविध चीजों पर वास्तविक रूप में किया गया खर्च सम्मिलित किया। रखरखाव पर हुए व्यय में टूटने–फूटने वाली वस्तुओं को खरीदने के लिए अलग निकाली गयी राशि तथा बिजली के उपकरणों की मरम्मत पर हुए व्यय को सम्मिलित किया गया।

लाभ–हानि विवरण बनाना – रामू की तरह ही सोहन ने भी लाभ हानि का विवरण तैयार किया, जिससे कि वर्षभर की आर्थिक स्थिति का पता लग सके।

प्रश्न
पत्र

ए.एन.सी.–1 : समुदाय के लिए पोषण

जून, 2006

नोटः कुल पाँच प्रश्नों के उत्तर दीजिए। अनिवार्य है। सभी प्रश्नों के अंक समान है।

प्रश्न 1. (क) निम्नलिखित प्रत्येक को 2–3 वाक्यों में परिभाषित कीजिए।

1) कार्य विवरण

2) क्षीणता

3) योगवाहिता

4) ऐथिरोकाठिन्य

5) चिकोरी

ख) निम्नलिखित प्रत्येक के दो–दो महत्त्वपूर्ण उदाहरण दीजिए।

1) दूध संसाधन की विधियाँ

2) खाद्य उपसाधन

3) मानवमितीय माप

4) खाद्य परिवेषण संस्था चलाने के लिए संसाधन

5) पोषण–सम्बन्धी विसंगतियाँ

प्रश्न 2. क) हमारे आहार में स्थूल–पोषक तत्त्वों और सूक्ष्म–पोषक तत्त्वों को शामिल करने की प्रासंगिकता की चर्चा कीजिए। पोषक तत्त्वों के उदाहरण दीजिए और उनके कार्य बताइए।

ख) 'प्रोटीन गुणवत्ता' से आप क्या समझते हैं? अपने आहार में प्रोटीन की गुणवत्ता को बेहतर बनाने के लिए आप जो एक उपाय करेंगे उसका वर्णन कीजिए।

प्रश्न 3. उचित उदाहरण देते हुए निम्नलिखित कथनों की पुष्टि कीजिए।

क) गर्भावस्था शारीरिक तनाव की अवस्था होती है।

ख) छोटे बच्चों को थोड़ी–थोड़ी देर में कम मात्रा में आहार देते रहना चाहिए।

ग) किशोरावस्था के दौरान ऊर्जा, प्रोटीन, लौह तत्त्व और कैल्सियम की आर.डी.आई. उच्च हो जाती है।

घ) वयस्कों की पोषक तत्त्वों की प्रस्तावित दैनिक मात्रा आयु और लिंग पर आधारित होती है।

प्रश्न 4. क) खाद्य पदार्थ के खराब होने के मुख्य कारणों की चर्चा कीजिए।
ख) उपयुक्त उदाहरण देते हुए खाद्य परिरक्षण की जीवाणुनिरोधी और जीवाणुनाशी विधियों के बीच अंतर बताइए।
ग) खाद्य पदार्थों को पकाते समय उनमें पोषक तत्त्वों की क्षति को कम करने और उसकी रोकथाम के लिए आप जो उपाय करेंगे उनका वर्णन कीजिए।

प्रश्न 5. क) एक सामुदायिक परिवेश में बच्चों में पी.ई.एम. के लक्षणहीन रूपों की पहचान आप कैसे करेंगे? पी.ई.एम. के विभिन्न रूपों का पता लगाने के लिए भारतीय बाल–विशेषज्ञ अकादमी द्वारा बनाए गए वर्गीकरण को स्पष्ट कीजिए।
ख) निम्नलिखित का सामना करने के लिए हमारी सरकार द्वारा अपनाए गए निरोधक और नियंत्रक उपायों के बारे में बताइए :
1) विटामिन ए की कमी
2) लौह तत्त्व की कमी

प्रश्न 6. क) उन राष्ट्रीय कार्यक्रमों की सूची बनाइए जिनके अन्तर्गत आजकल पूरक आहार दिया जाता है।
ख) (क) में वर्णित दो कार्यक्रमों की संकल्पना, प्रासंगिकता और उद्देश्यों के बारे में बताइए।
ग) एक व्यक्ति के पोषणात्मक स्तर का निर्धारण करने के लिए आप जिन चार प्रमुख तरीकों का प्रयोग करेंगे उनकी बिल्कुल संक्षेप में चर्चा कीजिए।

प्रश्न 7. क) मान लीजिए आपको खाद्य परिवेषण संस्था के लिए बैंक से ऋण लेने के लिए संभाव्यता रिपोर्ट तैयार करनी है। अपनी रिपोर्ट में आप जिन प्रमुख बातों को शामिल करेंगे उनकी सूची बनाइए।
ख) आप अपनी खाद्य परिवेषण संस्था के लिए चावल, दाल, तेल और फल व सब्जियों जैसी कच्ची खाद्य सामग्री खरीदने के लिए जो क्रय विधि अपनाएँगे उसका वर्णन कीजिए।
ग) खाद्य परिवेषण संस्था में रिकार्ड रखने के महत्त्व की चर्चा कीजिए।

प्रश्न 8. निम्नलिखित में से किन्हीं चार पर संक्षिप्त टिप्पणियाँ लिखिए :
1) आयोडीन की कमी से होने वाली विसंगतियों के लिए राष्ट्रीय नियंत्रण कार्यक्रम
2) मधुमेह की आहार–व्यवस्था
3) खाद्य पदार्थ खरीदने में श्रेणियों की भूमिका
4) आहार नियोजन को प्रभावित करने वाले कारक
5) खाद्य पदार्थ बनाने में साप्ताहिक व्यंजन सूची का महत्त्व

ए.एन.सी.–1 : समुदाय के लिए पोषण
दिसम्बर, 2006

नोट: कुल पाँच प्रश्नों के उत्तर दीजिए। अनिवार्य है। सभी प्रश्नों के अंक समान है।

प्रश्न 1. (क) निम्नलिखित प्रत्येक सेट के बीच सम्बन्ध का 2–3 वाक्यों में वर्णन कीजिए।

1) शरीर के कार्यों का नियंत्रण	–	पोषक तत्त्व
2) गर्भावस्था	–	शारीरिक परिवर्तन
3) आवश्यकता	–	आर.डी.आई.
4) आहार नियोजन	–	पोषणात्मक पर्याप्तता
5) पी.एफ.ए.	–	गलत मार्क

ख) कॉलम क को कॉलम ख से मिलान कीजिए।

कॉलम क	कॉलम ख
i) खाद्य कानून	1) गुणवत्ता
ii) कार्य अनुसूची	2) पॉलिश किया हुआ चावल
iii) श्रेणियाँ	3) गर्भावस्था में खतरे वाला कारक
iv) उच्च संक्रमण दर	4) कर्बुरित दाँत
v) फ्लुओरोसिस	5) कार्मिक
vi) ट्रिप्टोफेन	6) एफ.पी.ओ.
vii) उच्च रक्तचाप	7) ऐथिरोकाठिन्य
viii) बेरी–बेरी	8) नियासिन
ix) सी.एच.डी.	9) सोडियम पर नियंत्रण
x) वृद्धि रोध	10) चिरकालिक कुपोषण
	11) गलगंडजन्य

प्रश्न 2. क) निम्नलिखित पदों को परिभाषित कीजिए

1) भोजन 2) स्वास्थ्य

ख) उपयुक्त उदाहरण देते हुए भोजन, स्वास्थ्य और रोग के बीच सम्बन्ध की चर्चा कीजिए।

ग) भोजन के क्या कार्य हैं? विस्तार से वर्णन कीजिए।

प्रश्न 3. क) शरीर के लिए कौन से खनिज लवण अधिक मात्राओं में अपेक्षित हैं और कौन से कम मात्राओं में? दोनों प्रकार के खनिज लवणों की सूची बनाइए।

ख) कैल्सियस और फॉस्फोरस के कार्यों और खाद्य स्त्रोतों की विस्तार से जानकारी दीजिए।

ग) लौह तत्त्व के अवशोषण और उत्सर्जन की व्याख्या कीजिए। लौह तत्त्व के अवशोषण पर बाधक (अवरोधक) पदार्थों और वर्धक पदार्थों का क्या प्रभाव होता है? उदाहरण दीजिए।

घ) बी–समूह के विटामिनों के कार्यों की उदाहरण देते हुए संक्षेप में चर्चा कीजिए।

प्रश्न 4. क) आहार नियोजन को प्रभावित करने वाले कारकों को सूचीबद्ध कीजिए।

ख) आहार नियोजन को प्रभावित करने वाले किन्हीं दो कारकों की भूमिका का विस्तार से चर्चा कीजिए।

ग) स्कूल–पूर्व बालक के लिए आहार नियोजन से सम्बन्धित मुख्य बातों की संक्षिप्त जानकारी दीजिए।

प्रश्न 5. क) अनाजों के चयन की विस्तार से चर्चा कीजिए।

ख) स्वास्थ्य पर संतृप्त और असंतृप्त वसाओं के प्रभावों का उल्लेख करते हुए, उनके प्रयोग पर संक्षिप्त टिप्पणी कीजिए।

ग) खराब होने वाले और खराब न होने वाले खाद्य पदार्थों का भंडारण आप कैसे करेंगे? संक्षेप में समझाइए।

प्रश्न 6. पी.ई.एम. क्या है? मारास्मस और क्वाशिओरकार के बीच बंतर बताते हुए स्पष्ट रूप से समझाइए।

ख) आप निम्नलिखित से पीड़ित बच्चे की पहचान कैसे करेंगे :

1) मारास्मस

2) क्वाशिओरकार

ग) पी.ई.एम. की रोकथाम में सहायता करने वाले पाँच उपायों के बारे में संक्षिप्त जानकारी दीजिए।

प्रश्न 7. क) पोषकतत्त्व हीनता नियंत्रण कार्यक्रमों और पूरक आहार कार्यक्रमों के बीच अंतर बताइए। उपयुक्त उदाहरण भी दीजिए।

ख) किन्हीं दो पोषकतत्त्व हीनता नियंत्रण कार्यक्रमों के उद्देश्यों, लक्ष्य समूह, खुराक और

वितरण कार्यनीति की जानकारी देते हुए उनकी विस्तार से चर्चा कीजिए।

ग) आई.सी.डी.एस. की संकल्पना, प्रासंगिकता और उद्देश्यों की संक्षेप में चर्चा कीजिए।

प्रश्न 8. निम्नलिखित में से किन्हीं चार पर संक्षिप्त टिप्पणियाँ लिखिए :

क) पूर्व लागत करना

ख) आहार सर्वेक्षण

ग) मोटापे की आहार व्यवस्था

घ) खाद्य परिवेषण संस्था में रिकॉर्ड रखना

ङ) खाद्य पदार्थों का खराब होना

आपके अपने स्वभाव के सिवाए कोई आपको दु:ख नहीं देता। अपना स्वभाव मधुर व प्रेमयुक्त बनाएँ तथा सबका दिल जीतें।

दूसरों को खुशी देना सर्वोत्तम दान है।

ए.एन.सी.–1 : समुदाय के लिए पोषण
जून, 2007

नोटः कुल पाँच प्रश्नों के उत्तर दीजिए। अनिवार्य है। सभी प्रश्नों के अंक समान है।

प्रश्न 1. (क) निम्नलिखित प्रत्येक सेट के बीच सम्बन्ध का 2–3 वाक्यों में वर्णन कीजिए।

1) भोजन	–	पोषणात्मक स्तर
2) खाद्य संदूषक	–	खाद्य सुरक्षा
3) मोटापा	–	ऊर्जा संतुलन
4) प्रोटीन गुणवत्ता	–	खाद्य पदार्थों का परस्पर प्रयोग
5) मेन्यू (व्यंजन सूची) नियोजन	–	लागत का पूर्वानुमान

उत्तर.1 (क) (1) –किसी व्यक्ति के स्वास्थ्य की वह स्थिति जो शरीर में पोषक तत्त्वों के उपयोग से प्रभावित होती है, उस व्यक्ति का पोषण स्तर कहलाती है। पोषण और भोजन का आपस में घनिष्ठ संबंध है। यदि एक व्यक्ति उपयुक्त मात्रा में अच्छा भोजन खाता है तो उसका स्वास्थ्य अच्छा होगा। बर्शेत, उसमें कोई अन्य कारक बाधा न हो। दूसरी ओर खाने के गलत तरीके, बहुत कम खाना या जरूरत से अधिक खाना भी स्वास्थ्य पर बुरा प्रभाव डालते है।

उत्तर.1 (क) (2) –खाद्य पदार्थों में वह सभी पोषक तत्त्व मौजूद होते हैं जिनकी हमारे शरीर को आवश्यकता होती हैं तथा जो कि हमारे शरीर के लिए लाभदायक होते हैं, परंतु साथ ही खाद्य पदार्थ कुछ उन पदार्थों व सूक्ष्मजीवों के वाहक भी होते हैं जो कि हमारे शरीर को नुकसान पहुँचा सकते हैं। जिन खाद्य पदार्थों की हमें अपनी पोषण व वृद्धि के लिए आवश्यकता होती है वही पदार्थ सूक्ष्मजीवों के जीवित रहने व वृद्धि के लिए भी पदार्थ मुहैया करते हैं। इनमें से कुछ सूक्ष्मजीव तो हमारे शरीर के लिए बहुत हानिकारक सिद्ध हो सकते हैं। इसलिए यह अत्यावश्यक है कि खाद्य पदार्थों के उत्पादन, संचालन, संग्रहण, पकाने व परोसने के दौरान उसे किसी भी प्रकार के संदूषण से बचाकर रखा जाए।

उत्तर.1 (क) (3) –अतिपोषण से संबंधित रोग का संबंध अत्यधिक वजन या मोटापें से है। जब एक व्यक्ति दैनिक कार्यों में खर्च होने वाली ऊर्जा से अधिक ऊर्जा युक्त भोजन लेता है तो उसके शरीर में वसा एकत्र हो जाती है और उसका वजन बढ़ जाता है। लगातार वजन के बढ़ने से व्यक्ति मोटा हो जाता है।

उत्तर.1 (क) (4) –पशुओं से प्राप्त खाद्य पदार्थों में प्रोटीन के सभी अनिवार्य एमीनो ऐसिड उचित मात्रा व अनुपात में पाए जाते है। अतः वनस्पति से प्राप्त खाद्य पदार्थों की तुलना में ये उच्च कोटि के माने गए है। वानस्पतिक खाद्य पदार्थों से प्राप्त खाद्य पदार्थों के साथ परस्पर प्रयोग करने से उनके प्रोटीन की कोटि बेहतर बनाई जा सकती है।

उत्तर.1 (क) (5) –एक समय के भोजन (जैसे दोपहर का भोजन) में लिए जाने वाले खाद्य पदार्थों की सूची लागत का पूर्वानुमान–इससे हमारा तात्पर्य व्यंजनों को बनाने में होने वाले व्यय के अनुमान से है। कच्चा पदार्थ जिस मूल्य पर खरीदा जाता है वह अक्सर उससे बने खाद्य पदार्थ के मूल्य को निर्धारित करता है।

ख) कॉलम क को कॉलम ख से मिलान कीजिए।

कॉलम क	**कॉलम ख**
i) विशेष वर्णन	1) दूध
ii) आर्जिमोन तेल	2) ओ.आर.एस.
iii) पाश्चुरीकरण	3) क्रेटीनता
iv) जिव्हाशोथ	4) खाद्य पदार्थ की खरीदारी
v) अतिसार नियंत्रण	5) जानपदिक ड्रॉप्सी
vi) आई.सी.डी.एस	6) राइबोफ्लेविनहीनता
vii) आई.डी.डी.	7) विटामिन ए
viii) फेरस सल्फेट	8) सेवाओं को समेकित करना
ix) यकृत के भंडार	9) रक्ताल्पता की रोकथाम
x) एम.यू.ए.सी.	10) पोषणात्मक मानवमितीय माप
	11) जल

उत्तर. (ख) i) खाद्य पदार्थ की खरीदारी

ii) जानपदिक ड्रॉप्सी

iii) दूध

iv) राइबोफ्लेविनहीनता

v) ओ.आर.एस

vi) सेवाओं को समेकित करना

vii) क्रेटीनता

viii) रक्ताल्पता की रोकथाम

ix) पोषणात्मक मानवमितीय माप

x) विटामिन ए

प्रश्न 2. क) उपयुक्त उदाहरण देते हुए स्थूल पोषक तत्त्वों और सूक्ष्म पोषक तत्त्वों के बीच अंतर बताइए।

उत्तर – पोषक तत्त्व भोजन के वे अनिवार्य घटक हैं जो शरीर को उचित मात्रा में मिलने चाहिए। अब तक लगभग 40 आवश्यक पोषक तत्त्वों की खोज हो चुकी है जिन्हें रासायनिक संरचना तथा गुणों के आधार पर पाँच वर्गों में बाँटा जा सकता है। ये वर्ग हैं–कार्बोज, वसा, प्रोटीन, विटामिन तथा खनिज लवण। जल को भोजन व स्थूल पोषक तत्त्व दोनों का दर्जा दिया गया है।

इन पोषक तत्त्वों को दो वर्गों में बाँटा जा सकता है–स्थूल पोषक तत्त्व (macronutrients) (भोजन में अधिक मात्रा में पाए जाने वाले पोषक तत्त्व) तथा सूक्ष्म पोषक तत्त्व (macronutrients) (भोजन में कम मात्रा में पाए जाने वाले वाले पोषक तत्त्व) हमारे भोजन का अधिकांश भाग कार्बोज, प्रोटीन, वसा तथा जल से मिलकर बना होता है। इन्हें स्थूल पोषक तत्त्व कहते हैं। भोजन में विटामिन तथा खनिज लवण अपेक्षाकृत कम मात्रा में पाए जाते हैं अतः इन्हें सूक्ष्म पोषक तत्त्व कहा जाता है। हमारे शरीर को विटामिन तथा खनिज लवण की अपेक्षा कार्बोज, वसा, प्रोटीन तथा जल की अधिक मात्रा में आवश्यकता होती है। परन्तु इसका यह अर्थ नहीं है कि विटामिन व खनिज लवण कम महत्वपूर्ण हैं, ये भी शरीर के लिए उतने ही अनिवार्य हैं। जितने कि भोजन में अधिक मात्रा में पाए जाने वाले पोषक तत्त्व। पाचन प्रक्रिया का उद्देश्य भोजन को सरल रूप में परिवर्तित करना है। पाचन प्रक्रिया के दौरान भोजन के अन्य अवयव जैसे जल, खनिज लवण तथा विटामिन बिना किसी परिवर्तन के अवशोषित हो जाते हैं।

शरीर के वह सभी अंग जो कि भोजन के पाचन तथा अवशोषण प्रक्रिया में सहायक होते हैं, पाचन तंत्र बनाते हैं।

मुँह ——————भोजन नली——————आमाशय

छोटी आँत———बड़ी आँत——————मलाशय————गुदाद्वार

पाचन की संपूर्ण प्रक्रिया पाचन तंत्र में भोजन के रहने के दौरान ही पूरी हो जाती है। मुँह में भोजन के आते ही पाचन प्रक्रिया शुरू हो जाती है। मुँह से भोजन पाचन तंत्र के अन्य अंगों जैसे आहार नली, मलाशय तथा गुदाद्वार में जाता है। पाचन तंत्र के प्रत्येक अंग से एक प्रकार का तरल रस निकलता है, जिसे पाचक रस कहते है। इन पाचक रसों में कुछ रासायनिक पदार्थ होते हैं जिन्हें एंजाइम के नाम से जाना जाता है। यह एंजाइम प्रकृति से प्रोटीन होते हैं और रासायनिक क्रिया की गति को तेज करते हैं। इन एंजाइमों का विशेष गुण यह है कि यह क्रिया में स्वयं अपरिवर्तित रहते हुए भोजन में पाए जाने वाले पोषक तत्त्वों को सरल रूप में विभाजित करने में मदद करते हैं।

भोजन का पाचन : पाचन क्रिया के पाचन तंत्र के विभिन्न हिस्सों में किस प्रकार की प्रतिक्रिया होती है, इसका वर्णन निम्नलिखित है।

(1) मुँह – पाचन प्रक्रिया मुँह से आरंभ होती है। यहाँ भोजन दाँतों द्वारा चबाया जाता है और

छोटे–छोटे टुकड़ों में विभाजित हो जाता है। मुँह में स्थित यह टुकड़ें लार रस में मिल जाते हैं। लार रस लार ग्रंथि से निकलता है। लार रस में पाया जाने वाला एमाइलेस नामक एंजाइम कार्बोज के पाचन में सहायक होता हैं यह कार्बोज पर प्रक्रिया करके उसमें आंशिक रूप में परिवर्तन लाता है।

(2) आमाशय – लार रस मिला भोजन मुँह में नलीनुमा संरचना द्वारा (जिसे आहार नली कहते हैं) अमाशय में पहुँचता है। यहाँ भोजन आमाशय रस से मिलकर पतले द्रव्य के रूप में परिवर्तित हो जाता है। आमाशय रस में उपस्थिति एंजाइम प्रोटीन पर क्रिया करते हैं, जिससे प्रोटीन का आंशिक पाचन हो जाता है। भोजन के अन्य अवयवों में कोई रासायनिक परिवर्तन नहीं होता।

(3) छोटी आँत– पाचन का अगला महत्वपूर्ण स्थान छोटी आँत है। आंशिक रूप से पचा भोजन छोटी आँत में आ जाता है और यहाँ पाए जाने वाले पाचक रस, जिसे आँत रस कहते हैं, में मिल जाता है। इसके अलावा छोटी आँत में अग्न्याशय तथा यकृत से भी रस मिल जाता है। यकृत से निकलने वाले रस को पित्त रस तथा अग्न्याशय से निकलने वाले रस को अग्न्याशय रस कहते हैं। पित्त रस वसा के पाचन तथा अवशोषण में सहायक होता है। अग्न्याशय रस तथा आँत रस में उपस्थित एंजाइम, वसा, प्रोटीन तथा कार्बोज पर अभिक्रिया करके उन्हें सरल पोषक इकाईयों के रूप में बदल देते हैं। इन सरल पोषक इकाईयों का शरीर में आसानी से अवशोषण हो जाता है।

(4) बड़ी आँत – छोटी आँत में अवशोषित होने के बाद बचे हुए व्यर्थ पदार्थ काफी अधिक जल की मात्रा के साथ बड़ी आँत में जाते हैं। बड़ी आँत में अतिरिक्त जल पुनः अवशोषित कर लिया जाता है तथा बचा हुआ जल और ठोस पदार्थ मल के रूप में शरीर से निष्कासित कर दिए जाते हैं।

ख) वसाओं के क्या कार्य हैं? विस्तार से चर्चा कीजिए।

उत्तर – देखें इकाई–3, प्रश्न–4

ग) शरीर में प्रोटीनों का पाचन कैसे होता है?

उत्तर – प्रोटीन का पाचन, अवशोषण तथा उपयोग–भोजन में प्रोटीन मुख्य रूप से एमीनो ऐसिड की छोटी व बड़ी शृंखलाओं के रूप में होता है। प्रोटीन के पाचन से एमीनो ऐसिड की ये शृंखलाएँ अपने अवयव एमीनो ऐसिड में टूट जाती हैं, क्योंकि लार रस में प्रोटीन को तोड़ने वाला कोई भी एंजाइम नहीं होता है, अतः प्रोटीन का पाचन मुख्य रूप से आमाशय तथा छोटी आँत में ही होता है। आमाशय रस में उपस्थित प्रोटीन को तोड़ने वाला एंजाइम पेप्सिन प्रोटीन को एमीना ऐसिड की कई शृंखलाओं में तोड़ देता है। परन्तु केवल पेप्सिन से प्रोटीन का पूर्ण पाचन नहीं होता है। आंशिक रूप से पचा हुआ प्रोटीन आमाशय से छोटी आँत में जाता है। यहाँ प्रोटीन दो चरणों में पूर्ण होता है :

(1) छोटी आँत में उपस्थित प्रोटीन को तोड़ने वाले बहुत से एंजाइम, जो कि प्रोटिएज कहलाते हैं, आंशिक रूप से पचे हुए प्रोटीन पर क्रिया करके उसको और छोटी एमीनो ऐसिड की शृंखला में बदल देते है।

(2) प्रोटीन को तोड़ने वाला पेप्टिऐज नामक एंजाइम एमीनो ऐसिड की छोटी शृंखलाओं पर क्रिया करता है तथा उसको उसके अवयव एमीनो ऐसिड में बदल देता है।

प्रोटीन चयापचय वास्तव में एमीनो ऐसिड का चयापचय है क्योंकि प्रोटीन का पचा हुआ अंतिम रूप एमीनो ऐसिड ही है। पाचन के बाद एमीनो ऐसिड रक्त द्वारा यकृत में ले जाए जाते हैं। यहाँ एमीनो ऐसिड का तीन प्रकार से प्रयोग किया जाता है।

(क) कुछ एमीनो ऐसिड रक्त प्रोटीन बनाते हैं,

(ख) कुछ एमीनो ऐसिड यकृत में ही रह जाते है, और

(ग) शेष बचे हुए एमीनो ऐसिड रक्त में प्रवेश कर जाते हैं तथा आवश्यकता पड़ने पर शरीर के ऊतकों द्वारा ऊतक प्रोटीन बनाने हेतु ले लिए जाते हैं।

घ) उपलब्ध कार्बोजों और अनुपलब्ध कार्बोजों के बीच अंतर बताइए। उपलब्ध और अनुपलब्ध कार्बोजों के खाद्य स्त्रोतों की सूची बनाइए। प्रत्येक के दो–दो उदाहरण दीजिए।

उत्तर – देखें इकाई–2, प्रश्न–3

प्रश्न 3. क) संतुलित आहार की संकल्पना की स्पष्ट जानकारी दीजिए।

उत्तर – देखें इकाई–6, प्रश्न–1

ख) कार्य के आधार पर खाद्य पदार्थों का वर्गीकरण कैसे किया जाता है? प्रत्येक खाद्य वर्ग में शामिल खाद्य पदार्थों के उदाहरण देते हुए समझाइए।

उत्तर – कार्य के स्वरूप और सक्रियता स्तर के आधार पर विभिन्न व्यवसायों को तीन श्रेणियों में बाँटा जा सकता है–अल्प श्रम, मध्यम श्रम व भारी श्रम।

अल्प श्रम–वह व्यक्ति जो अधिकांश कार्य एक ही स्थान पर बैठकर केवल हाथ व मस्तिष्क के प्रयोग से करता है, अल्प श्रम करने वाला कहलाता हैं। जैस–शिक्षक, दर्जी, ऑफिसर, क्लर्क आदि।

मध्यम श्रम–जब व्यक्ति कार्य करते समय अपने दोनों हाथों तथा पैरों का उपयोग लगातार तेजी से परन्तु बिना घोर परिश्रम से करता है, वह मध्यम श्रम वाला व्यक्ति कहलाता है। उदाहरणार्थ–खेतिहाल, मजदूर, डाकिया, नौकर आदि।

कठिन परिश्रम–इस श्रेणी में वैसे व्यक्ति आते हैं जो लम्बे समय तक हाथ–पैरों व अधिकांश मांसपेशियों का सक्रियता से निरंतर प्रयोग करते रहते हैं। जैसे–रिक्शा चलाने वाला, पत्थर तोड़ने वाला, खानों में कार्य करने वाला व कुली आदि।

जो व्यक्ति कठिन परिश्रम करता है उसे अल्प और मध्यम वर्ग वाले व्यक्ति की तुलना में अधिक ऊर्जा की आवश्यकता होती है। अतः ऊर्जा तथा विटामिन बी की प्रस्तावित दैनिक मात्राएँ सक्रियता स्तर पर निर्भर करती हैं। जैसे–जैसे सक्रियता स्तर बढ़ता है, वैसे–वैसे ऊर्जा की आवश्यकता के साथ–साथ विटामिन बी की आवश्यकता भी बढ़ती जाती है।

चार्ट 1 : तीन वर्गों में खाद्य पदार्थों का वर्गीकरण

खाद्य वर्ग		**खाद्य पदार्थ**
(क) ऊर्जा प्रदान करने वाले	• अनाज	चावल, गेहूँ..................
		....
		....
	• जड़ व मूलकंद	आलू............................
		....
	• घी/तेल	वनस्पति, तेल..............
		....
	• चीनी	....
(ख) शारीरिक वृद्धि में सहायक	• दूध व दूध से	....
	बने पदार्थ	....
	• मांस/मछली/	....
	पोलट्रि/अंडा	....
	• गिरीदार फल/	....
	तिलहन	....
(ग) रोगों से बचाव व शरीर की क्रियाओं को सुचारू रूप से चलाने में सहायक खाद्य पदार्थ (अर्थात् सुरक्षात्मक खाद्य पदार्थ)	• हरी पत्तेदार सब्जियाँ	....
	• पीली व नारंगी	....
	रंग की सब्जियाँ	....
	• अन्य सब्जियाँ	....
	• सिट्रस (खट्टे	....
	रसदार फल)	....
	• पीले व नारंगी	....
	रंग के फल	....
	• अन्य फल	....

ग) एक अल्पश्रम करने वाले व्यक्ति के लिए पैक्ड लंच के मेन्यू के दो उदाहरण दीजिए। इस आहार की योजना बनाने में आपने खाद्य वर्गों का प्रयोग किस प्रकार किया?

उत्तर – काम पर जाने वाले अधिकांश वयस्क पैक्ड लंच लेकर आते है। पैक्ड लंच से हमारा तात्पर्य उस आहार से है जो कि कार्य स्थल पर ले जाया जाता है तथा दोपहर में खाया जाता

है। पैक्ड लंच में तीनों खाद्य वर्गों (अर्थात् ऊर्जा प्रदान करने वाले, शारीरिक वृद्धि में सहायक तथा शरीर की क्रियाओं को सुचारू रूप से चलाने मे सहायक) में से कम से कम एक खाद्य पदार्थ अवश्य सम्मिलित होना चाहिए। इसका तात्पर्य यह नहीं है कि पैक्ड लंच में तीन व्यंजन हो (प्रत्येक वर्ग में से एक–एक)। एक व्यंजन आहार भी सभी पोषक तत्त्व प्रदान कर सकता है। एक अल्पश्रम करने वाले व्यक्ति के लिए पैक्ड लंच के मैन्यू के दो उदाहरण निम्नलिखित है।

(1) सब्जियों के साथ दही के चावल–तेल में सरसों के दाने डालकर भूनें फिर प्याज को तेल में तब तक भूनिये जब तक प्याज हल्की गुलाबी न हो जाये, इसके बाद उसमें मिश्रित सब्जियाँ डाले तथा पकने दे। उबले हुए चावल डालकर हिलाएँ, फिर आग से नीचे उतार कर दही डालकर हल्का सा गर्म करें।

कड़ाही में लाल मिर्च तथा सरसों के दानों को तलें तथा चावल के ऊपर बिखेर दे। बनाए गए आहार में जिन खाद्य पदार्थों का इस्तेमाल किया गया है उनका वर्णन निम्न तालिका में प्रस्तुत है जिसमें यह बताया गया है कि कौन–सा खाद्य पदार्थ कौन–से खाद्य वर्ग में आता है।

खाद्य वर्ग	**इस्तेमाल किए गए खाद्य पदार्थ**
(1) ऊर्जा प्रदान करने वाले	चावल, तेल
(2) शारीरिक वृद्धि में सहायक	दही
(3) रोगों से बचाव व शरीर की क्रियाओं को सुचारु रूप से चलाने में सहायक खाद्य पदार्थ	प्याज (अन्य सब्जियाँ) मिश्रित सब्जियाँ

(2) पौष्टिक रोटी–गेहूँ के आटे, बेसन तथा कटी हुई हरी पत्तेदार सब्जियों की रोटी बनाइए। आटे को दूध से गूँथने से रोटी को मुलायम बनाया जा सकता है। तवे पर रोटी को सेककर अचार या किसी सूखी सब्जी के साथ परोसिए।

बनाए गए आहार में इस्तेमाल किए गए खाद्य पदार्थों का वर्णन निम्न तालिका में प्रस्तुत है जिसके अंतर्गत कौन–सा खाद्य पदार्थ कौन–से खाद्य वर्ग में आता है का वर्णन किया गया है।

खाद्य वर्ग	**इस्तेमाल किए गए खाद्य पदार्थ**
(1) ऊर्जा प्रदान करने वाले	गेहूँ का आटा, बेसन
(2) शारीरिक वृद्धि में सहायक	दूध
(3) रोगों से बचाव व शरीर की क्रियाओं को सुचारु रूप से चलाने में सहायक खाद्य पदार्थ	हरी सब्जियाँ, अचार

प्रश्न 4. क) वयस्कों के लिए आर.डी.आई. आयु द्वारा किस प्रकार प्रभावित होती है? उदाहरण देते हुए समझाइए।

उत्तर – दिसम्बर 2007, प्रश्न. 4 (ख)

ख) बड़ी आयु के वयस्क व्यक्तियों के लिए आहार नियोजन करते समय आप किन विशिष्ट बातों को ध्यान में रखेंगे? विस्तार से जानकारी दीजिए।

उत्तर – जून 2008, प्रश्न. 4 (ख)

ग) निम्नलिखित अवस्थाओं के दौरान एक वयस्क महिला के लिए आर.डी.आई. किस प्रकार परिवर्तित होती है :

1) गर्भावस्था 2) स्तन्य काल

उत्तर – गर्भवती स्त्री के लिए पोषक तत्त्वों की प्रस्तावित दैनिक मात्रा

पोषक तत्त्व	**पोषक तत्त्वों की प्रस्तावित दैनिक मात्रा**
ऊर्जा (कि. कैलोरी)	+ 300
प्रोटीन (ग्रा.)	+ 15
कैल्सियम (मि.ग्रा.)	1000
लौह तत्त्व (मि.ग्रा.)	38
विटामिन ए (मा.ग्रा.)	
रेटिनॉल	600
या	
कैरोटीन	2400
थायेमीन (मि. ग्रा.)	+ 0.2
राइबोफ्लेविन (मि. ग्रा.)	+ 0.2
नियासीन (मि. ग्रा.)	+ 2.0
ऐस्कॉर्बिक अम्ल (मि.ग्रा.)	40
फोलिक अम्ल (मा.ग्रा.)	400
विटामिन बी12 (मा.ग्रा)	1

गर्भावस्था में लगभग सभी पोषक तत्त्वों की आवश्यकता बढ़ जाती है, परन्तु कुछ विशेष तत्त्वों की आवश्यकता पर अधिक प्रभाव पड़ता है। ये विशेष पोषक तत्त्व हैं–ऊर्जा, प्रोटीन, कैल्सियम व लौह तत्त्व के अतिरिक्त दो अन्य सूक्ष्म मात्रिक तत्त्व–आयोडीन व जिंक का गर्भावस्था के दौरान विशेष महत्व होता है।

अतिरिक्त ऊर्जा की आवश्यकता निम्नलिखित कारणों से होती है :

1) भ्रूण तथा प्लेसेन्टा की वृद्धि को बनाए रखने के लिए,

2) माँ के शरीर में वसा के भंडार को बढ़ाने के लिए, तथा

3) उच्च आधारभूत चयापचयी दर के कारण ऊर्जा की बढ़ी हुई खपत की क्षतिपूर्ति के लिए।

प्रोटीन की जरूरत माँ व भ्रूण में नए ऊतकों के निर्माण के लिए होती है इसलिए इस पोषक तत्त्व की आवश्यकता गर्भावस्था में बढ़ जाती है। लौह तत्त्व, भ्रूण की रक्त कोशिकाओं में हीमोग्लोबिन के संश्लेषण (synthesis) के लिए आवश्यक होता है। इसके अतिरिक्त, भ्रूण

जन्म के 3 से 6 माह के बाद तक के लिए प्रचुर मात्रा में लौह तत्त्व का संचय करके रखता है जिसके कारण लौह तत्त्व की आवश्यकता और अधिक बढ़ जाती है। कैल्शियम की आवश्यकता भ्रूण की हड्डियों और दाँतों के खनिजिकरण के कारण बढ़ जाती है। सूक्ष्म मात्रिक तत्त्व, जिंक की आवश्यकता वृद्धि तथा प्रोटीन के संश्लेषण के लिए तथा आयोडीन की आवश्यकता भ्रूण की शारीरिक तथा मानसिक वृद्धि को नियंत्रित करने के लिए होती है।

(2) स्तन्यकाल में पोषक तत्त्वों की आवश्यकता काफी बढ़ जाती है। स्तन्यकाल में पोषक तत्त्वों की प्रस्तावित दैनिक मात्रा में दो अवस्थाओं 0–6 माह तथा 6–12 माह के लिए दी गई है। ऐसा क्यों है? वह इसलिए क्योंकि पोषक तत्त्वों की आवश्यकता इस बात पर निर्भर करती है कि कितना दूध स्रावित हो रहा है। पोषक तत्त्वों की आवश्यकता पहले 6 महीनों के बाद के 6 महीनों की तुलना में काफी अधिक होती है। क्योंकि पहले 6 महीनों में सबसे अधिक दूध बनता है। छठे महीने तक दूध उत्पत्ति की क्षमता चरम सीमा तक पहुँच जाती है तथा इसके बाद धीरे–धीरे दूध की मात्रा कम होने लगती है और साथ ही पोषक तत्त्वों की आवश्यकता भी कम हो जाती है।

ऊर्जा, प्रोटीन तथा बी विटामिनों की प्रस्तावित दैनिक मात्रा अतिरिक्त आवश्यकताओं के रूप में तथा अन्य सभी पोषक तत्त्वों की मात्रा कुल मात्रा के रूप में दी गई है। (गर्भावस्था की आवश्यकताओं की भाँति) स्तन्यकाल के पहले 6 महीनों में 550 अतिरिक्त कि. कैलोरी तथा बाद के 6 महीने (6–12) में 400 अतिरिक्त कि. कैलोरी की आवश्यकता होती है। यह मात्रा गर्भावस्था तथा स्तन्यकाल की अवस्था से पहले की आवश्यकताओं के अतिरिक्त है।

स्तन्यकाल के दौरान, ऊर्जा के अतिरिक्त, प्रोटीन, कैल्शियम, विटामिन ए तथा विटामिन सी की आवश्यकताएँ भी बढ़ जाती हैं। बढ़ते हुए शिशु के ऊतकों की तीव्र वृद्धि के लिए शारीरिक वृद्धि में सहायक तथा रोगों से बचाव व शरीर की क्रियाओं को सुचारु रूप से चलाने में सहायक पोषक तत्त्वों की पर्याप्त मात्रा में आवश्यकता होती है। शिशु यह सब पोषक तत्त्व अपने माँ के दूध से प्राप्त करता है। इसलिए स्तनपान कराने वाली स्त्री के आहार में यह सब पोषक तत्त्व प्रचुर मात्रा में होने चाहिए।

प्रश्न 5. क) खाद्य पदार्थों की खरीदारी करते समय श्रेणियों, ब्रांडो और लेबलों की भूमिका की चर्चा कीजिए।

उत्तर – देखें इकाई–13, प्रश्न–1

ख) उपभोक्ता संरक्षण में संलग्न एजेंसियों की भूमिका का वर्णन कीजिए।

उत्तर – देखें इकाई–16, प्रश्न–5

ग) खाद्य अपमिश्रण निवारण अधिनियम के अंतर्गत जिन बातों की मनाही है उनमें से छः की सूची बनाइए।

उत्तर – देखें इकाई–16, प्रश्न–6

प्रश्न 6. क) रक्ताल्पता के नैदानिक लक्षण क्या हैं? विस्तार से वर्णन कीजिए।

उत्तर – देखें इकाई–18, प्रश्न–2

ख) रक्ताल्पता के कारणों की चर्चा कीजिए।

उत्तर – देखें इकाई–18, प्रश्न–3

ग) रक्ताल्पता का पता लगाने के लिए 'हीमोग्लोबिन' के अंतकीय स्तरों' से आप क्या समझते हैं? अंतकीय स्तरों के उदाहरण देते हुए स्पष्ट रूप से समझाइए।

उत्तर – देखें इकाई–18, प्रश्न–5

घ) रक्ताल्पता की रोकथाम में सहायता करने वाले उपायों का वर्णन कीजिए।

उत्तर – देखें इकाई–18, प्रश्न–4

प्रश्न 7. (क) वृद्धि अनुवीक्षण क्या है? इसके महत्त्व और उद्देश्य की संक्षेप में व्याख्या कीजिए।

उत्तर – दिसम्बर 2008 प्रश्न.8 (2)

ख) वृद्धि अनुवीक्षण कैसे किया जाता है? विस्तार से व्याख्या कीजिए।

उत्तर – वास्तव में वृद्धि अनुवीक्षण माता को स्वास्थ्य तथा पोषण संबंधी जानकारी देने का एक साधन है, जिससे बच्चा स्वस्थ रह सके। इस संदर्भ में वृद्धि पर निगरानी रखना एक महत्वपूर्ण समस्या है क्योंकि इसके निराकरण की दिशा में कार्यरत होकर ही माताएँ बच्चों की स्वस्थता का पता लगा सकती हैं।

अतः वृद्धि पर निगरानी रखने का सामान्य तरीका भार लेना है। भारत के अतिरिक्त अन्य मानवमितीय माप या रोग जाँच के तरीके से भी वृद्धि पर निगरानी रखी जा सकती है। तरीका चाहे जो भी हो परन्तु इतना तो अवश्य ध्यान रखना चाहिए कि वह ऐसा हों जो बच्चों की वृद्धि में होने वाले परिवर्तनों का पता लगाने में विशेष रूप से पर्याप्त हो तथा समुचित व्याख्या और उपचार कार्य से जुड़ा हो तथा सूक्ष्मग्राही हो।

बच्चों की वृद्धि पर निगरानी रखने का एक तरीका 'वृद्धि चार्ट' है। मुख्य रूप से समय के साथ–साथ भार में हुए परिवर्तनों को अंकित करने और उन्हें व्याख्यायित करने के साधन के

रूप में तैयार किया गया चार्ट 'वृद्धि चार्ट' कहलाता है।

ग) आहार सर्वेक्षण की विधियों की संक्षिप्त चर्चा कीजिए।

उत्तर – दिसम्बर 2008, प्रश्न. 8(3)

प्रश्न 8. निम्नलिखित में से किन्हीं चार पर संक्षिप्त टिप्पणियाँ लिखिए :

क) चक्रीय मेन्यू

ख) सी.एच.डी. की आहारीय व्यवस्था

ग) फलों और सब्जियों का चयन

घ) खाद्य परिवेषण कार्य–पद्धति

ङ) जीरोप्थैलमिया की रोकथाम

उत्तर – क) दिसम्बर 2007, प्रश्न–7(ख)

ख) दिसम्बर 2008, प्रश्न–8(5)

ग) देखें जून–2008, प्रश्न–5(क)

घ) देखें देखें इकाई–27, प्रश्न–1

ङ) देखें इकाई–17, प्रश्न–4

कभी–कभी आपकी एक मुस्कान, मरुस्थल में जल की बूँद जैसी लाभदायक सिद्ध हो सकती है।

ए.एन.सी.–1 : समुदाय के लिए पोषण
दिसम्बर 2007

नोट: कुल पाँच प्रश्नों के उत्तर दीजिए। अनिवार्य है। सभी प्रश्नों के अंक समान है।

प्रश्न 1. (क) निम्नलिखित प्रत्येक को 2–3 वाक्यों में परिभाषित कीजिए।

1) रेशा

2) सह–एंजाइम

3) कुपोषण

4) जिलेटिनीकरण

5) वृद्धि अनुवीक्षण

उत्तर. (क) 1 रेशा–रेशा शब्द से तात्पर्य है कई प्रकार के कार्बोज के समूह जो कि स्टार्च की तरह बहुत सारी मूल इकाईयों से बने होते है। इस तरह रेशा स्टार्च के ही समान बड़ा अणु है।

उत्तर. (क) 2 देखें इकाई–4, प्रश्न–3

उत्तर. (क) 3 कुपोषण–शरीर में उत्पन्न वह स्थिति जो पोषक तत्त्वों की कमी अल्पपोषण, अतिरिक्तता (अतिपोषण) अथवा असंतुलन के कारण उत्पन्न होती है, कुपोषण कहलाती है।

उत्तर. (क) 4 जिलेटिनीकरण–जब हम स्टार्च को पानी में उबालते है तो उसके दाने फूलकर टूट जाते है। इस प्रक्रिया को **जिलेटिनीकरण** कहते है।

उत्तर. (क) 5 वृद्धि अनुवीक्षण–एक निश्चित काल में भार में हुए परिवर्तन का रिकॉर्ड रखना तथा इन परिवर्तनो के आधार पर माता को सलाह देना वृद्धि अनुवीक्षण कहलाता है।

ख) रिक्त स्थान भरिए :

1) जब खाद्य पदार्थ हवा और ऑक्सीजन के संपर्क में आते हैं तो विटामिन .... नष्ट हो जाता है।

2) जन्म के समय बच्चे का भार लगभग .... कि.ग्रा. होना चाहिए।

3) .... और .... की उपस्थिति वसा–विलेय विटामिनों के अवशोषण में सहायक होती है।

4) आयोडीन .... ग्रंथि द्वारा स्त्रावित .... हार्मोन का घटक है।

5) .... और .... हमारे आहार में कार्बोजों के प्रमुख स्त्रोत है।

6) .... में उपस्थित स्नायु तंत्र को प्रभावित करने वाले एक विष के कारण कलायखंज होता है।

7) .... की कमी के कारण आँखों में होने वाले परिवर्तनों (लक्षणों) को जीरोप्थैलमिया कहते हैं

8) आई.सी.डी.एस. कार्यक्रम के लक्षित लाभार्थी .... आयु से कम आयु के .... हैं।

9) राष्ट्रीय पोषणज एनीमिया नियंत्रण कार्यक्रम के अंतर्गत गर्भवती महिलाओं को .... और .... की गोलियाँ दी जाती हैं।

10) मक्खन के खराब होने का लक्षण है उसमें से .... गंध का आना।

उत्तर (ख) **1)** A और C

2) 2.5 से 3 कि.ग्रा

3) वसा विलय–जल विलय

4) थायराइड, अनाज–मिलेट

5) थायराक्सिन

6) केसरी दाल

7) विटामिन ए

8) 6 वर्ष की–बच्चे

9) लौह तत्त्व–फोलिक अम्ल

10) विकृत गंध।

प्रश्न 2. क) स्वास्थ्य की परिभाषा दीजिए। स्वास्थ्य के चार आयामों की सूची बनाइए।

उत्तर – देखें प्रश्न–4, इकाई–1

ख) "अच्छे भोजन के बिना अच्छा स्वास्थ्य नहीं हो सकता।" इस कथन पर टिप्पणी कीजिए।

उत्तर – देखें प्रश्न–5, इकाई–1

ग) आहार में कार्बोजों के तीन महत्त्वपूर्ण कार्यों का संक्षेप में वर्णन कीजिए।

उत्तर – देखें प्रश्न–4, इकाई–2

प्रश्न 3. क) भोजन में विद्यमान स्थूल–पोषक तत्त्वों और सूक्ष्म–पोषक तत्त्वों के बीच अंतर बताइए। प्रत्येक स्थूल–पोषक तत्त्वों के एक–एक स्त्रोत भी बताइए।

उत्तर – जून 2007, प्रश्न.2

स्थूल पोषक तत्त्वों के स्रोतों का वर्णन निम्नलिखित है।

1) काबो ंज–चीनी, शक्कर

2) वसा–वनस्पति घी, सरसों का तेल, मूँगफली का तेल

3) प्रोटीन–दूध और दूध से बने पदार्थ

4) जल–चाय, कॉफी, फलों का रस

ख) निम्नलिखित आहारों का मूल्यांकन करिए और बताइए कि ये संतुलित है या नहीं। अपने उत्तर की पुष्टि के लिए कारण बताइए और इनमें सुधार लाने के लिए सुझाव दीजिए।

1) 'सत्तू' , रोटी और छाछ

2) चाय, मक्खन और जेम के साथ टोस्ट

3) खिचड़ी–दही–चटनी (धनिया–पुदीना की)

4) इडली (उरद दाल, चावल), साँभर, नारियल की चटनी

उत्तर. (ख) 1 'सत्तू'रोटी और छाछ–यह रोटी, अनाज से मिलाकर बनाई गई है। अनाज से ऊर्जा और छाछ से प्रोटीन मिलती है। परन्तु रोगों से बचाव में सहायक खाद्य पदार्थ शामिल करने के लिए सब्जी या फल रखा जा सकता है।

2) चाय, मक्खन और जेम के साथ टोस्ट–इस आहार से केवल ऊर्जा प्राप्त होगी और शायद कुछ अन्य पोषक तत्त्व बहुत कम मात्रा में, इसके साथ दूध और एक फल दिया जा सकता है।

3) खिचड़ी–दही–चटनी (धनिया–पुदीना की)–यह संतुलित आहार है क्योंकि इससे ऊर्जा (चावल), दाल और दही से प्रोटीन मिलती है। चटनी (धनिया–पुदीना की) से विटामिन और खनिज लवण प्राप्त होते है।

4) इडली (उरद दाल, चावल), साँभर, नारियल की चटनी–यह संतुलित आहार है।

ग) पोषक तत्त्वों की निर्धारित मात्रा और आवश्यकताओं के बीच अंतर बताइए।

उत्तर. ग)–पोषक तत्त्वों की निर्धारित मात्रा से अभिप्राय उस मात्रा से है जिससे शरीर में उस पोषक तत्त्व की आवश्यकता की पूर्ति हो सके। इस प्रकार निर्धारित मात्रा शरीर में पोषक तत्त्वों की ''आवश्यकता'' पर निर्भर करती है। किसी भी विशेष पोषक तत्त्व की आवश्यकता का अर्थ है वह न्यूनतम मात्रा जिससे शरीर में उस पोषक तत्त्व की कमी न हो।

निर्धारित मात्रा पोषक तत्त्वों की ''आवश्यकताओं'' पर आधारित है। वास्तव में आवश्यकता आंकड़ों में पोषक तत्त्वों की कुछ सुरक्षात्मक मात्रा (safety margin) जोड़कर ही पोषक तत्त्वों की निर्धारित मात्रा सुनिश्चित की जाती है। (चित्र 6.3) पोषक तत्त्वों की आवश्यकताओं में सुरक्षात्मक मात्रा क्यों जोड़ी जाती है। इसके निम्नलिखित कारण है :–

- विभिन्न व्यक्तियों की आवश्यकताओं में असमानता (individual variation)
- अपर्याप्त मात्रा में भोजन मिलने की अवधि
- आहार की प्रकृति, और
- पाक विधियों के कारण पोषक तत्त्वों की हानि।

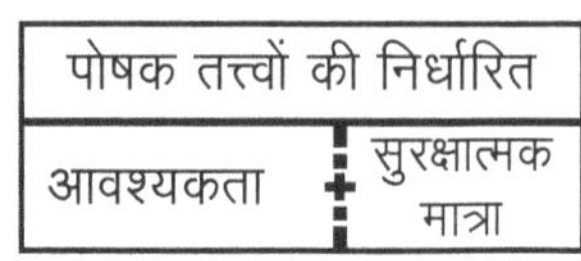

उदाहरण के लिए कुछ वयस्कों पर वैज्ञानिक प्रयोग करने से यह पाया गया कि प्रतिदिन 20 मि.ग्रा. विटामिन सी ग्रहण करने से शरीर में विटामिन सी की कमी नहीं हुई। उनके शरीर में विटामिन सी का संतोषजनक (उचित) स्तर बना रहा। इसके अतिरिक्त यह भी पाया गया कि 20 मि.ग्रा. विटामिन सी (प्रतिदिन) सभी व्यक्तियों के लिए पर्याप्त था, अर्थात् सभी के शरीर में इस मात्रा से विटामिन सी का स्तर संतोषजनक बना रहा। इसलिए इन आवश्यकता आँकड़ों में व्यक्तिगत असमानता के लिए कोई अतिरिक्त मात्रा नहीं रखी गई है। अतः हम 20 मि. ग्रा. को ''आवश्यकता आँकड़ा'' मान सकते है। पकाने से विटामिन सी बहुत आसानी से नष्ट हो जाता है। पकाने से इस विटामिन की क्षति औसतन 50 प्रतिशत होती है। इस क्षति पूर्ति के लिए आवश्यकता आंकड़े 920 मि.ग्रा.) में 20 मि.ग्रा. और जोड़ दिए जाते है। अतः विटामिन सी की निर्धारित मात्रा 40 मि.ग्रा. है।

प्रश्न 4. उपयुक्त उदाहरणों का प्रयोग करते हुए निम्नलिखित कथनों का औचित्य बताइए :

क) विविधता से आहारों के आकर्षण और संतुष्टि को सुनिश्चित करने में मदद मिलती है।

उत्तर – भोजन संबंधी पसंद–नापसंद : विभिन्न प्रकार के खाद्य पदार्थों द्वारा, उनके रंग, स्वाद, बनावट, आकार में भिन्नता से दैनिक भोजन में विविधता लाई जा सकती है। अलग–अलग पाक विधियों और खाद्य पदार्थों के सम्मिश्रण से बने व्यंजनों को बच्चे पसंद करते हैं।

बच्चों की पसंद–नापसंद का भी पर्याप्त ध्यान रखना चाहिए। बच्चे की नापसंद वाले खाद्य पदार्थ को इस रूप में देना चाहिए कि बच्चा उन्हें खुशी से स्वीकार कर ले। उदाहरण के लिए यदि कोई बच्चा सब्जी पसंद नहीं करता है तो उस सब्जी को उबाल कर व मसल कर, किसी अन्य खाद्य पदार्थ के साथ मिलाकर कटलेट आदि बना कर प्रयोग कर सकते हैं जिसे संभवतः बच्चा पसंद करे। इसी प्रकार, अगर बच्चे को दूध पसंद नहीं है तो दही, कस्टर्ड या पनीर के रूप में दूध दिया जा सकता है।

ख) आयु से कुछ पोषक तत्त्वों की आर.डी.आई. (पोषक तत्त्वों की निर्धारित मात्रा) प्रभावित होती है।

उत्तर – वयस्कों के लिए पोषक तत्त्वों की निर्धारित दैनिक मात्रा पर बढ़ती हुई आयु का प्रभावः वयस्क की आयु कुछ पोषक तत्त्वों की आवश्यकताओं को प्रभावित करती है। आयु के

साथ शारीरिक गतिविधियाँ तथा कार्य कम हो जाते हैं। अतः चयापचयी दर भी कम हो जाती है। इसके साथ ही शरीर की कार्यशीलता कम हो जाने से ऊर्जा की आवश्यकताएँ भी कम हो जाती हैं। तालिका के अध्ययन से मालूम होता है कि आयु बढ़ने के साथ–साथ ऊर्जा की आवश्यकता किस प्रकार कम होती है।

तालिका : 7.3 : आयु के साथ–साथ ऊर्जा की निर्धारित दैनिक मात्राओं में परिवर्तन

आयु (वर्ष)	ऊर्जा की निर्धारित दैनिक मात्रा का प्रतिशत
20–39	100
40–49	95
50–59	90
60–69	80
70–79	70

तालिका के आधार पर ऊर्जा की आवश्यकता का अनुमान लगाना सीखें। एक अल्पश्रम करने वाले वयस्क का उदाहरण लीजिए। कि इस पुरुष को 2425 कि. कैलोरी की आवश्यकता होती है। इसे 100 प्रतिशत ऊर्जा की निर्धारित दैनिक मात्रा मान सकते हैं। चालीस वर्ष की आयु में इस पुरुष को 95 प्रतिशत अर्थात् $\frac{95 \times 2425}{100} = 2304$ कि. कैलोरी की आवश्यकता होगी।

इसी प्रकार जब वह 60 वर्ष का होगा तो उसकी ऊर्जा की आवश्यकता और कम (80 प्रतिशत) अर्थात् $\frac{80 \times 2425}{100} = 1940$ कि. कैलोरी होगी। इस प्रकार किसी भी सक्रियता स्तर के पुरुष या स्त्री के लिए ऊर्जा का अनुमान लगाने के लिए इस गणना का प्रयोग किया जा सकता है। अतः यह स्पष्ट है कि आयु के बढ़ने के साथ ऊर्जा की आवश्यकता कम होती जाती है।

ग) स्तनपान न कराने की अवधि की तुलना में स्तनपान कराने के दौरान एक महिला को अतिरिक्त पोषक तत्त्वों की जरूरत पड़ती है।

उत्तर – देखें इकाई–8, प्रश्न–5

घ) फास्ट फूड संतुलित नहीं हो सकते अतः इन्हें किशोर लड़कों/लड़कियों के आहार से बिल्कुल हटा देना चाहिए।

उत्तर – यह सत्य है कि फास्ट फूड संतुलित आहार नहीं हो सकते है लेकिन वर्तमान समय की माँग को देखते हुए इस फास्ट को उनकी आहार पद्धति से हटाने के बजाय उन्हें फेर

बदलकर खाने योग्य बनाया जा सकता है।

भोजन के विषय में भी मित्रों और जान पहचान वालें लोगों की स्वीकृति एक किशोर के लिए बहुत महत्व रखती है। वह शीघ्र ही अपने मित्रों में प्रचलित आहार पद्धति को स्वीकार कर लेता है। ऐसे में वह अक्सर अनुपयोगी व्यंजन (Junk foods) जैसे आलू के चिप्स तथा जल्दी से तैयार हो जाने वाले व्यंजन (fast foods) जैसे नूडल्स, पिज़्ज़ा हैमबरगर्स आदि खाते हैं। शीघ्र तैयार होने वाले व्यंजन अधिकांशतः बहुत विस्तृत नहीं होते हैं तथा भोजन पकाने की सरल विधियों द्वारा पकाए जाते हैं। ये अधिकतर शहर के जलपान गृहों तथा पिज़्ज़ा दुकानों पर मिलते हैं। बाजार में बिकने वाले इन शीघ्र तैयार होने वाले व्यंजनों से ऊर्जा तो काफी मात्रा में मिलती है परन्तु इनसे विटामिन, खनिज लवण तथा रेशा पर्याप्त मात्रा में नहीं होता है। इन व्यंजनों की पौष्टिकता बढ़ाने के लिए इनमें आसानी से बदलाव लाया जा सकता है। उदाहरण के लिए मक्खन के सैंडविच के स्थान पर पनीर या मांस या अंडे, टमाटर या प्याज के मिश्रण का सैंडविच बनाया जा सकता है। पिज़्ज़ा को प्रायः अनुपयोगी व्यंजन माना जाता है किन्तु उसको अन्य पदार्थों के मिश्रण से पौष्टिक बनाया जा सकता है। पनीर तथा मिश्रित सब्जियों से सजा पिज़्ज़ा संतुलित होता है क्योंकि पिज़्ज़ा मैदा का बना होता है। इसी प्रकार जब बरगर्स, मांस या पनीर तथा मिश्रित सब्जियों के कटलेट बनाए जाते हैं तो वे केवल आलू के बने बरगर्स से अधिक संतुलित हो जाते हैं। अतः थोड़ा सा बदलाव लाकर सामान्य व रूचिकर अल्पाहार को अधिक पौष्टिक व संतुलित बनाया जा सकता है।

याद रखने योग्य बातें **किशोर**	
करें	**न करें**
1) ऊर्जा, प्रोटीन, लौह तत्त्व कैल्सियम के उत्तम स्रोत सम्मिलित करें	1) अति शीघ्र तैयार होने वाले खाद्य पदार्थ सम्मिलित न करें
2) परिष्कृत अनाज की अपेक्षा साबुत अनाज दें	2) अनुपयोगी व्यंजन (junk foods) परोसने से बचें
3) दूध, गहरी हरी पत्तेदार सब्जियाँ व फल इत्यादि सम्मिलित करें	3) किशोर को बहुत ज्यादा संसाधित भोजन न खाने दें
4) यदि संभव हो तो दिन में 5–6 बार भोजन करें	4) वजन कम करने वाले अथवा मांसपेशियों को उन्नत करने वाले अजीबो–गरीब भोजन पद्धति नहीं अपनानी चाहिए। यह भोजन अक्सर बेकार व कभी–कभी खतरनाक हो सकता है।

5) सुबह के नाश्ते और दोपहर के खाने के बीच में, व चाय के समय ऐसे अल्पाहार दें जिनसे ऊर्जा, प्रोटीन, कैल्सियम तथा/या लौह तत्त्वों की दैनिक प्रस्तावित मात्रा का 1/4–1/5 भाग प्राप्त हो	**5)** वसा व शर्करा से भरपूर भोजन न दें
6) गर्भवती किशोरी को अधिक ऊर्जा व प्रोटीन देने वाले विटामिन व खनिज युक्त भोजन दें	**6)** शराब व नशीली दवाओं का सेवन न करने दें विशेष रूप से यदि किशोरी गर्भवती हो।

प्रश्न 5. क) उपभोक्ता संरक्षण के लिए खाद्य कानून (नियम) क्यों अनिवार्य हैं? खाद्य कानूनों के प्रमुख उद्देश्यों की जानकारी दीजिए।

उत्तर – देखें इकाई–16, प्रश्न–4

ख) निम्नलिखित प्रत्येक के लिए किन्हीं दो–दो सरल परीक्षणों का वर्णन कीजिए जिनसे आप इनमें अपमिश्रण की जाँच कर सकते हैं :

1) **मसाले** 2) **दूध**

उत्तर – देखें इकाई–16, प्रश्न–2

ग) हमारे आहार में संतृप्त और असंतृप्त वसीय अम्लों के महत्त्व को सूचीबद्ध कीजिए।

उत्तर – देखें इकाई–3, प्रश्न–5

घ) वे तीन महत्त्वपूर्ण कारक क्या हैं जो हमारे खाद्य व्यय में कमी लाने में हमारी मदद कर सकते हैं? उपयुक्त उदाहरणों द्वारा समझाइए।

उत्तर – देखें इकाई–11, प्रश्न–3

प्रश्न 6. (क) आयोडीन की कमी से होने वाले नैदानिक लक्षणों की सूची बनाइए। भारत में आयोडीन हीनता नियंत्रण कार्यक्रम का वर्णन कीजिए।

उत्तर – देखें इकाई–18, प्रश्न–1

(ख) हृदय धमनी रोग की आहार व्यवस्था का वर्णन कीजिए।

उत्तर – देखें इकाई–21, प्रश्न–4

प्रश्न 7. क) किसी उद्यम की संभाव्यता का निर्धारण करने में लाभ और हानि की गणना से कैसे मदद मिलती है?

उत्तर – दिसम्बर 2008, प्रश्न. 4 (ख)

ख) साप्ताहिक व्यंजन सूची (चक्रीय मेन्यू) की जानकारी दीजिए। भोजन बनाने में साप्ताहिक व्यंजन सूची के प्रयोग करने से होने वाले लाभों की सूची बनाइए।

उत्तर – देखें इकाई–27, प्रश्न–4

साप्ताहिक व्यंजन सूची अपनाने के कारण सुमन को अपनी खरीदारी की योजना पहले से ही बना पाने में सहायता मिली। पिछली और आगे आने वाली व्यंजन सूची का विश्लेषण करके वह दैनिक आहार में विभिन्नता ला सकी। चूंकि विभिन्न व्यंजन एक अंतराल के बाद फिर बनाए जाते थे, अतः व्यंजन सूची प्रमाणिकीकृत करने में ये काफी सहायक सिद्ध हुए। इसके साथ ही साप्ताहिक व्यंजन सूची अपनाने के कारण सुमन व्यंजनों की पूर्व–योजना तथा व्यंजन बनाने का प्रबंध अधिक अच्छे तरीके से कर सकी। उसने अपने कार्यकर्ताओं का भी अधिक बेहतर ढंग से उपयोग किया।

साप्ताहिक व्यंजन सूची के निम्नलिखित लाभ है :

1) यह कच्ची खाद्य सामग्री की खरीदारी की पूर्व–योजना बनाने में सहायक होता है।

2) इससे आहार में विभिन्नता आती है।

3) कार्य को बांटने में सहायक है।

4) रसोईघर के कार्य की सरल क्रमबद्ध व्यवस्था करना।

ग) परिवार की आय बढ़ाने के लिए कमला नामक गृहणी एक गृह–आधारित डिब्बाबंद लंच (पैक्ड लंच) संस्था खोलने की योजना बना रही है।

1) खाद्य पदार्थों के उपयुक्त प्रयोग के लिए उसे कौन सी भंडारण प्रणाली अपनानी चाहिए ?

उत्तर – खाद्य पदार्थों के उपयुक्त प्रयोग के लिए निम्नलिखित भंडारण प्रणाली अपनानी चाहिए।

1) क्वालिटी में गिरावट तथा चोरी से बचने के लिए सभी पदार्थों की जाँच के बाद ठीक प्रकार से संग्रहण करना चाहिए। जो पदार्थ कमरे के ताप पर ही रखे जा सकते हैं उन्हें अलग कर लेना चाहिए तथा शीघ्र खराब होने वाले पदार्थों का अगर तुरंत उपयोग किया जाना हो तो उन्हें तुरंत ही उसी के अनुकूल ताप पर रख देना चाहिए। अनाज, दालें, मसाले तथा बोतलों और पैकटों में आने वाले खाद्य पदार्थों को कमरे के ताप पर ही सुरक्षित रखा जा सकता है। उचित तरीके से स्वच्छ बर्तनों में संग्रहण करने से सभी तरह की सामग्री की क्वालिटी बनी रहती है।

2) भंडार गृह हवादार होना चाहिए जिससे हवा का आवागमन आसानी से होता रहे तथा भंडार गृह में सीलन न हो।

3) भंडार गृह में रैकों की व्यवस्था के साथ–साथ तथा संग्रहण के लिए ऐसे हवाबंद डिब्बे उपलब्ध होने चाहिए जिनमें हवा प्रवेश न कर सकें।

4) भंडार गृह की व्यवस्था क्रमबद्ध होनी चाहिए जिनसे प्रत्येक वस्तु यथा स्थान होनी चाहिए। इससे संग्रहण स्थान का अधिकतम उपयोग होता है तथा पदार्थों को ढूँढने में भी आसानी रहती है।

5) सामग्री को रखते समय पहले–खरीद–पहले–उपयोग के नियम को अपनाना चाहिए। पहले खरीदी गई सामग्री को रैक में आगे रखना चाहिए जिससे उनका उपयोग पहले हो सके। खरीदारी करने का सही समय वह है जबकि पहले खरीदी गई सामग्री समाप्त हो गई हों

6) जो पदार्थ कागज के पैकेटों तथा बंद पैकिंग (sachets) में आते हैं, उन्हें खोलन के बाद ऐसे डिब्बों में डाल देना चाहिए जिनमें वायु प्रवेश न कर सकें तथा जिससे उनकी क्वालिटी बनी रहे। प्रत्येक डिब्बे पर उचित लेबल लगाना चाहिए। इससे सामग्री को ढूँढने में समय व्यर्थ नहीं होता है।

7) अच्छा हो अगर भंडार गृह में ताला लगाकर रखा जाए तथा केवल सामग्री निकालने के समय ताला खोला जाना चाहिए जिससे सामान की चोरी न हो सके।

8) भंडार गृह को स्वच्छ रखना चाहिए तथा चूहों, कीड़ों और नाशक कीटों से बचाकर रखना चाहिए।

2) संस्था चलाते समय उसे कौन–कौन से रिकार्ड रखने होंगे?

उत्तर – एक छोटी भोजन परिवेषण संस्था में रखे जा सकने वाले विभिन्न रिकाडों का वर्णन निम्नलिखित है :–

1) **आपूर्तिकर्त्ताओं की निर्देशिका** : इस निर्देशिका में आपूर्तिकर्त्ताओं की सूची, उनके नाम, पते, टेलीफोन नंबर व स्वीकृत शर्तें दिए जाते हैं।

2) **खरीद आदेश** : इसमें उनके विशेष विवरण तथा स्वीकृति मूल्यों के साथ खरीदी जाने वाली वस्तुओं की सूची दी जाती थी।

3) **बीजक/रसीद** : इसमें आपूर्तिकर्त्ताओं द्वारा वस्तुओं की सूची उनके मूल्यों के साथ दी जाती थी।

4) **स्टॉक रजिस्टर** : यह एक रजिस्टर होता है, जिसमें प्रत्येक वस्तु का रिकार्ड, उसका मूल्य, मात्रा, आपूर्ति का स्रोत, स्टोर में उपलब्ध मात्रा तथा जारी की गई मात्रा का रिकार्ड रखा जाता है।

5) **माँग पर्ची या माँग पत्र** : माँग पत्र एक आदेश फार्म है जो स्टोर प्रभारी (इंचार्ज) को उस व्यक्ति द्वारा दिया जाता है। जिसे स्टोर से कोई चीज जारी करानी होती हैं

6) **व्यंजन सूची पुस्तिका** : इस पुस्तिका में एक दिन की व्यंजन सूची का रिकार्ड, व्यंजन सूची में दिए गए प्रत्येक व्यंजन को बनाने की निर्धारित विधि तथा एक दिन में बने व्यंजनों को परोसने की कुल संख्या नोट की जाती हैं

7) **भोजन लागत का रिकार्ड** : इसमें व्यंजन सूची में सम्मिलित प्रत्येक व्यंजन की लागत का रिकार्ड रखा जाता है।

8) **बिक्री रिकार्ड** : बिक्री रिकार्ड से होने वाली मासिक तथा वार्षिक आय का पता चलता है।

9) **श्रम लागत रिकार्ड** : काम करने वालों पर उनके पारिश्रमिक तथा अन्य सुविधाओं के रूप

में किए गए व्यय का रिकार्ड।

10) ऊपरी खर्चे तथा रख–रखाव रिकार्ड : ऊपरी खर्चों तथा रख–रखाव पर व्यय किए गए धन का रिकार्ड रखना।

प्रश्न 8. निम्नलिखित में से किन्हीं चार पर संक्षिप्त टिप्पणियाँ लिखिए:

1) आई.सी.डी.एस. कार्यक्रम के घटक

उत्तर – आई.सी.डी.एस. कार्यक्रम के घटक–आई.सी.डी.एस. के प्रमुख घटकों में पूरक पोषण, टीकाकरण, नियमित रूप से स्वास्थ्य जाँच, वृद्धि–अनुवीक्षण, अनौपचारिक शालापूर्व शिक्षा, महिलाओं के स्वास्थ्य तथा पोषण संबंधी शिक्षा तथा स्वच्छ पेयजल विशेष रूप से उल्लेखनीय हैं। आँगनवाड़ी एक सेवा प्रदान करने वाला ऐसा केन्द्र है जहाँ इन सारी सेवाओं को प्रदान किया जाता है।

2) किसी परिवार के बजट को प्रभावित करने वाले कारक

उत्तर – जून 2008, प्रश्न.5 (ख)

3) विटामिन ए की कमी का उपचार

उत्तर – देखें इकाई–17, प्रश्न–5

4) हमारे शरीर में जल की भूमिका

उत्तर – देखें इकाई–2, प्रश्न–5

5) खाद्य पदार्थों का पौष्टिक मान बढ़ाने की विधियाँ

उत्तर – दिसम्बर 2008, प्रश्न.8 (1)

जहाँ बुद्धि प्रयोग करने की आवश्यकता है, वहाँ बल प्रयोग करने से कोई लाभ नहीं होता।

ए.एन.सी.–1 : समुदाय के लिए पोषण
जून, 2008

नोट: कुल पाँच प्रश्नों के उत्तर दीजिए। अनिवार्य है। सभी प्रश्नों के अंक समान है।

प्रश्न 1. (क) निम्नलिखित प्रत्येक को 2–3 वाक्यों में परिभाषित कीजिए।

1) पोषण

2) पोषक तत्त्वों की प्रस्तावित दैनिक मात्रा

3) फोरटिफिकेशन

4) जिह्वाशोथ

5) वाउचर

उत्तर. 1 (क) 1 पोषण–भोजन और शरीर द्वारा उसके उपयोग के वैज्ञानिक अध्ययन को पोषण कहा जाता है।

2) **पोषक तत्त्वों की प्रस्तावित दैनिक मात्रा**–पोषक तत्त्वों की प्रस्तावित दैनिक मात्रा से अभिप्राय उस मात्रा से है जिससे शरीर में उस पोषक तत्त्व की आवश्यकता की पूर्ति हो सके।

3) **फोरटिफिकेशन**–यह एक ऐसी प्रक्रिया है जिसमें किसी विशेष खाद्य में कुछ अतिरिक्त पोषक तत्त्व मिलाए जाते हैं।

4) **जिह्वाशोथ**–यह महिलाओं में विशेषकर गर्भावस्था के दौरान, आमतौर पर देखा गया है। इसमें जीभ और लाल हो जाती है। गर्म और ज्यादा मसालेदार भोजन खाने पर जीभ में जलन होती है। इसका प्रभाव सबसे पहले जीभ के अनुभाग पर पड़ता है। अत्यधिक कमी होने पर जीभ कट भी सकती है।

5) **वाउचर**–व्यापारी तथा अन्य व्यक्ति के बीच हुए व्यापार या अदला–बदली के प्रमाण का लिखित दस्तावेज।

ख) रिक्त स्थान भरिए :

1) गर्भावस्था के दौरान शरीर का .... से कम वज़न खतरे का कारक है।

2) खाद्य पदार्थों की अधिक मात्रा में खरीदारी .... बाजार से और दैनिक खरीदारी .... बाजार से करनी चाहिए।

3) .... से .... आयु के बच्चों में विटामिन ए की कमी की संभावना रहती है।

4) आयु के अनुरूप कम भार होना .... कुपोषण का सूचक है।

5) सुवास वाला कार्बोनेटिड पानी .... कहलाता है।

6) छः माह की आयु में बच्चे को .... खाद्य पदार्थ दिए जाने चाहिए।

7) शालापूर्व बच्चे की कैल्सियम की दैनिक आवश्यकता .... होती है।

8) रेशा शब्द .... कार्बोज के लिए प्रयुक्त होता हैं

9) सभी वसा व तेल ग्लिसरॉल और .... के बने होते हैं।

10) रागी में .... प्रचुर मात्रा में होता है।

उत्तर : (ख) 1) 42कि.ग्रा

2) सहकारी भंडार–थोक

3) 1–5

4) अल्पकालिक

5) सोडा

6) पूरक आहार

7) 500 मि.ग्रा.

8) अनुपलब्ध

9) वसा अम्ल

10) कैल्सियम।

प्रश्न 2. क) रक्त निर्माण में महत्त्वपूर्ण भूमिका निभाने वाले खनिज लवण और विटामिनों को सूचीबद्ध कीजिए। इस सूची के प्रत्येक पोषक तत्त्व का एक उत्तम खाद्य स्रोत भी बताइए।

उत्तर – देखें इकाई–5, प्रश्न–1

ख) निम्नलिखित के कारण बताइए :

1) ऐस्कॉर्बिक अम्ल को ''फ्रेश फूड विटामिन'' कहा जाता है।

उत्तर – देखें इकाई–4, प्रश्न–5

2) शारीरिक कार्य करने के लिए लौह तत्त्व बहुत ही महत्त्वपूर्ण है।

उत्तर – मांसपेशियों में लौह तत्त्व मायोग्लोबिन के रूप में पाया जाता है। मायोग्लोबिन में ऑक्सीजन को इकट्ठा करने की क्षमता होती है। इस ऑक्सीजन का उपयोग मांसपेशियों के संकुचन तथा उनकी अन्य आवश्यकताओं की पूर्ति के लिए होता है।

3) खाद्य–पदार्थों को कार्यों के आधार पर वर्गीकृत किया जा सकता है।

उत्तर – जून 2007, प्रश्न.3 (ख)

4) वनस्पतिजन्य और पादपजन्य खाद्य पदार्थों के मिले–जुले प्रयोग से प्रोटीन की गुणवत्ता बेहतर हो जाती है।

उत्तर – प्रोटीन पशुजन्य तथा पादपजन्य दोनों ही पदार्थों से मिलता है। किन्तु पशुओं से प्राप्त खाद्य पदार्थों में प्रोटीन उच्च कोटि का होता है क्योंकि उनमें सभी अनिवार्य एमीनो ऐसिड उचित मात्रा तथा अनुपात में होते है।

प्रश्न3. क) आहार–सर्वेक्षण का उद्देश्य बताइए। '24 घंटे के आहार का स्मरण' विधि से आप एक गृहणी से आहार–सम्बन्धी आँकड़े कैसे एकत्रित कर सकते हैं?

उत्तर – देखें इकाई–25, प्रश्न–3

ख) मध्याह्न भोजन कार्यक्रम की संकल्पना, प्रासंगिकता, उद्देश्यों और घटकों का संक्षेप में वर्णन कीजिए।

उत्तर – देखें इकाई–24, प्रश्न–2

प्रश्न 4. क) 'भारतीय संदर्भ पुरूष' की परिभाषा बताइए। वृद्धावस्था से जुड़े शारीरिक परिवर्तनों की संक्षेप में जानकारी दीजिए।

उत्तर – देखें इकाई–7, प्रश्न–4

ख) दादी/नानी के लिए आहार की योजना बनाते समय आप किन तीन आहार–संबंधी बातों को ध्यान में रखेंगे? सुझाव दीजिए।

उत्तर – दादी नानी के लिए आहार संबंधी ध्यान देने योग्य विशिष्ट बातें का वर्णन निम्नलिखित है : –

1) वृद्धावस्था में प्रायः दाँत हिलने लगते हैं जिससे भोजन का चबाना कठिन हो जाता है। इसके लिए भोजन की संरचना तथा भोजन को पकाने की विधियों में बदलाव की सलाह दी जाती है। केवल नरम, पूरी तरह पकाए हुए, मसले हुए तथा बारीक कटे हुए खाद्य पदार्थों को आहार में सम्मिलित करना चाहिए। छिलके व बीज वाले सख्त खाद्य पदार्थों का प्रयोग न ही करें तो अच्छा है।

2) वृद्धावस्था में स्वाद के प्रति संवेदना भी कम हो जाती है, परिणामस्वरूप खाने का मजा जाता रहता है। इसलिए इस बात की सलाह दी जाती है कि विभिन्न रंगों वाले खाद्य पदार्थों का सम्मिश्रण करके वृद्धों के भोजन को अधिक आकर्षक व पसंदीदा बनाना चाहिए। बहुत तीव्र सुवास या उसके विपरीत फीके व बेस्वाद खाद्य पदार्थ नहीं देने चाहिए।

3) वृद्धों के आहार में फलों/सब्जियों को सम्मिलित करने की तरफ विशेष ध्यान देना चाहिए क्योंकि वृद्धों के भोजन में रोगों से बचाव व शरीर की क्रियाओं को सुचारू रूप से चलाने में

सहायक इन खाद्य पदार्थों को या तो अधिकतर नजर अंदाज किया जाता है या सम्मिलित ही नहीं किया जाता है।

4) अधिकांश वृद्ध व्यक्तियों को भारीपन या पेट भरा रहने की शिकायत रहती है। अतः इन परिस्थितियों में एक बार में खाए जाने वाले भोजन की कुल मात्रा कम कर देनी चाहिए। अपेक्षाकृत कम मात्रा में किन्तु थोड़े–थोड़े अंतराल में भोजन देना चाहिए, जिससे पाचन की प्रक्रिया ठीक प्रकार से हो सके। तले हुए या अधिक घी वाले या सांद्र पदार्थ जैसे मिठाई के सेवन को कम कर देना चाहिए।

5) वृद्धावस्था में कब्ज की शिकायत बहुत आम बात है। इससे बचने के लिए आहार में अधिक मात्रा में रेशे वाले पदार्थों तथा तरल पदार्थों को सम्मिलित करना चाहिए।

ग) निम्नलिखित के लिए आहार की योजना बनाते समय आहार–सम्बन्धी ध्यान रखने योग्य विशिष्ट बातों की जानकारी दीजिए।

1) गर्भवती महिला 2) शालापूर्व बच्चा 3) किशोर

उत्तर – (1) एक स्वस्थ गर्भवती स्त्री ही स्वस्थ बच्चा राष्ट्र को सुपुर्द कर सकती है। इसके लिए स्वाभाविक है कि गर्भवती स्त्री को आहार नियोजित ढंग से लेना चाहिए। अतः उनके लिए आहार नियोजन काफी महत्त्व रखता है, क्योंकि उचित और संतुलित आहार ही गर्भवती महिला को स्वस्थ बच्चा देने में सहायक सिद्ध होता है।

गर्भवती महिला के लिए आहार नियोजन करते समय निम्नलिखित बातों पर अवश्य ध्यान देना चाहिए :–

1) गर्भवती स्त्री के आहार में अनाज, दूध और दूध से बने पदार्थ, दालें, गिरीदार फल, अंकुरित दालें तथा हरी पत्तेदार सब्जियाँ अधिक मात्रा में सम्मिलित करने चाहिए।

2) गर्भवती महिला के लिए आहार नियोजन करते समय हमें इस बात का पूरा ध्यान रखना चाहिए कि उनके आहार में ऐसे पोषक तत्त्वों का समावेश हो जिससे कि स्त्री के वजन में कम से कम 8–10 किलोग्राम की बढ़ोत्तरी हो सके।

3) आहार नियोजन करते समय इस बात का भी पूरा ध्यान रखना चाहिए कि गर्भवती महिला को फोलिक अम्ल की मात्रा शरीर में मिलनी चाहिए। इसके लिए महिला को फोलिक अम्ल की गोलियाँ लेनी चाहिए।

4) गर्भवती महिला को तीखे, मसालेदार, तले हुए तथा अधिक वसा युक्त पदार्थ अपने आहार में नहीं लेने चाहिए तथा खाना बनाने के लिए आयोडीन युक्त नमक का प्रयोग करना चाहिए।

5) इस अवस्था में इस बात का पूरा ख्याल रखना चाहिए कि आहार की संख्या ज्यादा हो अर्थात् थोड़ी–थोड़ी देर पर आहार लेना चाहिए। परन्तु याद रहे कि आहार अल्प हो और उसकी संख्या ज्यादा हो। सामान्यतः यदि गर्भवती स्त्री इससे पूर्व 5 बार आहार लेती हो तो

इस अवस्था में 8–9 बार ले, परन्तु आहार काफी अल्प होना चाहिए।

6) कब्ज से बचने के लिए आहार में रेशेदार पदार्थ तथा पर्याप्त मात्रा में जल लेना चाहिए।

7) सुबह की तकलीफ तथा परेशानी से बचने के लिए गर्भवती स्त्री को कार्बोजयुक्त पदार्थ जैसे बिस्किट, रस्क आदि चाय या दूध के साथ लेने चाहिए।

8) गर्भवती स्त्री को स्त्री रोग विशेषज्ञ की सलाह से हल्के व्यायाम करते रहना चाहिए।

9) इस अवस्था में महिला को आहार लेने के उपरांत विश्राम भी पर्याप्त मात्रा में करना चाहिए।

10) इन सब बातों के अतिरिक्त गर्भवती महिला को दिन भर में तरल पदार्थों जैसे सूप, जूस आदि का भी प्रयोग करना चाहिए।

(2) देखें इकाई–9, प्रश्न–1

(3) देखें इकाई–10, प्रश्न–1

प्रश्न 5 क) निम्नलिखित खाद्य पदार्थों का चयन जिन आधारों पर किया जा सकता है, उनकी सूची बनाई।

1) फल व सब्जियाँ **2) अनाज और मोटे अनाज**

उत्तर – देखें इकाई–12, प्रश्न–1

ख) परिवार के खाद्य बजट को प्रभावित करने वाले कारकों के बारे में बताइए। उचित उदाहरण देते हुए उत्तर को स्पष्ट कीजिए।

उत्तर – देखें इकाई–11, प्रश्न–1

ग) 'खाद्य पदार्थ की मिलावट' को स्पष्ट कीजिए। आप यह कैसे सुनिश्चित कर सकते हैं कि खाद्य पदार्थ में मिलावट नहीं है?

उत्तर – देखें इकाई–16, प्रश्न–1

घ) निम्नलिखित की सुरक्षा सुनिश्चित करने वाले भारतीय कानून का नाम बताइए:

1) विनिर्मित फल उत्पाद **2) माँस व माँस उत्पाद**

उत्तर – देखें इकाई–16, प्रश्न–3

प्रश्न 6. क) निम्नलिखित के नैदानिक लक्षण बताइए :

1) बेरी–बेरी **2) रिकेट्स** **3) पी.ई.एम.**

उत्तर – देखें इकाई–19, प्रश्न–1

ख) संक्रमण और कुपोषण की पारस्परिक क्रिया की चर्चा कीजिए।

उत्तर – देखें इकाई–20, प्रश्न–1

ग) 'मोटापे' से क्या अभिप्राय है? मोटापे के खतरे के कारकों की व्याख्या कीजिए।

उत्तर – देखें इकाई–21, प्रश्न–2

प्रश्न 7. निम्नलिखित को 2–3 पंक्तियों में परिभाषित कीजिए।

1) वृद्धि अनुवीक्षण 2) वृद्धि अवरोधन 3) वृद्धि चार्ट

उत्तर – 1) दिसम्बर 2008, प्रश्न. 8(2)

2) वृद्धि अवरोधन – वृद्धि न होना अथवा वृद्धि का रूक जाना। इससे अधिकतर बच्चे का वजन कम हो जाता है। बच्चे का भार अपनी आयु के सामान्य बच्चे की तुलना में 50 प्रतिशत या इससे कम हो जाता है।

3) वृद्धि चार्ट–यह एक ग्राफ है, जिस पर आयु के अनुरूप भार अंकित किया जाता है, जिससे वृद्धि को ग्राफ पर समझा जा सके।

ख) पोषण शिक्षा से क्या तात्पर्य है? स्वास्थ्य केन्द्र में चलाए जा रहे 'वैल बेबी क्लिनिक' में आने वाली माताओं के लिए ''शिशुओं के आहार'' पर पोषण शिक्षा कार्यक्रम की योजना आप कैसे बनाएँगे?

उत्तर – पोषण शिक्षा–पोषण शिक्षा व्यवहार में सुधार लाकर पोषक स्तर को सुधारने का एक सुनियोजित प्रयास है।

चरण 1 – एक पोषण शिक्षा कार्यक्रम जिसमें माताओं को शिशुओं के आहार पर पोषण शिक्षा प्रदान करनी है। सामान्यतः जन्म से एक वर्ष तक का बच्चा शिशु कहलाता है अतः हमें एक वर्ष तक के शिशु के लिए आहार योजना बनानी है।

चरण 2 – आहार नियोजन किसके लिए किया जा रहा है

(1) शिशु शैशवकाल की कौन सी अवस्था में है।

0–4 माह, 4–6 माह, 6–8 माह या 9–12 माह?

(2) उस विशिष्ट आयु में शिशु का संभावित शरीर भार कितना होना चाहिए ?

(3) शिशु का परिवार किस आय वर्ग से संबंधित है।

(4) शिशु किस क्षेत्र का है।

चरण 3 – शिशु के लिये कौन से पोषक तत्त्व विशेष तौर पर महत्वपूर्ण है, शैशवकाल में निम्न पोषक तत्त्वों की आवश्यकता काफी अधिक होती है।

(1) ऊर्जा प्रदान करने वाले पोषक तत्त्व (कार्बोज तथा वसा)

(2) प्रोटीन **(3)** कैल्सियम **(4)** लौह तत्त्व **(5)** विटामिन–ए **(6)** विटामिन–सी

चरण 4 – किन खाद्य पदार्थों का चयन करें?

जन्म के कुछ महीनों के बाद तक, केवल माँ का दूध ही शिशु के लिए आवश्यक लगभग सभी तत्त्व प्रदान करता है। परन्तु उसके बाद माँ के दूध के अतिरिक्त पूरक आहार भी शिशु को देने चाहिए।

चरण 5 – किस प्रकार के पूरक आहार शिशु को देने चाहिए?

सामान्यतः शिशु की आयु के अनुसार, पूरक आहार की बनावट, तरलता निम्न प्रकार से बदली जा सकती है।

(क) 4–6 महीने में तरल पूरक आहार जैसे फलों का रस, सूप या दूध के पूरक (पशुओं का दूध) दिए जा सकते है। मौसम के फलों जैसे संतरा, मौसमी तथा अंगूर के रस कुछ सुरक्षात्मक पोषक तत्त्व (जैसे विटामिन–सी) प्रदान करते है जो कि माँ के दूध में पर्याप्त मात्रा में नहीं होते है।

(ख) 6–8 महीने में अर्धठोस से ठोस पूरक आहार–भली भाँति पकाए हुए तथा मसले हुए। पहला ठोस पूरक आहार जो लगभग 5–6 महीने के करीब दिया जाता है सामान्यतः उस समुदाय विशेष में खाए जाने वाले मुख्य खाद्यान से बना पतला तरल दलिया होता है। ये दलिया, किसी भी अनाज जैसे गेहूँ, चावल, सूजी आदि में दूध व चीनी मिलाकर बनाया जा सकता है, इस तरह के व्यंजन को मूल मिश्रण कहते है। 6 माह के बाद शिशु को अच्छी तरह पकाए हुए तथा मसले हुए स्टार्च–युक्त फल व सब्जियाँ भी दी जा सकती है। जड़ व मूलकंद जैसे, आलू, शकरकंदी, सब्जियों में गाजर, हरी पत्तेदार सब्जियाँ मसलकर बच्चे को दी जा सकती है। यह अति आवश्यक है कि इन सब्जियों को कम से कम पानी में मुलायम होने तक उबाल लें फिर उनको भली प्रकार मसल कर के बच्चों को दें। मसली हुई सब्जियों को उसी प्रकार या फिर थोड़ा सा नमक या घी/मक्खन मिलाकर भी दिया जा सकता है जिससे ऊर्जा प्राप्त हो सके।

(ग) 8–12 महीने में ठोस पूरक आहार– आठ महीने के आसपास बच्चे के दाँत निकलने शुरू हो जाते है। अब टुकड़े किए हुए तथा गाढ़े खाद्य पदार्थों को देने का उचित समय है। उदाहरण के लिए आलू व गाजर जैसी सब्जियाँ उबालकर, छोटे–छोटे टुकड़ों में काटकर देनी चाहिए। माँस तथा मछली को उबालकर बिना मसले ऐसे ही छोटे टुकड़ों में शिशु को देना चाहिए। जब बच्चे के दाँत निकल रहे हों तब उनको अधिक कुरमुरे खाद्य पदार्थ जैसे बिस्कुट, टोस्ट, रस्क या कच्ची गाजर का टुकड़ा या फल का टुकड़ा (बीज व छिलका उतारकर) देना लाभदायक होगा ऐसी अवस्था में बच्चे को रोटी के छोटे–छोटे टुकड़े करके भी दिये जा सकते है क्योंकि ये खाद्य पदार्थ चबाए जाते है और चबाना शिशु के लिए अच्छा है। ये खाद्य पदार्थ दाँत निकलने में सहायता करते है तथा इससे मसूड़ो का व्यायाम भी होता है। फल तथा सब्जियों के अतिरिक्त गाढ़ा दलिया भी शिशुओं को दिया जा सकता है। जब मुख्य खाद्यान्न अर्थात् अनाज में अन्य बहुत से खाद्य पदार्थ (प्रोटीन स्रोत, विटामिन, खनिज लवण स्रोत) मिला दिए जाते है तो ये बहुमिश्रण कहलाता है।

चरण 6 – सलाह–परिणामस्वरूप सभी माताओं को यह सलाह और परामर्श दिया जाता है

कि अपने शिशु के लिए आहार नियोजन करते समय इन सभी तथ्यों को अपनी आहार योजना में शामिल करे क्योंकि यह योजना, सिर्फ शिशु की आवश्यकताओं और उसके सम्पूर्ण विकास के लिए बनाई गई है तो इन्हें आहार में शामिल करना आवश्यक है।

इन सभी चरणों को ध्यान में रखते हुए माताओं को इनकी जानकारी देनी चाहिए जो माताएँ पढ़ी लिखी हो उन्हें समझाने के लिए आप इन सभी चरणों को प्रत्यक्ष रूप में दिखाकर समझा सकती है और जो माताएँ ग्रामीण है अनपढ़ पढ़ी लिखी नहीं है उन्हें चित्रों द्वारा और आम बोलचाल के माध्यम से या किसी अविकसित शिशु का उदाहरण देकर समझा सकती है।

ग) निम्नलिखित के बारे में बताइए :

1) प्रमाणीकृत विधि

2) लाभ व हानि विवरण

3) साप्ताहिक व्यंजन सूची

उत्तर – 1) देखें इकाई–27, प्रश्न–4

2) दिसम्बर 2008, प्रश्न.4 (ख),

3) देखें इकाई–27, प्रश्न–4

प्रश्न 8. निम्नलिखित में से किन्हीं चार पर संक्षिप्त टिप्पणियाँ लिखिए:

1) मातृक पोषणस्तर और शिशुओं का जन्म के समय वजन

2) आयोडीन हीनताजन्य रोग निरोधक कार्यक्रम

3) मधुमेह में आहार व्यवस्था

4) खाद्य परिरक्षण के सिद्धांत

5) पोषण के सामाजिक, मनोवैज्ञानिक और आर्थिक पहलू

उत्तर –1) गर्भावस्था के दौरान माँ का वजन बढ़ने से माँ के पोषण स्तर के साथ–साथ भ्रूण के विकास का भी पता चलता है। वास्तव में गर्भावस्था के दौरान किसी महिला का वजन कितना बढ़ता है यह उसके पोषण स्तर पर निर्भर है। सामान्यता गर्भावस्था में, भ्रूण का वजन, प्रजननीय अंगो अर्थात् गर्भाशय और प्लेसेन्टा (placenta) का वजन, रक्त की मात्रा, कोशिका बाह्य द्रव्यों तथा वसा में वृद्धि के कारण वजन बढ़ता है। गर्भावस्था के दौरान अच्छी तरह भोजन लेने वाली महिला का वजन 10–12 किलो तक बढ़ता है अर्थात् गर्भवती न होने की अवस्था में उसका जो वजन था उसमें 10–12 किलो तक वृद्धि होती है। तथापि भारत में अल्प पोषण के कारण अधिकांश गर्भवती महिलाओं का वजन केवल 6.5 किलो तक ही बढ़ता है। बहुत कम वजन बढ़ना माँ के स्वास्थ्य के लिए भी हानिकारक है। इसके अतिरिक्त इससे जन्म के समय बच्चे का वजन भी कम होता है। बच्चे के स्वास्थ्य पर माता का पोषण स्तर के कारण खतरनाक प्रभाव पर अधिक बल दिया गया है। अपर्याप्त आहार, अधिक श्रम तथा गर्भावस्था के दौरान उचित स्वास्थ्य देखभाल की कमी इस

परिस्थिति के लिए मुख्य रूप से उत्तरदायी है।

बचपन में पोषण स्तर के अनुसार	गर्भपात (%)	जन्म के समय औसत वजन (कि.ग्रा)	जन्म के समय 2.5 कि.ग्रा से कम वजन	शैशवावस्था में मृत्यु (%)
गंभीर कुपोषण	11.8	2.41	52.9	11.8
मध्यम कुपोषण	8.9	2.57	42.2	8.9
मंद कुपोषण	8.2	2.55	37.1	3.3
सामान्य	3.3	2.62	38.3	6

शिशु–जन्म से एक वर्ष तक का बच्चा शिशु कहलाता है। जीवन का प्रथम वर्ष तीव्र वृद्धि तथा विकास की अवधि है। वृद्धि का अर्थ है शरीर के आकार में वृद्धि। जन्म के समय शिशु का भार लगभग 2.5 से 3 किलो होता है तथा लंबाई 50 से.मी. होती है। तीव्र वृद्धि के कारण पाँच महीने में शिशु का भार बढ़कर अपने जन्म भार से दो गुना तथा एक वर्ष तक जन्म के भार से तीन गुना ज्यादा हो जाता है। एक वर्ष में भार 3 किलो से बढ़कर 9 किलो हो जाता है। जीवन में किसी अन्य काल में वृद्धि की दर इतनी अधिक नहीं होती है। एक वर्ष के अंत तक शरीर की सामान्य लंबाई भी (जो जन्म के समय 50 से.मी. होती है) बढ़कर लगभग 75 से.मी. हो जाती है।

अतः भार/लंबाई में बढ़ोत्तरी, बच्चे की वृद्धि को निर्धारित करने के लिए सबसे उत्तम सूचक है। एक वर्ष तक प्रत्येक महीने बच्चे के शरीर का भार तोलते रहने से उसकी वृद्धि के स्वरूप का अच्छा अनुमान लगाया जा सकता है।

2) गलगंड यह आयोडीन की कमी के कारण होता है। वास्तव में आयोडीन की कमी न केवल गलगंड बल्कि बहुत सी अन्य अपंगताएँ/विसंगतियाँ जैसे बच्चों में शारीरिक और मानसिक विकास में रूकावट, बच्चों में सुनने और बोलने की शक्ति में कमी और महिलाओं में अचानक गर्भपात तथा मृत शिशु का जन्म भी हो सकता है। सर्वेक्षणों से ज्ञात हुआ है कि गलगंड की बीमारी हिमालय की तराई वाले क्षेत्रों में पाई जाती है। यह क्षेत्र उत्तर पश्चिम से कश्मीर से लेकर पूर्व में नागा पहाड़ियों तक फैला है और इस क्षेत्र में विभिन्न राज्य जैसे हिमालय प्रदेश, पंजाब, हरियाणा, उत्तर प्रदेश, बिहार, पश्चिम बंगाल, सिक्किम, असम, मिजोरम, त्रिपुरा, मणिपुर, नागालैंड और अरूणाचल प्रदेश आते हैं। इसके अतिरिक्त हाल ही में गुजरात, आंध्र प्रदेश और इनके पड़ोसी राज्य जैसे दिल्ली और केरल में गलगंड से प्रभावित क्षेत्रों का पता चला है।

अनुमान है कि लगभग 140 लाख लोग इन स्थानिक (जहाँ गलगंड अधिक पाया जाता है) क्षेत्रों में रहते हैं और लगभग 40 लाख लोग आयोडीन की कमी से उत्पन्न विसंगतियों/रोगों से पीड़ित हैं। आयोडीन की कमी से उत्पन्न रोगों के स्वास्थ्य और समाज पर गंभीर प्रभावों को देखते हुए, भारत सरकार ने सन् 1962 में राष्ट्रीय गलगंड नियंत्रण कार्यक्रम शुरू किया।

यह कार्यक्रम अब **आयोडीन रोग निरोधक कार्यक्रम** कहलाता है। यह एक अध्ययन पर आधारित है। कार्यक्रम का आधार अखिल भारतीय आयुर्विज्ञान संस्थान के वैज्ञानिकों द्वारा कांगड़ा घाटी में मध्य 1950 में किया गया एक अध्ययन है। अध्ययन से यह पता चला कि साधारण नमक के स्थान पर आयोडीनकृत नमक के प्रयोग से गलगंड की दर काफी कम हो जाती है। इस अध्ययन के परिणामों को ध्यान में रखते हुए ही आयोडीन रोग निरोधक कार्यक्रम शुरू किया गया।

उद्देश्य : इस कार्यक्रम के मुख्य उद्देश्य निम्नलिखित है :–

1) गलगंड से प्रभावित क्षेत्रों का पता लगाना,

2) गलगंड से प्रभावित क्षेत्रों में साधारण नमक के स्थान पर आयोडीनकृत नमक पहुँचाना।

3) कुछ समय पश्चात कार्यक्रम के प्रभाव को आंकना।

वितरण प्रणाली : आयोडीनकृत नमक का उत्पादन देश में कुछ चुने हुए क्षेत्रों में ही किया जाता है। नमक बनाने वाले संयंत्रों से जो गुजरात, राजस्थान और तमिलनाडु में हैं, आयोडीनकृत नमक प्राथमिकता के अनुसार रेलगाड़ी अथवा सड़कों के द्वारा गलगंड के स्थानिक क्षेत्रों में भेज दिया जाता है। स्थानिक क्षेत्रों में व्यापारियों को बिना आयोडीनकृत नमक को बेचने से रोका जाता है। स्थानीय प्रशासन का यह कार्य है कि वह यह देखे की आयोडीनकृत नमक स्थानिक क्षेत्रों में पहुँच रहा है तथा अन्य क्षेत्रों से बिना आयोडीनकृत नमक इन क्षेत्रों में न आ सके।

इस कार्यक्रम को ठीक से चलाने में कुछ कठिनाईयाँ आती हैं–जैसे कठिन रास्ते, आयोडीनकृत नमक का कम उत्पादन, नमक के स्थानांतरण में असुविधाएँ, स्थानीय व्यापारियों को प्रशासन के साथ सहयोग करने के लिए प्रेरित करने में परेशानी (अपर्याप्त लाभ के कारण) आदि।

इस समस्या से निपटने के लिए सरकार अब इस बात पर विचार कर रही है कि पूरे देश में सिर्फ आयोडीनकृत नमक का ही उत्पादन हो ताकि आयोडीनकृत नमक सभी जगह पहुँच सके।

3) देखें इकाई–21, प्रश्न–3

4) देखें इकाई–15, प्रश्न–2

5) देखें इकाई–1, प्रश्न–3

ए.एन.सी.–1 : समुदाय के लिए पोषण
दिसम्बर, 2008

नोट: कुल पाँच प्रश्नों के उत्तर दीजिए। अनिवार्य है। सभी प्रश्नों के अंक समान है।

प्रश्न 1. (क) निम्नलिखित प्रत्येक को 2–3 वाक्यों में परिभाषित कीजिए।

(1) पोषणात्मक स्तर (2) खाद्य मादकता (3) साप्ताहिक व्यंजन सूची (4) सूक्ष्म–मात्रिक तत्त्व (5) पास्चुरीकरण

उत्तर – 1) पोषणात्मक स्तर–किसी व्यक्ति के स्वास्थ्य की वह स्थिति जो शरीर में पोषक तत्त्वों के उपयोग से प्रभावित होती है, उस व्यक्ति का पोषणात्मक स्तर कहलाता है।

2) खाद्य मादकता–भोजन खाए जाने से पहले सूक्ष्मजीवाणुओं द्वारा भोजन में अत्यन्त विषैले पदार्थ, खाद्य मादकता का कारण बनते है। ऐसे खाद्य पदार्थ के सेवन से व्यक्ति बीमार पड़ जाता है।

3) साप्ताहिक व्यंजन सूची–जून–2008, प्रश्न. 7 (ग) 3

4) सूक्ष्म–मात्रिक तत्त्व –भोजन में कम मात्रा में पाए जाने वाले पोषक तत्त्वों को सूक्ष्म–मात्रिक तत्त्व कहते है भोजन में विटामिन तथा खनिज लवण अपेक्षाकृत कम मात्रा में पाए जाते है अतः इन्हें सूक्ष्म मात्रिक तत्त्व कहते है।

5) पास्चुरीकरण

उत्तर – 5) देखें इकाई–12, प्रश्न–6

ख) रिक्त स्थान भरिए :

1) .... वसा के पाचन में सहायक होता है।

2) एक ग्राम कार्बोज .... कि. कैलोरी ऊर्जा प्रदान करता है।

3) बिना कुछ खाए–पीए रक्त में ग्लूकोज का सामान्य स्तर .... मिग्रा./100 मिली है।

4) नियासीन के लिए आर.डी.आई. .... मिली. ग्राम प्रति 1000 कि. कैलोरी है।

5) कॉफी में .... उद्दीपक पदार्थ होता है।

6) गेहूँ में बेकिंग का गुण आटा गूँधने के दौरान .... नामक अविलेय प्रोटीन के निर्माण के कारण होता हैं

7) आयोडीन .... हार्मोन का घटक हैं

8) दालों में .... नामक अनिवार्य ऐमीनो अम्ल का अभाव होता है।

9) हमारी विटामिन डी की अधिकांश जरूरतें .... से पूरी होती हैं।

10) थायेमिन की कमी से .... होता है।

उत्तर : (1) लाइपेस

(2) 4

(3) 80–120

(4) 6.6

(5) कैफीन

(6) ग्लूटीन

(7) थाइरॉक्सिन

(8) मिथापोनिन

(9) सूर्य के प्रकाश

(10) बेरी–बेरी नामक रोग।

प्रश्न 2.(क) ''संतुलित आहार'' से आप क्या समझते हैं? एक निम्न सामाजिक–आर्थिक वर्ग के व्यक्ति के लिए संतुलित आहारों की योजना के सिद्धांतों का संक्षेप में वर्णन कीजिए।

उत्तर – देखें इकाई–6, प्रश्न–1

एक निम्न सामाजिक आर्थिक वर्ग के व्यक्ति के भोजन में अधिक मात्रा में दूध, माँस, फल आदि सम्मिलित नहीं कर सकते चूँकि ये महँगे खाद्य पदार्थ है। अत: ऐसी स्थिति में महत्वपूर्ण निर्णय यह लेना चाहिए कि कम पैसों में संतुलित आहार कैसे प्राप्त किया जाए। ऐसे बहुत से तरीके है जिनसे कम कीमत में पौष्टिक आहार की प्राप्ति हो सकती है। ये तरीके निम्नलिखित है।

1) सस्ते खाद्य पदार्थ जैसे अनाजों का अधिक प्रयोग करे। अनाज में भी चावल व गेहूँ के स्थान पर सस्ते अनाज जैसे रागी, ज्वार, बाजार तथा कुछ अंश तक जड़ व मूलकंद जैसे आलू, अरबी आदि का प्रयोग किया जा सकता है।

2) चीनी के स्थान पर गुड़ का प्रयोग किया जा सकता है।

3) केवल मौसम के तथा स्थानीय रूप से उपलब्ध फलों व सब्जियों का प्रयोग किया जा सकता है

4) पौष्टिकता बढ़ाने के लिए खाद्य मिश्रण (अनाज और दालों का मिश्रण) तथा अंकुरण खमीरीकरण जैसी विधियों का प्रयोग किया जा सकता है।

5) सस्ती किस्म की दालें व सस्ते गिरीदार फल जैसे मूँगफली का प्रयोग कर सकते है।

6) वनस्पति तेल का प्रयोग कर सकते है।

(ख) निम्नलिखित के कार्यों का वर्णन कीजिए।

1) विटामिन सी 2) वसा 3) प्रोटीन

उत्तर – 1) देखें इकाई–4, प्रश्न–4

2) देखें इकाई–3, प्रश्न–4

3) प्रोटीन के कार्य : प्रोटीन जो शारीरिक वृद्धि और ठीक रख–रखाव के लिए अति आवश्यक है, के कार्य निम्नलिखित है :–

1) शरीर निर्माण और वृद्धि–प्रोटीन शरीर में नए ऊतकों के निर्माण तथा टूटे–फूटे ऊतकों की मरम्मत के लिए आवश्यक है। अतः शरीर की वृद्धि और ठीक रख–रखाव के लिए जीवनभर हमें प्रोटीन की जरूरत होती है।

2) प्रोटीन वाहक के रूप में– प्रोटीन का दूसरा महत्वपूर्ण कार्य पदार्थों को शरीर में एक स्थान से दूसरे स्थान पर ले जाना है। उदाहरणार्थ–हीमोग्लोबिन ऐसा प्रोटीन युक्त लाल रंग का पदार्थ है जो फेफड़ों तक पहुँचाता है। इस रूप में यह शरीर के अंदर वाहक का कार्य करता हैं

4) प्रोटीन नियात्मक व सुरक्षात्मक पदार्थ के रूप में–प्रोटीन कुछ रासायनिक पदार्थ बनाते हैं जो शरीर की मुख्य प्रक्रियाओं को नियंत्रित करने के लिए आवश्यक होते हैं।

प्रश्न 3 क) विटामिन ए की कमी के नैदानिक लक्षणों की सूची बनाइए। पोषणज अंधता की रोकथाम के लिए राष्ट्रीय रोगनिरोधक कार्यक्रम का वर्णन कीजिए।

उत्तर – देखें इकाई–17, प्रश्न–1

ख) गर्भावस्था में उन खतरे के कारकों का वर्णन कीजिए जो गर्भावस्था के परिणाम पर प्रभाव डाल सकते हैं।

उत्तर – देखें इकाई–22, प्रश्न–1

ग) उच्च रक्तचाप से ग्रस्त व्यक्ति को आप क्या आहार संबंधी सलाह देंगे?

उत्तर – देखें इकाई–21, प्रश्न–1

प्रश्न 4. निम्नलिखित पर टिप्पणी कीजिए।

क) आहार से दालों और अनाजों का मिला–जुलाकर प्रयोग करने से प्रोटीन की गुणवता बेहतर हो जाती है।

उत्तर – देखें इकाई–15, प्रश्न–1

ख) लाभ व हानि का विवरण भोजन उद्यम को चला पाने का मूल्यांकन करने में मदद करता है।

उत्तर – देखें इकाई–28, प्रश्न–1

ग) अच्छे भोजन के बिना अच्छा स्वास्थ्य प्राप्त नहीं किया जा सकता।

उत्तर– दिसम्बर–2007, प्रश्न.2 (ख)

घ) शैश्वावस्था और किशोरावस्था में वृद्धि की अवधियों के दौरान पोषणात्मक आवश्यकताएँ बढ़ जाती हैं।

उत्तर – शैश्वावस्था शिशु की आयु पोषक तत्त्वों की आवश्यकता को प्रभावित करती है। पहले छः महीनों में तीव्र वृद्धि होती है जिसके कारण अधिक पोषक तत्त्वों की आवश्यकता होती है। छः महीने के पश्चात वृद्धि दर की गति मंद होने के कारण पोषक तत्त्वों की आवश्यकता में भी कमी आ जाती है।

पहले छः महीनों में शिशुओं के लिए पोषक तत्त्वों की प्रस्तावित दैनिक मात्रा केवल माँ के दूध को पीकर सामान्य वृद्धि को प्राप्त कर रहे बच्चे के अंतर्ग्रहण पर निर्भर करती है। इसका आशय यह है कि यदि शिशु को छः महीने तक प्रतिदिन औसतन 850 मि.ली. माँ का दूध मिलता है तो उसकी आवश्यकता की पूर्ति आसानी से हो जाती है।

किशोर के लिए पोषक तत्त्वों की प्रस्तावित दैनिक मात्रा

किशोर के लिए पोषक तत्त्वों की प्रस्तावित दैनिक मात्राएँ तालिका में दी गई है।

तालिका : किशोर के लिए पोषक तत्त्वों की प्रस्तावित दैनिक मात्राएँ

पोषक तत्त्व		आयु वर्ग (वर्ष)		
	13–15 (लड़के)	13–15 (लड़कियाँ)	16–18 (लड़के)	16–18 (लड़कियाँ)
ऊर्जा (कि. कैलोरी)	2450	2060	2640	2060
प्रोटीन (ग्रा.)	70	65	78	63
कैल्सियम (मि.ग्रा.)	600	600	500	500
लौह तत्त्व (मि.ग्रा.)	41	28	50	50
विटामिन ''ए'' (मा.ग्रा.)				
रेटिनॉल या	600	600	600	600
कैरोटीन	2400	2400	2400	2400
थायेमीन (मि.ग्रा.)	1.2	1.0	1.3	1.0
राईबोफ्लेविन (मि.ग्रा.)	1.5	1.2	1.6	1.2
नियासीन (मि.ग्रा.)	16	14	17	14
विटामिन सी (मि.ग्रा.)	40	40	40	40
फोलिक अम्ल (मा.ग्रा.)	100	100	100	100
विटामिन बी12 (मा.ग्रा.)	0.2–1.0	0.2–1.0	0.2–1.0	0.2–1.0

यदि आप तालिका को ध्यानपूर्वक देखें तो पाएँगे कि इसमें ऊर्जा, प्रोटीन, लौह तत्त्व तथा कैल्सियम की प्रस्तावित दैनिक मात्राएँ अधिक है। चूँकि यह शरीर के ऊतकों की तीव्र गति की वृद्धि में सहायता के लिए आवश्यक है अतः इनकी मात्रा अधिक है। स्कूलगामी बच्चों के समान, प्रायः किशोर भी बहुत क्रियाशील होते हैं, जिससे उनके लिए ऊर्जा की आवश्यकता बढ़ जाती है। शरीर में बढ़ती हुई रक्त की मात्रा तथा अस्थिपंजर में वृद्धि के लिए लौह तत्त्व तथा कैल्सियम की आवश्यकता पता लगाते समय मासिक धर्म के दौरान हुई लौह तत्त्व की क्षति को भी ध्यान में रखना पड़ता है।

थायेमीन, राइबोफ्लेविन तथा नियासीन की प्रस्तावित दैनिक मात्राएँ ऊर्जा के आधार पर दी गई है। जितनी अधिक ऊर्जा की आवश्यकता होगी, उतनी ही अधिक इन बी समूह के विटामिनों की आवश्यकता होगी। आयोडीन सूक्ष्म मात्रिक खनिज लवण है जिसका उल्लेख तालिका में नहीं किया गया है। इसका कारण है कि सूक्ष्म मात्रिक तत्त्वों की प्रस्तावित दैनिक मात्राएँ अभी निर्धारित नहीं की गई हैं। तथापि किशोरी के भोजन में पर्याप्त आयोडीन का होना आवश्यक है। आयोडीन गल ग्रंथि से निकलने वाले हारमोन थाइरॉक्सिन का हिस्सा है। थाइरॉक्सिन चयापचय की दर को नियंत्रित करता है तथा शारीरिक एवं मानसिक विकास के लिए अति आवश्यक है। इसी कारण से आयोडीन विशेषतः तीव्र वृद्धि काल जैसे शैश्वावस्था तथा किशोरावस्था के लिए बहुत ही महत्वपूर्ण खनिज लवण है।

प्रश्न 5. क) आई.सी.डी.एस. की संकल्पना की चर्चा कीजिए। आई.सी.डी.एस. के अन्तर्गत प्रदान की जाने वाली सेवाओं का संक्षेप में वर्णन कीजिए।

उत्तर – देखें इकाई–24, प्रश्न–1

ख) निम्नलिखित का चयन करते समय आप किन बातों को ध्यान में रखेंगे :

1) वसा व तेल 2) अंडे 3) दालें

उत्तर – देखें इकाई–12, प्रश्न–1

प्रश्न 6 क) खाद्य पदार्थ को खराब करने वाले कारक कौन से हैं? उदाहरण देते हुए वर्णन कीजिए।

उत्तर – देखें इकाई–14, प्रश्न–1

ख) तापमान में परिवर्तन किस प्रकार खाद्य परिरक्षण में सहायक होता है? चर्चा कीजिए।

उत्तर – देखें इकाई–14, प्रश्न–2

ग) घर में कीट–नियंत्रण के लिए आप जिन उपायों को अपनाएँगे उनका संक्षेप में वर्णन कीजिए।

उत्तर – देखें इकाई–14, प्रश्न–3

प्रश्न 7. क) स्कूल की कैंटीन को चलाने के लिए आपको किस प्रकार के संसाधनों की जरूरत पड़ेगी, वर्णन कीजिए।

उत्तर – देखें इकाई–29, प्रश्न–1

ख) कैंटीन परियोजना की संभाव्यता का मूल्यांकन करने के लिए आपको किस प्रकार की सूचना की आवश्यकता होगी? यह मूल्यांकन आपके लिए किस प्रकार सहायक होगा?

उत्तर – देखें इकाई–31, प्रश्न–1

ग) ग्रामीण महिलाओं के लिए पोषण शिक्षा कार्यक्रम आयोजित करने के लिए आप जिन दो विधियों का प्रयोग कर सकते हैं, उनका वर्णन कीजिए। जिन साधनों का प्रयोग आप करेंगे उन्हें भी सूचीबद्ध कीजिए।

उत्तर – एक ग्रामीण क्षेत्र में जाते है। जहाँ पर बार–बार होने वाले अतिसार (दस्त) और असंतुति आहार खाने से बच्चों का विकास ठीक से नहीं हो रहा है और यहाँ कि माताएँ शिशुओं के स्वास्थ्य के बारे में जानने की अपेक्षा मुर्गी पालन के विषय में ज्यादा जानना चाहती है। इस स्थिति में हमें क्या करना चाहिए?

यह तो स्पष्ट ही है कि हमें माताओं से शिशुओं के स्वास्थ्य के सबंध में बात करनी होगी तथा प्रयास करना होगा कि शिशुओं के वर्तमान आहार में कम से कम परिवर्तन करते हुए उन्हें स्वास्थ्यप्रद आहार के लिए व्यावहारिक सुझाव दें। परंतु इस आवश्यकता का पता तो हमने लगाया है, माताओं ने नहीं। इसलिए हो सकता है कि जो कुछ हम बताना चाहें उसे वह सुनना

भी चाहें।

इसलिए यही अधिक उपयुक्त होगा कि उस चीज से शुरूआत की जाए जिसके बारे में वह जानना चाहते हे, जिस विषय में उनकी रूचि है–मुर्गी पालना। इसलिए हमें उनको एक बैठक में बुलाकर अधिक से अधिक उपयोगी जानकारी देनी चाहिए। इससे वह मानसिक रूप से हमारी बात सुनने के लिए तैयार होंगी तथा उन बातों पर ध्यान देने के लिए अधिक तत्पर होंगे जो हम उन्हें बताएँगे। उसके बाद हम उनसे कह सकते हैं कि हम उनके शिशुओं के स्वास्थ्य के संबंध में भी कुछ महत्वपूर्ण बातें उनको बताना चाहते हैं। जब सब लोग एक साथ मिलकर बैठें तो हम अपनी समस्या पर विचार प्रारंभ कर सकते हैं। यदि एक बार वह इससे सहमत हो जाएंगी कि वास्तव में समस्या तो हैं और इसका समाधान किया जाना चाहिए तो फिर हम अपना कार्यक्रम में समय, धन कर्मचारियों व सुविधा समस्याएं नहीं आनी चाहिए इसलिए हम यह मानकर चलेंगे कि सभी आवश्यक संसाधन उपलब्ध है।

हमें सबसे पहले अपने शैक्षणिक लक्ष्य को निम्नलिखित ढंग से स्पष्ट करना चाहिए–

1) वास्तव में क्या बताया और समझाया जाएगा

2) कौन शिक्षा प्रदान करेगा तथा

3) शिक्षा प्रदान करने का माध्यम क्या होगा।

हम यह निश्चित कर सकते हैं कि शीला को हमने उपरोक्त कार्य के लिए नियुक्त किया है क्योंकि वह उस ग्राम में आँगनवाड़ी कार्यकर्त्ता है तथा वहाँ की माताएँ उसे पसंद करती है तथा उसका आदर करती हैं

हम यह भी निश्चित कर सकते हैं कि सामूहिक विचार–विमर्श सबसे अच्छा तरीका रहेगा। अतः सामूहिक बैठक के माध्यम से यह कार्य किया जाएगा।

अब प्रश्न रह जाता है कि क्या बताया जाना है?

शीला तथा हमारे दल (हमारे दल से हमारा तात्पर्य लक्ष्य की प्राप्ति में कार्यरत व्यक्ति) के अन्य सदस्य एक साथ बैठकर कार्यक्रम की प्रमुख बातों पर विचार कर सकते हैं। हम कार्यक्रम की मुख्य बातों पर आधारित सूची इस प्रकार बना सकते हैंः–

1) शिशुओं के लिए तीन खाद्य वर्गों पर विशेष ध्यान देते हुए संतुलित पूरक आहार बनाना

2) दिए जाने वाले वर्तमान पूरक आहार में पोषक तत्त्वों की कमी का पता लगाना

3) 4 से 6 माह, 6 से 9 माह तथा 9 से 12 माह के शिशुओं के लिए उपयुक्त आहार के लिए सुझाव देना

4) स्वच्छता व सफाई को ध्यान में रखते हुए भोजन तैयार करना

अब इन सबको किस प्रकार से बताया जाए? ग्रामीण इलाकों में रहने वाले अधिकांश व्यक्ति चूँकि पढ़े–लिखे नहीं होते, अतः उन्हें खाद्य पदार्थों के चित्र देखकर पढ़ने व समझने में कठिनाई हो सकती है। इसलिए बेहतर होगा कि हम उन्हें खाद्य पदार्थों के चित्र न दिखाकर वास्तविक खाद्य पदार्थ दिखाए। इसलिए शीला तीनों खाद्य वर्गों में सम्मिलित खाद्य पदार्थों को

दिखाकर यह बता सकती है कि किस प्रकार उनके साथ–साथ प्रयोग करने से पूरक आहार तैयार किया जा सकता है।

अब माताओं में विचार–विमर्श हो सकता है अथवा जो कुछ उन्होंने अभी सीखा है उसके आधार पर वह, इस समय प्रयुक्त आहार का मूल्यांकन कर सकती है। शीला बातचीत को उचित दिशा में ले जाने के लिए बीच–बीच में अपने विचार प्रकट कर सकती है।

अगले सत्र या बैठक में शीला शिशुओं के लिए उपयुक्त आहार तथा सस्ते व स्थानीय रूप से उपलब्ध खाद्य पदार्थों को ढककर रखना इत्यादि। फिर सफाई का संबंध अतिसार से जोड़ा जा सकता है। माताओं को व्यावहारिक सुझाव भी दिए जा सकते हैं कि वह किस प्रकार अपने घर में व आसपास सफाई रख सकती हैं

उसके बाद माताएँ बनाए हुए आहार को चख सकती हैं तथा शिशुओं को खिला सकती है। शीला माताओं को विचार व सुझाव दने के लिए कह सकती है।

अंत में शीला व हमारे दल के अन्य सदस्य कार्यक्रम का मूल्यांकन कर सकते है। प्रत्येक माता से व्यक्तिगत रूप से यह भी पता लगाया जा सकता है कि उन्होंने शिशुओं को दिए जा रहे पूरक आहार में कोई परिवर्तन किया या नहीं। उनको उपयुक्त आहार स्वयं पता करने व बनाने के लिए भी प्रोत्साहित किया जा सकता है। उन माताओं की, जिनके व्यवहार में अंतर आया है, सूची बनाए, उनका सहयोग अन्य माताओं को समझाने के लिए भी लिया जा सकता है।

इस उदाहरण से पोषण शिक्षण की दो विशेष तकनीकों–प्रदर्शन तथा सामूहिक विचार–विमर्श की उपयोगिता स्पष्ट हो जाती है। जिन साधनों, खाद्य पदार्थ तथा व्यंजन का हमने प्रयोग किया वह वास्तविक चीजें थी। यह तरीका सामान्यतः बहुत उपयोगी रहता है क्योंकि इसमें वास्तविक रूप में सब कुछ दिखाया जाता है अतः गलत समझने की संभावना नगण्य हो जाती है।

एक लक्ष्य समूह को शिक्षण प्रदान करने के लिए – जो कि शिक्षित नहीं है, हम स्थानीय खेलों, गानों तथा नाटक की तकनीकें भी अपना सकते हैं। यह तकनीक बहुत ही प्रभावशाली है क्योंकि इसमें स्थानीय लोगों का भाग लेना आवश्यक होता है तथा इनके द्वारा संदेश अथवा विषय–वस्तु इत्यादि स्थानीय भाषा में ही उन तक पहुंचाए जा सकते है।

प्रश्न 8. निम्नलिखित में किन्हीं चार पर संक्षिप्त टिप्पणियाँ लिखिए :

1) खाद्य पदार्थों का पौष्टिक मान सुधारने की विधियाँ

2) वृद्धि अनुवीक्षण का महत्त्व

3) आहार सर्वेक्षण

4) खाद्य मानक

5) एम.डी.एम. कार्यक्रम के घटक

उत्तर – 1) देखें इकाई–15, प्रश्न–1

2) देखें इकाई–25, प्रश्न–1

3) देखें इकाई–25, प्रश्न–2

4) देखें इकाई–16, प्रश्न–7

5) पोषण तथा स्वास्थ्य शिक्षा इस कार्यक्रम के अभिन्न भाग नहीं है। इसलिए इस कार्यक्रम का मुख्य घटक पूरक आहार प्रदान करना है।

इस कार्यक्रम के मुख्य लाभार्थी छह से ग्यारह वर्ष के बच्चे हैं, जो प्राथमिक विद्यालयों में जाते है।

इस कार्यक्रम के अंतर्गत प्रदान किया जाने वाला मैन्यू विविध प्रकार का होता है। अंर्तराष्ट्रीय संस्थाओं द्वारा प्रदान किए जाने वाले कच्चे खाद्य पदार्थों में मक्का, सोया, दुग्ध, आहार (सी..एस. एम) गेहूँ तथा सोया का सम्मिश्रण, सोया मिश्रित बलगर गेहूँ (एस.एफ.बी) तथा सलाद का तेल सम्मिलित है। इसी कच्ची सामग्री से उपमा, खिचड़ी अथवा अन्य कोई ऐसा खाद्य पदार्थ बनाया जाता है जो सुपाच्य हो। इनको कुछ मसालों व सुवास प्रदान करने वाले खाद्य पदार्थों के साथ मिलाकर तैयार खाद्य पदार्थों (ready to eat foods) में भी डाला जाता है। कुछ स्थानों पर सूखा दूध भी दिया जाता है।

तमिलनाडु में इस कार्यक्रम के अंतर्गत पंरपरागत चावल सांभर परोसा जाता है।

इस कार्यक्रम के अंतर्गत दिया जाने वाला प्रत्येक आहार प्रतिदिन 450–500 किलो कैलोरी तथा 20–30 ग्राम प्रोटीन प्रति बच्चे को प्रदान करता है जिससे बच्चे की एक–तिहाई ऊर्जा तथा आधी प्रोटीन की दैनिक प्रस्तावित आवश्यकता की पूर्ति हो सके।

ए.एन.सी.–1 : समुदाय के लिए पोषण
जून, 2009

नोटः कुल पाँच प्रश्नों के उत्तर दीजिए। अनिवार्य है। सभी प्रश्नों के अंक समान है।

प्रश्न 1. (क) निम्नलिखित को 2–3 वाक्यों में परिभाषित कीजिए।
1) वृद्धिरोध
2) आर डी आई
3) खाद्य मिलावटी पदार्थ
4) अनिवार्य ऐमिनो अम्ल
5) जिलेटिनीकरण

उत्तर 1. (क) 1 वृद्धिरोध–वृद्धि न होना अथवा वृद्धि का रूक जाना। इस रोग में अधिकतर बच्चे का वजन कम हो जाता है। बच्चे का शरीर भार अपनी आयु के सामान्य बच्चे की तुलना में बहुत कम होता है।

2) आर डी आई–पोषक तत्त्वों की प्रस्तावित दैनिक मात्रा से अभिप्राय उस मात्रा से है जिससे शरीर में उस पोषक तत्त्व की आवश्यकता की पूर्ति हो सके। इस प्रकार प्रस्तावित दैनिक मात्रा शरीर में पोषक तत्त्वों की आवश्यकता पर निर्भर करती है। किसी भी विशेष पोषक तत्त्व की आवश्यकता का अर्थ है वह न्यूनतम मात्रा जिससे शरीर में उस पोषक तत्त्व की कमी न हो। पोषक तत्त्वों की आवश्यकताओं में सुरक्षात्मक मात्रा जोड़ने के कई कारण होते हैं।
सर्वप्रथम तो विभिन्न व्यक्तियों की आवश्यकताओं में असमानता का होना,
दूसरे, अपर्याप्त मात्रा में भोजन मिलने की अवधि,
तीसरे, आहार की प्रकृति और पाक विधियों के कारण पोषक तत्त्वों की हानि।

3) खाद्य मिलवाटी पदार्थ–अधिक मुनाफा कमाने के लिए किसी खाद्य पदार्थ की कोटि को निम्न बना दिया जाता है या उसमें घटिया कोटि के पदार्थ को मिलाकर उसे अशुद्ध कर दिया जाता है अथवा किसी खाद्य पदार्थ में से कुछ चीज निकाल लेना जिसकी वजह से उसकी कोटि निम्न हो जाती है। मिलवाट के आम उदाहरण हैं दूध में पानी मिलाकर उसकी मात्रा को बढ़ाना तथा उपभोक्ता की जानकारी के बिना दूध की मलाई निकाल लेना। उच्च कोटि की हरी इलायची में ऐसी इलायची मिला देना जिसमें से तेल निकाला जा चुका है, भी मिलावट का ही एक उदाहरण है।

4) अनिवार्य ऐमिनो अम्ल–ऐमिनो अम्ल को बनाने वाली इकाईयाँ हैं। भोजन तथा शरीर में उपस्थित प्रोटीन में 22 तरह के ऐमिनो अम्ल पाए जाते हैं। इन 22 ऐमिनों अम्ल को दो

वर्गों–आवश्यक ऐमिनो अम्ल में वर्गीकृत किया गया है। भोजन में प्रोटीन की कोटि उसमें उपस्थित अनिवार्य ऐमिनो अम्ल की मात्रा तथा अनुपात पर निर्भर करती है। पशुओं से प्राप्त खाद्य पदार्थों में प्रोटीन के सभी अनिवार्य ऐमिनो अम्ल उचित मात्रा व अनुपात में पाए जाते हैं। अतः वनस्पति से प्राप्त खाद्य पदार्थों की तुलना में ये उच्च कोटि के माने गए हैं। वानस्पतिक खाद्य पदार्थों को पशुओं से प्राप्त खाद्य पदार्थों के साथ मिलाकर प्रयोग करने से उनके प्रोटीन की कोटि बेहतर बनाई जा सकती है। उदाहरण के लिए, अनाज और दालों या अनाज और दूध को मिलाकर प्रयोग करना। पाचन के बाद प्रोटीन ऐमिनो अम्ल के रूप में परिवर्तित हो जाते है, जो कि अवशोषण के पश्चात शरीर के कई कार्यों के लिए प्रयोग में लाए जाते हैं। प्रोटीन का मुख्य कार्य शारीरिक वृद्धि और शरीर का सही रख–रखाव है।

5) **जिलेटिनीकरण–**दिसम्बर 2007, प्रश्न. 1 (क) 4

(ख) रिक्त स्थान भरिए :

(1) ....शरीर में सोडियम की मात्रा को नियंत्रित करने में प्रमुख भूमिका निभाता है।

(2).......................रेटिनोल की 1 माइक्रोग्राम की मात्रा कैरोटीन की.............माइक्रोग्राम की मात्रा के बराबर होती हैं

(3) शरीर में......................कार्बोज का संगृहीत रूप है।

(4) पोषक तत्त्व संतुलन सभी पोषक तत्त्व सही और ....अनुपात में आपूर्ति करके प्राप्त किया जा सकता है।

(5) निम्न आय वर्ग वाले परिवारों में मासिक आय का ....भाग भोजन पर खर्च किया जाता है।

(6) आयोडीन हीनताजन्य विसंगतियों की रोकथाम के लिए साधारण नमक को ....से फोर्टिफाइड किया जाता है।

(7) आई सी डी एस के लक्ष्य लाभार्थी.....................से कम आयु के बच्चे, गर्भवती व स्तनपान कराने वाली महिलाएँ हैं।

(8) थायेमिन की कमी......................के चयापचय में बाधा डालती है।

(9) ....एक राष्टीय निकाय है जो देश में संसाधित खाद्य पदार्थों के लिए मानक नियंत्रित करता हैं

(10) कलायखंज लम्बे समय तक........................के सेवन से होता है।

उत्तर (ख) 1) गुर्दे

2) 4

3) ग्लाइकोजन

4) उचित

5) कम

6) आयोडीन

7) 6 वर्ष

8) कार्बोंज

9) ब्यूरो

10) केसरी दाल।

प्रश्न. 2 (क) 'अच्छे स्वास्थ्य' से आप क्या समझते है? स्वास्थ्य के विभिन्न आयामों का वर्णन कीजिए।

उत्तर – दिसम्बर 2007, प्रश्न.2 (क)

(ख) छोटे बच्चों के पोषणात्मक स्तर का निर्धारण करने की विधियों की सूची बनाइए। आप इनमें से जिन दो विधियों का प्रयोग करेंगे उनका विस्तार से वर्णन कीजिए।

उत्तर – किसी व्यक्ति के स्वास्थ्य की वह स्थिति जो शरीर में पोषक तत्त्वों के उपयोग से प्रभावित होती है, उस व्यक्ति का पोषण स्तर कहलाती है।

उदाहरण के लिए एक ऐसे बच्चे को लें जिसकी वृद्धि समुचित रूप से नहीं हो रही है। बच्चे के समुचित दर से वृद्धि न कर पाने के अनेक कारण हो सकते हैं। उदाहरण के लिए इसका कारण आनुवंशिकता रोग, पोषणहीनता या अन्य कोई कारक हो सकता है। अतः केवल आहार अंतर्ग्रहण के मूल्याकंन से पोषण स्तर के विषय में निर्णय लेना पर्याप्त नहीं है। इस विषय में रोग के प्रकार के बारे में जानकारी, बच्चे के रोग के लक्षण आदि हों तो उसकी जानकारी, बच्चे में रोग के लक्षण आदि हों तो उसकी जानकारी, अंतर्ग्रहण किए गए आहार में पोषक तत्त्वों की मात्रा की जानकारी तथा रक्त और मूत्र में अन्य पदार्थों की मात्रा में सम्मिलित जानकारी पोषण स्तर के निर्धारण में सहायक हो सकती है। आप देखेंगे कि इस मिली–जुली जानकारी से आपको यह निर्णय लेने में मदद मिलेगी कि वृद्धि अवरोधन का कारण अपर्याप्त पोषक तत्त्व का अंतर्ग्रहण है या कोई अन्य कारण है। उदाहरण के लिए बच्चे की आहार संबंधी आदतों के अवलोकन से पोषक तत्त्वों की कमी के बारे में अनुमान लगाया जा सकता है, परंतु रक्त/मूत्र में पोषक तत्त्वों की सांद्रता की जाँच से इस अनुमानित तथ्य की पुष्टि की जा सकती है। एक तरफ तो रोग के लक्षणों के दिखाई देने से पहले ही शारीरिक द्रव्यों में जाँच द्वारा शरीर के रोग का पता लगाया जा सकता है, दूसरी ओर आहार अंतर्ग्रहण पद्धति की जानकारी इस कमी की पुष्टि करती है।

पोषण स्तर के निर्धारण का केवल कोई एक सरल तरीका नहीं है तथा न ही हो सकता। चूँकि कोई विशेष लक्षण बहुत से कारणों में से किसी एक के कारण भी हो सकती है, अतः पोषण स्तर के निर्धारण तकनीकों का प्रयोग किया जाता है। व्यक्तियों तथा समुदाय के लोगों के पोषण स्तर के निर्धारण के लिए निम्नलिखित चार तरीकों का प्रयोग किया जाता है।

1) मानवमितीय माप (शारीरिक आकार की माप)

2) रोग जाँच का तरीका

3) जैव रासायनिक विश्लेषण

4) आहार सर्वेक्षण

मानवमितीय माप–पोषण स्तर निर्धारित करने में 'मानवमितीय माप' की महत्वपूर्ण भूमिका होती है। मानवमितीय माप का अर्थ है, शरीर के विभिन्न आकारों की माप जो शरीर के वृद्धि विश्लेषण और शरीर आकार तथा संरचना को सुनिश्चित करने के लिए उपयोगी आँकड़े प्रदान करते हैं। यह माप प्रोटीन ऊर्जा–कुपोषण तथा मोटापे की पहचान में सहायक होता है। सर्वाधिक प्रयोग होने वाले सरल मानवमितीय माप, जो पोषण स्तर के अच्छे सूचक हैं, निम्नलिखित हैः–

(1) आयु के अनुरूप भार (Weight for age)

(2) आयु के अनुरूप लंबाई (Height for age)

(3) आयु के अनुरूप बाजू की परिधि (Arm circumference for age)

(4) लंबाई (कद) के अनुरूप भार (Weight for Height)

(1) आयु के अनुरूप भार–आयु के अनुरूप भार सामान्य रूप प्रयोग किए जाने वाले शरीर आकार का द्योतक है तथा आहार अंतर्ग्रहण के स्तर को दर्शाता है। यह अर्थात् आयु के अनुरूप भार का माप अल्पकालिक कुपोषण का संग्राही माप है।

(2) आयु के अनुरूप लंबाई–लंबाई या कद बहुत ही विश्वसनीय माप है जो पर्याप्त स्तर का अच्छा द्योतक है। आयु के अनुरूप मापी गयी लंबाई उस क्षण जबकि इसे मापा गया है, तब तक ही आकार में हुई वृद्धि के बारे में बताती है। आयु के अनुरूप कम लंबाई वृद्धिरोध तथा चिरकालिक कुपोषण को दर्शाती है।

(3) आयु के अनुरूप बाजू की परिधि–ऊपरी बांह के मध्य भाग की परिधि व्यक्तियों तथा समुदाय के पोषण स्तर का उपयोगी संकेत है। यह माप व्यक्ति के पोषण स्तर को दर्शाती है।

(4) लंबाई के अनुरूप भार–बच्चे के भार की तुलना उसकी लंबाई से करके हम पता लगा सकते हैं कि बच्चा किस हद तक दुबला–पतला है। लंबाई के अनुरूप भारत अल्पकालिक कुपोषण का बहुत अच्छा सूचक है।

यहाँ मानवमितीय माप संबंधी कुछ चित्र दिए जा रहे हैं, जो पोषण स्तर के अच्छे सूचक को दर्शाते हैंः–

शारीरिक आकार की माप के वर्णन के पश्चात हम पोषण स्तर के निर्धारण के लिए रोग जाँच के तरीके का वर्णन करने जा रहे हैं।

(ख) रोग जाँच का तरीका–पोषण स्तर के विभिन्न निर्धारक तत्त्वों में ''रोग जाँच का तरीका'' एक महत्वपूर्ण कारक है, जो हमारे पोषण स्तर के निर्धारण में महत्वपूर्ण कारक है, जो हमारे पोषण स्तर के निर्धारण में महत्वपूर्ण भूमिका अदा करता है। यदि किसी शिशु की वृद्धि ठीक प्रकार से नहीं हो रही है या उसके शरीर का भार बहुत कम है, उसकी पेशियाँ भी दुर्बल

हो चुकी हैं तथा बच्चा कमजोर और चिड़चिड़ा रहता है, तो ऐसे शिशुओं के पोषण स्तर का निर्धारण शिशु के रोग के ''नैदानिक लक्षणों की जाँच'' करके किया जा सकता है। इस तरीके के अंतर्गत किसी विशेष हीनताजन्य रोग से शरीर में होने वाले परिवर्तनों की पहचान की जाती है। उदाहरण के लिए बच्चों में विटामिन ए की कमी की पहचान के लिए हम रात में होने वाली अंधता (रतौंधी) या बिटोट् बिंदु को देखेंगे। स्त्रियों में पीलापन, आलस्य जैसे लक्षण एनीमिया की संभावना को प्रदर्शित करते हैं। परन्तु इस तरीके के उपयोग में विभिन्न पोषणहीनताजन्य रोगों के नैदानिक लक्षणों और चिन्हों की जानकारी होना तथा उसका पता लगा पाने की कुशलता होनी आवश्यक है। उल्लेखनीय है कि सावधानीपूर्वक प्रशिक्षण से हम कुछ महत्वपूर्ण नैदानिक लक्षणों की पहचान कर सकते हैं।

(ग) हृदय धमनी रोग की आहार–व्यवस्था की विस्तार से जानकारी दीजिए।

उत्तर – हृदय रोग एक बहुत ही भयानक बीमारी है, जिसे मुख्य रूप से दो श्रेणियों में बाँटा जा सकता है :

(1) हृदयधमनी संबंधी रोग–हृदय संबंधी रोग हृदय धमनियों में रक्त प्रवाह के अवरोधक के कारण होता है। इससे हृदय (हृदय की मांसपेशी) को रक्त पर्याप्त मात्रा में नहीं मिल पाता।

कारण–हृदय रोग बहुत से कारणों से होता है:

(क) व्यक्तिगत विशेषताएँ–यह बीमारी विशेषतौर पर अधेड़ावस्था के बाद होती है। उल्लेखनीय है कि महिलाओं की अपेक्षा पुरुष इस बीमारी से अधिक प्रभावित होते हैं। इस बीमारी के कारणों में परिवार का पूर्ववृत्त भी एक कारण है।

(ख) सीखा गया आचरण–इस श्रेणी में व्यवहार की पद्धति, खान–पान की आदतें, रहन–सहन आदि जो एक व्यक्ति जन्म के बाद धीरे–धीरे अपनाता है, सम्मिलित हैं।

इसके अन्तर्गत जीवन की अल्पश्रमिक शैली, तनाव, सिगरेट पीना, आहार में अनुचित ढंग से आहार लेना शामिल है। अर्थात् इन्हीं सारे कारणों से यह बीमारी होती है।

(ग) पृष्ठभूमि परिस्थितियाँ–इसमें मधुमेह, उच्च रक्तचाप आदि बीमारियों जिनसे एक व्यक्ति ग्रस्त हो सकता है, आती हैं।

इस रोग से ग्रसित व्यक्ति को वसा तथा कॉलेस्ट्रॉल का स्तर सामान्य सीमा के अंदर रखना चाहिए। ऊर्जा का अंतर्ग्रहण केवल उतना ही होना चाहिए, जिससे शरीर का मानक वजन बना रहे। सामान्य व्यक्ति के लिए प्रोटीन का एक ग्राम प्रति किलोग्राम शरीर के वजन की प्रस्तावित दैनिक मात्रा इन मरीजों के लिए उपुयक्त है। चूंकि वसा तथा वसा से भरपूर खाद्य पदार्थों का हृदय रोग के साथ सीधा संबंध है, इसलिए मरीज द्वारा वसा की अंतर्ग्रहित मात्रा का नियंत्रण

ध्यानपूर्वक किया जाना चाहिए। प्रस्तावित दैनिक मात्रा के अनुसार आहार में विटामिन तथा खनिज–लवण पर्याप्त मात्रा में होने चाहिए। इसके अतिरिक्त मरीज को सोडियम (नमक) के अंतर्ग्रहण पर नियंत्रण रखना चाहिए। चिकित्सक के संपर्क में हमेशा रहना चाहिए।

प्रश्न. 3 (क) स्कूलगामी बच्चों के लिए संतुलित आहारों की योजना बनाने में आप किन कारकों को ध्यान में रखेंगे? संक्षेप में वर्णन कीजिए।

उत्तर : देखें इकाई–10, प्रश्न–3

(ख) निम्नलिखित के कार्य और खाद्य–स्रोत बताइए :

(1) प्रोटीन (2) जल (3) विटामिन सी

उत्तर : दिसम्बर 2008, प्रश्न.2 (ख)

प्रश्न. 4 (क) उपभोक्ता संरक्षण के लिए खाद्य कानून क्यों अनिवार्य है? खाद्य कानूनों के प्रमुख उद्देश्यों का वर्णन कीजिए।

उत्तर – खाद्य कानून–जनसाधारण तक स्वास्थ्यकर, पौष्टिक व विष रहित खाद्य पदार्थ पहुँचाने में खाद्य कानूनों का बहुत ही महत्व है। खाद्य कानूनों द्वारा स्वास्थ्यकर स्थितियों में खाद्य पदार्थों के उत्पादन व संचालन को बढ़ावा मिलता है। यह खाद्य पदार्थों में रासायनिक व सूक्ष्मजीवों द्वारा होने वाले संदूषण की रोकथाम में भी मदद करते हैं। इन संदूषणों के कारण ही हमारे जन समूह के बहुत बड़े हिस्से में खाद्य पदार्थों द्वारा होने वाली कई बीमारियाँ फैलती हैं। खाद्य कानूनों के मुख्य उद्देश्यों का संक्षिप्त वर्णन इस प्रकार से है:

1) मिलावट के कारण होने वाले स्वास्थ्य को खतरों से उपभोक्ता की रक्षा करना।
2) अनुचित व्यापार आचरण से उपभोक्ता को सुरक्षा प्रदान करना।
3) उचित व्यापार आचरणों को सुनिश्चित करना व उनको लागू करवाना।

इस मामले में उपभोक्ताओं के हितों की रक्षा के लिए हमारे देश की सरकार ने कई कानून पारित किए हैं। जिन कानूनों से हमारा प्रत्यक्ष संबंध है।

खाद्य मिलावट एवं रोकथाम संबंधी कानून– संक्षेप में इसे पी.एफ.ऐ. अधिनियम भी कहते हैं। यह कानून 1 जून 1955 में लागू किया गया था। इस कानून का संबंध बेचे गए खाद्य पदार्थों से है। यह स्पष्ट शब्दों में खाद्य अपमिश्रक व मिलावटी खाद्य पदार्थों को पारिभाषित करता हैं इसके अनुसार निम्नलिखित में से किसी एक के होने पर भी उस खाद्य पदार्थ को मिलावटी माना जा सकता है:–

1) घटिया या सस्ते पदार्थों का अधिमिश्रण।
2) खाद्य पदार्थ में से किसी उच्च कोटि के अवयव का निष्कर्षण।
3) अस्वास्थ्यकर स्थिति में तैयार व पैकेट बंद करना।
4) कीड़े लगे/खाए खाद्य पदार्थों को बेचना।

5) किसी बीमार जानवर से खाद्य पदार्थ प्राप्त करना।

6) किसी विषैले पदार्थ को मिलाना

7) इस्तेमाल किए गए पात्रों में से कुछ हानिकारक पदार्थों का प्रवेश।

8) खाद्य पदार्थों के लिए अनुमोदित रंग व परिरक्षक ना डालना या फिर रंग व परिरक्षक अनुमोदित मात्रा से अधिक डालना।

9) अवमानक पदार्थों की बिक्री जो स्वास्थ्य के लिए हानिकारक भी हो सकते है।

यह सब पी.एफ.ऐ. अधिनियम (खाद्य अपमिश्रण निवारण अधिनियम) के अंतर्गत मना है मिलावटी खाद्य पदार्थ बेचने वाले व्यक्तियों की अपराध की गंभीरता को मददेनजर रखते हुए सज़ा दी जा सकती है। यह अधिनियम राज्य सरकारों व स्थानीय प्राधिकारियों द्वारा लागू किया जाता है। वह विश्वसनीय व तत्काल विश्लेषण के लिए प्रयोगशालाओं तथा पी.एफ.ए एक्ट को लागू करने की व्यवस्थाओं की सुविधा भी प्रदान करते हैं। स्थानीय स्वास्थ्य अथवा खाद्य प्राधिकरियों के पास विपण्य खाद्य पदार्थों की जाँच एवं विश्लेषण तथा मिलावटी पाए जाने पर उनकी बिक्री पर रोक लगा पाने के अधिकार होते हैं।

पी.एफ.ऐ. अधिनियम खाद्य कोटि की न्यूनतम मूलभूत आवश्यकताओं के मार्ग निर्देशक है। यह निर्देशन मुख्यतः उपभोक्ताओं को विषैले खाद्य पदार्थों से स्वास्थ्य पर पड़ने वाले हानिकारक प्रभावों से सुरक्षा प्रदान करने के लिए बनाए गए है। इस अधिनियम के अंतर्गत खाद्य पदार्थों पर लेबल लगाने की अनिवार्यता को भी ध्यान में रखा गया है।

आपने ऐसे कई लेबल देखे होंगे जिन्हें देखकर लगता है कि वह किसी परिचित पदार्थ से मिलते–जुलते हैं। अक्सर नाम मे थोड़ी सी तबदीली की हुई होती है या फिर पैकेट की रचना किसी और पदार्थ से मिलती–जुलती होती है। पी.एफ.ऐ के अनुसार उसे गलत मार्क (misbranding) कहा जाता है तथा वह इस अनाचार से निबटने के लिए उपाय भी बताती है।

(ख) वे कौन से विभिन्न कारक हैं जो भोजन के बजट को प्रभावित कर सकते हैं? संक्षेप में वर्णन कीजिए।

उत्तर – जून 2008, प्रश्न.5 (ख)

(ग) भोजन परिवेषण संस्था में बनाए जा सकने वाले विभिन्न रिकार्डों का वर्णन कीजए।

उत्तर – देखें इकाई–28, प्रश्न–4

प्रश्न. 5 (क) मध्याह्न आहार कार्यक्रम के प्रमुख उद्देश्य क्या हैं? इस कार्यक्रम के घटकों और लाभार्थियों का वर्णन कीजिए।

उत्तर – जून–2008, प्रश्न . 3 (ख)

(ख) खाद्य–पदार्थों का पौष्टिक मान बढ़ाने वाले उपयों का वर्णन कीजिए, अपने उत्तर के पक्ष में उदाहरण दीजिए।

उत्तर – दिसम्बर 2008, प्रश्न.8 (1)

(ग) रिकेट्स के नैदानिक लक्षणों का वर्णन कीजिए। इस विसंगति की रोकथाम और उपचार के उपय बताइए।

उत्तर – देखें इकाई–19, प्रश्न– (2)

उपचार व रोकथाम– बच्चे को रिकेट्स से बचाने में महत्वपूर्ण कारक पर्याप्त मात्रा में धूप का मिलना है। उल्लखेनीय है कि दूध विटामिन डी का मुख्य स्रोत नहीं है। इस बीमारी के उपचार के लिए विटामिन डी और कैल्सियम की पर्याप्त मात्रा ग्रहण करना महत्वपूर्ण है। सूर्य की रोशनी के अतिरिक्त कुछ मछली के यकृत का तेल और अंडे के पीले भाग में ही विटामिन डी पाया जाता है। अतः प्रतिदिन के आहार में इन खाद्य पदार्थों को शामिल करके रिकेट्स की रोकथाम की जा सकती है।

अस्थिमृदुता (Osteomalacia)-विटामिन डी की कमी से होने वाले रोगों में अस्थिमृदुता भी एक रोग है जो प्रायः जननीय आयु की स्त्रियों में ही देखने को मिलता है। यह उन स्त्रियों में ज्यादातर होता है, जो बार–बार गर्भवती होती हैं।

लक्षण–इस रोग का महत्वपूर्ण लक्षण है–पसलियों, कूल्हे की हड्डी, पीठ तथा टाँगों में दर्द होना। इस बीमारी से मांसपेशियों में कमजोरी आ जाती है और आमतौर पर महिला को सीढ़ियाँ चढ़ने में कठिनाई होती है।

उपचार–प्रतिदिन विटामिन डी की दवा देना भी एक विकल्प है। साथ ही पूरक के रूप में कैल्सियम भी देना चाहिए।

रोकथाम–मुख्य रूप से सूर्य की रोशनी अस्थिमृदुता की रोकथाम का सर्वोत्तम तरीका है।

प्रश्न. 6 उचित उदाहरणों द्वारा निम्नलिखित कथनों की पुष्टि कीजिए।

(क) आयु व लिंग कुछ पोषक तत्त्वों की जरूरतों को प्रभावित करते हैं।

उत्तर – देखें इकाई–6, प्रश्न–2

(ख) शिशुओं के लिए माँ का दूध सर्वोत्तम आहार है।

उत्तर – प्रसव के पहले तीन या चार दिन तक माँ के स्तनों से गाढ़ा चिपचिपा, पीले रंग का तरल स्रावित होता है। इसे नवदुग्ध कहते हैं। नवदुग्ध बच्चे के लिए बहुत लाभदायक होता है क्योंकि यह पोषक तत्त्वों से भरपूर होता है और साथ ही इसमें जीवन–रक्षक गुण होते हैं। नवदुग्ध से रोगप्रतिकारकों (antibodies) तथा श्वेत रक्त कणिकाओं की सान्द्रता या मात्रा काफी अधिक होती है। जो कि नवजात शिशु की संक्रमणों से रक्षा करती है। नवदुग्ध में कुछ

वृद्धि–वर्धक पदार्थ भी पाए जाते हैं। शिशु के शरीर में ये सभी पदार्थ नहीं पाए जाते तथा न ही उनके शरीर में इन पदार्थों के निर्माण की क्षमता होती है। ये पदार्थ केवल नवदुग्ध से ही प्राप्त होते हैं। अतः यह अनिवार्य हो जाता है कि शिशु को पहले दिन से ही स्तनपान कराना आरंभ कर देना चाहिए।

(ग) मोटापे में रेशे के अंतर्ग्रहण को बढ़ाने की सलाह दी जाती है।

उत्तर : आहार व्यवस्था में परिवर्तन–मोटापे में आहार व्यवस्था करते समय निम्नलिखित बातों का ध्यान रखना चाहिए।

1) **कुल अंतर्ग्रहित मात्रा पर नियंत्रण**–एक मोटे व्यक्ति द्वारा खाद्य पदार्थों की कुल अंतर्ग्रहित मात्रा पर नियंत्रण करने के लिए प्रत्येक आहार में खाए जाने वाले खाद्य पदार्थों की सूची बनाइए। आहारों के बीच के समय में खाए जाने वाले पदार्थ जैसे बिस्कुट, नमकीन, मिठाई, टॉफी या चाकलेट इत्यादि को न भूलें, शुरू में मुख्य आहारों पर नियंत्रण न लगाएँ। सबसे पहले आहारों के बीच के समय में खाए जाने वाले खाद्य पदार्थों की मात्रा कम करें। समय के नियमित अंतराल पर कम ऊर्जा वाले भोजन ही परोसे जाने चाहिए। ध्यान रखें कि वह व्यक्ति प्रत्येक आहार के समय आहार अवश्य ले वरना अगले आहार के समय वह और अधिक खाएगा। कुछ पढ़ते हुए या टेलीफोन देखते हुए भी नहीं खान चाहिए।

2) **वसा और वसा से भरपूर खाद्य पदार्थों के अंतर्ग्रहण को कम करें :** घी, तेल और मक्खन के रूप में वसा के अंतर्ग्रहण पर नियंत्रण रखें। अगर यह देने ही हैं तो खाद्य तेल के रूप में ही दिया जाना चाहिए। घी और मक्खन जैसे संतृप्त वसा न लें (इनमें संतृप्त वसा और कोलेस्ट्रॉल की मात्रा अधिक होती है जिससे मोटे व्यक्तियों में हृदय रोग और मधुमेह होने की संभावना अधिक हो जाती है) मांस, केक, पेस्टी, तले हुए अल्पाहार, गिरीदार फल और तिलहन जैसे वसा से भरपूर खाद्य पदार्थ लेने से बचे।

3) **प्रोटीन सब्जियाँ तथा पीले व खट्टे रसदार फल (मौसमी, संतरा आदि) और अधिक दें :** इनसे सुरक्षात्मक और शरीर को सुचारु रूप से चलाने वाले पोषक तत्त्व मिलते है।

4) **रेशेदार खाद्य पदार्थ और अधिक मात्रा में दें:** साबुत अनाज, साबुत दाले, रेशेदार फल और सब्जियाँ। रेशेदार खाद्य पदार्थों से ऊर्जा (कैलोरी) कम मिलती है और चूँकि इनसे अधिक संतृप्ति मिलती है और दोबारा जल्दी से भूख नहीं लगती।

मोटापे के उपचार में आहार व्यवस्था में बदलाव लाने के अलावा शारीरिक व्यायाम और मानसिक तौर पर सहयोग प्रदान करना भी महत्वपूर्ण है।

(घ) भोजन परिवेषण संस्था में व्यंजन–सूची की योजना सभी गतिविधियों का केन्द्र है।

उत्तर – व्यंजन सूची (मेन्यू) को निश्चित करना–मीना व्यंजन सूची बनाते समय निम्नलिखित बातों को ध्यान में रख सकती है।

1) आसानी से बनने वाला हो।

2) जिनकी मात्रा व कोटि से ग्राहक संतुष्ट हो।

3) पौष्टिकता पर्याप्त हो।

4) आसानी से पैक हो जाने वाला हो

5) स्वीकृत और पहचाना हुआ हो।

6) जिसका मूल्य उचित हो।

व्यंजन सूची को नियोजित करते समय मीना ने केवल उन्हीं व्यंजनों को सम्मिलित किया जिन्हें बनाने में वह अपने–आपको कुशल समझती थी। फिर उसने हर व्यंजन की मात्रा की आवश्यकता का हिसाब लगाया। एक गृहिणी होने के नाते मीना को इस बात का अंदाजा था कि भोजन की कितनी मात्रा एक व्यक्ति को संतुष्ट करने के लिए पर्याप्त है। इतना ही नहीं, उसे खाद्य पदार्थों के पोषकमान की भी जानकारी थी।

मीना ने व्यंजन सूची के व्यंजनों की मात्रा का उनके ऊर्जा, प्रोटीन, विटामिन व खनिज के योगदान के लिए मूल्यांकन किया। वैसे उसे प्रत्येक खाद्य पदार्थ के पोषकमान की सही व उचित जानकारी तो थी नहीं, फिर भी वह यह कि अनाज, दालों, सब्जियों व दूध के पदार्थों के आनुपातिक सम्मिश्रण से आवश्यक पोषक तत्त्व पर्याप्त मात्रा में उपलब्ध हो पाएंगे। इसी आधार पर उसने ऐसे व्यंजनों का नियोजन किया जिनसे एक व्यक्ति को 80–100 ग्राम अनाज, 30 ग्राम दालें, 100–150 ग्राम सब्जियाँ तथा 100 मिली दही उपलब्ध हो। मीना के विचार में यह मात्रा दफ्तर जाने वाले एक अल्पश्रमिक व्यक्ति को दिनभर के पोषक तत्त्वों की प्रस्तावित दैनिक मात्रा का एक–तिहाई हिस्सा प्रदान करने के लिए पर्याप्त थी।

इसके बाद मीना ने प्रत्येक व्यंजन के तैयार रूप पर गौर किया, क्योंकि वे उस रूप में होने चाहिए थे जिसे आसानी से पैक किया जा सके। इसलिए उसने व्यंजनों की संख्या को अनाज व सब्जियों के समिश्रण जैसे कि पकौड़ी वाली चटनी या कढ़ी के रूप में बनाकर कम रखने का निर्णय लिया। उसने पूरी–परांठे व फ्राइड चावलों का चयन किया, क्योंकि वे कुछ समय तक बिना खराब हुए रखे जा सकते हैं।

उसने इस बात का पूरा ध्यान रखा कि बनाई गई व्यंजन सूची ग्राहकों की अभिरुचियों के अनुसार ही हो। इस तरह उसने सुनिश्चित कर लिया था कि ग्राहक उसके द्वारा बनाए गए आहार को खरीदने में तत्पर होंगे।

उसने ग्राहकों से बातचीत करने के पश्चात प्रति लंच पैक 8 रूपए से ज्यादा नहीं रखा अर्थात् पैक्ड लंच का मूल्य निर्धारण सरिता ने अपने और ग्राहकों के तालमेल पर तैयार किया। उसने इस बात को भी पूरा ध्यान रखा कि आहार के विक्रय के मूल्य में सभी व्यय सम्मिलित होने चाहिए, साथ ही उनमें से यथोचित मुनाफा भी मिलना चाहिए।

प्रश्न. 7 (क) गर्भावस्था के दौरान होने वाली शरीरक्रियात्मक परिवर्तनों का वर्णन कीजिए। ये गर्भवती महिला की पोषक तत्त्वों की जरूरतों को किस प्रकार प्रभावित करते है? चर्चा कीजिए।

उत्तर – देखें इकाई–8, प्रश्न–3

(ख) पैक्ड ऑफिस लंच प्रदान करने के लिए घर में सेवा प्रारंभ करने हेतु आवश्यक संसाधनों का वर्णन कीजिए।

उत्तर – इसके बाद सरिता ने अपने आहार परिवेषण संस्था को सुचारु ढंग से चलाने के लिए कुछ महत्वपूर्ण साधनों की जरूरत थी। जैसे–धनराशि, खाद्य पदार्थ, कार्यकर्त्ता (जो उसे आहार बनाने व लंच पैक करने में मदद करें) तथा उपकरण। इन साधनों का जुगाड़ कर पाने के पश्चात कोई भी व्यक्ति अपनी आहार परिवेषण संस्था का संचालन कर सकता है।

इन मुख्य साधनों के अतिरिक्त जो एक अति महत्वपूर्ण साधन है वह है समय। सरिता का व्यापार तभी सफल हो सकता था यदि ग्राहकों तक व्यंजन समय पर पहुँच जाए। बेहतर कोटि का आहार बनाकर उपभोक्ताओं तक समय पर पहुँचाने के लिए उसको उपलब्ध समय के बेहतरीन उपयोग का नियोजन करना था।

इन साधनों के अतिरिक्त जिस पर सरिता ने काफी ध्यान रखा, वह था संस्था के ग्राहक क्योंकि ग्राहकों की खुशी और पसंद पर ही सरिता का लाभ कमाना निर्भर था। अतः अपनी संस्था के सफल संचालन के लिए सरिता ने विभिन्न साधनों की तरह ग्राहकों की संतुष्टि व उनकी पसंद का काफी ध्यान रखा। उन्हें खुश रखने की पूरी कोशिश की।

इस प्रकार सरिता एक ऐसी समझदार भोजन परिवेषण संस्था चलाने वाली स्त्री थी, जिसने व्यक्तियों की मदद से कच्चे खाद्य पदार्थों को आहारों में परिवर्तित किया, उपकरणों की मदद से व्यक्तियों को अधिक कार्यकुशल बनाया तथा कार्य को समय पर सम्पन्न करने के लिए कार्यकर्त्ताओं को परस्पर मिलकर काम करने व उपकरणों के सही इस्तेमाल करने की सफल कोशिश की।

(ग) भोजन परिवेषण संस्था के लिए उपकरणों का चयन करते समय आप किन बातों को ध्यान में रखेंगे?

उत्तर – देखें इकाई–30, प्रश्न–1

प्रश्न. 8 निम्नलिखित में से किन्हीं चार पर संक्षिप्त टिप्पणियाँ लिखिए।

(क) स्कूलपूर्व बच्चों को आहार देते समय विचारणीय बातें

उत्तर – स्कूलपूर्व बच्चों के लिए आहार नियोजन करते समय निम्नलिखित बातें ध्यान में रखनी चाहिए :

(i) सर्वप्रथम आहार नियोजन करते समय यह देखना पड़ेगा कि आहार नियोजन किसके लिए किया जा रहा है। फिर यह देखना होगा कि बच्चा किस आयु वर्ग का है। 1–3 वर्ष या 4–6

वर्ष का, फिर उसका आय वर्ग क्या है, और वह किस क्षेत्र का निवासी है? इन सारी बातों को ध्यान में रखकर ही स्कूलपूर्व बच्चों के लिए आहार नियोजन बनाया जा सकता है।

(ii) स्कूलपूर्व बच्चे की वृद्धि तथा विकास के लिए ऊर्जा, प्रोटीन, कैल्सियम, वसा, लौह तत्त्व तथा विटामिन ए काफी जरूरी होते हैं। अतः आहार नियोजन के लिए इन सारे पोषक तत्त्वों को ध्यान में अवश्य रखना चाहिए।

(iii) स्कूलपूर्व बच्चों के आहार में तीनों खाद्य वर्गों में से कम से कम एक खाद्य पदार्थ को अवश्य सम्मिलित करना चाहिए।

(iv) स्कूलपूर्व बच्चों का आहार नियोजित करते समय हमें हमेशा नियमित आहार पद्धति को अपनाना जरूरी होता है। अतः बच्चों को आहार कम मात्रा में परंतु अधिक बार थोड़े–थोड़े समय के अंतराल में देना चाहिए। यह उल्लेखनीय है कि आहार पद्धति का चयन स्कूलपूर्व बच्चे की आयु पर निर्भर करता है। एक दिन में तीन मुख्य आहार के अतिरिक्त 2 या 3 आहार देना फायदेमंद सिद्ध होता है।

(v) यहाँ बच्चों का आहार बनाते समय इस बात का पूरा ध्यान रखना चाहिए कि अल्पाहार से औसतन 300–400 कि. कैलोरी बच्चे को मिलनी चाहिए। परन्तु इस बात का भी ध्यान रखना चाहिए कि बच्चे को दिए जाने वाले व्यंजन का भार अधिक न हो।

(vi) आहार नियोजन के क्रम में स्कूलपूर्व बच्चों की रुचि तथा अभिरुचियों का भी ख्याल रखना चाहिए।

(vii) इस बात का भी ध्यान रहे कि खाना न तो ज्यादा गर्म और न ही ज्यादा ठंडा हो, बल्कि खाना हल्का गर्म होना चाहिए।

(viii) इस बात को भी देखा गया है कि बच्चे स्वाद के प्रति काफी संवदेनशील होते हैं। अतः उनके आहार में मंद गंध वाले खाद्य पदार्थों को ही सम्मिलित करना चाहिए, वे बहुत तीव्र गंध वाले खाद्य पसंद नहीं करते हैं।

(ix) इस अवस्था वाले बच्चों का पर्याप्त तथा तृप्ति प्रदान करने वाला आहार देना चाहिए। स्कूलपूर्व बच्चों के लिए निम्नलिखित अल्पाहार प्रयोग में लाने चाहिए। जैसे–गेहूँ बेसन की लोइयाँ अर्थात् (दोनों से बने लड्डू) पकौड़े, पालक–टमाटर, चने से बनी टिक्की, अंडे से तैयार सैंडविच, पालक–मूँगफली से तैयार बर्फी, साबूतदाने, मूँगफली से तैयार बड़ा, वेजिटेबल कटलेट आदि। ये सभी उस अवस्था के बच्चों के लिए आकर्षक, स्वास्थ्यवर्द्धक तथा स्वादिष्ट अल्पाहार होता है।

(ख) सामान्य दृष्टि बनाए रखने में विटामिन ए की भूमिका।

उत्तर – देखें इकाई–4, प्रश्न–1

(ग) पोषण कार्यक्रम की सफलता के लिए पोषण शिक्षा का महत्व

उत्तर – कई बार किसी विशेष विटामिन या खनिज लवण की मात्रा उपलब्ध होने के बावजूद लाभार्थी तक पहुँच नहीं पाती। स्वास्थ्य कार्यकर्त्ता के हाथ और लाभार्थी मुँह के बीच की कड़ी ''स्वास्थ्य जागरूकता और पोषण शिक्षा के अभाव'' के कारण से टूटती है। नीचे दिया गया

उदाहरण इन दोनों भावों का महत्व बताता है। आंध्र प्रदेश में रंगारेड्डी जिले में यौनहरम और डोमा के प्राथमिक स्वास्थ्य केन्द्रों में किए गए अध्ययन से यह पता चला कि लाभार्थियों में एनीमिया के विषय में बहुत कम जागरूकता थी। कुछ लोगों ने एनीमिया के कुछ संकेत (चिन्ह) और लक्षण बताए जैसे–थकावट, सिर चकराना, पसीना आना, कम भूख लगना और पैरों का सुन्न होना आदि। लेकिन उन्होंने इन लक्षणों को इतनी गंभीरता से नहीं लिया कि वे इनके कारण गोलियाँ खानी शुरू कर दें। जिन कुछ लोगों ने दवाईयाँ ली, उन्होंने खाने के बाद परेशानी महसूस की–जैसे उदर में दर्द, उल्टी आना, काला मल या अतिसार।

लोगों को गोलियाँ देने से पहले कुछ प्रश्नों के जवाब देने जरूरी हैं–जैसे एनीमिया क्या है? एनीमिया के दुष्प्रभाव क्या होते हैं? उन्हें कौन सी गोलियाँ दी जा रही हैं? क्या ये गोलियाँ उन्हें स्वास्थ्य केन्द्रों से मिलने वाली गर्भ–निरोधक गोलियों जैसी ही हैं या अलग हैं? इन गोलियों से उन्हें क्या लाभ होंगे? इन गोलियों के क्या सह–प्रभाव है? अगर वे इन सह–प्रभावों को महसूस करें तो क्या वे इन गोलियों का सेवन बंद कर दें? बच्चों को विटामिन ए की खुराक देने का सही समय क्या है? वे आयोडीनकृत नमक कहाँ से प्राप्त कर सकते हैं? अगर वे बिना आयोडीनकृत नमक का सेवन करते रहें तो उन्हें क्या हानि हो सकती है?

स्वास्थ्य कल्याण मंत्रालय के विभिन्न विभागों से स्वास्थ्य कर्मचारी, स्वयंसेवी संस्थाएँ और सामाजिक कार्यकर्त्ता स्वास्थ्य और पोषण संबंधी जानकारी लोगों तक पहुँचाने में मदद कर सकते हैं। इसके लिए दृश्य–श्रव्य (सुनने और देखने की सहायक) वस्तुओं जैसे चार्ट, मॉडल (नमूने), फलैश कार्ड, पोस्टर, कठपुतलियाँ और रेडियो और टेलीविजन के कार्यक्रम तथा लिखित सामग्री इत्यादि का प्रभावपूर्ण प्रयोग कर सकते हैं। हो सकता है, आप कुछ दृश्य–श्रव्य वस्तुओं और किसी संदेश के प्रचार में उनके प्रयोग से परिचित न हों। परिशिष्ट 1 में ''पोषण शिक्षा'' और पोषण संबंधी संदेशों को लोगों तक पहुँचाने में दृश्य–श्रव्य वस्तुओं के प्रयोग के विषय में विस्तृत विवरण दिया गया है। इस परिशिष्ट में उपरोक्त उद्देश्य के लिए कुछ सरल पोषण संबंधी सामग्री बनाने की कला और तकनीकों के विषय में भी बताया गया है। ऊपर बताए गए अध्ययन में लाभार्थियों में अधिक चेतना जगाने के लिए जो तरीके प्रयोग किए गए थे, वे इस प्रकार हैं–कुछ भाषाओं में एक पत्रिका–न्यूट्रीशिन (अंग्रेजी), पोषण (हिन्दी), पोषण (तेलुगु)। ये पत्रिकाएँ लोगों में काफी प्रचलित हुई। कुछ वीडियों फिल्में भी बनाई गई। टेलीविजन पर इनके प्रसारण की व्यवस्था भी की गई। ऑल इंडिया रेडियो, हैदराबाद से ''पोषण'' और ''स्वास्थ्य'' के विषयों पर प्रसारण किया गया। इसके फलस्वरूप पाया गया कि अधिकांश लाभार्थियों ने गोलियाँ लेने में अपनी इच्छा जाहिर की।

(घ) पोषणज एनीमिया नियंत्रण संबंधी राष्ट्रीय कार्यक्रम।

उत्तर – देखें इकाई–23, प्रश्न–1

(ङ) मसालों में मिलावट

उत्तर – दिसम्बर 2007, प्रश्न.5 (ख)

ए.एन.सी.–1 : समुदाय के लिए पोषण
दिसम्बर, 2009

नोट: कुल पाँच प्रश्नों के उत्तर दीजिए। अनिवार्य है। सभी प्रश्नों के अंक समान है।

प्रश्न 1. (क) निम्नलिखित को 2–3 वाक्यों में स्पष्ट कीजिए।

i) उपचय

ii) बीटा कैरोटीन

iii) अमाइलेज की प्रचुरता वाले खाद्य पदार्थ (ए आर एफ)

iv) हाइड्रोनीकरण

v) विशेष वर्णन

उत्तर (i) उपचय–वह सभी रासायनिक अभिक्रियाएँ जिनमें सरल पदार्थ, जटिल पदार्थों में बदल जाते है, उपचय कहलाती है।

उत्तर (ii) बीटा कैरोटीन–यह वनस्पतिजन्य खाद्य पदार्थों में सबसे अधिक पाया जाने वाला कैरोटिनाइड है जैसे–आम, पपीता तथा गाजर आदि।

उत्तर (iii) अमाइलेज की प्रचुरता वाले खाद्य पदार्थ (ए आर एफ)–आमाशय में कार्बोज के पाचन का मुख्य स्थान है। छोटी आँत में कार्बोज को पचाने वाला मुख्य एंजाइम अगन्याशय से निकलने वाला उनमाइलेज हैं। यह ग्लूकोस की कई मूल इकाईयों के जुड़ने से बनता है। जैसे–चावल, गेहूँ, मक्का आदि।

उत्तर (iv) हाइड्रोनीकरण–वह अभिक्रिया जिसके दौरान हाइड्रोजन साधारणतः द्विसंयोजन व त्रीसंयोजन का निर्माण करते हैं और हाइड्रोजन का एक तत्त्व अलग हो जाता है इसे हाइड्रोनीकरण कहते है।

उत्तर (v) विशेष वर्णन–किसी व्यक्ति, क्षेत्र और किसी वस्तु आदि से संबंधित विशेष जानकारी को उसका विशेष वर्णन कहते हैं।

ख) कॉलम क को कॉलम ख से मिलान कीजिए।

कॉलम क	**कॉलम ख**
i) आयोडीन की कमी से होने वाली विसंगतियां	1) ऐथिरोकाठिन्य
ii) फ्लुओरोसिस	2) कीटोनमयता
iii) स्कर्वी	3) निर्जलीकरण

iv) राईबोफ्लेविन हीनता	4) जन्म के समय कम वजन
v) जीरोप्थैलमिया	5) क्रेटीनता
vi) अतिसार/दस्त	6) मसूड़ों का फुल जाना और उनमें से रक्त बहना
vii) मोटापा	7) कीलोसिस
viii) मधुमेह	8) अत्यधिक खाना
ix) हृद्‌यधमनी रोग	9) दाँतों का कर्बुरण
x) मातृक कुपोषण	10) बिटोट बिंदु

उत्तर. (ख) i) क्रेटीनता
ii) दाँतो का कर्बुरण
iii) मसूड़ों का फुल जाना और उनमें से रक्त बहना
iv) कीलोसिस
v) बिटोट बिंदु
vi) निर्जलीकरण
vii) अत्यधिक खाना
viii) कीटोनमयता
ix) ऐथिरोकाठिन्य
x) जन्म के समय कम वजन

प्रश्न 2. (क) ''भोजन विभिन्न खाद्य–पदार्थों का जटिल सम्मिश्रण है'', उचित उदाहरण देते हुए इस कथन की पुष्टी कीजिए।

उत्तर – भोजन से अभिप्राय उन सभी पौष्टिक तत्त्वों से है जो शरीर को पौष्टिकता प्रदान करते है। भोजन में सभी पदार्थ ठोस, अर्द्ध–तरल और तरल रुप से शामिल होने आवश्यक होते है, आप जानते है कि भोजन आपके शरीर की एक मूलभूत आवश्यकता है। भोजन में कुछ ऐसे रासायनिक पदार्थ होते हैं जो हमारे शरीर के लिए महत्त्वपूर्ण कार्य करते हैं। भोजन से मिलने वाले इन रासायनिक पदार्थों को पोषक तत्त्व कहते हैं यदि ये पोषक तत्त्व हमारे भोजन में उचित मात्रा में विद्यमान नहीं हों तो इसका परिणाम अस्वस्थता या कई बार मृत्यु तक हो सकती है।

भोजन में पोषक तत्त्वों के अलावा, कुछ अन्य रासायनिक पदार्थ भी होते हैं जिनको अपोषक तत्त्व (non-nutrients) कह सकते हैं–जैसे कि भोजन को उसकी विशेष गंध देने वाले पदार्थ, भोजन में पाए जाने वाले प्राकृतिक रंग आदि। अतः भोजन पोषक तत्त्वों और अपोषक तत्त्वों का जटिल मिश्रण है।

(ख) पोषण में संतुलन की संकल्पना का वर्णन कीजिए।

उत्तर – संतुलन की इस संकल्पना को कैल्सियम और फॉस्फोरस के उदाहरण की व्याख्या द्वारा समझा जा सकता है। यदि दैनिक आहार में बहुत अधिक फॉस्फोरस हो तो यह शरीर द्वारा कैल्सियम के अवशोषण को रोकता है। इस प्रकार फॉस्फोरस और कैल्सियम में सही अनुपात न होने के कारण हड्डियों और दाँतों की संरचना और कार्यों पर प्रभाव पड़ता हैं। भोजन में कैल्सियम, फॉस्फोरस और अन्य पोषक तत्त्वों को सही मात्रा से लेकर इस संतुलन को बनाए रखा जा सकता है।

व्यापक संदर्भ में, संतुलन शब्द का अर्थ यह है कि शरीर के लिए आवश्यक पोषक तत्त्व सही मात्रा और सही अनुपात में होने चाहिए। इससे शरीर को निस्संदेह स्वस्थ रखा जा सकता है।

(ग) संतुलित आहारों की योजना बनाने में सम्मिलित चरणों की सूची बनाइए।

उत्तर – संतुलित आहार नियोजन के मुख्य चरणों का वर्णन निम्नलिखित हैं :

(1) व्यक्ति व उसके गुणों को पहचानना : आहार नियोजन के लिए आय, सामाजिक–आर्थिक पृष्ठभूमि, धर्म, क्षेत्र आदि महत्त्वपूर्ण पहलू हैं। इन सबको ध्यान में रखकर आहार नियोजन तैयार करना चाहिए।

(2) ऊर्जा व प्रोटीन की प्रस्तावित दैनिक मात्रा का अवलोकन : यदि आहार में प्रस्तावित दैनिक मात्रा के अनुसार ऊर्जा और प्रोटीन हो, तो वह आहार संतुलित आहार हो सकता है। याद रहें कि उसमें विटामिन व खनिज लवण के अच्छे स्रोत भी शामिल हों।

(3) विशिष्ट खाद्य वर्गों की कुल मात्रा निश्चित करना : आय के अनुसार विभिन्न खाद्य पदार्थों की मात्रा निश्चित करनी चाहिए। परन्तु मात्रा निश्चित करते समय ध्यान रखना चाहिए कि इससे ऊर्जा व प्रोटीन की प्रस्तावित दैनिक मात्रा पूरी हो जाए।

(4) आहार संख्या निश्चित करना : आहार संख्या अलग–अलग व्यक्तियों के लिए अलग–अलग होती है, जो कई बातों पर निर्भर करती है। जैसे–आय, स्कूल या दफ्तर की समय–सारणी व उपलब्ध सुविधाएँ।

निम्नलिखित दैनिक आहार की सूची देंखे। इससे स्पष्ट हो जाएगा कि किस वर्ग के लोग कितनी बार आहार लेते हैं :

क	ख	ग	घ
नाश्ता दोपहर का आहार रात्रि का आहार	नाश्ता दोपहर का आहार सायंकाल की चाय रात्रि का आहार	नाश्ता दोपहर–पूर्व का आहार दोपहर का आहार सायंकाल की चाय रात्रि का भोजन सोने से पूर्व का आहार	सुबह की चाय नाश्ता दोपहर–पूर्व आहार दोपहर–बाद का आहार सायंकाल की चाय रात्रि का भोजन सोने से पूर्व का आहार

'क'–निम्न आय वर्ग में आता है जबकि 'ख' और 'ग'–मध्य आय वर्ग में और 'घ'–उच्च वर्ग में प्रचलित है।

हमारे देश में विभिन्न आय वर्ग वाले अलग–अलग आहार लेते हैं जो ऊपर चार्ट से साफ जाहिर होता है।

इस प्रकार हम देखते हैं कि संतुलित आहार नियोजन एक बहुत ही महत्त्वपूर्ण विषय है जिसकी पूर्ण जानकारी सबको होनी चाहिए। यह व्यक्ति आय, व्यक्ति विशिष्ट कारक और क्षेत्र कारक हमारे भोजन के चयन और आहार पद्धति के निर्धारण में महत्त्वपूर्ण भूमिका निभाते हैं।

प्रश्न 3. (क) चाक्षुष चक्र में विटामिन ए की भूमिका का संक्षेप में वर्णन कीजिए।

उत्तर – रोडोप्सिन वास्तव में मंद प्रकाश में देखने में मदद करता है। जब आप तेज प्रकाश वाले कमरे से कम रोशनी वाले कमरे में जाते हैं तो कैसा महसूस करते हैं? निश्चित रूप से आप थोड़ी देर के लिए कुछ देख नहीं पाते हैं। ऐसा क्यों होता है? इसका कारण है कि रोडोप्सिन दीप्त प्रकाश में अपने अवयवों (प्रोटीन व विटामिन ए) में बदल जाता है, जिसके फलस्वरूप वह अपना कार्य नहीं कर पाता। फिर हम कम प्रकाश में कैसे देख पाते हैं? कम प्रकाश में रोडोप्सिन अपने अवयवों के मिलने से पुनः उत्पन्न हो जाता है। यदि आप इन घटनाओं पर ध्यान देंगे तो पाएंगे कि रोडोप्सिन पहले अपने अवयवों में टूट जाता है और तत्पश्चात पुनः उत्पन्न हो जाता है। चयापचय में यह एक चक्र का उदाहरण है और ''चाक्षुष चक्र'' (visual cycle) कहलाता है।

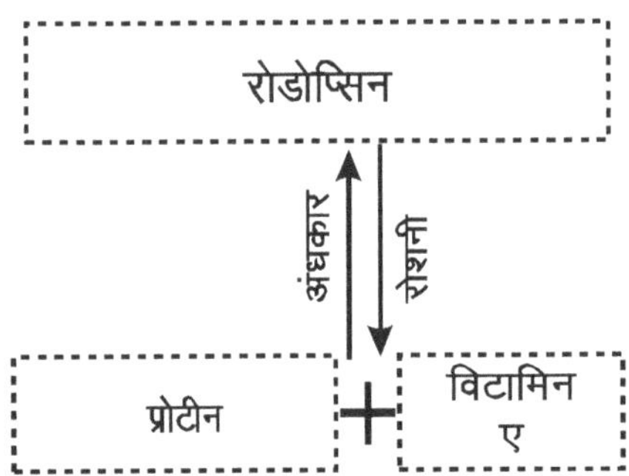

(ख) सह–एंजाइम क्या हैं? कौन से विटामिन सह–एंजाइमों का काम करते है और चयापचय में मदद करते है? उदारहणों द्वारा बताइए।

उत्तर – बी समुदाय के अंतर्गत निम्नलिखित विटामिन आते हैं :

थायमिन (बी$_1$), राइबोफ्लेविन (बी$_2$), नियासीन, फोलिक अम्ल तथा विटामिन बी$_{12}$।

ये सभी विटामिन सामान्यतः भोजन मे एक साथ पाये जाते हैं। ये विटामिन सहएंजाइम का कार्य करते हैं। ये कार्बोज, प्रोटीन व वसा के चयापचय में सहायक होते हैं। सहएंजाइम वे रासायनिक पदार्थ हैं, जो एंजाइम को प्रभावकारी कार्य करने में सहायता करते हैं। यहाँ यह

स्पष्ट कर देना जरूरी है कि सहएंजाइम की अनुपस्थिति में एंजाइम अपना कार्य कर पाते हैं।

थायमिन या विटामिन बी$_1$–थायमिन या बी$_1$ पशुजन्य तथा वनस्पतिजन्य खाद्य पदार्थों में व्यापक रूप से पाया जाता है। वसा, तेल तथा शर्करा के अतिरिक्त प्रत्येक खाद्य पदार्थ में यह विटामिन थोड़ी–बहुत मात्रा में पाया जाता है। साबुत दालों व अनाज में भी यह पाया जाता है। अनाज के संसाधन से इनमें उपस्थित थायमिन की मात्रा में भी परिवर्तन आ जाता है।

राइबोफ्लेविन या बी$_2$–राइबोफ्लेविन या बी$_2$ वानस्पतिक तथा पशुजन्य खाद्य पदार्थों में व्यापक रूप से पाया जाता है। दूध, कलेजी, गुर्दे, अंडे तथा हरी पत्तेदार सब्जियाँ इसके अच्छे स्रोत हैं। साबुत अनाज व दालों में यह कुछ मात्रा में पाया जाता है। एक औसत मिश्रित शाकाहारी भोजन में वर्णित चीजों के अतिरिक्त अंकुरित दालों व अनाज से हमारी राइबोफ्लेविन की आवश्यकता आसानी से पूरी हो जाती है।

राइबोफ्लेविन कार्बोज, वसा तथा प्रोटीन के चयापचय में महत्त्वपूर्ण भूमिका निभाता है। यह दो विशिष्ट सहएंजाइम का भाग है जो कार्बोज, वसा तथा प्रोटीन से ऊर्जा प्राप्ति में सहायता करते हैं।

नियासीन–राइबोफ्लेविन की भाँति नियासिन भी एक सहएंजाइम का भाग है जो कि कार्बोज, वसा तथा प्रोटीन से ऊर्जा प्राप्ति में सहायता करता है। यह मांस, मछली, अनाज, दालों, गिरीदार फल तथा तिलहन में काफी मात्रा में पाया जाता है। इसकी एक मौलिक विशेषता यह है कि यह ट्रिपटोफान नामक एमीनो एसिड से शरीर में निर्मित किया जा सकता है। उल्लेखनीय है कि दूध ट्रिपटोफान का एक बहुत अच्छा स्रोत है, परन्तु इसमें नियासीन अधिक मात्रा में नहीं पाया जाता। दूध के प्रोटीन में उपस्थित ट्रिपटोफान शरीर में नियासीन में परिवर्तित किया जा सकता है। इस प्रकार दूध से काफी मात्रा में नियासीन मिल जाता हैं

फोलिक अम्ल–हमारे भोजन में फोलिक अम्ल भी व्यापक रूप में पाया जाता हैं सामान्यतः कुछ मात्रा में फोलिक अम्ल शरीर में संगृहीत होता है। हरी पत्तेदार सब्जियाँ तथा विशेष अंगों (कलेजी, गुर्दे आदि) का मांस फोलिक अम्ल के अच्छे स्रोत हैं। इसके अतिरिक्त साबुत अनाज, दालें, अंडा, मुर्गा तथा दूध से बने खाद्य पदार्थ भी इसके अच्छे स्रोत हैं

फोलिक अम्ल रक्त–निर्माण में महत्त्वपूर्ण कार्य करता है। यह अम्ल लाल रुधिर कणिका के उचित विकास के लिए आवश्यक है।

विटामिन बी$_{12}$ या कोबालेमिन–यह केवल पशुजन्य खाद्य पदार्थों में ही पाया जाता है। यह कलेजी, गुर्दे, दूध, अंडे तथा समुद्री खाद्य पदार्थों में काफी मात्रा में पाया जाता। यह विटामिन बी$_{12}$ वानस्पतिक खाद्य पदार्थों में नही पाया जाता है। हमारे शरीर को विटामिन बी$_{12}$ की आवश्यकता बहुत कम होती है। दूध की थोड़ी–सी मात्रा के सेवन से इसकी जरूरत की पूर्ति हो जाती है।

इसका मुख्य कार्य पाचनतंत्र, तांत्रिकातंत्र तथा अस्थिमज्जा के सुचारु रूप से कार्य करने में सहायता देना है। फोलिक अम्ल की तरह विटामिन बी$_{12}$ भी अस्थिमज्जा की लाल रूधिर कणिकाओं के निर्माण के लिए उपयोग में लाया जाता है।

विटामिन सी–विटामिन सी को 'फ्रेश फूड' (Fresh Food) विटामिन भी कहा जाता है। यह हमारे शरीर के लिए अत्यंत महत्त्वपूर्ण है। यह ताजे फलों व सब्जियों में व्यापक मात्रा में पाया जाता है। यह ताजे खट्टे फल, जैसे–संतरा, मौसमी, नींबू तथा अन्य फल व सब्जियों में भी काफी मात्रा में पाया जाता है।

जैसे–सेब, आँवला, पपीता, हरी पत्तेदार सब्जियाँ, टमाटर, हरी मिर्च तथा शिमला मिर्च आदि। हमारे शरीर में एस्कॉर्बिक अम्ल शीघ्र अवशोषित हो जाता है तथा शरीर के विभिन्न ऊतकों में बँट जाता है। यह कुछ अंगों तथा ग्रंथियों, जैसे–तिल्ली, अस्थिमज्जा, यकृत, अग्न्याशय तथा आँख के रेटिना में सबसे अधिक सकेंद्रित होता है।

(ग) हमारे शरीर में कैल्सियम के अवशोषण को प्रभावित करने वाले कारकों का संक्षेप में वर्णन कीजिए।

उत्तर – कैल्सियम का अवशोषण मुख्य रूप से छोटी आँत के ऊपरी भाग में होता है। कैल्सियम के अवशोषण को कई तत्त्व प्रभावित करते हैं, जैसे–शारीरिक आवश्यकता, भोजन में उपस्थित पोषक तत्त्व, बाधक या अवरोधक पदार्थ आदि। तीव्र वृद्धि की आवश्यकता जैसे शिशुकाल में कैल्सियम के अवशोषण की दर बढ़ जाती है। भोजन में कार्बोज, प्रोटीन व विटामिन डी कुछ ऐसे पोषक तत्त्व हैं, जो कैलिसयम के अवशोषण को बढ़ाने में सहायता करते हैं। अवरोधक पदार्थ वे पदार्थ होते हैं जो कैल्सियम के अवशोषण में बाधा डालते हैं।

प्रश्न 4. उपयुक्त उदाहरणों द्वारा निम्नलिखित कथनों की पुष्टि कीजिए

(क) गर्भावस्था में पोषक तत्त्वों की आवश्यकताएँ प्रभावित होती हैं।

उत्तर – जून 2007, प्रश्न. 4 (ग) (1)

(ख) वयस्कों की ऊर्जा और बी–विटामिनों की आर डी आई सक्रियता स्तर पर निर्भर करती है।

उत्तर – वयस्कों की पोषक तत्त्वों की प्रस्तावित दैनिक मात्राओं पर सक्रियता स्तर का प्रभाव : कार्य के स्वरूप व सक्रियता स्तर के आधार पर विभिन्न व्यवसायों को तीन श्रेणियों में वर्गीकृत किया जा सकता है–अल्प, मध्यम व भारी।

(1) अल्प अर्थात् हल्का श्रम – वह व्यक्ति जो कि अधिकांश कार्य एक ही स्थान पर बैठकर केवल हाथ व मस्तिष्क के प्रयोग से करता है, अल्प श्रम करने वाला कहलाता है। उदाहरण के तौर पर शिक्षक, दर्जी, टाईपिस्ट, क्लर्क, ऑफिसर, गृहिणी–जिसके पास नौकर हों, अल्प श्रम करने वालों की श्रेणी में आते हैं।

(2) मध्यम श्रम अर्थात् न तो बहुत हल्का न बहुत भारी श्रम – अगर व्यक्ति कार्य करते समय अपने दोनों हाथ तथा पैरों का उपयोग लगातार तेजी से परंतु बिना घोर परिश्रम के करता है, तो वह मध्यम श्रम करने वाला व्यक्ति कहलाता है। इस वर्ग के अंतर्गत डाकिया,

नौकर, मछुवारे, खेतीहर मजदूर तथा वह गृहणियाँ जो अधिकांश घरेलू कार्य स्वयं करती हैं आते हैं

(3) भारी अर्थात घोर परिश्रम वाला कार्य – प्रतिदिन काफी लंबे समय तक हाथ–पैरों व अधिकांश मांसपेशियों का सक्रियता से निरंतर प्रयोग करने वाला व्यक्ति भारी श्रम करने वाला कहलाता है। रिक्शा चलाने वाले, पत्थर तोड़ने वाला, खानों (coal-mines) में कार्य करने वाले व कुली इस वर्ग के अंतर्गत आते हैं।

व्यावहारिक तौर से कार्य का स्वरूप पोषक तत्त्वों की आवश्यकता को प्रभावित करता है। वह व्यक्ति जो घोर परिश्रम करता है संभवतः उसे मध्यम या अल्प श्रम करने वाले व्यक्ति की तुलना में अतिरिक्त ऊर्जा की आवश्यकता होती है। अतः ऊर्जा तथा बी विटामिनों की प्रस्तावित दैनिक मात्राएँ सक्रियता स्तर पर निर्भर करती हैं। जैसे–जैसे सक्रियता स्तर बढ़ता है वैसे–वैसे ऊर्जा की आवश्यकता के साथ–साथ बी विटामिनों की आवश्यकता भी बढ़ जाती है। अन्य सभी पोषक तत्त्वों की आवश्यकताएँ सक्रियता स्तर पर आधारित नहीं होती है।

(ग) पूरक आहार की बनावट और गाढ़ापन शिशु की आयु पर आधारित होता है।

उत्तर – पूरक आहार एक क्रमिक प्रक्रिया है जो कि उस क्षण शुरू हो जाती है जब अन्य खाद्य पदार्थ (तरल खाद्य व्यंजन/ठोस खाद्य व्यंजन) शिशु को दिए जाते हैं तथा तब तक चलती है जब तक कि बच्चों द्वारा माँ का दूध पूर्ण रूप से लेना बंद नहीं होता। माँ के दूध के अतिरिक्त शिशु को दिए जाने वाले किसी भी अन्य खाद्य पदार्थ को पूरक आहार कहा जाता है। परंतु ऐसे कौन से पूरक आहार हैं जिन्हें शिशु को दिया जा सकता है? इन पूरक आहारों को किस आयु में देना शुरू करना चाहिए? किन खाद्य पदार्थों को शिशु आसानी से स्वीकार कर लेते हैं तथा पचा लेते हैं? इन खाद्य पदार्थों की कितनी मात्रा शिशुओं को देनी चाहिए। यह सब शिशु की आयु पर निर्भर करता है।

(1) शिशु शैशवकाल की कौन सी अवस्था में है 0–4 महीने, 4–6 महीने, 6–8 महीने या 9–12 महीने?

(2) उस विशिष्ट आयु में शिशु का संभावित (expected) शरीर भारत कितना होना चाहिए?

(3) शिशु का परिवार किस आय वर्ग से संबद्ध है।

(4) शिशु किस क्षेत्र का है?

(घ) भोजन के मामले में, समूह स्वीकृति किशोरों के लिए बहुत महत्त्वपूर्ण होती है।

उत्तर – दिसम्बर 2007, प्रश्न. 4 (घ)

प्रश्न 5. (क) खाद्य बजट बनाने में मितव्ययता लाने के लिए आप जिन तीन कारकों को अपनाएंगे, उनका विस्तार से वर्णन कीजिए।

उत्तर – दिसम्बर 2007, प्रश्न. 5 (घ)

(ख) निम्नलिखित की खाद्य–परिरक्षण विधियों की सूची बनाइए और उनमें सम्मिलित सिद्धांतों की जानकारी दीजिए।

–फलों का रस

–जैम

–माँस व मछली

उत्तर – देखें इकाई–15, प्रश्न–2

(i) फलों का रस : जैली केवल फल के रस से बनाई जाती है। साफ निकाले गए रस को, जिसमें पैक्टिन होता है, चीनी के निश्चित अनुपात (0.75 से 1.0 किलो चीनी प्रति एक किलो रस) के साथ इतना गाढ़ा होने तक उबाला जाता है कि ठंडा होने पर वह जम जाए। एक उत्तम जैली, सुंदर रंग की, पारदर्शक तथा कड़ी और छूने पर हिलनी चाहिए। वह शहद की तरह या चाशनी जैसी चिपचिपी नहीं होनी चाहिए। आप उसे चम्मच से काट सकें और चम्मच साफ निकलना चाहिए। इस प्रकार की जैली प्राप्त करने के लिए फल में एक तत्त्व होना चाहिए, जिसे पैक्टिन कहते हैं और कुछ मात्रा में अम्ल होना चाहिए, हमारे देश में जैली बनाने के लिए सर्वोत्तम फल अमरुद है।

(ii) जैम : गूदे और रस, दोनों से बनाए जाते हैं (और कई बार छिलके से भी)। पूरे फल जैसे स्ट्राबरी, रसबरी या फल के कटे हुए गूदे (आम, आडू, सेब) में चीनी की निश्चित मात्रा (0.75 से 1.0 किलो प्रति फल) के साथ जमने जितना गाढ़ा होने तक पकाया जाता है। यदि फल पर्याप्त रूप से अम्लीय नहीं है तो सुगंध और जमने की क्षमता बढ़ाने के लिए सिट्रिक अम्ल या नींबू का रस मिलाया जा सकता है। भारत में जैम बनाने के लिए अच्छे फल हैं अनन्नास, आम (कच्चा और पका हुआ) (आडू, खुमानी, सेब, स्ट्राबरी और रसबरी)।

(iii) माँस व मछली : अधिक समय तक संग्रहण के लिए मीट, मुर्गे का माँस और मछली को 6० सेंटीग्रेड तक हिमीकृत करना पड़ता है। इन खाद्य पदार्थों को सामान्य तापमान पर एक या दो घंटे से अधिक नहीं रखना चाहिए। यदि आपके पास फ्रिज की सुविधा न हो तो उन्हें एकदम पकाकर इस्तेमाल कर लेना चाहिए। अंगों के मीट जैसे जिगर, गुर्दे और दिमाग : अन्य मीट की अपेक्षा जल्दी खराब होते हैं। पिसे हुए मीट भी जल्दी खराब होते हैं क्योंकि उनका क्षेत्रफल बढ़ जाता है और उपकरणों द्वारा या प्रयोग के समय प्रदूषण की संभावना भी अधिक होती है।

प्रश्न 6. पी.ई.एम का लक्षणहीन रूप समुदाय में व्यापक रूप से पाया जाता है।'' पी.ई. एम. के इन लक्षणहीन रूपों का पता लगाने के लिए आप क्या उपाय करेंगे?

उत्तर – देखें दिसम्बर 2008, प्रश्न. 3(क)

(ख) निम्नलिखित के सबसे बड़े समूह और इनके अंतर्गत लाभों के वितरण की विधि का वर्णन कीजिए।

(1) अंधता की रोकथाम के लिए राष्ट्रीय रोग निरोधक कार्यक्रम।

उत्तर – देखें इकाई–23, प्रश्न. 2

(2) पोषणज एनीमिया नियंत्रण संबंधी राष्ट्रीय कार्यक्रम।

उत्तर – जून 2009, प्रश्न. 8 (घ)

(3) मध्याह्न आहार कार्यक्रम

उत्तर – जून 2008, प्रश्न. 3 (ख)

प्रश्न 7. उपर्युक्त उदाहरणों द्वारा निम्नलिखित का संक्षेप में वर्णन कीजिए।

(क) भोजन परिवेषण संस्था चलाने के लिए अनिवार्य संसाधन

उत्तर – देखें इकाई–27, प्रश्न–2

(ख) भोजन परिवेषण संस्थाओं में प्रयुक्त खरीदारी के तरीके या विधियाँ

उत्तर – अपने पुराने अनुभव से मोहन यह जानता था कि शीघ्र खराब न होने वाले खाद्य पदार्थों जैसे अनाज, दालें आदि को क्रय करने का तरीका शीघ्र खराब होने वाले खाद्य पदार्थ जैसे सब्जियों, दूध आदि से भिन्न होता है।

विभिन्न खाद्य पदार्थों की खरीदारी की आवृत्ति तथा तरीका मुख्यतः उनके संग्रहण काल, संग्रहण स्थान तथा व्यंजनः सूची के प्रयोग पर निर्भर करता है। अपने पूर्व अनुभव के आधार पर मोहन ने सबसे पहले क्रय अनुसूची (purchase schedule) बनाई। शीघ्र खराब न होने वाले खाद्य पदार्थों को दस दिन में एक बार खरीदने का निश्चय किया क्योंकि अधिक संग्रहण स्थान न होने के कारण वह इन पदार्थों को बहुत अधिक मात्रा में नहीं खरीदना चाहता था तथा उचित प्रकार से संग्रहण न करने के कारण होने वाली हानि तथा चोरी का खतरा नहीं लेना चाहता था।

खरीदारी की आवृत्ति का निर्णय लेने के पश्चात मोहन ने खरीदारी के तरीके के विषय में निर्णय लिया। चूंकि उसे एक समय में बहुत अधिक मात्रा में सामग्री नहीं खरीदनी थी, अतः उसने इन्हें थोक बाजार से खरीदना उचित नहीं समझा। उसने ऐसी दुकान की खोज की, जहाँ से उसे अच्छी किस्म (श्रेणी) के खाद्य पदार्थ सस्ते दामों में मिल सके। मीरा की भाँति उसे भी मालूम था कि सुपर बाजार तबा अन्य सहकारी भंडारों पर अच्छी श्रेणी की सामग्री सस्ते दामों पर मिलती है। अतः उसने शीघ्र खराब न होने वाले पदार्थ जैसे चावल, आटा, मैदा, बेसन, दालें, चीनी, तेल, चाय, कॉफी तथा मसाले वहाँ से खरीदने का निश्चय किया। उसने कम मात्रा में प्रयोग होने वाले पदार्थों का एक पैकेट तथा अधिक मात्रा में प्रयोग होने वाले पदार्थ जैसे चावल, आटा, तेल के बड़े पैकेट खरीदे जिससे वह सस्ता पड़े। जो खाद्य पदार्थ सुपर बाजार में उपलब्ध नहीं थे, उन्हें उसने कुछ स्थानीय फुटकर दुकानों पर उनकी श्रेणी तथा मूल्य की जाँच के उपरांत खरीदा।

शीघ्र खराब होने वाले पदार्थों की खरीदारी उसने स्थानीय मंडी तथा सहकारी सब्जी भंडार में की। अपनी व्यंजन सूची में मोहन ने आलू, प्याज तथा मौसमी सब्जियों का काफी मात्रा में प्रयोग किया था अतः इनको उसने स्थानीय सब्जी मंडी से अधिक मात्रा में इकट्ठा खरीदा,

जिससे उसे ये कम मूल्य में मिल पाई तथा वह खाद्य व्यय बजट की सीमा में ही रहा। दूध जैसे पदार्थ वह उस विक्रेता से खरीदता था जो स्वयं ही दूध को कैंटीन तक पहुँचा दे। बेकरी के पदार्थ जैसे ब्रेड, बन, पैटी आदि वह पास की बेकरी से निश्चित मूल्य पर प्राप्त करता था।

(ग) भोजन परिवेषण संस्था में सभी गतिविधियों के सर्वाधिक निर्णायक बिन्दु के रूप में आहार नियोजन

उत्तर – जून 2009, प्रश्न. 6 (घ)

(घ) भोजन परिवेषण संस्था में व्यय–विश्लेषण

उत्तर – देखें इकाई–28, प्रश्न–2

प्रश्न 8. निम्नलिखित में से किन्ही चार पर संक्षिप्त टिप्पणियाँ लिखिए :

(क) आहार–सर्वेक्षण विधियाँ

उत्तर – जून 2007, प्रश्न. 7 (ग)

(ख) वृद्धि अनुवीक्षण–संकल्पना और उपयोगिता

उत्तर – जून 2007, प्रश्न. 7 (क), (ख)

(ग) माँसाहारी खाद्य पदार्थों का चयन

उत्तर – जो लोग माँसाहारी खाद्य पदार्थ का चयन भी रीति–रिवाजों तथा लागत पर निर्भर करता है। माँस के विभिन्न प्रकारों का वर्णन निम्नलिखित हैं :

(1) मटन (बकरे का माँस) – हमारे देश में सबसे अधिक बकरे का माँस खाया जाता है। पश्चिम में मटन भेड़ के माँस को कहते हैं।

(2) भैंस या गाय का माँस – हमारे यहाँ भैस या गाय का माँस बहुत की कम लोग खाते हैं, जबकि पश्चिमी देशों का यह बहुत ही लोकप्रिय है। इनसे प्राप्त माँस को 'बीफ' कहते है, जबकि बछड़े से प्राप्त माँ को 'वील' कहते हैं।

(3) पोर्क – सूअर से प्राप्त माँस को पोर्क कहते हैं। अधिक वसा होने के कारण यह देश के उत्तरी भागों में भी ठंडे मौसम में अधिक प्रचलित है। गर्मियों के मौसम में इसके प्रयोग से बचना चाहिए। उल्लेखनीय है कि मटन, बीफ तथा पोर्क सभी हड्डियों के साथ, बिना हड्डी के या कीमा या कुचले हुए रूप में मिलते हैं।

(4) पोल्ट्री – सामान्यत: पोल्ट्री में मुर्गी, बत्तख, हंस तथा टर्की का माँस आता है। परन्तु भारत में पोल्ट्री शब्द का प्रयोग सामान्यत: मुर्गी के माँस अर्थात् चिकन के लिए किया जाता है। एक समय था जब किसान खेती करने के साथ मुर्गी भी पाला करते थे। ग्राहक इन्हें खरीदकर घर लाकर मारकर पकाते थे। परन्तु आज स्थिति काफी बदल गयी है। अब पक्षियों को विशेष परिस्थितियों में पाला जाता है जिससे उनका माँस मुलायम रहता है। इन पक्षियों को

''ब्राइलर'' कहा जाता है, जो मुर्गी की तुलना में भारी तथा मुलायम होता है। उल्लेखनीय है कि मुर्गी का माँस ब्राइलर की तुलना में अधिक स्वादिष्ट होता है। परन्तु यह अधिकतर व्यक्तिगत स्वाद तथा प्रयोग पर निर्भर करता है।

(5) मछली – माँसाहारी भोजनों में मछली का स्थान काफी महत्त्वपूर्ण है। हमारे देश में प्राचीन काल से ही लोग इसे खाते चले आ रहे हैं। यह खाने वालों के लिए काफी स्वादिष्ट और पोषक तत्त्वों से भरपूर होता है। यह प्रोटीन का एक अति उत्तम स्रोत है। इससे काफी मात्रा में कैल्सियम, फॉस्फोरस तथा लौह तत्त्व भी प्राप्त होता है। हमारे यहाँ संपूर्ण समुद्री तटों पर यह आहार का महत्त्वपूर्ण भाग है। मछलियों को दो वर्गों में बाँटा गया है–'मछली' तथा 'कवच मछली'। कवच मछली को फिर दो वर्गों में बाँटा गया है–'मोलस्क वर्ग', जिनका शरीर मुलायम तथा बाहर से अखंडित होता है तथा दूसरा 'क्रस्टेशियाम वर्ग', जिनका कवच परत जैसा तथा विभिन्न भागों में खंडित होता है। उल्लेखनीय है कि ऑस्टर, मॅसल तथा क्लैमस, स्कैलॉप मोलस्कों के उदारहण हैं जबकि लॉबस्टर, केकड़ा, झींगा, क्ररस्टेशिय वर्ग में आते हैं।

(6) अंडा – हमारे यहाँ अंडा व्यापक पैमाने पर खाया जाता है अर्थात् आहार में इसकी प्रधानता मानकर कुछ लोग खाते हैं। इसमें पर्याप्त मात्रा में प्रोटीन मौजूद रहता है। आज हमारे देश में अंडे खाने वालों की संख्या में काफी वृद्धि हुई है। इसका मुख्य कारण अधिक उत्पादन तथा अंडे के पोषक मूल्य की पहचान है। बाजार में अंडे बड़े–बड़े व्यावसायिक पोल्ट्री फार्मों से आते हैं, तथापि स्थानीय बाजारों में देसी अंडे भी मिलते हैं।

अंडा खरीदते समय ध्यान रहे कि यह ताजा हो। संग्रह तथा प्रयोग करने से पूर्व इसे अच्छी तरह धोना चाहिए। अंडे की पहचान के लिए यह जान लें कि अच्छे अंडे नीचे पानी में भली प्रकार बैठ जाएंगे तथा खराब व बासी अंडे पानी की सतह पर तैरेंगे या खड़े रहेंगे। पौष्टिकता की दृष्टि से सभी अंडे एक–से होते हैं, चाहे वे बाहर से सफेद हों या पीले रंगे के, छोटे हों या बड़े हो।

(घ) गुणवत्ता नियंत्रण के लिए खाद्य मानक और प्रमाणन

उत्तर – दिसम्बर 2008, प्रश्न. 8 (4)

(ङ) उच्च रक्तचाप की आहार–व्यवस्था

उत्तर – दिसम्बर 2008, प्रश्न. 3 (ग)

ए.एन.सी.–1 : समुदाय के लिए पोषण
जून, 2010

नोटः *कुल* ***पाँच*** *प्रश्नों के उत्तर दीजिए। प्रश्न संख्या* ***1*** *अनिवार्य है। सभी प्रश्नों के* ***अंक समान*** *हैं।*

प्रश्न 1. (a) निम्नलिखित को परिभाषित कीजिए :

(i) जैव–रासायनिक निर्धारण (ii) कार्य – अनुसूची

(iii) खाद्य उपसाधन (iv) सनशाइन विटामिन

(v) जल संतुलन

(b) निम्नलिखित प्रत्येक का एक उदाहरण दीजिए :

(i) कार्बोज के पाचन में सम्मिलित एंजाइम

(ii) प्रोटीन के कार्य

(iii) अनिवार्य वसा अम्ल

(iv) स्तन्यकाल के दौरान विशेष महत्वपूर्ण पोषक तत्व

(v) पौष्टिक एक – व्यंजन आहार

(c) रिक्त स्थान भरिए :

(i) 120 ग्रा. कार्बोज और 30 ग्रा. प्रोटीन वाले आहार से .... कि. कॅलो. मिलेगी।

(ii) अनाजों में पर्याप्त मात्रा में मिथियोनिन होता है लेकिन .... की कमी होती है।

(iii) .... में या तो दूध में क्रीम मिलायी जाती है या थोड़ी बहुत क्रीम उसमें से निकाली जाती है।

(iv) खेतों में या लाने ले जाने में या बाजारों में खाद्य–पदार्थ में होने वाली खराबी प्राकृतिक रूप से विद्यमान .... के कारण होती है।

(v) अधिकांश सूक्ष्मजीवाणु .... ° सेंटीग्रेड तापमान में बड़े अच्छे तरीके से पनपते हैं।

प्रश्न 2. (a) पोषण और स्वास्थ्य की संकल्पना और उनके अंतर्संबंध की संक्षेप में चर्चा कीजिए।

(b) उचित उदाहरण देते हुए निम्नलिखित के बीच अंतर बताइए :

(i) उपलब्ध और अनुपलब्ध कोर्बोज (ii) वर्धक पदार्थ और बाधक पदार्थ

(iii) खाद्य संक्रमण और खाद्य विषाक्तता (iv) खाद्य मिलावट और खाद्य संदूषण

(v) गैर–अनिवार्य और अनिवार्य अमीनो अम्ल

प्रश्न 3. माया एक गृहिणी है। वह अपने सास–ससुर, पति और अपने दो बच्चों (पाँच वर्ष का लड़का और 13 वर्ष की लड़की) के साथ रहती है। निम्नलिखित के संबंध में आप क्या सलाह देंगे?

(a) परिवार के लिए आहारों की योजना बनाने में ध्यान रखने योग्य कारक।

(b) वृद्धावस्था के दौरान होने वाली शरीर–क्रियात्मक परिवर्तनों को ध्यान में रखते हुए सास–ससुर के आहार में संशोधन/परिवर्तन।

(c) पाँच वर्षीय बच्चे का आहार।

(d) अपनी 13 वर्षीय लड़की के आहार (खान–पान) के संबंध में विशेष ध्यान रखने योग्य बातें।

प्रश्न 4. (a) अपने परिवार के लिए वसा और तेलों का चयन करते समय आप किन बातों को ध्यान में रखेंगे?

(b) खाद्य उद्योगा में रंगों का प्रयोग करने के संबंध में टिप्पणी कीजिए। उचित उदाहरण द्वारा अपने उत्तर की पुष्टि कीजिए।

(c) ग्रेड, ब्रांड और लेबल से आप क्या समझते हैं? खाद्य उद्योग में इनकी भूमिका का संक्षेप में वर्णन कीजिए।

(d) आपके द्वारा लिया जाने वाला आहार की पौष्टिक मान की वृद्धि के लिए आप क्या मापदंड अपनायेंगे, विस्तार से लिखें।

प्रश्न 5. (a) निम्नलिखित रोग स्थितियों के लक्षणों को सूचीबद्ध कीजिए :

– जीरोप्थैलमिया – पेलेग्रा

(b) निम्नलिखित रोगों के कारकों और निवारक उपायों का वर्णन कीजिए।

– पी ई एम – पोषणज एनीमिया

(c) मातृत कुपोषण के कारणों और प्रभाव का संक्षेप में वर्णन कीजिए।

प्रश्न 6. (a) व्यक्तियों के पोषणात्मक स्तर का निर्धारण करने के लिए सामान्यत: प्रयुक्त की जाने वाली विधियों की सूची बनाइए।

(b) आमतौर पर प्रयुक्त होने वाले उन शारीरिक मापों का संक्षेप में वर्णन कीजिए जो बच्चों के पोषणात्मक स्तर के अच्छे सूचकों का काम करते है।

(c) ऐसे कार्यक्रमों के नाम बताइए जिनके अन्तर्गत लाभार्थियों को पूरक आहार प्रदान किया जाता है। किसी एक कार्यक्रम के पूरक पोषण घटक का संक्षेप में वर्णन कीजिए।

प्रश्न 7. (a) खाद्य परिवेषण इकाई में व्यय का पूर्वानुमान और प्रमाणिकीकृत विधि की संकल्पना के बारे में बताइए।

(b) आपको कैंटीन चलाने के लिए जिन उपकरणों की आवश्यकता पड़ेगी, उनकी सूची बनाइए तथा इन उपकरणों को खरीदते समय आप क्या मापदंड अपनाएंगे?

(c) भोजन परिवेषण संस्थाओं में प्रयुक्त खाद्य सेवा की आम विधियों को सूचीबद्ध कीजिए। कैंटीन में आप जिस खाद्य सेवा की विधि को अपनाएंगें उसका विस्तार से वर्णन कीजिए।

प्रश्न 8. निम्नलिखित में से किन्ही चार पर संक्षिप्त टिप्पणियाँ लिखिए :

(a) खाद्य परिवेषण संस्था के लिए बजट बनाना

(b) संतुलित आहारों की योजना बनाने में तीन खाद्य वर्गों का प्रयोग

(c) मधुमेह के रोगी की आहार–व्यवस्था

(d) संक्रमणों की व्यवस्था के लिए आहार संबंधी विचार

(e) उपभोक्ता संरक्षण में सम्मिलित एजेंसियाँ

ए.एन.सी.–1 : समुदाय के लिए पोषण
दिसम्बर, 2010

नोट: *कुल* ***पाँच*** *प्रश्नों के उत्तर दीजिए। प्रश्न संख्या* ***1*** *अनिवार्य है। सभी प्रश्नों के* ***अंक समान*** *हैं।*

प्रश्न 1. (a) निम्नलिखित को 2–3 वाक्यों में परिभाषित कीजिए :
(i) पूरक आहार
(ii) पेलेग्रा
(iii) पी.यू.एफ.ए.
(iv) हिमद्रवण
(v) टीकाकरण

(b) रिक्त स्थान की पूर्ति कीजिए :
(i) कॉफी में सुवास और सुगंध के लिए .... उत्तरदायी है।
(ii) वयस्कों में विटामिन डी की कमी से .... हो सकता है।
(iii) कद के अनुरूप कम वजन .... कहलाता है।
(iv) जो अमीनो अम्ल हमारे शरीर में संश्लेषित नहीं हो सकते वे .... कहलाते हैं।
(v) एक ग्राम वसा .... कि कैलोरी प्रदान करती है।
(vi) एक अल्पश्रम करने वाली महिला को स्तन्यकाल के प्रथम पाँच माह के दौरान कुल .... ग्राम प्रोटीन की आवश्यकता होती है।
(vii) .... राइबोफ्लेविनहीनता का आम नैदानिक लक्षण है।
(viii) .... भारत के प्रमुख पूरक आहार कार्यक्रमों में से है।
(ix) रेशा कार्बोज का .... रूप है।
(x) कैफिन और .... चाय के दो महत्वपूर्ण संघटक हैं।

प्रश्न 2. (a) वृद्धि अनुवीक्षण को परिभाषित कीजिए। बच्चों की वृद्धि का अनुवीक्षण करने का क्या उद्देश्य है?
(b) बच्चों के पोषणात्मक स्तर का निर्धारण करने के लिए प्रयुक्त किए जाने वाले आम मानवमितीय मापों का संक्षेप में वर्णन कीजिए।
(c) मांसाहारी खाद्य पदार्थों का चयन करते समय आप किन बातों को ध्यान में रखेंगे?

प्रश्न 3. (a) एंजाइमों द्वारा भोजन के विघटन या विलंब द्वारा भोजन का परिरक्षण करने की विधियों का वर्णन कीजिए।

(b) संक्षेप में बताइए :
(i) पी.एफ.ए.
(ii) शीघ्र नष्ट होने वाले खाद्य पदार्थों का संग्रहण
(iii) खाद्य पदार्थ में रासायनिक संदूषण

प्रश्न 4. (a) खाद्य परिवेषण संस्था स्थापित करने में सम्मिलित चरण कौन से हैं?
(b) स्कूली बच्चों के लिए आहार की योजना बनाते समय कौन सी विशेष बातें ध्यान में रखी जानी चाहिए?
(c) मधुमेह की आहार–व्यवस्था के सिद्धांत बताइए।

प्रश्न 5. (a) हमारे देश में आजकल चल रहे किसी एक पोषक तत्व की कमी को नियंत्रित करने वाले कार्यक्रम का विस्तार से वर्णन कीजिए।
(b) फ्लुओरोसिस के कारणों, नैदानिक लक्षणों और रोकथाम का वर्णन कीजिए।
(c) गर्भावस्था में उन खतरों का वर्णन कीजिए जिनसे मातृक कुपोषण हो सकता है।

प्रश्न 6. उदाहरणों द्वारा निम्नलिखित कथनों की पुष्टि कीजिए :
(a) शिशु को पूरक आहार देना 4–6 माह के आस–पास प्रारंभ करना चाहिए।
(b) जल जीवन के लिए अनिवार्य है।
(c) खमीरीकरण से भोजन हल्का व सुपाच्य हो जाता है।
(d) बिना–आयोडीन वाले नमक की बजाए आयोडीनयुक्त नमक का प्रयोग किया जाना चाहिए।

प्रश्न 7. (a) वृद्धावस्था के दौरान होने वाले शारीरिक परिवर्तनों का वर्णन कीजिए। वृद्ध के लिए आहार की योजना बनाते समय किन विशेष बातों को ध्यान में रखना चाहिए?
(b) अपनी संस्था के लिए जनशक्ति का चयन करते समय आप किन बातों को ध्यान में रखेंगे?
(c) पी.इ.एम. के दो रूपों के बीच अंतर बताइए।

प्रश्न 8. निम्नलिखित में से किन्ही चार पर संक्षिप्त टिप्पणियाँ लिखिए :
(a) हमारे शरीर में कार्बोज के कार्य
(b) पाश्च्युरीकरण
(c) ए.आर.एफ.
(d) भोजन का सुरक्षात्मक कार्य
(e) विटामिन के

ए.एन.सी.–1 : समुदाय के लिए पोषण
जून, 2011

नोट : प्रश्न 1 **अनिवार्य** है। कुल **पाँच** प्रश्नों के उत्तर दीजिए। सभी प्रश्नों के **अंक समान** हैं।

प्रश्न 1. (a) निम्नलिखित प्रत्येक को 2–3 वाक्यों में परिभाषित कीजिए :

(i) आँगनवाड़ी।

उत्तर – आँगनवाड़ी भारत में सरकार द्वारा आयोजित एक केंद्र है जहाँ बच्चों (0–6 वर्ष) तथा माताओं की देखभाल होती है। यह कार्यक्रम आँगनवाड़ी कार्यकर्त्ताओं द्वारा ही चलाया जाता है।

(ii) कलायखंज।

उत्तर – कलायखंज स्नायु तंत्र का रोग है। जिसका कारण है काफी लंबे समय तक केसरी दाल का उपभोग। मध्य प्रदेश, बिहार और उत्तर प्रदेश के कुछ ऐसे जिले, जहाँ केसरी दाल काफी मात्रा में उगाई जाती है, में यह एक गंभीर जन स्वास्थ्य समस्या है।

(iii) सम्मिश्रण प्रक्रिया।

उत्तर – कई मिश्रणों को एक जगह मिलाने की प्रक्रिया सम्मिश्रण प्रक्रिया कहलाती है। इसमें कई मिश्रणों को शामिल किया जा सकता है और इसमें मिश्रणों के गुण विद्यमान नहीं होते बल्कि सम्मिश्रण प्रक्रिया के बाद एक नया मिश्रण बनता है।

(iv) ब्लांचिंग।

उत्तर – ब्लांचिंग एक खाना पकाने की तकनीक है जिसमें भोजन को कुछ समय के लिए पानी में उबालते हैं। इसका प्रयोग आमतौर पर टमाटर और बादाम के खाल को दूर करने के लिए किया जाता है।

(v) चक्रीय व्यंजन सूची।

उत्तर – यह वह व्यंजन सूची है जो हर दिन अलग होती है एवं कुछ दिनों या हफ्तों के बाद अपने आप में दोहराई जाती है।

(b) रिक्त स्थान भरिए :

(i) खाद्य–पदार्थ से गंध निकालने की प्रक्रिया .... कहलाती है।

(ii) बिना कुछ खाए–पिए रक्त में ग्लुकोज का सामान्य स्तर प्रति डे. लि. .... मि.ग्रा. होता है।

(iii) आयु के अनुरूप कम वजन .... कहलाता है।

(iv) एक कि.ग्रा. कार्बोहाइड्रेट से .... कि. कैलोरी प्राप्त होती है।

(v) शिशु को पूरक आहार लगभग .... माह के आसपास देना चाहिए।

(vi) ल्यूसिन–आइसोल्यूसिन असंतुलन .... में आम होता है।

(vii) आयोडिन के साथ नमक के फोरटिफिकेशन का न्यूनतम स्तर .... पी.पी.एम. होता है।

(viii) दालों के प्रोटीन में .... अमीनो अम्ल प्रचुर मात्रा में होता है।

(ix) कार्बोनेटिड पेय पदार्थों को मीठा करने के लिए चीनी के साथ–साथ .... का प्रयोग किया जाता है।

(x) वायु में पनपने वाले सूक्ष्मजीवाणु .... कहलाते हैं।

उत्तर – (i) गंध निष्कासन

(ii) 70–110

(iii) मराम्मस (सूखा रोग)

(iv) 4

(v) 4–6

(vi) एलेनिन एवं एस्पार्जीन

(vii) 30

(viii) लाइसिन

(ix) सैकेरिन

(x) बैक्टीरिया

प्रश्न 2. (a) 'पोषण शिक्षा' को परिभाषित कीजिए। पोषण शिक्षा कार्यक्रम की योजना बनाने में सम्मिलित चरणों का संक्षेप में वर्णन कीजिए।

उत्तर – देखें जून 2008, प्रश्न–7 (ख)

(b) किन्हीं चार ऐसे शारीरिक मापों का संक्षेप में वर्णन कीजिए जो पोषणात्मक स्तर के अच्छे सूचक हैं।

उत्तर – देखें जून 2009, प्रश्न–2 (ख)

(c) दूध से बने उत्पादों को खरीदते समय आप किन बातों को ध्यान में रखेंगे?

उत्तर – देखें इकाई–12, प्रश्न–3

प्रश्न 3. (a) 'खाद्य संदूषण' और 'खाद्य अपमिश्रण' का विस्तार से वर्णन कीजिए।

उत्तर – खाद्य संदूषण – खाद्य संदूषण दो भिन्न–भिन्न प्रकार के हो सकते हैं–

(1) रासायनिक संदूषण – जब हम शाकाहारी या माँसाहारी खाद्य पदार्थों को खमीरीकृत करते हैं अथवा मसालों के द्वारा अपने भोजन का स्वाद बढ़ाते हैं ऐसा करने के लिए हम जो पदार्थ उसमें मिलाते हैं वह रसायन ही हैं। रासायनिक संदूषण रसायन के कुछ उदाहरण मात्र हैं, जो कि हम अपने भोजन में, ना केवल उनके परिरक्षण के लिए अपितु उनके रूप–रंग, बनावट व सुवास को बेहतर बनाने के लिए डालते हैं। इनमें से कुछ तो पौष्टिकता को बेहतर बनाने के लिए डाले जाते हैं और कुछ खाद्य पदार्थों के संसाधन में मदद करते हैं। परंतु इन्हें संदूषक की संज्ञा नहीं दी जा सकती क्योंकि, यह संयोजी होते हैं तथा खाद्य पदार्थों में जानबूझकर मिलाए जाते हैं। परंतु यदि यह आवश्यकता से अधिक मात्रा में डाले गए हों तो यह स्वास्थ्य के लिए हानिकारक भी सिद्ध हो सकते हैं। इनको डालने की सही मात्रा उपभोक्ताओं के हित को संरक्षित रखने वाले कानूनों द्वारा निर्धारित की जाती है।

कुछ रसायन ऐसे होते हैं जिन्हें खाद्य पदार्थों में नहीं डाला जाना चाहिए। परंतु वह अनजाने से उनमें डल जाते हैं। यह रसायन स्वास्थ्य को नुकसान पहुँचाते हैं। इन पदार्थों को संदूषक कहा जा सकता है। पीड़कनाशी दवाएँ ऐसी ही विषाक्त रसायनों के कुछ उदाहरण हैं। खाद्य पदार्थों में विद्यमान होने के कारण, समय के साथ–साथ यह पीड़कनाशी दवाएँ बढ़ती हुई मात्रा में हमारे शरीर में जमा होने लगती हैं। इसके कारण कुछ मुख्य अंगों–गुर्दे व शरीर के तंत्रों में जैसे परिसंचरणतंत्र व मस्तिष्क के प्रकार्य में अनियमितता आ सकती है। कुछ पीड़कनाशी दवाएँ कैंसर जैसे खतरनाक रोगों से संबद्ध होते हैं।

(2) सूक्ष्मजीवों द्वारा संदूषण – सूक्ष्मजीव छोटी जीवित कोशिकाएँ हैं तथा बैक्टीरिया और वायरस सूक्ष्मजीव हैं। कुछ सूक्ष्मजीव खाद्य को संदूषित कर व्यक्ति को जो ये संदूषित भोजन खाते हैं, रोगग्रस्त कर देते हैं अर्थात् खाद्य विषाक्तता का कारण होते हैं। सूक्ष्मजीवों द्वारा संदूषित भोजन खाने से पड़ने वाले हानिकारक प्रभाव को दो श्रेणियों में वर्गीकृत किया गया है :

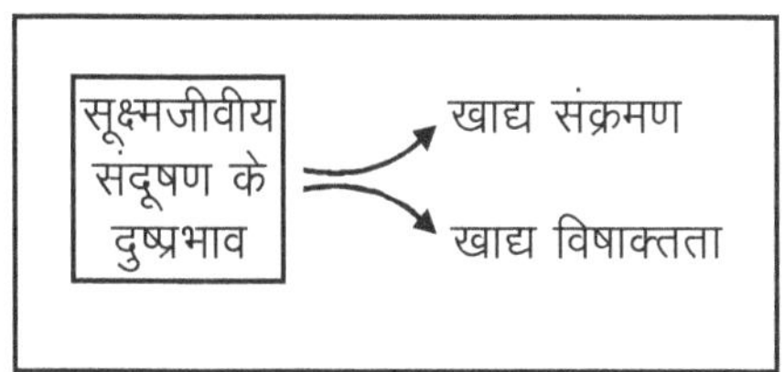

(क) खाद्य संक्रमण – खाते समय खाद्य पदार्थ में उपस्थित सूक्ष्मजीवाणु से प्रायः खाद्य संक्रमण होता है। एक बार मानव शरीर में प्रवेश करने के बाद वहाँ पनपना प्रारंभ कर देते हैं जिनकी वजह से व्यक्ति बीमार पड़ जाता है। हैजा, अतिसार, टाइफाइड आदि ऐसी ही कुछ संक्रमण से होने वाली बीमारियों के उदाहरण हैं जो संदूषित खाद्य पदार्थों को खाने से होती हैं। असंसाधित या अनुचित विधि द्वारा पकाए या परोसे गए भोजन से भी कई वायरस संक्रमण

होते हैं जिनके होने में मानव का हाथ होता है। ये संक्रमण हैं–यकृत शोध, पोलियो, विभिन्न प्रकार के श्वसन व आंत संबंधी विसंगतियाँ।

(ख) खाद्य विषाक्तता – भोजन खाए जाने से पहले सूक्ष्मजीवाणुओं द्वारा भोजन में उत्पन्न विषैले पदार्थ, खाद्य विषाक्तता का कारण बनते हैं। ऐसे खाद्य पदार्थ के सेवन से उन विषाक्त पदार्थों की वजह से व्यक्ति बीमार पड़ जाता है। दो बैक्टीरिया–स्टैफाईलोकोकस ओरियस व क्लोस्ट्रीडियम बॉटुलिनम कुछ विषैले पदार्थ उत्पन्न करते हैं। स्टैफाईलोकोकस द्वारा उत्पन्न विषैले पदार्थों के कारण तीव्र मतली आती है, वमन के साथ ही उदर में दर्द होता है। क्लोस्ट्रीडियम बॉटुलिनम द्वारा उत्पन्न विषैले पदार्थों से तो व्यक्ति की मृत्यु तक भी हो सकती है। उसकी वजह से चक्कर आने लगते हैं, निगलने में, बातचीत करने में तथा साँस लेने में तकलीफ महसूस होती है। अंत में गर्दन, बाजू व टाँग की माँसपेशियों को तथा श्वसन तंत्रों को लकवा मार जाता है।

खाद्य अपमिश्रण – देखें इकाई–16, प्रश्न–1

(b) निम्नलिखित को संक्षेप में स्पष्ट कीजिए :

(i) एगमार्क।

उत्तर – देखें इकाई–16, प्रश्न–7

(ii) कीड़ों के रोकथाम की घरेलू विधियाँ।

उत्तर – देखें इकाई–14, प्रश्न–3

(iii) अम्लों द्वारा खाद्य परिरक्षण।

उत्तर – देखें इकाई–15, प्रश्न–2

प्रश्न 4. (a) आहार की योजना बनाते समय किन कारकों को ध्यान में रखना चाहिए।

उत्तर – देखें इकाई–7, प्रश्न–2

(b) खाद्य परिवेषण संस्था में कौन–कौन से रिकॉर्ड रखे जाते हैं?

उत्तर – देखें दिसम्बर 2007, प्रश्न–7 (ग) (2)

(c) उच्च रक्तचाप की आहार–व्यवस्था के सिद्धांत क्या हैं?

उत्तर – देखें इकाई–21, प्रश्न–1

प्रश्न 5. (a) हमारे देश में आजकल चल रहे किसी एक पूरक आहार कार्यक्रम का विस्तार से वर्णन कीजिए।

उत्तर – देखें इकाई–24, प्रश्न–1

(b) राइबोफ्लेविनहीनता के कारणों, नैदानिक लक्षणों और रोकथाम का वर्णन कीजिए।

उत्तर – देखें इकाई–19, प्रश्न–2

(c) पोषणात्मक कमियों को दूर करने में खाद्य पदार्थ के फोरटिफिकेशन के महत्त्व का वर्णन कीजिए।

उत्तर – देखें इकाई–18, प्रश्न–4

प्रश्न 6. उदाहरण देते हुए निम्नलिखित कथनों की पुष्टि कीजिए :

(a) एक उद्यम की सुचारु कार्य–प्रणाली के लिए बजट बनाना अनिवार्य है।

उत्तर – देखें इकाई–26, प्रश्न–4

(b) हमारे शरीर में अनुपलब्ध कार्बोहाइड्रेट महत्त्वपूर्ण भूमिका निभाते हैं।

उत्तर – रेशा (अनुपलब्ध कार्बोहाइड्रेट) एक पोषक तत्त्व है। यह हमारे शरीर में महत्त्वपूर्ण भूमिका निभाता है। रेशा उन सभी अपचय कार्बोहाइड्रेट (जिन्हें पाचन में पचाया नहीं जा सकता) का समूह है, जो कि वनस्पति से प्राप्त खाद्य पदार्थों में पाए जाते हैं। उदाहरण के लिए, सेलूलोस। इस क्षेत्र में किए गए अनुसंधानों से ज्ञात हुआ है कि यद्यपि भोजन के इन अपचय पदार्थों से शरीर को कोई पोषक तत्त्व नहीं मिलता फिर भी यह शरीर की कुछ क्रियाओं को सुचारु रूप से चलाने के लिए जरूरी है। इन्हें नियामक पदार्थ (Regulatory Substances) भी कहा जाता है।

इसके कार्य इस प्रकार हैं :

(1) क्षुधा संतुष्टि (भूख शांत करना) – हम जानते हैं कि मानव पाचन तंत्र में रेशे में कोई रासायनिक परिवर्तन नहीं होता। फिर भी पाचन तंत्र में इसके कुछ अवयव जल सोख कर फूल जाते हैं तथा भोजन को भारी बना देते हैं जिससे हमारा पेट जल्दी भर जाता है। अतः थोड़ा सा भी भोजन खाने के बाद हम संतुष्ट हो जाते हैं और हमें काफी देर तक भूख नहीं लगती।

(2) मल निष्कासन – रेशे अनअवशोषित खाद्य पदार्थों को मल के रूप में शरीर से बाहर निकालने में मदद करते हैं। मल में उपस्थित रेशे जल सोख कर मल को मुलायम बनाते हैं, जिससे शरीर से मल का निष्कासन आसानी से हो जाता है। इसी कारण रेशे का उपयोग कब्ज को रोकने में सहायक होता है। अतः अनाज विशेषकर छिलके सहित दालों और सब्जियों से युक्त भोजन करना स्वास्थ्य के लिए लाभप्रद है।

(3) कुछ बीमारियों जैसे कैंसर, मधुमेह तथा दिल की बीमारियों की रोकथाम – कुछ अनुसंधानों से ज्ञात हुआ है कि रेशा कुछ बीमारियों जैसे दिल की बीमारियाँ, मधुमेह तथा बड़ी आँत के कैंसर की रोकथाम में भी मदद करता है।

उपर्युक्त से यह निष्कर्ष निकलता है कि हमारे शरीर में अनुपस्थित कार्बोहाइड्रेट महत्त्वपूर्ण भूमिका निभाते हैं।

(c) फ्रीजिंग से पहले ब्लांचिंग करना खाद्य परिरक्षण में सहायक होता है।

उत्तर – देखें इकाई–15, प्रश्न–3

(d) स्कूलगामी बच्चों को पौष्टिक अल्पाहार खाने के लिए प्रोत्साहित करना चाहिए।

उत्तर – स्कूलगामी बच्चों को पौष्टिक अल्पाहार खाने के लिए प्रोत्साहित करना चाहिए क्योंकि ऐसी कई विशेषताएँ हैं जो कि स्पष्ट रूप से पोषक तत्त्वों की आवश्यकताओं को प्रभावित करती हैं, वे हैं :

(1) लड़कों व लड़कियों की वृद्धि की दर में अंतर – वृद्धि की दर में अंतर ऊर्जा व प्रोटीन की आवश्यकताओं को प्रभावित करता है। हम जानते हैं कि भोजन से मिलने वाले प्रोटीन का सही प्रकार से उपयोग तभी होगा यदि भोजन पर्याप्त ऊर्जा भी प्रदान करेगा। दूसरे शब्दों में, प्रोटीन व ऊर्जा दोनों की आवश्यकताएँ वृद्धि की दर से प्रभावित होंगी। इसके साथ ही साथ अन्य पोषक तत्त्वों की आवश्यकताएँ भी परिवर्तित हो जाती हैं।

(2) लड़कों व लड़कियों के शारीरिक संघटन में अंतर – शरीर का संघटन ऊर्जा की आवश्यकता को प्रभावित करता है। लड़कों में लड़कियों की अपेक्षा अधिक माँसपेशी ऊतक व कम वसा ऊतक होते हैं। माँसपेशी ऊतक उपापचयी क्रिया में अधिक सक्रिय होते हैं। इसलिए उसे क्रियाशील बनाए रखने में अधिक ऊर्जा की आवश्यकता होती है। शरीर में अधिक माँसपेशी ऊतक का मतलब है कि उतनी अधिक ऊर्जा की आवश्यकता।

(3) खून की मात्रा के विस्तार से लौह तत्त्व की आवश्यकता बढ़ जाती है – खून की मात्रा का विस्तार शरीर की वृद्धि के साथ–साथ होता है। जैसे–जैसे खून की मात्रा का विस्तार होता है वैसे ही रक्त कोशिकाओं की संख्या भी बढ़ जाती है और इसलिए हीमोग्लोबिन की मात्रा भी बढ़ जाती है। हीमोग्लोबिन एक लौह तत्त्व युक्त यौगिक है।

(4) हड्डियों का खनिजयुक्त होना व दाँतों का निर्माण, कैल्सियम की आवश्यकता को प्रभावित करता है – जैसे–जैसे अस्थिपंजर विकसित होता है अधिक कैल्सियम निरंतर जमा होता रहता है जिससे हड्डियों में मजबूती व अनम्यता (rigidity) आती है। इसी प्रकार कैल्सियम स्थाई दाँतों में भी जमा होता रहता है। इसलिए स्कूलगामी बच्चों के लिए भरपूर मात्रा में कैल्सियम लेना आवश्यक हो जाता है।

प्रश्न 7. (a) स्कूल–पूर्व बच्चों के लिए आहार की योजना बनाते हुए ध्यान रखने योग्य विशेष बातों तथा आहार–पद्धतियों की विस्तार से जानकारी दीजिए। इसके साथ आयु–वर्ग की पोषणात्मक जरूरतों पर भी प्रकाश डालिए।

उत्तर – स्कूल–पूर्व बच्चों के लिए आहार की योजना बनाते हुए ध्यान रखने योग्य बाते –
देखें जून 2009, प्रश्न–8 (क)
फिर देखें इकाई–9, प्रश्न–4, 2

(b) भोजन परिवेषण संस्था के लिए उपकरण खरीदने के लिए आप कौन सी क्रय–विधियाँ अपना सकते हैं?

उत्तर – देखें इकाई–27, प्रश्न–2

(c) रिकेट्स और अस्थिमृदुता के बीच अंतर बताइए।

उत्तर – देखें इकाई–19, प्रश्न–1 (2) फिर देखें जून 2009, प्रश्न–5 (ग)

प्रश्न 8. निम्नलिखित में से किन्हीं चार पर संक्षिप्त टिप्पणियाँ लिखिए :

(a) हमारे शरीर में प्रोटीन के कार्य।

उत्तर – देखें दिसम्बर 2008, प्रश्न–2 (ख) (3)

(b) हाइड्रोजनीकरण।

उत्तर – देखें दिसम्बर 2009, प्रश्न–1 (iv)

(c) ओ.आर.एस. (ORS)

उत्तर – देखें इकाई–20, प्रश्न–5

(d) शरीर का निर्माण करने वाले खाद्य–पदार्थ।

उत्तर – दालें, दूध व दूध से बने पदार्थ तथा माँसाहारी पदार्थ शरीर निर्माण करने वाले खाद्य पदार्थ वर्ग में आते हैं जो कि हमारे आहार में मुख्य रूप से प्रोटीन प्रदान करते हैं। दालें, गिरीदार फल तथा तिलहन प्रोटीन के वानस्पतिक स्रोत हैं। दूध, अंडा, मछली, पोल्ट्रि तथा माँस प्रोटीन के पशुजन्य स्रोत हैं।

दालों का चयन – दाल वर्ग में विभिन्न दालें, चने तथा लग्यूमिनिस (leguminous) वर्ग के पौधों के सूखे बीज जैसे फ्रांसबीन तथा लोभिया आते हैं। हमारे देश में दाल वर्ग के अंतर्गत आने वाले खाद्य पदार्थों की काफी किस्में हैं।

हमारे आहार में दालें, प्रोटीन का मुख्य स्रोत हैं। यह अंडे, माँस, पोल्ट्रि, मछली तथा दूध की अपेक्षा बहुत सस्ती होती हैं तथा इसमें माँस जितना (16-23%) या संभवतः उससे अधिक

प्रोटीन होता है। जबकि यह भी सच है कि पशुजन्य प्रोटीन अपेक्षाकृत अच्छे किस्म का होता है क्योंकि इसमें आठ अनिवार्य अम्लों का उचित संतुलन होने के साथ ही साथ दो अमीनो अम्लों लाइसिन तथा मिथायोनिन (व स्सिटीन) की मात्रा अधिक होती है। दालों में लाइसिन अधिक होता है। अतः जब हम दालों को अनाज के साथ मिलाकर प्रयोग करते हैं तब ये अमीनो अम्ल एक–दूसरे के प्रभाव को बढ़ा देते हैं तथा सारे प्रोटीन की किस्म दूध या माँस से प्राप्त अच्छे प्रोटीन जैसी ही हो जाती है। दालों से हमें बी समुदाय के विटामिन, लौह तत्त्व तथा कैल्सियम भी प्राप्त होते हैं। ये पोषक तत्त्व सभी दालों में लगभग कम या अधिक अनुपात में पाए जाते हैं। फिर देखें इकाई–1 2, प्रश्न–3

(e) विटामिन ए।

उत्तर – विटामिन ए या रेटिनॉल केवल पशुजन्य खाद्य पदार्थों से ही प्राप्त होता है। पशुजन्य खाद्य पदार्थ जैसे दूध, मक्खन, घी, अंडा, मछली तथा कलेजी विटामिन ए के अच्छे स्रोत हैं। हेलीबट, कॉड तथा शार्क मछली का यकृत तेल (liver oil) विटामिन ए के सबसे अच्छे स्रोत हैं।

वानस्पतिक खाद्य पदार्थों में रेटिनॉल नहीं होता बल्कि इनमें कुछ पीछे तथा लाल रंग के वर्णक (pigment) पाए जाते हैं। इन वर्णकों को कैरोटिनॉइड (carotenoid) कहते हैं। शरीर में कैरोटिनॉइड वर्णक रेटिनॉल में परिवर्तित हो जाते हैं। इसलिए इन कैरोटिनॉइड वर्णकों को रेटिनॉल का पूर्वगामी रूप (precursor) कहते हैं। पूर्वगामी रूप से तात्पर्य है, कि वह तत्त्व जो शरीर में विटामिन के रूप में परिवर्तित हो सकें।

ए.एन.सी.–1 : समुदाय के लिए पोषण
दिसम्बर, 2011

नोट : कुल **पाँच** प्रश्नों के उत्तर दीजिए। प्रश्न संख्या 1 **अनिवार्य** है। सभी प्रश्नों के **अंक समान** हैं।

प्रश्न 1. (a) रिक्त स्थान भरिए :

(i) ऊर्जा प्रदान करने वाले खाद्य–पदार्थों में .... और/या वसा प्रचुर मात्रा में होते हैं।

(ii) विटामिन और खनिज लवणों के सुरक्षात्मक और .... दोनों कार्य होते हैं।

(iii) 60 ग्रा. कार्बोज 20 ग्रा. प्रोटीन और 10 ग्रा. वसा से .... कि. कैलोरी मिलेगी।

(iv) ग्लुकोज .... में परिवर्तित होता है जो यकृत और माँसपेशी में संग्रहीत हो जाता है।

(v) वसा ग्लिसरॉल और .... से बनती है।

(vi) .... वर्णक विटामिन ए के पूर्वगामी है।

(vii) विटामिन .... सनशाइन विटामिन भी कहलाता है।

(viii) हड्डियों में कैल्सियम और फॉस्फोरस का अनुपात करीबन .... होता है।

(ix) विटामिन .... लौह तत्त्व के अवशोषण को बढ़ाता है।

(x) वयस्कों के लिए प्रोटीन की आर डी आई .... ग्रा. प्रोटीन/कि.ग्रा. वजन के रूप में व्यक्त की जाती है।

(b) निम्नलिखित को परिभाषित कीजिए :

(i) आधारभूत चयापचयी दर

(ii) वृद्धि स्फुरण

(iii) टोन्ड दूध

(iv) स्कर्वी

(v) कार्य–अनुसूची

प्रश्न 2. (a) 'स्वास्थ्य' और 'पोषण' की संकल्पना को संक्षेप में स्पष्ट कीजिए।

(b) हमारे शरीर में निम्नलिखित के कार्यों, पाचन, अवशोषण का संक्षेप में वर्णन कीजिए :

– प्रोटीन
– कार्बोज (उपलब्ध)

प्रश्न 3. (a) निम्नलिखित के खाद्य–स्रोतों को सूचीबद्ध कीजिए और हमारे शरीर में इनके कार्यों का वर्णन कीजिए :

(i) विटामिन ए (ii) लौह तत्त्व
(iii) कैल्सियम (iv) आयोडीन

(b) संतुलित आहार क्या है? संतुलित आहार की योजना बनाते समय आप किन चरणों का अनुसरण करेंगे?

प्रश्न 4. (a) आहार नियोजन में निम्नलिखित की भूमिका की चर्चा कीजिए :

(i) आर्थिक पहलू
(ii) खाद्य–स्वीकृति

(b) सक्रियता के स्वरूप और आयु के साथ वयस्कों की ऊर्जा संबंधी जरूरतें किस प्रकार परिवर्तित हो जाती हैं, स्पष्ट कीजिए। ऊर्जा की पोषण तत्त्वों की प्रस्तावित दैनिक मात्रा बताइए।

(c) 6 से 12 माह की आयु के बच्चों के लिए आप कौन से विभिन्न प्रकार के पूरक आहारों की सलाह देंगे? उदाहरणों द्वारा स्पष्ट कीजिए।

प्रश्न 5. (a) खाद्य–पदार्थों के खराब होने के कारणों का वर्णन कीजिए।

(b) उदाहरण देते हुए प्रमुख रासायनिक संदूषकों और सूक्ष्मजीवीय संदूषकों द्वारा होने वाले खाद्य संदूषण का संक्षेप में वर्णन कीजिए।

(c) खाद्य पदार्थों में मिलावट (अपमिश्रण) की रोकथाम के लिए सरकार द्वारा बनाए गए खाद्य कानूनों और मानकों की चर्चा कीजिए।

प्रश्न 6. (a) ग्रामीण समुदाय में पी ई एम की रोकथाम के लिए जो उपाय करेंगे उनको सूचीबद्ध कीजिए।

(b) जनसंख्या के उन समूहों की सूची बनाएँ जिन्हें एनीमिया होने का खतरा होता है। इन समूहों में एनीमिया की रोकथाम के लिए आप क्या उपाय करेंगे?

(c) आई सी डी एस और मध्याह्न–आहार कार्यक्रम के अंतर्गत लाभार्थियों को दिए जाने वाले पूरक आहारों में ऊर्जा और प्रोटीन की मात्रा का उल्लेख करते हुए पोषण कार्यक्रमों के संदर्भ में पूरक आहार की संकल्पना स्पष्ट कीजिए।

प्रश्न 7. (a) अपनी भोजन परिवेषण इकाई के लिए कच्ची सामग्री खरीदते समय आप खरीदने की कौन सी विधि अपनाएँगे?

(b) साप्ताहिक व्यंजन–सूची क्या है? कॉलेज के होस्टल के लिए दोपहर का भोजन बनाने हेतु साप्ताहिक व्यंजन–सूची तैयार कीजिए।

(c) आहार–सर्वेक्षण क्या है? एक गृहिणी से आहार–आँकड़ा एकत्रित करने के उद्देश्य और इसके लिए आप जिन एक सरल विधि का प्रयोग करेंगे उसका वर्णन कीजिए।

प्रश्न 8. निम्नलिखित में किन्हीं चार पर संक्षिप्त टिप्पणियाँ लिखिए :

(a) मधुमेह की आहार–व्यवस्था

(b) खाद्य–बजट को प्रभावित करने वाले कारण

(c) खाद्य–पदार्थों का पोषक मान बढ़ाने संबंधी उपाय

(d) गर्भावस्था के दौरान आहार–संबंधी ध्यान रखने योग्य बातें

(e) स्कूल–पूर्व बच्चों के लिए संतुलित आहार की योजना बनाना विशेष ध्यान रखने योग्य बातें।

ए.एन.सी.–1 : समुदाय के लिए पोषण
जून, 2012

नोट : कुल **पाँच** प्रश्नों के उत्तर दीजिए। प्रश्न संख्या 1 **अनिवार्य** है। सभी प्रश्नों के **अंक समान** हैं।

प्रश्न 1. (a) केवल दो–तीन वाक्यों में स्पष्ट कीजिए :

(i) उपलब्ध कार्बोज

उत्तर – शर्करा तथा स्टॉर्च मनुष्य के पाचन तंत्र में आसानी से पच जाते हैं तथा शरीर में विभिन्न कार्यों के लिए उपलब्ध हो सकते हैं, इन्हें उपलब्ध कार्बोज कहा जाता है।

(ii) वर्धक पदार्थ

उत्तर – खाद्य पदार्थों में पाए जाने वाले कुछ पोषक तत्त्व जैसे प्रोटीन और विटामिन सी, लौह तत्त्व के अवशोषण में सहायता करते हैं। इन पदार्थों को वर्धक पदार्थ (enhancers) कहते हैं।

(iii) पोषक तत्त्वों की प्रस्तावित दैनिक मात्रा

उत्तर – देखें जून 2008, प्रश्न–1 (क) (2)

(iv) आयोडीन की कमी से होने वाली विसंगतियाँ

उत्तर – आयोडीन की कमी से होने वाली विसंगतियाँ भारत की एक अन्य प्रमुख स्वास्थ्य संबंधी समस्या है। हमारे देश में लगभग 200 लाख लोगों को आयोडीन की कमी से उत्पन्न रोगों के होने का खतरा है क्योंकि ये उन क्षेत्रों में रह रहे हैं जहाँ आयोडीन की कमी पाई गई है। है ना, ये चौंकने वाला तथ्य। अभी तक ये केवल भारत के हिमालय तथा हिमालय के तराई क्षेत्रों (पहाड़ी क्षेत्रों) जैसे पश्चिम में जम्मू तथा कश्मीर से पूर्व में नागालैंड तक पाई जाती थी। परंतु कुछ समय पहले ही कुछ नए क्षेत्रों जैसे महाराष्ट्र में दक्षिणी विन्ध्याचल, आंध्र प्रदेश, कर्नाटक तथा उत्तरी क्षेत्रों जैसे दिल्ली में आयोडीन की कमी काफी देखी गई है।

(v) खाद्य आविषाक्ता

उत्तर – देखें दिसम्बर 2008, प्रश्न–1 (क) (2)

(b) 'हाइड्रोनीकृत तेल' से क्या अभिप्राय है? उदाहरण दीजिए।

उत्तर – पकाने के माध्यम के रूप में प्रयोग होने वाले ठोस वसा (solid fat) के अंतर्गत दूध से निकाले गए देसी घी के अतिरिक्त बहुत से हाइड्रोनीकृत तेल (वनस्पति घी) बाजार में

उपलब्ध हैं। ये हाइड्रोनीकृत तेल, देसी घी से सस्ते होते हैं, अतः इन्होंने काफी हद तक भारतीय पाक् विधियों में देसी घी का स्थान ले लिया है। 'हाइड्रोनीकृत तेल' से तात्पर्य यह है कि हाइड्रोनीकरण वह प्रक्रिया है जिसके द्वारा तेलों को कमरे के ताप पर ठोस अवस्था में बदला जाता है। इस प्रक्रिया से तेल के असंतृप्त वसा अम्लों को आंशिक रूप से संतृप्त वसा अम्लों में बदला जाता है जिससे तेल कमरे के ताप पर घी जैसे दिखते हैं तथा घी जैसा ही व्यवहार करते हैं।

(c) कॉलम क को कॉलम ख से मिलाइए :

कॉलम क	**कॉलम ख**
(i) कलायखंज	**(A) डी.पी.टी.**
(ii) आर्जिमोन तेल	**(B) केरेटोमलेशिया**
(iii) गेहूँ प्रोटीन	**(C) केसरी दाल**
(iv) मधुमेह	**(D) हीमोग्लोबिन आकलन**
(v) जीरोप्थेलमिया	**(E) ग्लूटीन**
(vi) टीकाकरण	**(F) जानपदिक जलशोफ**
(vii) जैव–रासायनिक निर्धारण	**(G) रेशा**

उत्तर – (i) केसरी दाल

(ii) जानपदिक जलशोफ

(iii) रेशा

(iv) ग्लूटीन

(v) केरेटोमलेशिया

(vi) डी.पी.टी.

(vii) हीमोग्लोबिन आकलन

प्रश्न 2. (a) हमारे आहार में रेशे की क्या भूमिका है?

उत्तर – देखें जून 2011, प्रश्न–6 (b)

(b) हमारे शरीर में जल के महत्त्व का वर्णन कीजिए।

उत्तर – जीवन के लिए जल अति आवश्यक है। वास्तव में कोई भी प्राणी बिना भोजन के तो कुछ समय तक जीवित रह सकता है, परंतु जल के बिना जीवित रहना संभव नहीं है। यह भोजन में अधिक मात्रा में पाया जाने वाला पोषक तत्त्व है जो कि दो तत्त्व से मिलकर बना है। ये दो तत्त्व हैं–ऑक्सीजन तथा हाइड्रोजन। जल हाइड्रोजन के दो परमाणुओं तथा ऑक्सीजन के एक परमाणु से मिलकर बना है। दूसरे शब्दों में, हाइड्रोजन तथा ऑक्सीजन 2:1 के अनुपात में होते हैं। जल एक अकार्बनिक यौगिक है।

जल में सोडियम तथा पोटेशियम जैसे खनिज लवण (पोषक तत्त्व) होते हैं। इसीलिए जल को पोषक तत्त्व के अलावा भोजन भी माना जा सकता है।

कार्य–जल के कार्य निम्नलिखित हैं–

(1) जल हमारे शरीर का *मुख्य अवयव* है। एक वयस्क व्यक्ति के कुल शरीर के भार का लगभग 60 प्रतिशत तथा बच्चे के शरीर के भार का लगभग 75 प्रतिशत भाग जल होता है। यह सभी ऊतकों तथा कोशिकाओं का मुख्य तथा आवश्यक अवयव है। विभिन्न शरीर ऊतकों में जल अलग–अलग मात्रा में पाया जाता है।

(2) जल सभी शरीर द्रव्यों जैसे रक्त, लार, पाचक रसों, मूत्र, मल तथा पसीने को तरलता प्रदान करता है। दूसरे शब्दों में, यह शरीर *द्रव्यों का माध्यम* है।

(3) शरीर के *तापमान नियंत्रण* में भी जल की मुख्य भूमिका है। सामान्य परिस्थितियों में मानव शरीर का तापमान 98.4 डिग्री फारेनहाइट या 37 डिग्री सेंटीग्रेड होता है। कार्बोज, वसा तथा प्रोटीन के ज्वलन से ऊर्जा (या ऊष्मा) उत्पन्न होती है। जल इस ऊष्मा को सारे शरीर में बाँटने/पहुँचाने में मदद करता है। जल की कुछ मात्रा शरीर से वाष्पित होकर शरीर को ठंडा रखती है क्योंकि वाष्पीकरण (evaporation) में जल कुछ शारीरिक ऊष्मा का उपयोग करता है। इस प्रकार शरीर की अतिरिक्त गर्मी शरीर से निकल जाती है तथा शरीर का तापमान सामान्य बना रहता है।

(4) जल एक *अच्छा विलायक* है। विभिन्न तत्त्व तथा पदार्थ इसमें घुल जाते हैं तथा इसी रूप में ही रक्त के द्वारा शरीर के विभिन्न भागों में पहुँचाए जाते हैं। इसी तरह, यह व्यर्थ पदार्थों को शरीर से निकालने में भी मदद करता है। अतः इस गुण के कारण जल शरीर की सभी रासायनिक अभिक्रियाओं के संपन्न होने के लिए आवश्यक है।

(5) जल शरीर की सभी कोशिकाओं को आर्द्र (गीला) रखता है अर्थात् उन्हें चारों ओर से घेरे रहता है। लार तथा अन्य पाचक रसों में उपस्थित जल, पाचन तंत्र में पाचन की गति को नियंत्रित करता है। दो जोड़ों के बीच में एक प्रकार का द्रव्य होता है। इस द्रव्य में अधिकतर भाग जल का होता है। द्रव्य में पाया जाने वाला भाग जल जोड़ों के संचालन में सहायता करता है।

(c) अनिवार्य और गैर–अनिवार्य अमीनो अम्लों के बीच अंतर बताइए। शाकाहारी आहार में प्रोटीन की गुणवत्ता को बेहतर बनाने के लिए आप जो उपाय करेंगे उनका भी उल्लेख कीजिए।

उत्तर – प्रोटीन भी कार्बोज की तरह एक कार्बनिक यौगिक है, किंतु यह कार्बोज से कुछ पहलुओं में भिन्न है। इसमें कार्बन, हाइड्रोजन तथा ऑक्सीजन के अतिरिक्त एक और तत्त्व नाइट्रोजन भी होता है। प्रोटीन को बनाने वाले नाइट्रोजन से युक्त मूल इकाई को *ऐमीनो ऐसिड* कहते हैं। ये ऐमीनो ऐसिड एक–दूसरे से पैपटाईड बंध द्वारा जुड़े होते हैं। कई ऐमीनो ऐसिड आपस में जुड़ कर शृंखलाएँ बनाते हैं। प्रोटीन इन्हीं ऐमीनो ऐसिड शृंखलाओं से बने होते हैं।

कुछ ऐमीनो ऐसिड शरीर द्वारा निर्मित किए जाते हैं। यह ऐमीनो ऐसिड शरीर के लिए आवश्यक हैं, परंतु इनका हमारे दैनिक भोजन में होना अनिवार्य नहीं है। इन ऐमीनो ऐसिड को *अनावश्यक ऐमीनो ऐसिड* कहते हैं। आठ ऐमीनो ऐसिड ऐसे हैं जो कि शरीर में निर्मित नहीं किए जा सकते अतः इनकी जरूरत शरीर में दैनिक आहार द्वारा पूरी हो सकती है। इन ऐमीनो ऐसिड का हमारे भोजन में होना आवश्यक है। इन्हें *आवश्यक ऐमीनो ऐसिड* कहते हैं। तालिका में भोजन में पाए जाने वाले आवश्यक तथा अनावश्यक ऐमीनो ऐसिड की सूची दी गई है।

तालिका : आवश्यक तथा अनावश्यक ऐमीनो ऐसिड

आवश्यक ऐमीनो ऐसिड	अनावश्यक ऐमीनो ऐसिड
आइसोल्यूसिन ल्यूसिन लाइसिन मिथायोनिन फेनाईल अलेनिन थ्रियोइनीन ट्रिपटोफेन वेलिन हिस्टिडीन (केवल शिशुओं के लिए)	ऐलेनिन एस्पार्जीन एस्पार्टिक एसिड सिस्टिन ग्लूयटमिक एसिड ग्लूटमिन ग्लाइसिन सिस्टीन हाइड्राक्सीलाइसिन प्रोलीन सीरीन टाइरोसीन

आवश्यक या अनावश्यक दोनों ही ऐमीनो ऐसिड शरीर के लिए महत्त्वपूर्ण एवं अनिवार्य हैं। भोजन में उपलब्ध प्रोटीन किस कोटि का है इसका पता उसमें उपस्थित अनिवार्य ऐमीनो ऐसिड की संख्या तथा अनुपात पर निर्भर करता है। हम जानते हैं कि प्रोटीन पशुजन्य तथा वनस्पतिजन्य, दोनों ही पदार्थों से मिलता है। किंतु पशुओं से प्राप्त खाद्य पदार्थों में प्रोटीन उच्च कोटि का होता है क्योंकि उनमें सभी अनिवार्य ऐमीनो ऐसिड उचित मात्रा तथा अनुपात में होते हैं।

वनस्पति से प्राप्त प्रोटीन युक्त पदार्थों में प्रायः ऐमीनो ऐसिड उचित मात्रा तथा अनुपात में नहीं होते। अतः इनमें पाया जाने वाला प्रोटीन निम्न कोटि का होता है। उदाहरण के लिए, अनाज में लाइसिन–जो एक आवश्यक ऐमीनो ऐसिड है, कम मात्रा में होता है तथा मिथायोनिन अधिक मात्रा में होता है, जबकि दालों में मिथायोनिन कम होता है तथा लाइसिन अधिक मात्रा में होता है। अतः आहार में अनाज तथा दाल को मिलाकर प्रयोग करने से प्रोटीन की कोटि में सुधार लाया जा सकता है। इस प्रकार खाद्य पदार्थों का मिला–जुला प्रयोग करके वनस्पति स्रोतों से प्राप्त प्रोटीन की कोटि को बेहतर बनाया जा सकता है।

यदि हम किसी भी क्षेत्र के पारंपरिक भारतीय दैनिक भोजन को लें तो हम पाएँगे कि अधिकतर भारतीय व्यंजन या तो अनाज और दाल से या फिर अनाज और पशुओं से प्राप्त खाद्य पदार्थ

या फिर इन सभी खाद्य पदार्थों को मिलाकर बनाए जाते हैं। उदाहरण के तौर पर अनाज तथा दाल के मिश्रण से बने व्यंजन जैसे दोसा (दाल–चावल) या अनाज तथा पशुओं से प्राप्त खाद्य पदार्थ का मिश्रण दलिया (दूध–गेहूँ), अनाज तथा पशुओं से प्राप्त खाद्य पदार्थ से बना मछली–भात आदि। याद रखें कि वनस्पति से प्राप्त खाद्य पदार्थों में थोड़ी मात्रा में भी पशुओं से प्राप्त खाद्य पदार्थों को मिला दिया जाए तो ऐसे भोजन से प्राप्त प्रोटीन की कोटि पहले से अच्छी हो जाती है।

प्रश्न 3. (a) तीन खाद्य वर्ग क्या हैं। संतुलित आहारों की योजना बनाने में इनके उपयोग का संक्षेप में वर्णन कीजिए।

उत्तर – भोजन के कार्यों पर आधारित वर्गीकरण भोजन के स्रोत पर आधारित है। परंतु इस वर्गीकरण के आधार पर आहार नियोजन करना कुछ कठिन है क्योंकि इसमें भोजन को बहुत से खाद्य वर्गों में बाँटा गया है। आहार नियोजन करते समय इन तेरह वर्गों को ध्यान में रखना बहुत कठिन है। अतः एक सरल वर्गीकरण की आवश्यकता है। कई खाद्य वर्ग ऐसे हैं जो एक से ही पोषक तत्त्व प्रदान करते हैं। इनके शरीर में कार्य भी एक समान है। उदाहरणतया अंडे, दूध और माँसाहार से प्रोटीन प्राप्त होता है। अतः यह शारीरिक वृद्धि का कार्य करते हैं। इस अतिव्याप्ति (overlap) से बचने के लिए तथा खाद्य वर्गों को आसान रूप से इस्तेमाल करने के लिए अन्य कई वर्गीकरण के तरीके सुझाए गए हैं। इनमें से *एक तीन वर्गों वाला वर्गीकरण है जो भोजन के कार्य पर आधारित है।*

भोजन के तीन शरीर क्रियात्मक कार्य हैं–ऊर्जा प्रदान करना, शारीरिक वृद्धि में सहायता करना और रोगों से बचाव व शरीर की विभिन्न क्रियाओं को सुचारु रूप से चलाना। ये सब कार्य भोजन में विद्यमान विशिष्ट पोषक तत्त्वों के कारण संभव होते हैं। उदाहरणतया कार्बोज अथवा वसा या दोनों की प्रचुरता वाले खाद्य पदार्थ ऊर्जा प्रदान करते हैं। इसी तरह प्रोटीन युक्त खाद्य पदार्थ शारीरिक वृद्धि व टूटे–फूटे ऊतकों की मरम्मत व नए ऊतकों के निर्माण में सहायता करते हैं। भोजन में विद्यमान खनिज लवण व विटामिन हमें रोगों से बचाते हैं यानी बचाव का कार्य करते हैं। जल, रेशा, विटामिन व खनिज लवण शरीर की विभिन्न क्रियाओं को सुचारु रूप से चलाने में मदद करते हैं। अतः भोजन के विभिन्न कार्यों के आधार पर खाद्य पदार्थों को निम्नलिखित तीन वर्गों में बाँट सकते हैं :

(क) ऊर्जा प्रदान करने वाले खाद्य पदार्थ

(ख) शारीरिक वृद्धि में सहायक खाद्य पदार्थ

(ग) रोगों से बचाव व शरीर की क्रियाओं को सुचारु रूप से चलाने में सहायक खाद्य पदार्थ

ऊर्जा प्रदान करने वाले वर्ग में तीन प्रकार के खाद्य पदार्थ आते हैं :

(i) कार्बोज की प्रचुरता वाले खाद्य पदार्थ (क)
- अनाज
- जड़ व मूलकंद

(ii) कार्बोज की प्रचुरता वाले खाद्य पदार्थ (ख)
• चीनी
• गुड़

(iii) वसा की प्रचुरता वाले खाद्य पदार्थ
• वसा व तेल

इन खाद्य पदार्थों द्वारा मुख्यतः कार्बोज/वसा ही प्राप्त होते हैं। अनाज से कार्बोज के अलावा कुछ मात्रा में प्रोटीन, विटामिन व खनिज लवण भी प्राप्त होते हैं। इसी प्रकार घी व तेल से वसा के अतिरिक्त वसा विलेय विटामिन भी मिलते हैं।

शारीरिक वृद्धि में सहायक खाद्य वर्ग में वे खाद्य पदार्थ आते हैं जो प्रोटीन के अच्छे स्रोत हैं। इस वर्ग में निम्नलिखित खाद्य पदार्थ आते हैं :

(क) दूध व दूध से बने पदार्थ
(ख) माँस व माँस से बने पदार्थ
(ग) अंडे
(घ) दालें
(ङ) गिरीदार फल व तिलहन

इन सभी खाद्य पदार्थों से मुख्यतः प्रोटीन प्राप्त होता है। यह खाद्य पदार्थ कुछ अन्य पोषक तत्त्व भी प्रदान करते हैं, कुछ के तो ये बहुत अच्छे स्रोत माने जाते हैं उदाहरणतया गिरीदार फल व तिलहन से काफी मात्रा में प्रोटीन के अलावा वसा भी प्राप्त होती है।

रोगों से बचाव व शरीर की क्रियाओं को सुचारु रूप से चलाने में सहायक खाद्य पदार्थ – इस वर्ग के खाद्य पदार्थ से जो पोषक तत्त्व मुख्य रूप से प्राप्त होते हैं, वे हैं खनिज लवण व विटामिन। यह शरीर को रोगों से बचाते हैं। इस वर्ग में निम्नलिखित खाद्य पदार्थ आते हैं :

फल (क) पीले व नारंगी रंग के फल (आम, पपीता)
(ख) सिट्रस फल (नींबू, संतरा, मौसंबी)
(ग) अन्य फल (केला, आलू बुखारा)

सब्जियाँ (क) हरी पत्तेदार सब्जियाँ (पालक, मेथी, सरसों)
(ख) पीली व नारंगी रंग की सब्जियाँ (गाजर व सीताफल)
(ग) अन्य सब्जियाँ (भिंडी, बैंगन, गोभी व पत्ता गोभी)

हरी पत्तेदार सब्जियों, पीले व नारंगी रंग के फल व सब्जियों और सिट्रस फलों को अधिक महत्त्व दिया जाना चाहिए क्योंकि यह कैरोटीन, विटामिन सी व खनिज लवणों के बहुत अच्छे स्रोत हैं।

उपर्युक्त वर्गीकरण सरल और आहार नियोजन के लिए उपयोगी है अतः अधिक प्रचलित है। आहार नियोजन करते समय हमें यह सुनिश्चित कर लेना चाहिए कि प्रत्येक समय के आहार में तीनों खाद्य वर्गों (यानी ऊर्जा प्रदान करने वाले, शारीरिक वृद्धि में सहायक व रोगों से बचाव में सहायक) के खाद्य पदार्थ शामिल किए गए हैं। इस प्रकार के भोजन से शरीर के लिए अनिवार्य सभी पोषक तत्त्व प्राप्त हो सकेंगे व भोजन संतुलित होगा।

(b) निम्नलिखित के आहार में ऊर्जा, प्रोटीन, लौह तत्त्व और कैल्सियम के महत्त्व की चर्चा कीजिए :

– गर्भवती महिलाएँ और

– किशोरियों

इन समूहों के लिए पर्याप्त पोषण सुनिश्चित करने के लिए आप किन बातों को ध्यान में रखेंगे?

उत्तर – गर्भवती महिलाएँ – देखें जून 2007, प्रश्न–4 (ग) (1)

किशोरियों – देखें दिसम्बर 2007, प्रश्न–4 (घ)

प्रश्न 4. (a) खाद्य व्यय को किफायती बनाने के लिए आप जिन तीन कारकों का अनुसरण करेंगे उनका संक्षेप में वर्णन कीजिए।

उत्तर – देखें इकाई–11, प्रश्न–3

(b) वसा व तेलों का चयन करते समय संतृप्त और असंतृप्त वसा अम्लों का क्या महत्त्व होता है?

उत्तर – देखें इकाई–3, प्रश्न–5

(c) खाद्य–पदार्थों के परिरक्षण के लिए उपलब्ध सामान्य तकनीकों की चर्चा कीजिए।

उत्तर – सुखाने द्वारा परिरक्षण – भोजन परिरक्षण की यह प्राकृतिक विधि हमें वर्षभर उपलब्ध होती है। घर पर धूप में सुखाकर हम बहुत–सी चीजों को परिरक्षित करते हैं। इनके कुछ उदाहरण हैं अमचूर बनाने के लिए कच्चे आम के टुकडे, सब्जियाँ, सभी प्रकार के पापड़, आम का रस, लाल मिर्च और आलू के चिप्स। धूप में सुखाने का सर्वोत्तम समय गर्मियों में होता है, जब सूर्य की गर्मी अधिकतम होती है।

अचार बनाकर परिरक्षण – अधिकतर अचार परिरक्षक के रूप में नमक, नींबू के अम्ल, सिरके या इमली पर निर्भर करते हैं। तेल भी परिरक्षक का काम करता है क्योंकि वह वायु को अचार के संपर्क में नहीं आने देता। प्रयोग किए जाने वाले बहुत से मसाले भी परिरक्षण करने के साथ–साथ अचार को स्वादिष्ट बनाते हैं। आम और नींबू अचार बनाने के लिए सबसे लोकप्रिय फल हैं। अधिकतर आम के अचार में तेल डलता है, फिर भी कुछ ऐसे अचार हैं जो केवल नमक और मसालों से ही बनते हैं। नींबू के अचार तेल में भी परिरक्षित किए जा सकते हैं या केवल नींबू के रस में नमक और मसालों के साथ। नींबू का तीव्र अम्ल नमक के साथ मिलकर परिरक्षक का कार्य करता है।

चीनी द्वारा परिरक्षण – हम जानते हैं कि अधिक मात्रा में चीनी परिरक्षक का कार्य करती है। घर पर चीनी द्वारा परिरक्षित कुछ बहुत ही लोकप्रिय परिरक्षित पदार्थ हैं जैली, जैम, मारमलेड

तथा मुरब्बे। चीनी की मात्रा इनमें 68 प्रतिशत या अधिक होती है, जो सूक्ष्म जीवाणुओं को नहीं पनपने देती।

रासायनिक पदार्थों के प्रयोग द्वारा परिरक्षण – कुछ रासायनिक पदार्थ खाद्य परिरक्षण के लिए प्रमाणित हैं। उनकी प्रयोग में लाई जाने वाली मात्राएँ भी कानून द्वारा नियंत्रित हैं। टमाटर की सॉस (चटनी) तथा स्क्वैश उच्च ताप और रासायनिक पदार्थों द्वारा परिरक्षण का एक उदाहरण हैं।

प्रश्न 5. (a) विटामिन ए की कमी की नैदानिक विशेषताएँ और उस पर काबू पाने के रोकथाम संबंधी उपायों को प्रस्तुत कीजिए।

उत्तर – विटामिन ए की कमी से आँखों में होने वाले परिवर्तनों (लक्षणों) को "शुष्काक्षिपाक" या जीरोप्थैलमिया कहते हैं। इसके कारण होने वाली अंधता भारता की एक महत्त्वपूर्ण जन–स्वास्थ्य समस्या है। हमारे देश में 150 लाख अंधे लोगों में से अनुमानतः एक–चौथाई जीरोप्थैलमिया के कारण अंधे हैं। यद्यपि विटामिन ए की कमी किसी भी आयु में हो सकती है, परंतु शालापूर्व बच्चे (3–4 वर्ष) इस घातक विसंगति के अधिक शिकार होते हैं।

विटामिन ए की कमी की नैदानिक विशेषताएँ निम्नलिखित हैं :

(1) रतौंधी – जीरोप्थैलमिया का प्रारंभिक लक्षण रतौंधी यानी की रात का अंधापन है। रतौंधी से ग्रस्त व्यक्ति को कम रोशनी या अँधेरे वाले स्थान पर दिखाई नहीं देता है यहाँ तक कि कम रोशनी में बच्चे को उसके सामने रखी खाने की प्लेट भी नजर नहीं आती है। इस स्थिति को विभिन्न क्षेत्रों में अलग–अलग नामों से जाना जाता है। उत्तरी क्षेत्रों में (हिंदी भाषी) यह "रतौंधी" के नाम से जानी जाती है।

(2) कंजक्टिवा जीरोसिस या कंजक्टिवा का सूखना – ग्रीक भाषा में जीरोसिस का अर्थ सूखना है। अतः कंजक्टिवा जीरोसिस का अर्थ कंजक्टिवा का सूखना है। सामान्य आँख में आँख को ढकने वाली बाहरी पतली पारदर्शी परत (कंजक्टिवा) चमकदार, सफेद और आर्द्र होती है। जीरोप्थैलमिया में यह बदरंग (मटमैली), सूखी तथा चमकहीन हो जाती है। इसे कंजक्टिवल जीरोसिस कहते हैं। यहाँ तक आँख में आँसू की विद्यमानता भी कंजक्टिवा को गीला कर सकती है।

(3) कॉर्निया का सूखना – कंजक्टिवा की भाँति सामान्य कॉर्निया (आँख की सबसे बाहरी परत का अगला पारदर्शी भाग) भी आर्द्र तथा चमकदार होता है। जब विटामिन ए की कमी अधिक हो जाती है तो कॉर्निया सूख जाता है तथा कांतिहीन हो जाता है तथा पिसे हुए काँच की भाँति दिखाई देता है। इस स्थिति को कॉर्नियल जीरोसिस कहते हैं, जिसका अर्थ है कॉर्निया का सूखना। इस स्थिति का तत्काल उपचार करना चाहिए। यदि विटामिन ए की खुराक देकर इसका तुरंत उपचार न किया जाए तो बच्चे की कॉर्निया में अल्सर (नेत्रदाह) हो जाते हैं।

(4) केरेटोमलेशिया – जीरोप्थैलमिया का सबसे अधिक भयंकर रूप केरेटोमलेशिया के नाम से जाना जाता है। इस स्थिति में कॉर्निया बहुत ही नर्म तथा संवेदनशील हो जाती है तथा इसमें आसानी से संक्रमण हो जाते हैं। इससे आँख नष्ट हो जाती है। दूसरे शब्दों में, आँख पूर्ण रूप से गलकर नष्ट हो जाती है। इस स्थिति में अनुत्क्रमणीय अंधता हो जाती है। सामान्यतः यह स्थिति दोनों आँखों में पाई जाती है तथा 1–5 वर्ष के बच्चों में अधिक होती है। 60 से 65 प्रतिशत ऐसे बच्चों की मृत्यु हो जाती है।

फिर देखें इकाई–17, प्रश्न–5

(b) मोटापे को बढ़ाने वाले कारकों की चर्चा कीजिए और इस स्थिति की रोकथाम के लिए आप जो आहार संबंधी उपाय करेंगे उनकी सूची बनाइए।

उत्तर – देखें इकाई–21, प्रश्न–2

मोटापे में आहार व्यवस्था – बीमारी में आहार व्यवस्था से हमारा तात्पर्य उन उपायों से है जो किसी विकार/बीमारी के उपचार के लिए किए जाते हैं। किसी भी विकार/बीमारी में आहार व्यवस्था के तीन चरण होते हैं :

(1) उपचार के सिद्धांत – इसके मुख्य सिद्धांत हैं :

(क) जब तक शरीर मानक वजन तक न पहुँच जाए, शरीर का वजन धीरे–धीरे कम करना,

(ख) घटे हुए वजन को बनाए रखना, तथा

(ग) हृदय और मधुमेह जैसी जटिलताओं या गंभीर स्थितियों की रोकथाम करना।

(2) पोषक तत्त्वों की आवश्यकताओं में बदलाव – मोटे व्यक्तियों की ऊर्जा, प्रोटीन, कार्बोज, वसा, विटामिन और खनिज लवणों की आवश्यकताओं में किए जाने वाले बदलाव निम्न प्रकार से हैं :

ऊर्जा – मोटापा, शरीर में ऊर्जा असंतुलन की वजह से ही होता है। इसलिए ऊर्जा की आवश्यकताओं में बदलाव लाना महत्त्वपूर्ण है। यह याद रखें कि ऊर्जा में दिया जाने वाला बदलाव हर व्यक्ति के लिए एक समान नहीं होता। व्यक्ति की आवश्यकताओं को मद्देनजर रखते हुए हमें एक दिन के भोजन से 500–1000 कि. कैलोरी कम करनी चाहिए। सामान्य तौर पर एक दिन में 500 कि. कैलोरी कम खाने से हफ्ते में लगभग 450 ग्रा. (एक पाउंड) वजन कम हो जाता है और एक दिन में 1000 कि. कैलोरी कम खाने पर एक हफ्ते में 900 ग्रा. (या दो पाउंड) वजन कम हो जाता है। अध्ययनों से पता चला है कि एक दिन में कुल 1400 से 1600 कि. कैलोरी लेने पर वजन में संतोषजनक ढंग से कमी हो जाती है। परंतु प्रत्येक व्यक्ति के लिए यह मात्रा एक–सी नहीं होती। व्यक्ति विशेष को आवश्यकताओं को मद्देनजर रखते हुए उसके दैनिक आहार से ऊर्जा में 1000 से 1200 कि. कैलोरी तक की कमी की जा सकती है। याद रहे कि ऊर्जा में बदलाव अपने आप नहीं करना चाहिए। इसके लिए किसी आहार विशेषज्ञ या डॉक्टर की सलाह अवश्य लेनी चाहिए।

प्रोटीन – आहार में प्रोटीन से भरपूर खाद्य पदार्थ अवश्य सम्मिलित करने चाहिए। शरीर के प्रति किलो वजन के पीछे एक ग्राम प्रोटीन दिया जा सकता है।

वसा – घी और तेल के रूप में अंतर्ग्रहित वसा की मात्रा नियंत्रित होनी चाहिए। संतृप्त वसा तथा कोलेस्ट्राल से भरपूर खाद्य पदार्थों से भी बचना चाहिए (क्योंकि मोटे व्यक्तियों में हृदय की बीमारी होने का खतरा अधिक होता है)।

विटामिन और खनिज लवण – भोजन में प्रस्तावित दैनिक मात्रा के हिसाब से विटामिन और खनिज लवण होने चाहिए।

फिर देखें जून 2009, प्रश्न–6 (ग)

(c) भारतीय महिलाओं की पोषणात्मक स्थिति पर टिप्पणी कीजिए।

उत्तर – देखें इकाई–22, प्रश्न–5

प्रश्न 6. (a) निम्नलिखित कार्यक्रमों के लाभार्थियों और प्रदान की जाने वाली सेवाओं की सूची बनाइए :

(i) आई.सी.डी.एस.

उत्तर – देखें इकाई–24, प्रश्न–1

(ii) राष्ट्रीय ऐनीमिया नियंत्रक कार्यक्रम

उत्तर – देखें इकाई–23, प्रश्न–1

(iii) मध्याह्न आहार कार्यक्रम।

उत्तर – देखें इकाई–24, प्रश्न–2

(b) बच्चों की पोषणात्मक स्थिति का निर्धारण करने के लिए आजकल आमतौर पर प्रयुक्त होने वाले चार मापों का वर्णन कीजिए।

उत्तर – देखें जून 2011, प्रश्न–2 (b)

प्रश्न 7. निम्नलिखित को संक्षेप में स्पष्ट कीजिए :

(a) भोजन परिवेषण इकाई में प्रयुक्त होने वाली सामान्य खाद्य परिवेषण विधियाँ।

उत्तर – देखें दिसम्बर 2009, प्रश्न–7 (ख)

(b) खाद्य परिवेषण इकाई के लिए अपेक्षित संसाधन और उनका अंत संबंध।

उत्तर – देखें इकाई–27, प्रश्न–2

(c) व्यंजन–सूची के लिए उत्पादन अनुसूची का एक उदाहरण दीजिए।

उत्तर – खाद्य उत्पादन की योजना बनाते समय लक्ष्मी ने यह निश्चित किया कि कुछ पूर्व तैयारी जैसे आलू उबालना, प्याज काटना, मसाला पीसना आदि एक दिन पहले ही कर ली जाए जिससे अगले दिन खाद्य पकाने में कम समय लगे। उसने दालों को रात–भर के लिए भिगोने तथा प्रैशर कुकर में पकाने का तरीका अपनाया, जिससे पकाने में कम समय लगे। उसने संपूर्ण कार्य विभिन्न कर्मचारियों में इस प्रकार बाँटा कि पूरी व्यंजन सूची निश्चित समय में बनकर तैयार हो जाए। इस उद्देश्य के लिए उसने जो सारणी बनाई, उसे उत्पादन अनुसूची (Production Schedule) कह सकते हैं। सब्जियों का पुलाव, पकौड़ी–रायता बनाने के लिए लक्ष्मी द्वारा बनाई गई उत्पादन अनुसूची चार्ट में दी गई है।

चार्ट : उत्पादन अनुसूची

समय	कार्य
प्रातः 7.00-7.30	सामग्री जारी करना भिगोई हुई दाल का निरीक्षण
प्रातः 7.30-8.00	सब्जियों तथा चावल को साफ करना तथा धोना
प्रातः 8.00-8.30	सब्जियों को काटना
प्रातः 8.30-9.00	चावल को भिगोना
प्रातः 9.00-9.30	ग्राइंडर में दाल पीसना
प्रातः 9.30-10.00	पकौड़ी तलना
प्रातः 10.00-10.30	पकौड़ी को पानी में भिगोना तथा रायता बनाना
प्रातः 10.30-11.00	पुलाव की तैयारी और पकाना
प्रातः 11.00-12.00	गत्ते के डिब्बे में चावल तथा प्लास्टिक के बर्तन में रायता पैक करना।

यहाँ हमने देखा कि लक्ष्मी ने प्रत्येक खाद्य व्यंजन को पकाने के लिए समय निश्चित किया हुआ था जिससे कि प्रातः 11.00 बजे तक विभिन्न खाद्य व्यंजन तैयार हो जाएँ। पूरा भोजन पैक होकर वितरण के लिए 12.00 बजे तक तैयार हो जाता था। आधे घंटे का समय भोजन को कार्यालय तक पहुँचाने के लिए रखा गया था जिससे दोपहर एक बजे अवकाश के समय तक भोजन उपभोक्ताओं तक पहुँच जाए।

व्यंजन निश्चित समय तक बन जाए, इसके लिए यह अति आवश्यक है कि उत्पादन अनुसूची सही तरीके से बनाई जाए। इससे समय और श्रम की भी बचत होती है।

(d) खाद्य परिवेषण इकाई में रखे जाने वाले खरीद और भंडारण रिकॉर्ड।

उत्तर – देखें दिसम्बर–2007, प्रश्न–7 (ग)

प्रश्न 8. निम्नलिखित में से किन्हीं चार पर संक्षिप्त टिप्पणियाँ लिखिए :

(a) भोजन के कार्य

उत्तर – देखें इकाई–1, प्रश्न–1

(b) शिशुओं के लिए पूरक आहार के रूप में बहु–मिश्रणों का महत्त्व

उत्तर – जब मुख्य खाद्यान्न अर्थात् अनाज में अन्य बहुत से खाद्य पदार्थ, (प्रोटीन स्रोत, विटामिन/खनिज लवण स्रोत) मिला दिए जाते हैं तो ये बहुमिश्रण (Multimix) कहलाता है। उत्तर भारत में अधिक प्रयोग किए जाने वाला एक बहुमिश्रण खिचड़ी है तथा दक्षिण भारत में प्रयोग किए जाने वाला बहुमिश्रण 'पोंगल' है। बहुमिश्रण निम्न खाद्य पदार्थ से बनाए जा सकते हैं :

(क) अनाज + दाल + हरी पत्तेदार सब्जियाँ

या

(ख) अनाज + दाल + दूध

या

(ग) अनाज + दाल + सब्जी + दही

या

(घ) अनाज + दूध + फल + गिरीदार फल (बारीक पिसे हुए)

या

(ङ) अनाज + पशुजन्य खाद्य पदार्थ + हरी पत्तेदार सब्जियाँ

या

(च) अनाज + पशुजन्य खाद्य पदार्थ + लाल व नारंगी रंग वाली सब्जियाँ (गाजर, सीताफल)

बहुमिश्रण का प्रयोग 6–7 महीने की आयु से शुरू किया जा सकता है। हम पतला तथा निगलने में आसान बहुमिश्रण बनाने के लिए इसमें एक चौथाई चाय के चम्मच के बराबर "ए.आर.एफ." पाउडर डाल सकते हैं।

एक वर्ष की आयु में कौन से आहार देने चाहिए–एक वर्ष की आयु (अर्थात् 12 महीने तक) का बच्चा सभी ठोस आहार खा सकता है। वास्तव में इस आयु में शिशु वह सभी पदार्थ खाने योग्य हो जाता है जो परिवार के लिए पकाए जाते हैं जैसे चावल/दाल, चावल/मछली, चपाती/सब्जी।

चित्र : बहुमिश्रण

चपाती को छोटे–छोटे टुकड़ों में तोड़कर तथा दूध, दाल या दही में भिगोकर तथा बच्चे के स्वाद के अनुसार उसमें नमक या चीनी मिलाकर बच्चे को दिया जा सकता है। चावल को दाल व सब्जी के साथ अच्छी तरह मिलाकर बच्चे को दिया जा सकता है। बच्चे को धीरे–धीरे परिवार की आहार पद्धति के अनुरूप खाने की आदत डालने का प्रयास करना चाहिए। इन आहारों के साथ माँ का दूध भी बच्चे को देना चाहिए। परंतु यदि माँ का दूध आना बंद हो गया है तो बच्चे को आधा लीटर अन्य दूध प्रतिदिन उसी रूप में या दही, पनीर, दूध की खीर या दलिए के रूप में देना चाहिए।

(c) वृद्धि अनुवीक्षण और उसका अनुप्रयोग

उत्तर – देखें इकाई–25, प्रश्न–1

(d) उपभोक्ताओं के मिलावट से बचाने संबंधी उपाय

उत्तर – देखें जून 2009, प्रश्न–4 (क)

(e) फलों और सब्जियों का चयन करते समय ध्यान रखने योग्य मूलभूत बातें।

उत्तर – देखें इकाई–12, प्रश्न–1 (4)

ए.एन.सी.–1 : समुदाय के लिए पोषण
दिसम्बर, 2012

नोट : प्रश्न संख्या 1 **अनिवार्य** है। कुल **पाँच** प्रश्नों के उत्तर दीजिए। सभी प्रश्नों के **अंक समान** हैं।

प्रश्न 1. (a) निम्नलिखित प्रत्येक को 2–3 वाक्यों में परिभाषित कीजिए :

(i) पोषक तत्त्वों की प्रस्तावित दैनिक मात्रा

(ii) क्वाशियोरकार

(iii) बिटोट बिंदु

(iv) एम.यू.ए.सी.

(v) आहार डायरी

(b) रिक्त स्थान भरिए :

(i) प्रोटीन में एमिनो अम्ल __________ संयोजन से एक दूसरे के साथ जुड़े होते हैं।

(ii)__________ 'सनशाइन विटामिन' भी कहलाता है।

(iii) गर्भवती महिलाओं में आयोडीन की कमी से उनके शिशुओं को __________ हो सकता है।

(iv) एन.एन.ए.सी.पी. के अंतर्गत, गर्भवती महिलाओं को लौह तत्त्व का __________ mg और गोलियों के रूप में फोलिक अम्ल का __________ दिया जाता है।

(v) अग्नाशय द्वारा स्रावित __________ mcg एंजाइम वसा के पाचन में मदद करता है।

(vi)__________ की कमी से कीलोसिस और कोणीय मुखपाक हो जाता है।

(vii) पेचिश से पीड़ित बच्चे को __________ घोल दिया जाना चाहिए।

(viii) शरीर में __________ हारमोन की कमी के कारण रक्त में शर्करा के स्तर बढ़ जाते हैं।

(ix) उच्च रक्तचाप वाले व्यक्ति के आहार में सामान्यत: __________ खनिज लवण पर प्रतिबंध होता है।

(x) ऊँचाई के अनुरूप कम भार होना __________ कहलाता है।

प्रश्न 2. (a) संक्रमण पर कुपोषण के प्रभाव का वर्णन कीजिए।

(b) संतुलित आहार से आप क्या समझते हैं? संतुलित आहार की योजना बनाने में आप खाद्य वर्गों का प्रयोग किस प्रकार करेंगे – उदाहरण देते हुए चर्चा कीजिए।

(c) मधुमेह से पीड़ित व्यक्ति के आहार में जो आहार–संबंधी बदलाव किए जाने चाहिए उनकी जानकारी दीजिए।

प्रश्न 3. (a) गर्भवती महिला के लिए आहारों की योजना बनाते समय जो विभिन्न कारक ध्यान में रखे जाने चाहिए उनकी चर्चा कीजिए।

(b) संक्षेप में बताइए :

(i) पी.ई.एम. होने के कारण

(ii) बेरी–बेरी के लक्षण

(iii) हृद् धमनी संबंधी रोग के खतरे के कारक

प्रश्न 4. (a) आप बैक्टीरिया (जीवाणु) से होने वाली खाद्य विषाक्तता से स्वयं का बचाव कैसे कर सकते हैं?

(b) खाद्य मानकों और गुणवत्ता पर निगरानी रखने के लिए सरकारी एजेंसियाँ क्या करती हैं – जानकारी दीजिए।

(c) कलायखंज के कारणों और नैदानिक लक्षणों का वर्णन कीजिए।

प्रश्न 5. (a) आहारीय रेशा हमारे लिए क्यों महत्त्वपूर्ण है? रेशे की प्रचुरता वाले चार खाद्य–स्रोतों के नाम बताइए।

(b) कुछ ऐसे सामान्य रासायनिक प्रदूषक कौन से हैं जो हमारे आहार में विद्यमान हो सकते हैं?

(c) घर पर भोजन बनाते समय पोषक तत्त्वों की क्षति होने से रोकने के लिए जो कुछ साधारण सावधानियाँ बरती जा सकती हैं उन्हें सूचीबद्ध कीजिए।

प्रश्न 6. उदाहरण देते हुए निम्नलिखित कथनों की पुष्टि कीजिए :

(a) अंकुरण और खमीरीकरण से अनाजों का पौष्टिक मान बेहतर हो जाता है।

(b) सामान्य दृष्टि के लिए विटामिन ए महत्त्वपूर्ण है।

(c) अच्छे खाद्य लेबल हमें खाद्य उत्पाद संबंधी काफी जानकारी दे सकते हैं।

(d) घर पर खाद्य पदार्थ परिरक्षित करने के लिए सरल प्रक्रियाएँ अपनाई जा सकती हैं।

प्रश्न 7. (a) व्यक्ति की आय की सीमा के अंदर खाद्य पर व्यय की योजना बनाने में खाद्य–बजट की भूमिका का वर्णन कीजिए।

(b) खाद्य पदार्थों के खराब होने के मुख्य कारण कौन से हैं?

(c) अपने परिवार के लिए वसा व तेलों का चयन करते समय आप किन बातों को ध्यान में रखेंगे?

प्रश्न 8. निम्नलिखित में से किन्हीं चार पर संक्षिप्त टिप्पणियाँ लिखिए :

(a) लौह तत्त्व की कमी की रोकथाम के लिए निरोधक उपाय

(b) खाद्य मिलावट से स्वास्थ्य को होने वाले खतरे

(c) आई.डी.डी. की रोकथाम और नियंत्रण

(d) मातृक कुपोषण के परिणाम

(e) एम.डी.एम. कार्यक्रम

ए.एन.सी.–1 : समुदाय के लिए पोषण

जून, 2013

नोट : प्रश्न संख्या 1 **अनिवार्य** है। कुल **पाँच** प्रश्न कीजिए। सभी प्रश्नों के **अंक समान** हैं।

प्रश्न 1. (a) निम्नलिखित प्रत्येक को 2–3 वाक्यों में परिभाषित कीजिए :

(i) वृद्धि अनुवीक्षण

(ii) मैरास्मस

(iii) आहार आवृत्ति

(iv) अस्थिमृदुता

(v) स्तन्यमोचन

(b) रिक्त स्थान भरिए :

(i) वसा व तेल __________ और वसा अम्लों से बने होते हैं।

(ii) आँखों की छड़ों में __________ वर्णक होता है जो मंद रोशनी में देखने में हमारी मदद करता है।

(iii) __________ विटामिन "रक्तस्रावरोधी विटामिन" भी कहलाता है।

(iv) एन.एन.ए.सी.पी. के अंतर्गत आने वाले बच्चों को लौह तत्त्व के __________ और फोलिक अम्ल के __________ दिए जाते हैं।

(v) __________ वह एंजाइम है जो आमाशय में प्रोटीन को पचाता है।

(vi) आप फलों से बने खाद्य उत्पादों पर __________ गुणवत्ता चिह्न देख सकते हैं।

(vii) सामान्य तौर पर प्रतिदिन __________ की कैलोरी कम खाने पर एक सप्ताह में लगभग एक पाउंड वजन कम हो जाता है।

(viii) धमनी की दीवार में वसा की सतह जमा होने से इसमें होने वाली संकीर्णता तथा इससे रक्त के प्रवाह में अवरोधन होना __________ कहलाता है।

(ix) बच्चे में आयु के अनुरूप कम लंबाई __________ कहलाती है।

(x) कुछ फफूंदियाँ उन खाद्य–पदार्थों में __________ नामक विषौला पदार्थ उत्पन्न करती हैं, जिन खाद्य पदार्थों पर वे वृद्धि करती हैं।

प्रश्न 2. (a) बच्चों में विटामिन डी की कमी के नैदानिक लक्षणों का वर्णन कीजिए।

(b) गर्भवती महिला के शरीर में होने वाले वे कौन से शारीरिक क्रियात्मक परिवर्तन हैं जो उसकी पोषणात्मक जरूरतों को प्रभावित करते हैं?

(c) विस्तारपूर्वक बताइए कि पोषणात्मक एनीमिया की रोकथाम कैसे की जा सकती है?

प्रश्न 3. (a) सामान्य स्तन्यकाल को सुनिश्चित करने के लिए वे कौन सी करने योग्य और न करने योग्य बातें हैं जिन्हें याद रखना चाहिए?

(b) संक्षेप में बताइए :

(i) जीरोप्थेलमिया होने के मुख्य कारण

(ii) पेलाग्रा के नैदानिक लक्षण

(iii) उच्च रक्तचाप में आहार–व्यवस्था

प्रश्न 4. (a) आप फफूंदी से होने वाली खाद्य विषाक्तता की रोकथाम कैसे कर सकते हैं?

(b) मिलावट से बचने के लिए आपको सामान्य सावधानियाँ बरतनी चाहिए उन्हें सूचीबद्ध कीजिए।

(c) फ्लुओरोसिस के कारणों और नैदानिक लक्षणों का वर्णन कीजिए।

प्रश्न 5. (a) प्रोटीन हमारे शरीर के लिए क्यों महत्त्वपूर्ण हैं? ऐसे चार खाद्य स्रोतों के नाम बताइए जिनमें अच्छी क्वालिटी वाला प्रोटीन प्रचुर मात्रा में होता है।

(b) आई.सी.डी.एस. कार्यक्रम के उद्देश्यों और घटकों की चर्चा कीजिए।

(c) बच्चों में अतिसार की आहार–व्यवस्था की चर्चा कीजिए।

प्रश्न 6. (a) उदाहरण देते हुए निम्नलिखित कथनों की पुष्टि कीजिए :

(b) जल जीवन के लिए अनिवार्य है।

(c) शिशु के लिए माँ का दूध सर्वोत्तम आहार है।

(d) खाद्य पदार्थों का पोषक मान बढ़ाने के लिए घर पर ही सरल प्रक्रियाएँ की जा सकती हैं।

(e) संक्रमण पोषणात्मक स्तर को प्रभावित कर सकता है।

प्रश्न 7. (a) सूक्ष्मजीवाणुओं से खाद्य–पदार्थों को खराब होने से बचाने के लिए प्रयुक्त होने वाले सिद्धांतों व विधियों की चर्चा कीजिए।

(b) माँस और मछली का चयन करते समय आप किन बातों को ध्यान में रखेंगे?

(c) खाद्य–पदार्थों के खराब होने के समय के आधार पर आप उनका वर्गीकरण कैसे करेंगे? उदाहरणों द्वारा स्पष्ट कीजिए।

प्रश्न 8. निम्नलिखित में से किन्हीं चार पर संक्षिप्त टिप्पणियाँ लिखिए :

(a) आयोडीन की कमी से होने वाली विसंगतियाँ

(b) प्रोटीन ऊर्जा कुपोषण की रोकथाम

(c) मोटापे में आहार–व्यवस्था

(d) पोषणात्मक अंधता रोकथाम के लिए राष्ट्रीय रोग निरोधक कार्यक्रम

(e) खाद्य परिवेषण संस्था में रिकॉर्ड बनाना/रखना

ए.एन.सी.–1 : समुदाय के लिए पोषण
दिसम्बर, 2013

नोट : प्रश्न संख्या 1 **अनिवार्य** है। कुल **पाँच** प्रश्नों के उत्तर दीजिए। सभी प्रश्नों के **अंक समान** हैं।

प्रश्न 1. (a) निम्नलिखित द्वारा प्रदान की जाने वाली कैलोरी की मात्रा बताइए :
(i) आहार में 220 ग्रा. अनाज, 50 ग्रा. दाल और 30 ग्राम. वसा।
(ii) मीठे व्यंजन में 4 चाय के चम्मच चीनी और 1 चाय का चम्मच वसा।
(b) शारीरिक वृद्धि में सहायक खाद्य वर्ग में सम्मिलित खाद्य पदार्थों की सूची बनाइए।
(c) निम्नलिखित प्रत्येक को 2–3 वाक्यों में स्पष्ट कीजिए :
(i) एइबोफ्लेविन हीनता
(ii) वृद्धि स्फुरण
(iii) क्षीणता
(iv) कलायखंज
(v) योगवाहिता

प्रश्न 2. (a) हमारे शरीर में भोजन के कार्यों का संक्षेप में वर्णन कीजिए।
(b) हमारे भोजन में आहारीय–रेशे को शामिल करना क्यों महत्त्वपूर्ण है?
(c) हमारे आहार में प्रोटीन के पाचन, अवशोषण और उपयोग की प्रक्रिया का वर्णन कीजिए।

प्रश्न 3. (a) वसा व तेलों की संरचना बताइए तथा वसा व तेलों का चयन करते समय आप जिन कारकों को ध्यान में रखेंगे उन्हें सूचीबद्ध कीजिए।
(b) आहार नियोजन को प्रभावित करने वाले कारकों का वर्णन कीजिए। उचित उदाहरण भी दीजिए।

प्रश्न 4. (a) वयस्कों को आहार और पोषक तत्त्वों की जरूरतों को पूरा करने हेतु आप उनके लिए आहार की योजना बनाते समय जिन प्रमुख बातों को ध्यान में रखेंगे उनकी चर्चा कीजिए।
(b) किन्हीं चार पोषक तत्त्वों का उल्लेख कीजिए जो निम्नलिखित प्रत्येक अवस्था में विशेष रूप से महत्त्वपूर्ण होते है :
– स्कूलपूर्व
– स्तन्य काल
इन जरूरतों की पूर्ति के लिए आप आहार संबंधी क्या उपाय करेंगे?

प्रश्न 5. उदाहरण देते हुए निम्नलिखित कथनों की पुष्टि कीजिए :

(a) आहार में अनाज और दालें मिलकर प्रोटीन की जरूरत को पूरा करने में मदद करते हैं।

(b) एस्कॉर्बिक अम्ल को 'फ्रेश फूड विटामिन' भी कहा जाता है।

(c) मैदा, सूजी जैसे परिष्कृत आटों में गेहूँ के आटे की तुलना में कम थायामिन होता है।

(d) खाद्य पदार्थ में आयोडीन की मात्रा मिट्टी/जल की आयोडीन की मात्रा से प्रभावित होती है।

प्रश्न 6. (a) उच्चरक्तचाप वाले रोगी के आहार में आप क्या परिवर्तन करेंगे?

(b) मधुमेह के खतरे के कारकों की चर्चा कीजिए।

(c) एनीमिया के कारणों और रोकथाम के उपायों का वर्णन कीजिए।

प्रश्न 7. (a) आंगनवाड़ी कार्यकर्त्ता कौन होता है। उनके क्या कार्य और दायित्व होते हैं?

(b) एक समुदाय कार्यकर्त्ता के रूप में आपको समुदाय के सदस्यों के पोषण स्तर का निर्धारण करना है।

(i) पोषण स्तर का निर्धारण करने के लिए आप जिन विधियों (तरीकों) का प्रयोग करेंगे, उन्हें सूचीबद्ध कीजिए।

(ii) इनमें से किसी एक का संक्षेप में वर्णन कीजिए।

प्रश्न 8. निम्नलिखित में से किन्हीं चार पर संक्षिप्त टिप्पणियाँ लिखिए :

(a) गुणवत्ता नियंत्रण के लिए खाद्य मानक

(b) घर पर खाद्य पदार्थों का परिरक्षण करने के लिए अपनाए जा सकने वाली सामान्य विधियाँ

(c) खाद्य पदार्थों के खराब होने के कारण

(d) पोषणज अंधता की रोकथाम के लिए राष्ट्रीय रोग निरोधक कार्यक्रम

(e) संतुलित आहार की योजना बनाने में आर.डी.ए. का प्रयोग

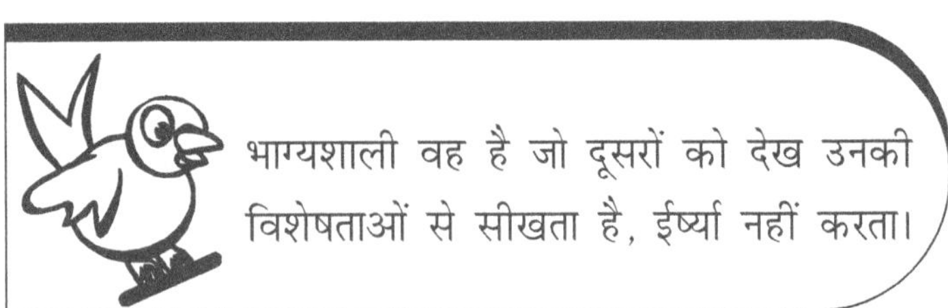

ए.एन.सी.–1 : समुदाय के लिए पोषण

जून, 2014

नोट : प्रश्न संख्या 1 **अनिवार्य** है। कुल **पाँच** प्रश्नों के उत्तर दीजिए। सभी प्रश्नों के **अंक समान** हैं।

प्रश्न 1. (a) निम्नलिखित प्रत्येक का एक उदाहरण दीजिए :

(i) अनिवार्य वसा अम्ल

(ii) प्रोटीन के पाचन में सम्मिलित एंजाइम

(iii) कार्बोज की मूलभूत सरल इकाई

(iv) स्थूल पोषक तत्त्व

(v) बी–समुदाय के विटामिन

(vi) स्वास्थ्य के आयाम

(vii) रोगों से बचाव व शारीरिक क्रियाओं को सुचारू रूप से चलाने में सहायक खाद्य पदार्थ

(viii) गलग्रंथि से स्रावित होने वाला हारमोन

(ix) 'फ्रेश फूड' विटामिन

(x) कोशिका बाह्य द्रव्य

(b) निम्नलिखित को परिभाषित कीजिए :

(i) सूक्ष्म मात्रिक तत्त्व

(ii) एमिनो अम्ल

(iii) मरास्मस

(iv) फ्लुओरोसिस

(v) बेरी–बेरी

प्रश्न 2. संतुलित आहार क्या है? आप यह कैसे सुनिश्चित कर सकते हैं कि कोई आहार संतुलित आहार है? संतुलित आहारों की योजना बनाने में तीन खाद्य वर्गों और आर.डी.ए. के महत्त्व को उदाहरण देते हुए स्पष्ट कीजिए।

प्रश्न 3. (a) एक माँ जिसने अभी एक बच्चे को जन्म दिया है उसे शिशु को आहार देने संबंधी अच्छी बातों के बारे में आप क्या सलाह देंगे?

(b) मातृक कुपोषण क्या है? इसके कारण और परिणाम बताइए।

प्रश्न 4. (a) खाद्य बजट में व्यय को प्रभावित करने वाले कारक कौन से हैं?

(b) हमारे आहार में सब्जियों और फलों को शामिल करने का महत्त्व बताइए। फलों व सब्जियों का चयन करते समय आप जिन बातों को ध्यान में रखेंगे उन्हें सूचीबद्ध कीजिए।

(c) भोजन पकाते समय पोषक तत्त्वों को नष्ट होने से रोकने या कम करने के लिए आप जिन बातों को ध्यान में रखेंगे उन्हें सूचीबद्ध कीजिए।

प्रश्न 5. संक्षेप में स्पष्ट कीजिए :

(a) विटामिन ए की कमी के नैदानिक लक्षण

(b) पी.ई.एम. के कारण

(c) एनीमिया की रोकथाम के उपाय

प्रश्न 6. (a) निम्नलिखित के आहार में ऊर्जा, प्रोटीन, कार्बोज और वसा की मात्रा में किए जाने वाले जरूरी परिवर्तनों के बारे में संक्षेप में बताइए :

(i) एक मोटा व्यक्ति

(ii) मधुमेह का रोगी

(b) व्यक्ति के पोषणात्मक स्तर पर अतिसार जैसे संक्रमण के प्रभाव का वर्णन कीजिए। अतिसार की आहार व्यवस्था के बारे में भी बताइए।

प्रश्न 7. (a) आई.सी.डी.एस. कार्यक्रम के अंतर्गत कौन–सी सेवाएँ प्रदान की जाती हैं? इस कार्यक्रम के लाभार्थी कौन हैं? यह भी बताइए।

(b) मध्याह्न पोषण के लाभार्थी कौन हैं? मध्याह्न पोषण के उद्देश्य और घटक बताइए।

(c) वृद्धि अनुवीक्षण को परिभाषित कीजिए। इसका क्या उद्देश्य है?

प्रश्न 8. निम्नलिखित में से किन्हीं चार पर संक्षिप्त टिप्पणियाँ लिखिए।

(a) पोषण स्तर का निर्धारण करने के तरीके के रूप में आहार–सर्वेक्षण का प्रयोग

(b) हमारे आहार में आहारीय रेशे की भूमिका और उसके स्रोत

(c) हमारे आहार में जल का महत्त्व

(d) मिलावट से उपभोक्ता का संरक्षण

(e) किशोरी के लिए आहार–नियोजन

ए.एन.सी.–1 : समुदाय के लिए पोषण
दिसम्बर, 2014

नोट : प्रश्न संख्या 1 **अनिवार्य** है। कुल **पाँच** प्रश्न कीजिए। सभी प्रश्नों के **अंक समान** हैं।

प्रश्न 1. (क) निम्नलिखित प्रत्येक को 2–3 वाक्यों में स्पष्ट कीजिए :

(i) एंजाइम

(ii) कोशिकाबाह्य द्रव्य

(iii) भारतीय संदर्भ महिला

(iv) जिलेटिनन

(v) कलायखंज

(ख) रिक्त स्थानों की पूर्ति कीजिए :

(i) पोषणज अंधता की रोकथाम के लिए राष्ट्रीय रोग–निरोधक कार्यक्रम के अंतर्गत प्रदान की जाने वाली विटामिन A की बड़ी खुराक __________ आई.यू. प्रति बच्चा है।

(ii) बाँह के मध्य भाग की __________ सेमी. से कम परिधि गंभीर कुपोषण की द्योतक है।

(iii) __________ एक कानूनी व्यवस्था (प्रावधान) है जिसके अंतर्गत व्यक्ति अपना ऋण न चुका पाने की स्थिति में अपनी वस्तुओं या संपत्ति पर अपने अधिकार को छोड़ देने का वादा करता है।

(iv) उबलते हुए पानी में कुछ सेकंड से दो मिनटों तक डुबोकर आंशिक रूप से पकाना __________ कहलाता है।

(v) __________ वह प्रक्रिया है जिसमें पोषक तत्त्व आँत से रक्त में आ जाते हैं।

(vi) प्रोटीन का मुख्य कार्य है __________।

(vii) __________ कोलेस्टेरॉल का प्रचुर स्रोत है।

(viii) विटामिन K __________ के निर्माण में मदद करता है, जो रक्त के जमने (थक्के बनने) के लिए अनिवार्य है।

(ix) एक मजदूर (श्रमिक) के आहार–नियोजन में __________ प्रचुर खाद्य पदार्थ अपेक्षाकृत ज्यादा होंगे।

(x) आलू काफी समय तक खराब नहीं होता अतः यह एक __________ खाद्य पदार्थ है।

प्रश्न 2. उदाहरण देते हुए निम्नलिखित कथनों की पुष्टि कीजिए :

(क) स्तनपान कराने के दौरान महिला की पोषणात्मक माँगें काफी बढ़ जाती हैं।

(ख) स्कूलगामी बच्चों के लिए शरीर का निर्माण करने वाले खाद्य पदार्थ अनिवार्य हैं।

(ग) 6 माह की आयु के आस–पास पूरक आहार अनिवार्य होता है।

(घ) पोषणात्मक स्तर और संक्रमण के बीच संबंध होता है।

प्रश्न 3. (क) आपको स्कूल कैंटीन के निष्पादन और भविष्य में प्रसार के लिए उसकी समीक्षा करने के लिए कहा जाता है। समझाइए कि आपकी समीक्षा प्रक्रिया क्या होगी।

(ख) 'बजट' शब्द को परिभाषित कीजिए। परिवार के भोजन के बजट को प्रभावित करने वाले कारकों की चर्चा कीजिए।

(ग) उपयुक्त उदाहरण देते हुए खाद्य परिरक्षण के सिद्धांतों की संक्षेप में व्याख्या कीजिए।

प्रश्न 4. (क) एक वयस्क पुरुष की ऊर्जा आवश्यकताओं को प्रभावित करने वाले कारकों का वर्णन कीजिए। अल्प श्रम, सामान्य श्रम और अत्यधिक श्रम करने वाले पुरुषों की ऊर्जा आवश्यकताएँ बताइए।

(ख) शिशुओं के लिए आहारों की योजना बनाते समय आहार संबंधी किन बातों को आप ध्यान में रखेंगे, बताइए।

(ग) किशोरावस्था से क्या अभिप्राय है? किशोरावस्था की विशेषताओं का वर्णन कीजिए।

प्रश्न 5. निम्नलिखित राष्ट्रीय पोषण कार्यक्रमों के उद्देश्य, लक्ष्य समूह और प्रदत्त सेवाओं का वर्णन कीजिए :

(क) राष्ट्रीय पोषणज एनीमिया नियंत्रण कार्यक्रम

(ख) आई.सी.डी.एस. कार्यक्रम

(ग) पोषणात्मक अंधता की रोकथाम के लिए राष्ट्रीय रोग–निरोधक कार्यक्रम

प्रश्न 6. (क) निम्नलिखित के बीच अंतर बताइए :

(i) वसा–विलेय और जल–विलेय विटामिन

(ii) अनिवार्य और गैर–अनिवार्य ऐमीनो अम्ल

(iii) संतृप्त वसा अम्ल और असंतृप्त वसा अम्ल

(ख) भोजन, पोषक तत्त्व, पोषण और स्वास्थ्य शब्दों को परिभाषित कीजिए। भोजन, स्वास्थ्य और रोग के बीच संबंध की चर्चा कीजिए।

(ग) शरीर में कार्बोहाइड्रेट्स (कार्बोज) के पाचन, अवशोषण और उपयोग की प्रक्रिया का वर्णन कीजिए।

प्रश्न 7. निम्नलिखित विसंगतियों की आहार–व्यवस्था की व्याख्या कीजिए :

(क) मधुमेह

(ख) उच्च रक्त–चाप

(ग) अतिसार

प्रश्न 8. निम्नलिखित में से किन्हीं चार पर संक्षिप्त टिप्पणियाँ लिखिए :

(क) समुदाय में पी.ई.एम. की रोकथाम

(ख) राइबोफ्लेविन–हीनता

(ग) आहार सर्वेक्षण

(घ) वृद्धि अनुवीक्षण

(ङ) भोजन परिवेषण संस्था में रिकॉर्ड रखना

(च) फलों व सब्जियों का चयन करते समय ध्यान रखने योग्य बातें

ए.एन.सी.–1 : समुदाय के लिए पोषण

जून, 2015

नोट : प्रश्न संख्या 1 **अनिवार्य** है। कुल **पाँच** प्रश्न कीजिए। सभी प्रश्नों के **अंक समान** हैं।

प्रश्न 1. (क) निम्नलिखित प्रत्येक को 2–3 वाक्यों में स्पष्ट कीजिए :

(i) हॉर्मोन

(ii) तरल (द्रव) संतुलन

(iii) रजोदर्शन

(iv) परासरण दाब

(v) बिटोट चित्ति (बिंदु)

(ख) रिक्त स्थानों की पूर्ति कीजिए :

(i) आदिवासी क्षेत्रों में __________ लोगों की जनसंख्या के लिए आँगनवाड़ी केंद्र खोले जाने का प्रावधान है।

(ii) __________ विटामिन डी की कमी का वह रूप है जो वयस्कों में पाया जाता है।

(iii) लाभ कमाने के लिए किसी व्यवसाय या उद्यम में लगाया गया धन __________ कहलाता है।

(iv) __________ कम वसा में खाद्य पदार्थ को पकाना है।

(v) चीनी __________ प्रदान करने वाला खाद्य पदार्थ है।

(vi) एक वयस्क व्यक्ति के कुल शरीर भार का लगभग __________ प्रतिशत भाग जल होता है।

(vii) सात ग्राम वसा से __________ कि.कै. प्राप्त होती है।

(viii) कॉफी में सुवास और महक __________ की वजह से होती है।

(ix) प्रोटीन की प्रस्तावित दैनिक मात्राएँ __________ पर आधारित होती हैं।

(x) रागी __________ का उत्तम स्रोत है।

प्रश्न 2. (क) भोजन और खान–पान व्यवहार के सामाजिक, मनोवैज्ञानिक और आर्थिक पहलुओं की चर्चा कीजिए।

(ख) भोजन के पचान और अवशोषण की प्रक्रिया का वर्णन कीजिए।

(ग) प्रोटीनों के कार्यों को स्पष्ट कीजिए। पशुजन्य और वनस्पतिजन्य प्रोटीनों के प्रत्येक के दो स्रोतों की सूची बनाइए।

प्रश्न 3. निम्नलिखित को संक्षेप में स्पष्ट कीजिए :

(क) विटामिन ए के कार्य

(ख) लौह अवशोषण को बढ़ाने और घटाने वाले कारक

(ग) अनाज और दालों के प्रसंस्करण से उनमें विद्यमान जल विलेय विटामिनों की मात्रा का अत्यधिक अपव्यय हो सकता है

(घ) कार्यों के आधार पर भोजन का वर्गीकरण

प्रश्न 4. (क) परिवार के लिए आहारों की योजना बनाते समय जिन कारकों को ध्यान में रखना चाहिए उनके बारे में बताइए।

(ख) गर्भावस्था के दौरान महिला के शरीर में होने वाले विभिन्न शारीरिक परिवर्तनों का वर्णन कीजिए।

(ग) शिशु के पोषण में माँ के दूध और पूरक आहार के महत्त्व की चर्चा कीजिए।

प्रश्न 5. (क) खाद्य बजट में मितव्ययिता ला सकने वाले कारकों को स्पष्ट कीजिए।

(ख) निम्नलिखित खाद्य पदार्थों के चयन के लिए मानदंडों को सूचीबद्ध कीजिए :

(i) चावल

(ii) वसा व तेल

(iii) दूध और दूध से बने उत्पाद

(ग) खाद्य पदार्थों के खराब होने के विभिन्न कारणों की चर्चा कीजिए। इनकी रोकथाम कैसे की जा सकती है?

प्रश्न 6. निम्नलिखित विसंगतियों के नैदानिक लक्षणों और नियंत्रण संबंधी उपायों का वर्णन कीजिए :

(क) पी.ई.एम.

(ख) आयोडीन की कमी से होने वाली विसंगतियाँ

(ग) रिकेट्स

(घ) मोटापा

प्रश्न 7. (क) बच्चों के पोषणात्मक स्तर का निर्धारण करने के लिए इस्तेमाल की जाने वाली मानवमितीय विधियों का वर्णन कीजिए।

(ख) प्रवाह (फ्लो) चार्ट की सहायता से भोजन परिवेषण संस्था के विशिष्ट संचालनों का वर्णन कीजिए।

प्रश्न 8. निम्नलिखित में से किन्हीं चार पर संक्षिप्त टिप्पणियाँ लिखिए :

(क) कैंटीन चलाने में व्यय को सीमित रखने में सहायक नियंत्रण उपाय

(ख) मध्याह्न पोषण कार्यक्रम

(ग) बच्चों में अतिसार का आहार प्रबंधन

(घ) पैलाग्रा के नैदानिक लक्षण

(ङ) स्तनपान कराने वाली महिलाओं के लिए पोषक तत्त्वों की प्रस्तावित दैनिक मात्रा

(च) किशोरों के लिए आहार नियोजन

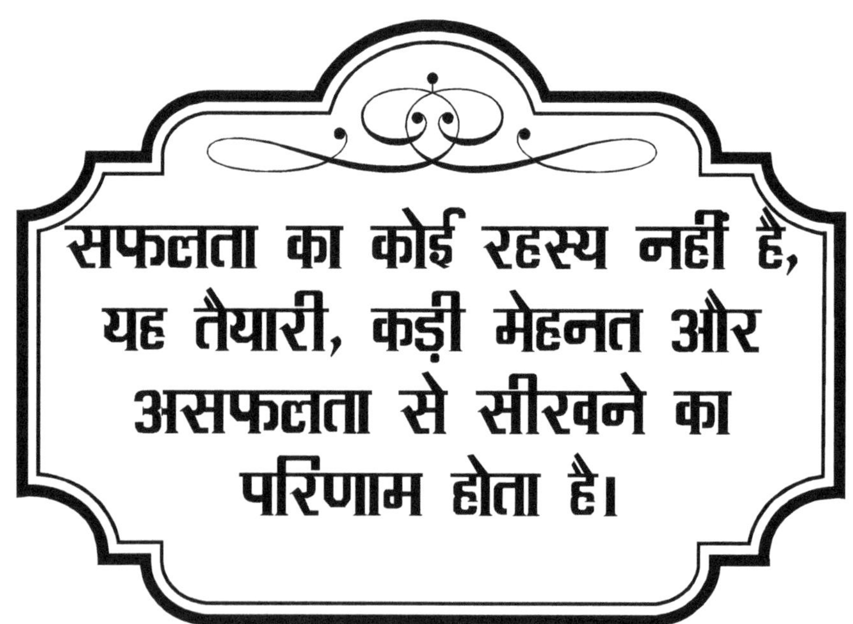

ए.एन.सी.–1 : समुदाय के लिए पोषण
दिसम्बर, 2015

नोट : प्रश्न संख्या 1 **अनिवार्य** है। कुल **पाँच** प्रश्न कीजिए। सभी प्रश्नों के **अंक समान** हैं।

प्रश्न 1. (क) निम्नलिखित प्रत्येक को 2–3 वाक्यों में स्पष्ट कीजिए :

(i) अवरोधक पदार्थ (Inhibitors)

उत्तर– देखें जून–2016, प्रश्न–2 (ख)

(ii) शरीरक्रियात्मक परिवर्तन

उत्तर– देखें इकाई–10, प्रश्न–4

(iii) जीरोफ्थैल्मिया

उत्तर– देखें इकाई–17, प्रश्न–4

(iv) ऐथिरोस्क्लेरोसिस (ऐथिरोकाठिन्य)

उत्तर– देखें जून 2016, प्रश्न–1 (ख) (v)

(v) क्षीणता (wasting)

उत्तर– चिकित्सा के क्षेत्र में क्षीणता (wasting) को वेस्टिंग सिंड्रोम (wasting syndrome) के नाम से भी जाना जाता है, जो कि एक ऐसी प्रक्रिया है जिसके कारण दुर्बलता उत्पन्न करने वाली बीमारी हो जाती है तथा मांसपेशी एवं वसा के ऊतक नष्ट हो जाते हैं। क्षीणता (wasting) को कभी–कभी तीव्र कुपोषण भी कहा जाता है, क्योंकि ऐसा माना जाता है कि स्थायी कुपोषण माने जाने वाले स्टंटिंग के विपरीत 'वेस्टिंग' की प्रक्रिया थोड़े समय के लिए होती है।

(ख) आयोडीन की कमी से होने वाली विसंगति के कोई दो नैदानिक लक्षण बताइए।

उत्तर– देखें इकाई–18, प्रश्न–1

(ग) हमारे शरीर में सोडियम के किन्हीं दो कार्यों को सूचीबद्ध कीजिए।

उत्तर– सोडियम के दो महत्त्वपूर्ण कार्य निम्नलिखित हैं :

कोशिका बाह्य तथा अंतः कोशिकी द्रव्य के संतुलन का नियंत्रण – सोडियम कोशिका के बाहर पाए जाने वाले द्रव्य का प्रमुख खनिज लवण है। यह कोशिका के अंदर व बाहर उपस्थित द्रव्य में संतुलन बनाए रखता है।

शरीर के द्रव्यों में क्षारता (alkalinity) तथा अम्लता (acidity) के संतुलन का नियंत्रण – यह द्रव्य में सोडियम, क्लोराइड के साथ मिलकर शरीर के द्रव्यों में क्षारता तथा अम्लता का संतुलन बनाने में सहायता करता है।

(घ) मधुमेह के दो खतरे के कारक बताइए।

उत्तर– मधुमेह के लिए खतरे के कुछ कारक निम्नलिखित हैं :

आयु – हालाँकि मधुमेह किसी भी आयु में आरंभ हो सकता है, अधेड़ लोगों में इस रोग से ग्रस्त होने की अधिक प्रवृत्ति होती है।

कुपोषण – इस रोग के होने में अल्प–पोषण तथा अति–पोषण, दोनों की ही भूमिका होती है। इसलिए मोटे और मानक वजन से कम वजन वाले, दोनों ही प्रकार के व्यक्तियों का इस बीमारी की चपेट में आने का खतरा अधिक रहता है।

आनुवंशिकता – ऐसे व्यक्ति जिनके माता–पिता या कोई भाई–बहन इत्यादि इस बीमारी से पीड़ित है तो उनमें इस बीमारी के होने की संभावना बढ़ जाती है।

गर्भावस्था – कुछ महिलाओं में यह बीमारी गर्भावस्था के दौरान प्रकट होती है तथा बच्चे के जन्म के बाद अधिकांश महिलाओं में यह ठीक हो जाती है। ऐसी महिलाएँ जिनको गर्भावस्था के दौरान मधुमेह हो जाता है, उनमें बाद में भी मधुमेह होने की संभावना रहती है।

(ङ) हमारे आहार में विटामिन K से प्रचुर दो खाद्य स्रोत बताइए।

उत्तर– विटामिन के – हरी पत्तेदार सब्जियाँ जैसे पालक, बंदगोभी, सलाद पत्ता आदि वनस्पतिजन्य खाद्य पदार्थ विटामिन 'के' के अच्छे स्रोत हैं।

(च) एक ऐसे खनिज लवण का नाम बताइए जिसकी हमारे शरीर को अधिक मात्रा में आवश्यकता होती है और एक ऐसे खनिज लवण का नाम बताइए जिसकी हमारे शरीर को कम मात्रा में आवश्यकता होती है।

उत्तर– हमारे शरीर में अधिक मात्रा में कैल्सियम की आवश्यकता होती है और कम मात्रा में आयोडीन की आवश्यकता होती है।

प्रश्न 2. निम्नलिखित को संक्षेप में स्पष्ट कीजिए :

(क) कार्बोज का प्रोटीन को अन्य कार्यों के लिए मुक्त रखना

उत्तर– देखें इकाई–2, प्रश्न–4 (2)

(ख) भोजन के शरीरक्रियात्मक कार्य

उत्तर– देखें इकाई–1, प्रश्न–1 (1)

(ग) दृष्टि को बनाए रखने में विटामिन A महत्त्वपूर्ण भूमिका निभाता है।

उत्तर– देखें इकाई–4, प्रश्न–1

(घ) अंकुरण और खमीरीकरण खाद्य पदार्थों के पोषक मान पर प्रभाव डालते हैं।

उत्तर– देखें इकाई–15, प्रश्न–1

प्रश्न 3. संतुलित आहार क्या है? संतुलित आहारों की योजना बनाने में खाद्य वर्गों और पोषक–तत्त्वों की प्रस्तावित दैनिक मात्रा के प्रयोग की चर्चा कीजिए।

उत्तर– देखें इकाई–6, प्रश्न–1

पोषक तत्त्वों की प्रस्तावित दैनिक मात्रा से अभिप्राय उस मात्रा से है जिससे शरीर में उस पोषक तत्त्व की आवश्यकता की पूर्ति हो सके। इस प्रकार प्रस्तावित दैनिक मात्रा शरीर में पोषक तत्त्वों की "आवश्यकता" पर निर्भर करती है। आप जानने चाहेंगे कि यहाँ आवश्यकता शब्द से क्या तात्पर्य है। किसी भी विशेष पोषक तत्त्व की आवश्यकता का अर्थ है वह न्यूनतम मात्रा जिससे शरीर में उस पोषक तत्त्व की कमी न हो।

प्रस्तावित दैनिक मात्रा पोषक तत्त्वों की "आवश्यकताओं" पर आधारित है। वास्तव में आवश्यकता आंकड़ों में पोषक तत्त्वों की कुछ सुरक्षात्मक मात्रा (safety margin) जोड़कर ही पोषक तत्त्वों की निर्धारित दैनिक मात्रा सुनिश्चित की जाती है। पोषक तत्त्वों की आवश्यकताओं में

सुरक्षात्मक मात्रा क्यों जोड़ी जाती है। इसके निम्नलिखित कारण हैं :

- विभिन्न व्यक्तियों की आवश्यकताओं में असमानता (individual variation)
- अपर्याप्त मात्रा में भोजन मिलने की अवधि
- आहार की प्रकृति, और
- पाक विधियों के कारण पोषक तत्त्वों की हानि।

उदाहरण के लिए कुछ वयस्कों पर वैज्ञानिक प्रयोग करने से यह पाया गया कि प्रतिदिन 20 मि.ग्रा. विटामिन सी ग्रहण करने से शरीर में विटामिन सी की कमी नहीं हुई। उनके शरीर में विटामिन सी का संतोषजनक (उचित) स्तर बना रहा। इसके अतिरिक्त यह भी पाया गया कि 20 मि.ग्रा. विटामिन सी (प्रतिदिन) सभी व्यक्तियों के लिए पर्याप्त था। अर्थात् सभी के शरीर में इस मात्रा से विटामिन सी का स्तर संतोषजनक बना रहा। इसलिए इन आवश्यकता आंकड़ों में व्यक्तिगत असमानता के लिए कोई अतिरिक्त मात्रा नहीं रखी गई। अतः हम 20 मि.ग्रा. को "आवश्यकता आंकड़ा" मान सकते हैं। पकाने से विटामिन सी बहुत आसानी से नष्ट हो जाता है। पकाने से इस विटामिन की क्षति औसतन 50 प्रतिशत होती है। इस क्षति पूर्ति के लिए आवश्यकता आंकड़े (20 मि.ग्रा.) में 20 मि.ग्रा. और जोड़ दिए जाते हैं। अतः विटामिन सी की निर्धारित मात्रा 40 मि.ग्रा. है।

देखें इकाई–7, प्रश्न–5

प्रश्न 4. (क) गर्भावस्था के तीसरे त्रिमास में गर्भवती महिलाओं की पोषक–तत्त्वों की जरूरतों का वर्णन कीजिए।

उत्तर– गर्भावस्था की तीसरी तिमाही में पोषक जिन पोषक तत्त्वों की अधिक आवश्यकता होती है। उनका वर्णन हम निम्न प्रकार से कर सकते हैं :

गर्भवती महिला को तीसरी त्रिमाही के दौरान प्रति दिन 300–450 अतिरिक्त कैलोरी की जरूरत होती है। क्योंकि इस दौरान महिला का वजन प्रति सप्ताह 1 पाउंड बढ़ता है। इस समय आपको ऐसा प्रोटीन युक्त खाद्य पदार्थ लेने चाहिए जिसमें अतिरिक्त कैलोरी और कार्बोहाइड्रेट हो। इसलिए डेयरी उत्पाद, नट और अखरोट, साबुत अनाज या ब्रेड, पास्ता और दलिया आदि ले सकती है।

इस दौरान भ्रूण का तेजी से विकास होता है, इसलिए यह सुनिश्चित कर लीजिए कि आपके बच्चे को जरूरी पोषक तत्त्व मिल रहे हैं या नहीं, यही पोषक तत्त्व भ्रूण की हड्डियों, मस्तिष्क, माँसपेशियों और ऊतकों को विकसित करने के लिए आवश्यक हैं। कैल्शियम डेयरी उत्पादों और संतरे के रस में प्रचुर मात्रा में पाया जाता है। अंडे, मांस, और कॉड में कोलीन और माँस, सेम, डेयरी उत्पाद, समुद्री भोजन, नट्स में प्रोटीन पाया जाता है। विटामिन बी–6 केले आलू, चिकन, नट्स, बीज, सेम और डेयरी में पाया जाता है। जबकि आयरन माँस, पालक और अनाज में पाया जाता है।

तीसरी तिमाही में, गर्भवती महिलाओं को अपने खान–पान का विशेष ध्यान देना चाहिए। इसके लिए फल, सब्जियाँ, प्रोटीन, साबुत अनाज, डेयरी उत्पाद का सेवन करना चाहिए जिससे शरीर को जरूरी विटामिन, आयरन, कैल्सियम जैसे जरूरी पोषक तत्त्व मिल सकें।

इसके अतिरिक्त, तीखी गंध तथा सुवास वाले खाद्य पदार्थों या ऐसे खाद्य पदार्थ जिनको खाने के बाद भी बहुत समय तक उनका स्वाद बना रहे, का सेवन कम कर देना चाहिए।

जलन तथा भारीपन से बचने के लिए वसा–युक्त या तले हुए खाद्य पदार्थों के सेवन को सीमित रखना चाहिए। एक समय में अधिक मात्रा में भोजन न खाना भी लाभप्रद होता है। जैसा कि पहले ही चर्चा की गई थी कि स्त्री को निरंतर थोड़ी–थोड़ी देर के बाद खाना चाहिए।

कब्ज को रोकने के लिए भोजन में अधिक मात्रा में रेशे–युक्त खाद्य पदार्थ तथा पर्याप्त मात्रा में तरल पदार्थों को शामिल करना चाहिए।

खाद्य पदार्थ जैसे सब्जियाँ (विशेषकर हरी पत्तेदार सब्जियों), साबुत अनाज/दाल (जैसे गेहूँ, चने की दाल, उड़द की दाल, काला चना आदि) में रेशा प्रचुर मात्रा में पाया जाता है। अतः इन पदार्थों को भोजन में अधिक मात्रा में सम्मिलित करना चाहिए। परंतु कई बार कुछ रेशे–युक्त पदार्थ–दालों में विशेषकर साबुत उड़द तथा सब्जियों में बंदगोभी–के सेवन से शरीर में बहुत गैस बनती है। अतः इन पदार्थों का सेवन कम कर देना चाहिए।

जल (कम से कम 4–6 गिलास प्रतिदिन) तथा अन्य पेय पदार्थों जैसे दूध, लस्सी, नारियल का पानी, नींबू–पानी आदि को मुख्य आहारों के समय के बीच–बीच में लेते रहना चाहिए। ऐसा करने से पाचन नली से भोजन को आगे बढ़ने में सहायता मिलती है तथा कब्ज की शिकायत से भी बचा जा सकता है।

(ख) 'वृद्धावस्था' को परिभाषित कीजिए। इस अवस्था में होने वाले शरीरक्रियात्मक परिवर्तनों का वर्णन कीजिए।

उत्तर– वृद्ध वयस्क (old adult) – वह व्यक्ति जो कि वयस्कावस्था के अंतिम चरण में होता है, वृद्ध कहलाता है। इस अवस्था में ऊतकों तथा कोशिकाओं की टूट–फूट बहुत अधिक होती है। शरीर ऊतकों की इस हानि को पूर्ण रूप से पूरा नहीं कर पाता है।

देखें इकाई–7, प्रश्न–4

(ग) स्कूल–पूर्व बच्चे के लिए भोजन की योजना बनाते समय ध्यान रखने योग्य आहार–संबंधी बातों की जानकारी दीजिए।

उत्तर– देखें इकाई–9, प्रश्न–1

प्रश्न 5. (क) हमारे शरीर में कार्बोज, प्रोटीन और वसा के पाचन की प्रक्रिया का वर्णन कीजिए।

उत्तर– (1) शरीर में कार्बोज का पाचन – कार्बोज का पाचन मुँह में ही शुरू हो जाता है। लार में उपस्थित एक एंजाइम जिसे एमाइलेस कहते हैं, पके हुए स्टार्च को छोटी–छोटी इकाइयों में तोड़ सकता है। चूँकि मुँह में भोजन बहुत कम समय रहता है, इसलिए एमाइलेस कुछ अधिक मात्रा में स्टार्च को नहीं तोड़ पाता। आंशिक रूप से पचा भोजन आमाशय में आ जाता है। आमाशय में कार्बोज के पाचन के लिए कोई एंजाइम नहीं होते हैं। अतः छोटी आँत ही कार्बोज के पाचन का मुख्य स्थान है। छोटी आँत में कार्बोज को पचाने वाला मुख्य एंजाइम अग्न्याशय से निकलने वाला एमाइलेस है। यह एंजाइम कच्चे और पके हुए, दोनों तरह के स्टार्च पर क्रिया कर इनको बहुत छोटी इकाइयों में परिवर्तित कर देता है। इसके बाद यह सरल इकाइयाँ, छोटी आँत की कोशिकाओं में चली जाती है, जहाँ पर तीन मुख्य एंजाइम (माल्टेज, लैक्टेज, सूक्रेज) कार्बोज (यानी कि आंशिक रूप से स्टार्च तथा शर्करा) की पाचन क्रिया को पूरा करते हैं और कार्बोज को अंत में ग्लूकोस, फ्रक्टोस व ग्लेक्टोस में बदल देते हैं।

(2) शरीर में प्रोटीन का पाचन – देखें इकाई–3, प्रश्न–1

(3) शरीर में वसा का पाचन – पाचन प्रक्रिया में वसा अपने अवयवों, ग्लिसरॉल तथा वसा अम्लों में टूट जाती है। वसा के पाचन में जो दो एंजाइम सहायक होते हैं, वे हैं आमाशय रस में उपस्थित लाइपेस तथा अग्न्याशय रस में पाया जाने वाला अग्न्याशय लाइपेस। एंजाइम की क्रिया के लिए वसा का जल में मिलना आवश्यक है। परंतु जैसा कि आप जानते हैं, वसा जल में अघुलनशील है। इस कार्य में यकृत से निकलने वाला पित्त सहायता करता है। पित्त रस वसा को छोटी–छोटी इकाइयों में तोड़ देता है जो आसानी से जल व पाचन रस में मिल जाती है। इस प्रकार, एंजाइम वसा पर आसानी से क्रिया कर सकते हैं।

(ख) वयस्कों में उच्च रक्तचाप की आहार व्यवस्था की व्याख्या कीजिए।
उत्तर– देखें इकाई–21, प्रश्न–1

(ग) गर्भावस्था में खतरे के कारकों का पता लगाइए।
उत्तर– देखें इकाई–22, प्रश्न–1

प्रश्न 6. (क) समन्वित बाल विकास सेवाएँ (ICDS) कार्यक्रम के घटकों की संक्षेप में व्याख्या कीजिए।
उत्तर– देखें इकाई–24, प्रश्न–1

(ख) वृद्धि अनुवीक्षण क्या है? बच्चों के पोषणात्मक स्तर का निर्धारण करने के लिए यह क्यों उपयोगी है?
उत्तर– देखें इकाई–25, प्रश्न–1

(ग) मध्याह्न पोषण कार्यक्रम के अंतर्गत बच्चों को प्रदान किए जाने वाले आहार के पोषक–तत्त्वों की मात्रा बताइए।
उत्तर– देखें इकाई–24, प्रश्न–2

प्रश्न 7. (क) खाद्य अपमिश्रण क्या है? खाद्य पदार्थ में पाए जाने वाले किन्हीं पाँच अपमिश्रकों को सूचीबद्ध कीजिए और उनसे स्वास्थ्य को होने वाले खतरों की जानकारी दीजिए।
उत्तर– देखें जून 2009, प्रश्न–1 (iii)

साधारण तौर पर पाए जाने वाले अपमिश्रक तथा उनसे स्वास्थ्य को खतरे

बेईमान दुकानदार अक्सर बासमती जैस उच्च कोटि के चावल में निम्न कोटि के चावल मिला देते हैं। निम्न कोटि के चावल से हमें कोई हानि नहीं पहुँचेगी। परंतु इससे यह होगा कि हमें अपने पैसे की पूरी कीमत वसूल नहीं हो पाएगी। परंतु इसके अलावा कई अपमिश्रक ऐसे हैं जो कि हमें हानि पहुँचाते हैं। उनकी सूची निम्नलिखित हैं :

(1) पैट्रोलियम तेल – यह खाने योग्य तेलों की मिलावट के लिए इस्तेमाल किया जाता है। इसका एक उदाहरण है इस्तेमाल किया हुआ मोटर का तेल। यह तेल विषैला होता है तथा इससे कैंसर भी हो सकता है।

(2) खनिज तेल (mineral oil) – फफूँदी की वृद्धि को रोकने के लिए काली मिर्च पर इसका लेप किया जाता है। इनसे स्वास्थ्य को भारी नुकसान हो सकता है क्योंकि कुछ खनिज तेल मानव के लिए विषैले होते हैं तथा उनमें उपस्थित कुछ पदार्थ कैंसर का कारण भी हो सकते हैं।

(3) आर्जीमोन के बीज व तेल – आर्जीमोन पोस्त जैसे पीले रंग के फूलों वाला पौधा है। आर्जीमोन के बीज, सरसों के बीज के समान ही दिखते हैं तथा सरसों का तेल निकालते समय यह उसमें मिला दिए जाते हैं। यह बहुत ही विषैला होता है तथा इसे खाने वाले की आँखों की रोशनी जा सकती है तथा जानपदिक जलशोफ या ऐपीडेमिक ड्रोप्सी (epidemic dropsy) नामक रोग हो सकता है।

(4) टेल्क – इसे दालों को पॉलिश करने के लिए काम में लाया जाता है। इसका संबंध पेट के कैंसर से समझा जाता है।4

(5) मेटैनिल यलो व लेड क्रोमेट – हल्दी व जलेबियों में रंग लाने के लिए इनका इस्तेमाल किया जाता है। यह बहुत ही विषैले होते हैं। मेटैनिल यलो जननांग पर असर करता है तथा इसके कारण बाँझपन भी हो सकता है।

(ख) खाद्य पदार्थ के खराब होने के कारणों का वर्णन कीजिए।

उत्तर– देखें इकाई–14, प्रश्न–1

(ग) खाद्य परिरक्षण के सिद्धांतों की संक्षेप में व्याख्या कीजिए।

उत्तर– देखें इकाई–15, प्रश्न–2

प्रश्न 8. निम्नलिखित में से किन्हीं चार पर संक्षिप्त टिप्पणियाँ लिखिए :

(क) पोषणात्मक स्तर का निर्धारण करने के साधन के रूप में बाँह के मध्य भाग की परिधि (एम.यू.ए.सी.) का प्रयोग

उत्तर– ऊपरी बांह के मध्य भाग की परिधि – ऊपरी बांह के मध्य भाग की परिधि व्यक्तियों तथा समुदाय के पोषण स्तर का उपयोगी संकेत है। बांह की परिधि हड्डी, वसा ऊतक तथा मांसपेशीय ऊतकों से मिलकर बनी होती है। वसा तथा मांसपेशियाँ शरीर में ऊर्जा तथा प्रोटीन के भंडार होते हैं। यदि शरीर को पर्याप्त मात्रा में भोजन न मिल पाए या फिर भोजन के अवशोषण में गड़बड़ी हो (जैसे कि प्रोटीन ऊर्जा कुपोषण में होता है) तो शरीर की आवश्यकता की पूर्ति के लिए इन भंडारों में संग्रहीत मात्रा का इस्तेमाल किया जाता है तथा बांह की परिधि कम हो जाती है।

आयु बढ़ने के साथ–साथ बांह की परिधि भी बढ़ती जाती है। परंतु एक से पाँच वर्ष की आयु में इसमें ज्यादा परिवर्तन नहीं होते तथा इसका माप काफी स्थिर रहता है। इस समय बच्चे के शरीर में वसा की जगह माँसपेशियाँ ले लेती हैं। अतः इस आयु वर्ग के बच्चों की बांह की परिधि के माप से इस बात की अच्छी जानकारी मिल जाती है कि बच्चे का स्वास्थ्य ठीक है या नहीं। सामान्य माप के 80 प्रतिशत से कम माप अर्थात् 12.5 से.मी. से कम माप गंभीर कुपोषण को दर्शाता है तथा 12.5 से.मी. से 13.5 से.मी. के बीच का माप मध्यम श्रेणी के कुपोषण को दर्शाता है।

बच्चे की बाँह की गोलाई/मोटाई नापने के लिए सामान्य प्रयोग में लाए जाने वाले मापने के फीते का प्रयोग किया जा सकता है। मापने के लिए फीते को बायीं बांह के मध्य में रखा जाता है तथा माप रिकॉर्ड कर लिया जाता है। परंतु क्षेत्र में काम करते समय बांह की परिधि की माप तीन रंग वाली पट्टी, जिसे बांह की माप का तिरंगा फीता कहा जाता है, से की जाती है। यह फीता लचीला तो होता है, किंतु रबड़ की तरह खिंचने वाला नहीं होता। हर रंग की अपनी निर्धारित लंबाई होती है। लाल भाग 12.5 से.मी. लंबा, पीला भाग एक से.मी. लंबा तथा शेष भाग हरा होता है। फीते के ये तीन रंग किस बात का संकेत देते हैं, आइए इस फीते का प्रयोग कर स्वयं ही इस तथ्य को समझें। अपने आस–पड़ोस का कोई 1–5 वर्ष की आयु का बच्चा लें। अब बच्चे की बायीं ऊपरी बांह के मध्य भाग के चारों ओर यह फीता इस प्रकार लपेटें कि लाल भाग हरे या पीले भाग के सामने आए अर्थात् उस रंग को देखें, जहाँ लाल भाग का अंतिम सिरा आता है। यदि लाल भाग का सिरा हरे भाग के सामने आता है तो यह इस बात का सूचक है कि बच्चा तंदुरूस्त तथा स्वस्थ है और उसे पर्याप्त भोजन मिल रहा है। यदि लाल भाग का सिरा पीले भाग सामने आता है तो वह दर्शाता है कि बच्चा मध्यम श्रेणी के कुपोषण से ग्रस्त है। यदि लाल भाग का सिरा लाल भाग में ही खत्म हो जाता है तो यह दर्शाता है कि बच्चा गंभीर कुपोषण से ग्रस्त है।

(ख) राष्ट्रीय एनीमिया नियंत्रण कार्यक्रम के उद्देश्य, लक्ष्य समूह और वितरण कार्यनीति।

उत्तर– देखें इकाई–23, प्रश्न–1

(ग) कलायखंज के नैदानिक लक्षण और रोकथाम

उत्तर– कलायखंज स्नायु–तंत्र का रोग है जो लंबे समय तक केसरी दाल खाने से हो जाता है। इस रोग की प्रारंभिक अवस्था में व्यक्ति ठीक से चल नहीं पाता, उसकी चाल बहुत अजीब सी हो जाती है। उसी अवस्था में ही केसरी दाल खाना बंद कर दे तो इस बीमारी को आगे बढ़ने से रोका जा सकता है। इस रोग में चार स्पष्ट अवस्थाएँ देखी जा सकती हैं। पहली अवस्था में रोगी बिना छड़ी के सहारे झटके खाता हुआ चलेगा। इसे बिना छड़ी की अवस्था (no stick stage) कहते हैं। इस अवस्था में रोगी घुटनों को थोड़ा सा मोड़ कर अपने पंजों पर लकड़ी के सहारे चलता है। धीरे–धीरे जब लक्षण और गंभीर रूप धारण कर लेते हैं तब रोगी केवल दो छड़ी के सहारे ही चल सकता है। घुटने के मुड़ने के कारण, चलते हुए टांगे और भी ज्यादा एक दूसरे से टकराती हैं। थोड़ा सा चलने पर भी रोगी जल्दी थक जाता है। अंततः घुटने पूरे मुड़ जाते हैं और रोगी केवल घुटनों के बल ही चल सकता है। यह अवस्था घुटनों के बल चलने की अवस्था (crawling stage) कहलाती है। युवा खेतिहर मजदूर इस रोग से प्रभावित होते हैं।

रोकथाम – इस रोग का कोई विशिष्ट या निर्धारित उपचार नहीं है अतः इस रोग की रोकथाम के लिए समुचित उपाए किए जाने चाहिए।

इस फसल पर प्रतिबंध लगाना कलायखंज की रोकथाम का सुनिश्चित तरीका है। वास्तव में भारत सरकार के खाद्य अपमिश्रण अधिनियम के अंतर्गत केसरी दाल के सभी रूपों साबुत दाल और आटे, पर प्रतिबंध लगा हुआ है। दुर्भाग्यवश, मध्य प्रदेश और बिहार जैसे राज्यों– जहाँ कलायखंज एक आम समस्या है–में इस पर प्रभावशाली रूप से कार्यवाही नहीं की जा रही। इसकी रोकथाम के अन्य तरीके भी हैं। उनमें से एक है, दाल में से विष को निकालना। कृषि वैज्ञानिक ऐसी केसरी दाल की किस्म का पता लगाने को प्रयास कर रहे हैं जिसमें विष का स्तर/मात्रा कम हो।

(घ) पोषण और स्वास्थ्य के बीच अंतःसंबंध

उत्तर– पोषण और स्वास्थ्य का आपस में घनिष्ठ संबंध है। यदि एक व्यक्ति उपयुक्त मात्रा में अच्छा भोजन खाता है तो उसका स्वास्थ्य अच्छा होगा बशर्ते, उसमें कोई अन्य कारक बाधा न हो। दूसरी ओर, खाने के गलत तरीके, बहुत कम खाना या जरूरत से अधिक खाना भी स्वास्थ्य पर बुरा प्रभाव डालते हैं।

अच्छे स्वास्थ्य के लिए, अच्छा पोषण एक निर्णायक कारक होता है। आपके द्वारा खाया जाने वाला भोजन न केवल पौष्टिक होना चाहिए बल्कि यह स्वास्थ्यप्रद, साफ और रोगाणुरहित भी होना चाहिए। अगर भोजन ऐसा नहीं है तो उस भोजन को खाने वाला व्यक्ति बीमार हो सकता है। पोषण नहीं मिलने की स्थिति में व्यक्ति कुपोषित भी हो सकता है।

कुपोषण शरीर में उत्पन्न वह स्थिति है जो पोषक तत्त्वों की कमी (अल्पपोषण), अतिरिक्तता (अतिपोषण) अथवा असंतुलन के कारण उत्पन्न होती है। दूसरे शब्दों में, अल्पपोषण और अतिपोषण दोनों ही कुपोषण से संबद्ध हैं। अल्पपोषण से तात्पर्य शरीर में एक या एक से अधिक पोषक तत्त्वों की कमी और अतिपोषण से तात्पर्य शरीर में एक या एक से अधिक पोषक तत्त्वों की अतिरिक्तता। ध्यान रखिए अतिपोषण और अल्पपोषण, दोनों ही बुरे स्वास्थ्य के परिणाम हैं।

(ङ) वसा व तेलों का चयन करते समय ध्यान रखने योग्य बातें।

उत्तर– देखें इकाई–12, प्रश्न–1 (1)

ए.एन.सी.–1 : समुदाय के लिए पोषण

जून, 2016

नोट : प्रश्न संख्या 1 **अनिवार्य** है। कुल **पाँच** प्रश्न कीजिए। सभी प्रश्नों के **अंक समान** हैं।

प्रश्न 1. (क) निम्नलिखित प्रत्येक का एक–एक उदाहरण दीजिए :

(i) आँख की छड़ कोशिकाओं में पाया जाने वाला वर्णक

उत्तर– रोडोप्सिन

(ii) असंतृप्त वसा अम्लों को नष्ट होने से रोकने वाला विटामिन

उत्तर– विटामिन–ई

(iii) रक्तस्रावरोधी विटामिन

उत्तर– विटामिन–'सी'

(iv) संसाधन के दौरान चावल की बाहरी परत हटाए जाने से नष्ट होने वाला पोषक तत्त्व

उत्तर– कार्बोज

(v) रक्त–निर्माण में महत्त्वपूर्ण भूमिका निभाने वाला पोषक तत्त्व

उत्तर– लौह तत्त्व

(vi) स्वास्थ्य का आयाम

उत्तर– देखें इकाई–1, प्रश्न–4

(vii) उपलब्ध कार्बोज

उत्तर– अनाज भारतीय दैनिक आहार का एक महत्त्वपूर्ण हिस्सा है अतः कार्बोज का प्रमुख स्रोत हैं। सभी अनाज जैसे गेहूँ, चावल तथा मोटे अनाज जैसे ज्वार, बाजरा इत्यादि में स्टार्च काफी मात्रा में पाया जाता है। जड़ व मूल कंद जैसे आलू, टैपियोका, शकरकंदी, जिमीकंद, अरबी में भी स्टार्च पाया जाता है। फल जैसे आम, केला, चीकू, में शर्करा के रूप में भी कार्बोज प्रचुर मात्रा में होता है। चीनी तथा अन्य मीठे पदार्थों जैसे शहद तथा गुड़, में 95 प्रतिशत से 100 प्रतिशत शर्करा होता है। यद्यपि दालों को कार्बोज का स्रोत नहीं माना जाता, फिर भी इनमें काफी मात्रा में कार्बोज पाया जाता है। हमारे दैनिक भोजन में दालें प्रोटीन का मुख्य स्रोत हैं।

(viii) रेशे के प्रचुर स्रोत

उत्तर– रेशा, अनाज तथा दालों की बाहरी परत में पाया जाता है। गेहूँ के दाने, आटा तथा साबुत (छिलके वाली) दालें जैसे उड़द की दाल, राजमा, लोबिया आदि में अधिक मात्रा में रेशा

पाया जाता है। परिष्कृत अनाज जैसे कि मैदा, सूजी तथा धुली हुई दालों (बिना छिलके वाली) में रेशा नहीं होता है।

(ix) प्रोटीनों को बनाने वाले खंड

उत्तर– देखें जून 2012, प्रश्न–2 (c)

(x) सम्मिश्रित (हाइड्रोजनीकृत) वसा का खाद्य स्रोत

उत्तर– देखें जून 2012, प्रश्न–1 (b)

(ख) निम्नलिखित प्रत्येक को 2–3 वाक्यों में स्पष्ट कीजिए :

(i) मिसेल

उत्तर– जब साबुन को जल में विलेय किया जाता है तो यह इमल्शन (कोलाइड) बनाता है। जिसमें साबुन के अणु परस्पर गुच्छे में एकत्र होकर गोलाकार संरचना बनाते हैं, जिसे मिसेल कहते हैं।

(ii) फ्रेश फूड विटामिन

उत्तर– विटामिन सी या ऐस्कॉर्बिक अम्ल को "फ्रेश फूड" (fresh food) विटामिन भी कहा जाता है क्योंकि ताजे फलों व सब्जियों में इसकी काफी अधिक मात्रा होती है। ताजे खट्टे फल (citrus fruits) जैसे संतरा, मौसंबी, नींबू; अन्य फल व सब्जियाँ जैसे अमरूद, सेब, आँवला, पपीता, हरी पत्तेदार सब्जियाँ, टमाटर, हरी मिर्च तथा शिमला मिर्च विटामिन सी के कुछ अच्छे स्रोत हैं। जड़ वाली सब्जियाँ जैसे आलू, शकरकंदी आदि में भी कुछ मात्रा में विटामिन सी होता है। इन खाद्य पदार्थों का अधिक मात्रा में सेवन करने से विटामिन सी प्राप्त हो सकता है। अन्य खाद्य पदार्थ जैसे अनाज व दालों में विटामिन सी न के बराबर होता है, परंतु अंकुरण व खमीरीकरण द्वारा इनमें विटामिन सी की मात्रा बढ़ाई जा सकती है।

(iii) हीमोग्लोबिन

उत्तर– पृष्ठवंशियों की लाल रक्त कोशिकाओं और कुछ अपृष्ठवंशियों के ऊतकों में पाया जाने वाला लौह–युक्त ऑक्सीजन का परिवहन करने वाला धातु प्रोटीन है। रक्त में मौजूद हीमोग्लोबिन फेफड़ों या गिलों से शरीर के शेष भाग (अर्थात् ऊतक) को ऑक्सीजन का परिवहन करता है, जहाँ वह कोशिकाओं के प्रयोग के लिए ऑक्सीजन को मुक्त कर देता है। हीमोग्लोबिन लाल रक्त कोशिकाओं और उनको उत्पन्न करने वाली प्रोजेनिटर रेखाओं के बाहर भी पाई जाती है। हीमोग्लोबिन युक्त अन्य कोशिकाओं में सबस्टैंशिया नाइग्रा के ए9 डोपमिनर्जिक न्यूरान, मैक्रोफैज, अल्वियोलार कोशिकाएँ और गुर्दों की मेसैंजियल कोशिकाएँ शामिल हैं। इन ऊतकों में हीमोग्लोबिन की भूमिका ऑक्सीजन के परिवहन की जगह एंटीआक्सीडैंट और लौह चयापचय के नियंत्रक के रूप में होती है।

(iv) आधारभूत उपापचयी दर

उत्तर– ऊर्जा व्यय की उस दर को जो मात्र जीवित रहने के लिए आवश्यक है, सामान्य ताप तथा दबाव की दशाओं में कैलोरी/शरीर सतह का प्रति स्क्वैयर मोटर/प्रति घंटा में व्यक्त करते

हैं। किसी भी व्यक्ति के लिए, इसका निर्धारण कुछ निश्चित दशाओं में करते हैं, ज्वर में शरीर का तापमान एक डिग्री बढ़ने से आधारक उपापचयी दर भी लगभग 5% बढ़ जाती है। इसीलिए, ज्वर में शरीर का भार कम हो जाता है।

(v) ऐथिरोस्क्लेरोसिस (ऐथिरोकाठिन्य)

उत्तर– रक्त, धमनी की अवकोशिका (lumen of artery) से प्रवाहित होता है। धमनी की दीवारों पर वसा की सतह जमने के कारण उसकी अवकोशिका संकीर्ण हो जाती है। जिससे धमनियों में से रक्त का प्रवाह अवरोधित हो जाता है। वसा की सतह जमा हो जाने तथा अवकोशिका में संकीर्णता आ जाने से रक्त का थक्का बन सकता है। वसा की सतह में मुख्य रूप से कोलेस्ट्रॉल के पदार्थ और वसा के कुछ अन्य प्रकार होते हैं। धीरे–धीरे रक्त का यह थक्का उस धमनी में रक्त की नली को एकदम बंद कर देता है। धमनी की दीवार में वसा की सतह जमा होने से इसमें होने वाली संकीर्णता तथा रक्त के प्रवाह में अवरोधन को ऐथिरोकाठिन्य (atherosclerosis) कहते हैं।

प्रश्न 2. उदाहरण देते हुए निम्नलिखित कथनों की पुष्टि कीजिए :

(क) पोषण स्वास्थ्य के साथ घनिष्ठ रूप से अंत:संबद्ध है।

उत्तर– देखें इकाई–1, प्रश्न–5, 6

(ख) अलग–अलग खाद्य पदार्थों में पाए जाने वाले लौह–तत्त्व का अवशोषण भी अलग–अलग होता है।

उत्तर– लौह तत्त्व को शरीर में पहुँचने के पश्चात् लौह तत्त्व का उपयोग भिन्न–भिन्न तरह से होता है। भोजन द्वारा ग्रहण किया गया लौह तत्त्व आँत के ऊपरी भाग में अवशोषित होता है। विशेष बात यह है कि पशुजन्य तथा वानस्पतिक खाद्य पदार्थों में पाए जाने वाले लौह तत्त्व का अवशोषण एक–दूसरे से भिन्न होता है। सामान्यत: पशुजन्य पदार्थों से प्राप्त लौह तत्त्व का अवशोषण अधिक होता है, जबकि वनस्पतिजन्य खाद्य पदार्थों से प्राप्त लौह तत्त्व का अवशोषण बहुत कम होता है। इसका कारण यह है कि वनस्पतिजन्य खाद्य पदार्थों में उपस्थित कुछ पदार्थ लौह तत्त्व को अपने साथ बाँध लेते हैं, अत: इसके अवशोषण में रुकावट डालते हैं। इन पदार्थों को बाधक अथवा अवरोधक पदार्थ (inhibitors) कहते हैं। हरी पत्तेदार सब्जियों में और अनाज में लौह तत्त्व काफी मात्रा में पाया जाता है। दुर्भाग्यवश, इनमें कुछ बाधक पदार्थ भी पाए जाते हैं जो लौह तत्त्व को अवशोषित होने से रोकते हैं। खाद्य पदार्थों में पाए जाने वाले कुछ पोषक तत्त्व जैसे प्रोटीन और विटामिन सी, लौह तत्त्व के अवशोषण में सहायता करते हैं। इन पदार्थों को वर्धक पदार्थ (enhancers) कहते हैं। अत: प्रोटीन से भरपूर खाद्य पदार्थ जैसे दूध और विटामिन सी से भरपूर खाद्य पदार्थ जैसे संतरा, नींबू, आंवला, अमरूद, आदि को भोजन में सम्मिलित करना चाहिए जिससे कि लौह तत्त्व का अवशोषण अधिक हो सके।

(ग) संतुलित आहार आय–विशिष्ट होते हैं।

उत्तर– बढ़ती महँगाई ने न केवल हमारी जरूरतों को सीमित किया है बल्कि हमारे खान–पान पर भी व्यापक असर डाला है। ये ही कारण है कि वर्तमान में संतुलित आहार आय आधारित हो

चुका है। लोग आय के आधार पर अपने परिवार और स्वयं के भोजन का निर्धारण करने के लिए मजबूर है। बढ़ते फलों के मूल्यों की वजह से वह गरीब और मध्यम वर्गीय परिवार के आहार में शामिल नहीं किया जाता है। वहीं कुछ मध्यम परिवार में बच्चों को दूध से भी वंचित रहना पड़ता है। जबकि अमीर और उच्च वर्ग के लोगों के संतुलित आहार में इस प्रकार की कोई भी कटौती नहीं होती है। इसलिए कहा जा सकता है कि संतुलित आहार आय–विशिष्ट होते हैं।

(घ) दूध हमारी नियासिन की जरूरतों को पूरा करने में मदद कर सकता है।

उत्तर– दूध प्रकृति का सबसे पौष्टिक आहार है। इसलिए इसे धरती का अमृत भी कहते हैं। मनुष्य के लिए दूध सर्वोत्तम और संपूर्ण खाद्य पदार्थ है। दूध मनुष्य की अधिकांश पोषण आवश्यकताओं की पूर्ति करता है। दूध वह आहार है जो स्तनपायी प्राणियों को जन्म लेते ही सबसे पहले उपलब्ध होता है। मानव शिशु तो प्रारंभिक 5–6 माह तक एवं बाद में कुछ माह तक आंशिक रूप से माता के दूध पर ही निर्भर रहता है। यह निश्चित है कि स्वस्थ माँ का दूध पीने वाला बालक जितना स्वस्थ, सुडौल और हष्ट–पुष्ट रहता है, उतना खाना (भोजन) शुरू करने के बाद नहीं रह पाता। दूध एक ऐसा पेय पदार्थ है, जो आसानी से पच जाता है। दूध में शारीरिक वृद्धि करने वाले तथा शरीर को शक्ति देने वाले सभी तत्त्व विद्यमान रहते हैं। दूध शक्ति, वृद्धि, कांति, बल, वीर्य बढ़ाने वाला होता है। यह शरीर को ठंडक देते हुए मल को प्रवृत्त करता है व पाचन को ठीक बनाए रखने में सहायक होता है। दूध आयु बढ़ाकर यौवन को अधिक काल तक बनाए रखता है। दूध में शरीर को शक्ति देने वाले सभी तत्त्व काफी मात्रा में पाए जाते हैं। शाकाहारियों के लिए दूध से बढ़कर कोई पौष्टिक वस्तु नहीं है।

प्रश्न 3. (क) आहार–नियोजन को प्रभावित करने वाले कारकों को सूचीबद्ध कीजिए। आहार–नियोजन में किन्हीं दो कारकों की भूमिका की संक्षेप में व्याख्या कीजिए।

उत्तर– देखें इकाई–7, प्रश्न–2

(ख) पोषक तत्त्वों की प्रस्तावित दैनिक मात्रा की संकल्पना और संतुलित आहारों की योजना बनाने में इसके महत्त्व की व्याख्या कीजिए।

उत्तर– देखें इकाई–6, प्रश्न–1, दिसम्बर 2015, प्रश्न–3

प्रश्न 4. निम्नलिखित की संक्षेप में व्याख्या कीजिए :

(क) स्तनपान कराने वाली महिलाओं के लिए आहारों की योजना बनाते समय ध्यान रखने योग्य आहार संबंधी बातें।

उत्तर– देखें इकाई–8, प्रश्न–6

(ख) जीवन के प्रथम छह महीनों में शिशु के लिए माँ का दूध सर्वोत्तम और एकमात्र भोजन है।

उत्तर– देखें इकाई–9, प्रश्न–6

(ग) स्कूल–पूर्व बच्चों को आहार देते समय विशेष ध्यान रखने योग्य बातें

उत्तर– देखें इकाई–9, प्रश्न–1

(घ) किशोरावस्था के दौरान पोषक तत्त्वों की जरूरत

उत्तर– देखें इकाई–10, प्रश्न–2

प्रश्न 5. (क) हमारे भोजन के बजट को प्रभावित करने वाले कारकों को सूचीबद्ध कीजिए।

उत्तर– देखें इकाई–11, प्रश्न–1

(ख) वसा और तेलों का चयन करने के संदर्भ में संतृप्त और असंतृप्त वसा अम्लों के महत्त्व की संक्षेप में व्याख्या कीजिए।

उत्तर– वास्तव में वसा तथा तेल दोनों ही प्रकृति में ट्राइग्लिसराइड (triglyceride) हैं परंतु वसा सामान्य ताप पर ठोस होती है तथा इसमें संतृप्त वसा अम्लों की मात्रा अधिक होती है जैसे घी तथा मक्खन। तेल में असंतृप्त वसा अम्ल अधिक होते हैं तथा यह सामान्य ताप पर तरल रूप में रहते हैं जैसे सरसों का तेल, मूँगफली का तेल। सामान्यतः वसा शब्द वसा तथा तेल, दोनों के लिए प्रयुक्त किया जाता है।

(ग) निम्नलिखित विधियों में सम्मिलित खाद्य परिरक्षण के सिद्धांतों की व्याख्या कीजिए :

(i) जैमों में मोम परत

उत्तर– जैम बनाने के बाद उसे साफ सूखी तथा कीटाणुरहित बोतलों में भरा जाता है तथा उसमें कीटाणु प्रवेश न कर पाएँ इसके लिए इन बोतलों को मोम की सहायता से सीलबंद कर दिया जाता है, इसके लिए जैम की भरी हुई शीशी को मोम की परत से ढककर ढक्कन लगा दिया जाता है। वैसे आजकल इस कार्य के लिए बाजार में वैक्स पेपर भी उपलब्ध हैं।

(ii) अचारों में अत्यधिक मात्रा में चीनी/नमक डालना

उत्तर– देखें इकाई–15, प्रश्न–2 (4)

प्रश्न 6. (क) पी.ई.एम. के कारणात्मक कारकों का वर्णन कीजिए।

उत्तर– देखें इकाई–17, प्रश्न–1

(ख) आयोडीन–हीनताजन्य विसंगति के नैदानिक लक्षणों को बताइए।

उत्तर– देखें इकाई–18, प्रश्न–1

(ग) जनसंख्या के उन समूहों को सूचीबद्ध कीजिए जिन्हें एनीमिया होने का खतरा होता है। राष्ट्रीय पोषणज एनीमिया नियंत्रण कार्यक्रम में लौह–तत्त्व और फोलिक अम्ल की प्रस्तावित खुराक बताइए।

उत्तर– देखें इकाई–18, प्रश्न–2, 3, 4

(घ) हमारे शरीर में विटामिन डी के संश्लेषण के लिए क्या अपेक्षित है? यह कहाँ संश्लेषित होता है?

उत्तर— विटामिन डी शरीर द्वारा सूर्य के प्रकाश की उपस्थिति में त्वचा के नीचे उपस्थित एक पदार्थ से बनता है। अतः इसको "सनशाईन विटामिन" (sunshine vitamin) भी कहते हैं। इसलिए विटामिन डी की आवश्यकता की पूर्ति के लिए हमें भोजन पर आश्रित रहने की आवश्यकता नहीं होती। धूप ग्रहण करना (exposure to sunlight) विटामिन डी प्राप्त करने का सबसे आसान उपाय है। पशुजन्य खाद्य पदार्थों जैसे अंडा, कलेजी तथा मक्खन में विटामिन डी प्रचुर मात्रा में होता है। मछली का यकृत तेल विटामिन डी का सबसे अच्छा स्रोत है।

अवशोषण तथा संग्रह — भोजन में उपस्थित विटामिन डी वसा के साथ छोटी आँत में अवशोषित हो जाता है। विटामिन डी के सुचारू रूप से अवशोषण के लिए पित्तरस अति आवश्यक है। अवशोषण के बाद विटामिन डी काइलोमाइक्रॉन का हिस्सा बनकर रक्त में मिल जाता है। त्वचा में धूप के प्रभाव से निर्मित विटामिन डी भी रक्त में मिल जाता है। इस प्रकार दोनों स्रोतों से प्राप्त विटामिन डी यकृत में पहुँच जाता है। इसका कुछ भाग यकृत में संग्रहित हो जाता है तथा शेष भाग रक्त द्वारा शरीर के विभिन्न ऊतकों में चला जाता है।

कार्य — विटामिन डी हड्डियों को मजबूत व स्वस्थ बनाता है। कुछ खनिज लवण जैसे कैल्सियम तथा फास्फोरस, हड्डियों में निक्षेपित (deposit) हो जाते हैं तथा हड्डियों को मजबूत तथा सख्त बनाते हैं। हड्डियों में खजिन लवणों के निक्षेपण की प्रक्रिया को खनिजन (mineralization) कहते हैं। विटामिन डी खनिजन की प्रक्रिया में दो प्रकार से सहायता करता है। पहला, कैल्सियम तथा फॉस्फोरस के अवशोषण में सहायता तथा दूसरा, हड्डियों में कैल्सियम तथा फॉस्फोरस के निक्षेपण में सहायता द्वारा।

प्रश्न 7. (क) मध्याह्न पोषण कार्यक्रम के उद्देश्यों और घटकों का संक्षेप में वर्णन कीजिए।

उत्तर— देखें इकाई—24, प्रश्न—2

(ख) आई.सी.डी.एस. कार्यक्रम के अंतर्गत आपको आँगनवाड़ी में आने वाले बच्चों के पोषणात्मक स्तर का आकलन करने के लिए कहा जाता है। इसके लिए आप किस विधि का प्रयोग करेंगे? किसी एक विधि की विस्तार से व्याख्या कीजिए।

उत्तर— देखें इकाई—25, प्रश्न—1

प्रश्न 8. निम्नलिखित में से किन्हीं चार पर संक्षिप्त टिप्पणियाँ लिखिए :

(क) खाद्य परिवेषण संस्था प्रारंभ करने के लिए अपेक्षित संसाधन

उत्तर— देखें इकाई—27, प्रश्न—1

(ख) उच्च—रक्तचाप की आहार—व्यवस्था

उत्तर— देखें इकाई—21, प्रश्न—1

(ग) गर्भावस्था में खतरे के कारक

उत्तर— देखें इकाई—22, प्रश्न—1

(घ) सूक्ष्मजीवाणुओं द्वारा खाद्य–संदूषण

उत्तर– देखें जून 2011, प्रश्न–3 (a) (2)

(ङ) दूध और दूध से बने उत्पादों का चयन करते समय ध्यान रखने योग्य बातें

उत्तर– दूध व दूध से बने पदार्थों का चयन करते समय हमें निम्नलिखित बातों का ध्यान रखना चाहिए :

(1) क्रीम – जब भी आप क्रीम खरीदें तो यह ध्यान रखें कि वह ताजी हो तथा खट्टी स्वाद या गंधरहित हो। घर में बनायी गयी क्रीम अधिकांश यूरोपीय तथा भारतीय व्यंजनों में जहाँ क्रीम की आवश्यकता हो क्रीम के स्थान पर प्रयोग की जा सकती है। केवल आपको क्रीम को इकट्ठा करना है तथा ठंडे में रखकर थोड़े से दूध के साथ फेंटना है जिससे कि यह मुलायम व एकसार हो जाए। फिर व्यंजन में बताए अनुसार प्रयोग कीजिए।

(2) मक्खन – जब आप बाजार से मक्खन खरीदें तो ध्यान रखिए कि वह स्वच्छ पैकेट में बंद हो। यह सख्त हो तथा इसमें से ताजे मक्खन की खुशबू आती हो।

(3) घी – जब भी आप बाजार से घी खरीदें तो उसको सूंघ लें कि कहीं उससे वनस्पति की गंध तो नहीं आ रही है, यदि वनस्पति की गंध आती है, तो वह घी नकली होगा और जहाँ तक संभव हो अच्छी कंपनी का डिब्बाबंद घी खरीदें तथा उस पर एक्सपायरी डेट (समाप्ति तिथि) देख लें।

(4) दही – वह लोग जो दूध को नहीं पचा सकते, उनके लिए दही दूध का एक अच्छा पूरक है। दही ताजा व थोड़ा सा खट्टा होना चाहिए। यह बहुत खट्टा तथा तेज गंध वाला नहीं होना चाहिए जैसा कि बहुत समय तक कमरे के ताप पर रखने के पश्चात् हो जाता है। घर पर बना दही सबसे अच्छा व सुरक्षित होता है। आप इसे बाजार से विशेषकर भारतीय मिठाइयों/हलवाइयों की दुकानों से भी खरीद सकते हैं।

(5) पनीर – जब भी आप पनीर खरीदें तो यह ध्यान रखें कि यह गीला हो तथा फफूंदीरहित व दुर्गंध रहित हो। इसका रंग सफेद होना चाहिए।

(6) खोया – आप जब भी खोया खरीदें ध्यान रखें कि खोया सख्त हो तथा इसमें किसी भी प्रकार की दुर्गंध न हो।

(7) सूखा/शुष्क दूध या दूध का पाउडर – पूर्ण दूध के पाउडर में 25 प्रतिशत वसा होती है जबकि वसारहित दूध के पाउडर में 1.5 प्रतिशत वसा होती है। यात्रा के समय या किसी आपातस्थिति में पाउडर का दूध ले जाना आसान होता है। दूध का पाउडर खरीदते समय पैक पर उसकी समाप्ति तिथि (Expiry Date) अवश्य जाँच लेनी चाहिए।

ए.एन.सी.–1 : समुदाय के लिए पोषण
दिसम्बर, 2016

नोट : प्रश्न संख्या 1 **अनिवार्य** है। कुल **पाँच** प्रश्न कीजिए। सभी प्रश्नों के **अंक समान** हैं।

प्रश्न 1. (a) निम्नलिखित प्रत्येक को 2–3 वाक्यों में स्पष्ट कीजिए:

(i) रोगों से बचाव व शारीरिक क्रियाओं को सुचारु रूप से चलाने में सहायक खाद्य पदार्थ

(ii) खाद्य अपमिश्रण

(iii) खाद्य पदार्थों का खराब होना

(iv) मध्याह्न भोजन कार्यक्रम

(v) कब्ज

(b) उपयुक्त शब्दों से रिक्त स्थानों की पूर्ति कीजिए:

(i) पशुओं में कार्बोज मुख्यतः .... रूप में संग्रहित होता है।

(ii) दालों में .... ऐमीनो अम्ल कम मात्रा में होता है।

(iii) काफी लंबे समय तक फ्लुओरीन का .... मात्रा में उपभोग करने के कारण फ्लुओरोसिस रोग हो जाता है।

(iv) रोडोप्सिन एक वर्णक है जो प्रोटीन और .... के मिलने से बनता है।

(v) प्रसव के पहले कुछ दिनों में माँ के स्तनों से गाढ़ा पीले रंग का तरल स्रावित होता है, जो .... कहलाता है।

(vi) .... करके खाद्य पदार्थ में सूक्ष्म जीवाणुओं को नियंत्रित करना जीवाणुनाशी विधि कहलाती है।

(vii) चने की दाल में केसरी दाल की मिलावट के कारण .... रोग होता है।

(viii) .... नामक रासायनिक पदार्थ गलग्रंथि में आयोडीन के उपयोग में बाधा डालता है।

(ix) कम .... वृद्धि रोध की सूचक है।

(x) पोषणज अंधता की रोकथाम के लिए राष्ट्रीय रोग–निरोधक कार्यक्रम के अंतर्गत बच्चों को विटामिन ए की .... आई.यू. की एक बड़ी खुराक दी जाती है।

प्रश्न 2. (क) भोजन के शरीरक्रियात्मक, सामाजिक और मनोवैज्ञानिक कार्यों की चर्चा कीजिए।

(ख) वसा व तेलों के मुख्य अवयव क्या हैं? शरीर में वसा के कार्यों का वर्णन कीजिए।

(ग) संतुलित आहारों की योजना बनाने में सम्मिलित चरणों का वर्णन कीजिए।

प्रश्न 3. (क) उपयुक्त उदाहरणों की सहायता से आहारों की योजना बनाते समय ध्यान रखने योग्य किन्हीं चार महत्त्वपूर्ण कारकों की व्याख्या कीजिए।

(ख) निम्नलिखित वस्तुओं को खरीदते समय ध्यान रखने योग्य मुख्य बातों को सूचीबद्ध कीजिए:

(i) अनाज और मोटे अनाज

(ii) शर्करा, गुड़ और मीठा स्वाद उत्पन्न करने वाले पदार्थ

(ग) स्पष्ट कीजिए कि शालापूर्व बच्चों के लिए कैल्सियम एक महत्त्वपूर्ण पोषक तत्त्व क्यों है। कैल्सियम की प्रचुरता वाले दो खाद्य स्रोत बताइए।

प्रश्न 4. (क) खाद्य पदार्थों के खराब होने के किन्हीं तीन प्रमुख कारणों की चर्चा कीजिए।

(ख) भोजन के परिरक्षण के लिए प्रयुक्त होने वाली निम्नलिखित विधियों की व्याख्या कीजिए:

(i) सुखाना

(ii) कम ताप का प्रयोग करना

(iii) अधिक मात्रा में नमक और चीनी का प्रयोग करना

(ग) खाद्य पदार्थों के पोषक मान को बढ़ाने के लिए प्रयुक्त होने वाली किन्हीं दो विधियों की उदाहरणों सहित विस्तार से चर्चा कीजिए।

प्रश्न 5. (क) बच्चों में प्रोटीन ऊर्जा कुपोषण होने के मुख्य कारकों (कारणों) की चर्चा कीजिए।

(ख) जीरोफ्थैलमिया के नैदानिक लक्षणों का संक्षेप में वर्णन कीजिए।

(ग) बच्चों में अतिसार होने की स्थिति में आहार व्यवस्था के बारे में बताइए।

(घ) मोटापे के खतरे के कारकों का वर्णन कीजिए।

प्रश्न 6. (क) आई.सी.डी.एस. कार्यक्रम के अंतर्गत 0–3 वर्ष के बच्चों को प्रदान की जाने वाली मुख्य सेवाओं का वर्णन कीजिए।

(ख) राष्ट्रीय पोषणज ऐनीमिया नियंत्रण कार्यक्रम की मुख्य विशेषताओं की चर्चा कीजिए।

(ग) वृद्धि अनुवीक्षण क्या है और यह क्यों महत्त्वपूर्ण है?

प्रश्न 7. (क) पोषणज स्तर को निर्धारित करने के निम्नलिखित तरीकों का संक्षेप में वर्णन कीजिए:

(i) 24 घंटे के आहार का स्मरण

(ii) ऊपरी बाँह के मध्य भाग की परिधि का माप

(iii) जैव–रासायनिक परीक्षण विधि

(ख) गर्भावस्था में प्रमुख खतरे के कारकों की चर्चा कीजिए।

(ग) 'चक्र व्यंजन सूची' से आप क्या समझते हैं? एक हॉस्टल के लिए भोजन बनाने में चक्र व्यंजन सूची का प्रयोग करने के लाभों का वर्णन कीजिए।

प्रश्न 8. निम्नलिखित में से किन्हीं चार पर संक्षिप्त टिप्पणियाँ लिखिए :

(क) दूध का पास्तेरीकरण

(ख) मधुमेह के रोगियों की आहार व्यवस्था में परिवर्तन

(ग) बेरी–बेरी

(घ) आयोडीन की कमी से होने वाली विसंगतियों का स्पेक्ट्रम

(ङ) खाद्य परिवेषण संस्थाओं के लिए मानव श्रम का चयन

(च) बच्चों में विटामिन डी की कमी

ए.एन.सी.–1 : समुदाय के लिए पोषण

जून, 2017

नोट : प्रश्न संख्या **1 अनिवार्य** है। कुल **पाँच** प्रश्न कीजिए। सभी प्रश्नों के **अंक समान** हैं।

प्रश्न1. (क) निम्नलिखित को संक्षेप में स्पष्ट कीजिए:

(i) क्रेटीनता

उत्तर– क्रेटीनता का अर्थ है कि इससे जन्म के पूर्व मस्तिष्क की कभी भी ठीक न होने वाली क्षति हो सकती है। वह स्त्री जिसमें आयोडीन की कमी हो, वह ऐसे शिशु को जन्म दे सकती है जिसमें गलग्रंथि की अल्पक्रियाशीलता हो। *यदि आयोडीन की कमी या गलग्रंथि की अल्पक्रियाशीलता जन्म के बाद भी चलती रहे तो बच्चे में बहुत से दुष्प्रभाव, जैसे–मस्तिष्क का कम विकास, वृद्धि का न होना, बोलने तथा सुनने की शक्तियों में कमी, तंत्रिकाओं तथा माँसपेशियों पर हानिकारक प्रभाव तथा लकवा हो सकते हैं।*

इन सभी कमियों के कारण बच्चे *मानसिक रूप से अविकसित तथा गूँगे होते हैं, जिन्हें क्रेटिन (क्रेटीनता से ग्रस्त)* कहा जाता है।

(ii) संतुलित आहार

उत्तर– देखें इकाई–6, प्रश्न–1

(iii) साप्ताहिक व्यंजन सूची (साइकिल मेन्यू)

उत्तर– देखें इकाई–27, प्रश्न–4

(iv) ब्लांचिंग

उत्तर– देखें जून–2011, प्रश्न–1(iv)

(v) अनिवार्य ऐमीनो अम्ल

उत्तर– देखें जून–2009, प्रश्न–1(4)

(ख) रिक्त स्थानों में उचित शब्द भरिए :

(i) अनाजों में ________ ऐमीनो अम्ल कम होता है।

(ii) मानव शरीर में कार्बोज का पाचन मुख्यतः ________ में होता है।

(iii) नियासीन को ________ नामक ऐमीनो अम्ल से शरीर में संश्लेषित किया जा सकता है।

(iv) ________ गलग्रंथि द्वारा स्रावित हॉर्मोन थायरॉक्सिन का घटक है।

(v) विटामिन $बी_{12}$ आमाशय की कोशिकाओं द्वारा स्रावित ________ कारक की उपस्थिति में ही अवशोषित हो सकता है।

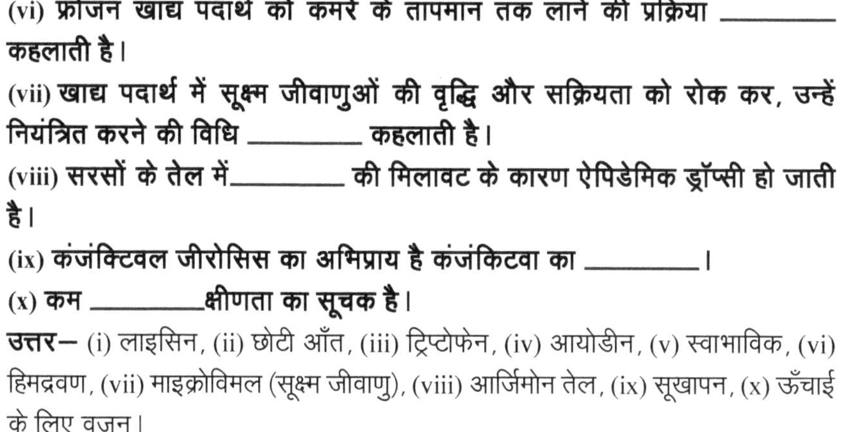

(vi) फ्रोजन खाद्य पदार्थ को कमरे के तापमान तक लाने की प्रक्रिया ________ कहलाती है।

(vii) खाद्य पदार्थ में सूक्ष्म जीवाणुओं की वृद्धि और सक्रियता को रोक कर, उन्हें नियंत्रित करने की विधि ________ कहलाती है।

(viii) सरसों के तेल में________ की मिलावट के कारण ऐपिडेमिक ड्रॉप्सी हो जाती है।

(ix) कंजंक्टिवल जीरोसिस का अभिप्राय है कंजंकिटवा का ________।

(x) कम ________क्षीणता का सूचक है।

उत्तर– (i) लाइसिन, (ii) छोटी आँत, (iii) ट्रिप्टोफेन, (iv) आयोडीन, (v) स्वाभाविक, (vi) हिमद्रवण, (vii) माइक्रोविमल (सूक्ष्म जीवाणु), (viii) आर्जिमोन तेल, (ix) सूखापन, (x) ऊँचाई के लिए वजन।

प्रश्न 2. (क) स्वास्थ्य के शारीरिक, मानसिक और सामाजिक आयामों की चर्चा कीजिए। स्पष्ट कीजिए कि ये आयाम एक–दूसरे से कैसे संबद्ध हैं?

उत्तर– देखें इकाई–1 , प्रश्न–4

(ख) शरीर में वसा के पाचन, अवशोषण और उपयोगिता की प्रक्रिया का वर्णन कीजिए।

उत्तर– वसा (ट्राइग्लिसराइड) का पाचन, अवशोषण तथा उपयोग–पाचन प्रक्रिया में वसा अपने अवयवों, ग्लिसरॉल तथा वसा अम्लों में टूट जाती है। वसा के पाचन में जो दो एंजाइम सहायक होते हैं, वे हैं–आमाशय रस में उपस्थित *लाइपेस* तथा अग्न्याशय रस में पाया जाने वाला *अग्न्याशय लाइपेस*। एंजाइम की क्रिया के लिए वसा का जल में मिलना आवश्यक है। परंतु वसा जल में अघुलनशील है। इस कार्य में यकृत से निकलने वाला पित्त रस सहायता करता है। पित्त रस वसा को छोटी–छोटी इकाइयों में तोड़ देता है जो आसानी से जल व पाचन रस में मिल जाती है। इस प्रकार, एंजाइस वसा पर आसानी से क्रिया कर सकते हैं। आमाशय में पित्त रस नहीं होता है, इसलिए आमाशय में लाइपेस की वसा पर महत्त्वपूर्ण क्रिया नहीं होती। वसा का पाचन मुख्य रूप से छोटी आँत में ही होता है जहाँ पर अग्न्याशय लाइपेस पित्त रस की सहायता से *वसा को ग्लिसरॉल तथा वसा अम्ल में तोड़ देता है।* छोटी आँत में उपस्थित ग्लिसरॉल तथा वसा अम्ल, छोटी आँत की कोशिकाओं में चले जाते हैं। इस रूप में वसा अम्ल छोटी आँत की कोशिकाओं की दीवार को पार नहीं कर सकते हैं। यहाँ पित्त रस में उपस्थित लवण वसा के अवशोषण में महत्त्वपूर्ण कार्य करते हैं। ये पित्त लवण वसा अम्लों को छोटी–छोटी इकाइयों में बदल देते हैं जो आसानी से जल में मिल जाती है। इन इकाइयों को मिसेल (micelles) कहते हैं। ये आसानी से छोटी आँत की कोशिकाओं की दीवार को पार कर सकते हैं।

फिर, वसा अम्ल तथा ग्लिसरॉल छोटी आँत की कोशिकाओं से रक्त में मिल जाते हैं। ये रक्त

में सीधे नहीं मिलते हैं बल्कि पहले ये छोटी आँत के रसांकुरों के चारों ओर उपस्थित विशेष प्रकार की नलिकाओं, जिनको लसिका वाहिनी (lymph vessels) कहते हैं, में जाते हैं। लसिका वाहिनी से वसा अम्ल हृदय में जाते हैं तथा फिर रक्त में मिल जाते हैं। रक्त द्वारा वसा अम्ल या तो एडीपोज ऊतकों में ले जाए जाते हैं जहाँ पर ये ऊर्जा के सांद्रित स्रोत के रूप में जमा हो जाते हैं या फिर कोशिकाओं में (कार्बोज तथा एमीनो एसिड की भाँति) ऊर्जा प्राप्ति के उपयोग में लाए जाते हैं।

(ग) मानव शरीर में रेशे और जल की भूमिका की व्याख्या कीजिए।

उत्तर– आहार फाइबर मानव शरीर में कई महत्त्वपूर्ण भूमिका निभाता है, जिसमें आंत्र आंदोलन को नियंत्रित करना, आंत्र स्वास्थ्य को बनाए रखना, कोलेस्ट्रॉल के स्तर को कम करना और रक्त शर्करा के स्तर को नियंत्रित करना शामिल है। मेयो क्लिनिक सूचियों में बृहदांत्र रोगों को रोकने, हृदय स्वास्थ्य को बढ़ावा देने और पर्याप्त आहार फाइबर के अतिरिक्त लाभ के रूप में स्वस्थ वजन बनाए रखने की सूची है।

आहार फाइबर पौधों के सभी भागों के होते हैं जो पाचन के दौरान टूट नहीं पा रहे हैं। वेबएमडी बताता है कि आहार फाइबर को दो श्रेणियों में विभाजित किया जाता है–अघुलनशील और घुलनशील। अघुलनशील फाइबर पानी में भंग नहीं करता है, जबकि घुलनशील फाइबर करता है। दोनों प्रकार के फाइबर स्वस्थ आहार के लिए महत्त्वपूर्ण माने जाते हैं।

घुलनशील फाइबर एक जेल जैसी सामग्री बनाता है जब यह पाचन तंत्र में पानी के साथ संपर्क में आ जाता है। वेबएमडी कहते हैं कि यह पाचन को धीमा कर देता है और एक व्यक्ति को स्वस्थ वजन बनाए रखने का एक महत्त्वपूर्ण हिस्सा महसूस करता है। घुलनशील फाइबर उस दर को नियंत्रित करता है जिस पर पेट खाली हो जाता है, चेक में रक्त शर्करा के स्तर को रखता है। यह आहार कोलेस्ट्रॉल के अवशोषण को भी रोकता है और एलडीएल कोलेस्ट्रॉल का स्तर कम रखने में मदद करता है।

अघुलनशील फाइबर का रेचक प्रभाव भी महत्त्वपूर्ण है। चूँकि अघुलनशील फाइबर पानी में भंग नहीं करता है, इसलिए यह पाचन तंत्र में अधिकतर बरकरार रहता है। वेबएमडी के अनुसार, घुलनशील फाइबर कवक के लिए बल्क जोड़कर पाचन तंत्र में काम करता है और इसे पाचन तंत्र के माध्यम से अधिक तेजी से स्लाइड करता है, कब्ज को रोकता है।

देखें जून–2012, प्रश्न–2(b)

प्रश्न 3. (क) वृद्धावस्था के दौरान होने वाले उन शरीर क्रियात्मक परिवर्तनों की चर्चा कीजिए जो वृद्धों की आहार योजना को प्रभावित करते हैं। वृद्धों के लिए आहारों की योजना बनाते समय ध्यान रखने योग्य विशिष्ट बातों का वर्णन कीजिए।

उत्तर– देखें इकाई–10, प्रश्न–4, 1

(ख) उचित कारण देते हुए शालापूर्व बच्चे के लिए विशेष रूप से महत्त्वपूर्ण पोषक तत्त्वों को सूचीबद्ध कीजिए। अपने शालापूर्व बच्चे के लिए आहारों की योजना बनाते समय माँ को किन विशिष्ट बातों को ध्यान में रखना चाहिए?

उत्तर– देखें इकाई–9, प्रश्न–2, 1

प्रश्न 4. (क) भोजन के बजट को प्रभावित करने वाले कारकों का संक्षेप में वर्णन कीजिए।

उत्तर– देखें इकाई–11, प्रश्न–1

(ख) उपयुक्त उदाहरण देते हुए खाद्य पदार्थों को खरीदते समय श्रेणियों, ब्रांडों और लेबलों की भूमिका की चर्चा कीजिए।

उत्तर– देखें इकाई–3, प्रश्न–1

(ग) दूध और दूध से बने पदार्थों को खरीदते समय ध्यान रखने योग्य मुख्य बातों का वर्णन कीजिए।

उत्तर– देखें जून–2016, प्रश्न–8(ङ)

प्रश्न 5. (क) उदाहरण देते हुए खाद्य पदार्थों के पोषक मान को बढ़ाने के लिए निम्नलिखित विधियों की चर्चा कीजिए:

(i) खमीरीकरण

(ii) खाद्य पदार्थों को मिला–जुला कर प्रयोग करना (खाद्य सम्मिश्रण)

उत्तर– देखें इकाई–15, प्रश्न–1

(ख) खाद्य पदार्थों के खराब होने में तापमान और आर्द्रता कैसे उत्तरदायी होते हैं? स्पष्ट कीजिए।

उत्तर– देखें इकाई–14, प्रश्न–4

(ग) भोजन के अपव्यय को रोकने के लिए ध्यान रखने योग्य विशेष बातों का वर्णन कीजिए।

उत्तर– देखें इकाई–15, प्रश्न–6

प्रश्न 6. (क) विटामिन ए की कमी के कारणात्मक कारकों और उसकी रोकथाम के तरीकों की चर्चा कीजिए।

उत्तर– जीरोप्थैलमिया ग्रामीण तथा शहर की गंदी बस्तियों के निम्न सामाजिक– आर्थिक वर्ग के परिवारों में आमतौर पर पाया जाता है। भारत में यह निम्न जातियों, जैसे– हरिजन तथा अन्य जनजातियाँ जो कि बहुत निर्धन हैं, में बहुत अधिक पाया जाता है।

वास्तव में जीरोप्थैलमिया एक से तीन वर्ष के बच्चों में अधिकतम पाया जाता है। यह रोग महिलाओं की अपेक्षा पुरुषों में अधिक पाया जाता है। इस रोग के कारण निम्नलिखित हैं–

(1) आहार में विटामिन ए की अपर्याप्त मात्रा—जीरोप्थैलमिया का मूल कारण आहार में विटामिन ए की अपर्याप्त मात्रा का होना है। गाँवों तथा शहरों की गंदी बस्तियों में रहने वाले कम आय वर्ग वाले लोगों के आहार में विटामिन ए की मात्रा दैनिक प्रस्तावित मात्रा के एक–चौथाई से भी कम होती है।

(2) मातृक कुपोषण—निर्धन ग्रामीण परिवारों के बच्चों में जन्म के समय यकृत में बहुत कम मात्रा में विटामिन ए संग्रहीत होता है क्योंकि उनकी माताओं में भी विटामिन ए की कमी होती है। विटामिन ए वसा में घुलनशील होता है तथा लंबे समय के लिए यकृत में संग्रहीत किया जा सकता है। स्त्रियाँ निर्धनता या अज्ञानता के कारण गर्भावस्था के समय बहुत कम मात्रा में विटामिन ए लेती हैं। इस कारण से ऐसी माताओं के शिशुओं के शरीर में विटामिन ए कम संग्रहीत होता है। जब तक बच्चे को माता स्तनपान कराती हैं, शिशु में विटामिन ए का स्तर बना रहता है क्योंकि शिशु को माँ के दूध से पर्याप्त मात्रा में विटामिन ए मिल जाता है। जब माता का दूध छुड़वा दिया जाता है, तो बच्चे को वही आहार दिया जाता है जो परिवार के अन्य सदस्य खाते हैं जिसमें अक्सर विटामिन ए की कमी होती है। अपर्याप्त मात्रा में विटामिन ए लेने के कारण बच्चे में विटामिन ए की कमी के लक्षण जीरोप्थैलमिया के रूप में प्रकट होते हैं।

(3) संक्रमण तथा प्रसन (Infection and Infestation)—बच्चों में अतिसार तथा श्वसन संक्रमण तथा कृमि ग्रसन–गोल कृमि ग्रसन–आम बात है। ये रोग विटामिन के अवशोषण को कम कर देते हैं, जिससे विटामिन ए की कमी हो जाती है।

बच्चों में होने वाला एक अन्य संक्रमण–खसरा–जीरोप्थैलमिया का महत्त्वपूर्ण कारण है जिससे विशेषकर कॉर्निया में घाव तथा अंधता हो जाती है।

विटामिन ए की कमी की रोकथाम कैसे करें?—विटामिन ए की कमी से होने वाले रोगों की रोकथाम के लिए निम्नलिखित नियमों का पालन करें–

(i) अधिक विटामिन ए युक्त आहार का सेवन करें—जीरोप्थैलमिया मुख्यतः आहार में विटामिन ए की कमी होने के कारण होता है। अतः विटामिन ए की कमी की रोकथाम का सबसे उचित तरीका यह है कि विटामिन ए की प्रचुरता वाले खाद्य पदार्थों का सेवन किया जाए। सस्ते खाद्य पदार्थ, जैसे–हरी पत्तेदार सब्जियाँ (पालक, चौलाई आदि), पीले–नारंगी रंग वाली सब्जियाँ (सीताफल तथा गाजर) तथा फल (पपीता और आम), बीटा कैरोटीन के अच्छे स्रोत हैं और बीटा कैरोटीन विटामिन ए का पूर्वगामी रूप है। अतः इन खाद्य पदार्थों का सेवन करें। प्रतिदिन 40 ग्राम हरी पत्तेदार सब्जियों का सेवन बच्चों में विटामिन ए के सामान्य स्तर को बनाए रखने के लिए पर्याप्त है। परंतु भारतीय आहार की किस्म को बढ़िया बनाने के लिए बड़े पैमाने पर निरंतर चलने वाले पोषण शिक्षण संबंधी कार्यक्रमों की आवश्यकता है।

(ii) निश्चित अंतराल के बाद विटामिन ए देना—जीरोप्थैलमिया के कारण होने वाली अंधता एक गंभीर समस्या है तथा इसका तुरंत उपचार होना चाहिए। विटामिन ए को लंबे समय के लिए यकृत में संग्रहीत किया जा सकता है जो कि समय–समय पर शरीर को मिलता

रहता है। अतः यह संभव है कि बच्चे को समय–समय पर विटामिन ए की मात्रा देकर उसके शरीर में पर्याप्त विटामिन ए को संग्रहीत कर लिया जाए। इस सिद्धांत का प्रयोग करते हुए जीरोफ्थैलमिया के कारण होने वाली अंधता को रोकने के लिए नेशनल इंस्टिट्यूट ऑफ न्यूट्रीशन (एन.आई.एन.) यानी कि राष्ट्रीय पोषण संस्थान द्वारा एक कार्यक्रम तैयार किया गया। यह कार्यक्रम भारत सरकार द्वारा देश के विभिन्न भागों में चलाया जा रहा है। इस कार्यक्रम के अंतर्गत एक से पाँच वर्ष के बच्चों को प्रत्येक 6 महीनों में विटामिन ए की एक खुराक (200,000 आई.यू.) मुँह द्वारा दी जाती है। विटामिन ए की यह मात्रा ग्रामीण स्तर के स्वास्थ्य कर्मचारी, जैसे कि राज्य सरकार द्वारा रखे गए बहुउद्देश्यीय स्वास्थ्य कार्यकर्त्ताओं (multipurpose health worker) द्वारा वितरित की जाती है। यदि इस कार्यक्रम को सही प्रकार से क्रियान्वित किया जाए तो 80 प्रतिशत छोटे बच्चों में जीरोफ्थैलमिया की समस्या को रोका जा सकता है। कार्यक्रम की सफलता के लिए इसके साथ–साथ पोषण संबंधी शिक्षा देना भी महत्त्वपूर्ण है।

(ख) बच्चों में क्वाशियोरकॉर और मरास्मस के सामान्य नैदानिक लक्षणों का वर्णन कीजिए।

उत्तर– देखें इकाई–17, प्रश्न–2, 3

(ग) दंत और कंकाली फ्लुओरोसिस के बीच अंतर बताइए।

उत्तर– दंत फ्लुओरोसिस–उन क्षेत्रों में रहने वाले बच्चों, जहाँ फ्लुओरोसिस एक आम रोग है, जिसमें केवल दाँतों पर प्रभाव पड़ता है। दाँतों की चमक और चाकमयता (सफेदी) खत्म हो जाती है और उन पर सफेद धब्बे दिखाई देने लगते हैं। इसे दाँतों का *कर्बुरण* (चितकबड़ा होना) (mottling) कहते हैं। कर्बुरण फ्लुओरोसिस का प्रारंभिक लक्षण है। बाद में ये सफेद धब्बे पीले होने लगते हैं। फ्लुओरोसिस गंभीर स्थिति में पहुँचने पर, कठोर, चमकदार पदार्थ जो दाँतों के शिरबर (इनेमल) को ढकता है, उसका क्षय हो जाता है अंततः दाँतों में छोटे–छोटे छेद हो जाते हैं जिसे *गर्तन* (pitting) कहते हैं। कृंतक दाँतों में इसे स्पष्ट रूप से देखा जा सकता है। पाँच वर्ष से कम उम्र के बच्चे के दाँतों में हमें कर्बुरण नहीं देखने को मिलेगा।

कंकाली फ्लुओरोसिस–काफी लंबे समय तक फ्लुओराइड के अतिरिक्त मात्रा में उपभोग के कारण बड़े व्यक्तियों में फ्लुओरोसिस के कारण हड्डियों में परिवर्तन आने प्रारंभ हो जाते हैं। शुरू–शुरू में व्यक्ति की गर्दन में दर्द और पीठ में अकड़न होगी। इसके बाद गर्दन और पीठ के दाएँ–बाएँ या आगे–पीछे मोड़ने में कठिनाई होगी। हड्डियों में होने वाले ये परिवर्तन कंकाली तंत्र की प्रारंभिक अवस्था में केवल एक्स–रे द्वारा ही देखे जा सकते हैं। हाल ही में, आंध्र प्रदेश और तमिलनाडु के कुछ क्षेत्रों में फ्लुओरोसिस का एक नया रूप पहचानने में आया है। इसमें हम टाँगों में परिवर्तन देखते हैं जो संघट्ट जानु (knock knees) के गंभीर रूप में दिखता है। गंभीर कंकाली फ्लुओरोसिस में रोगी में इतनी अक्षमता या कमजोरी आ जाती है कि वह पूरी

तरह शय्याग्रस्त (बिस्तर से लग जाता है) हो जाता है। आंध्र प्रदेश और तमिलनाडु में पाई जाने वाली फ्लुओरोसिस के इस नए रूप को जेनु वालगम (genu valgum) कहते हैं।

प्रश्न 7. (क) हृदय धमनी संबंधी रोग की आहार व्यवस्था की चर्चा कीजिए।

उत्तर– हृदय धमनी संबंधी रोग में आहार व्यवस्था के कई पहलू होते हैं। हृद्पात या रक्ताधिक्य हृद्पात जैसी अतिपाती स्थिति में तो मरीज अधिकतर अस्पताल में ही भर्ती होता है। वहाँ पर उसे भोजन किसी प्रशिक्षित आहार विशेषज्ञ की देख–रेख में ही दिया जाता है। व्यक्तियों के लिए हृदय धमनी संबंधी रोग के दौरान आहार व्यवस्था निम्नलिखित है–

(1) वे व्यक्ति जिनमें हृदय धमनी संबंधी रोग होने का खतरा है, उनमें इस बीमारी को बढ़ने से रोकथाम करनी हो,

(2) वे व्यक्ति जिन्हें एथिरोकाठिन्य या हृद्शूल पहले से ही हो, तथा

(3) वे व्यक्ति जो बीमारी की अतिपाती स्थिति (यानी कि हृद्पात या रक्ताधिक्य हृद्पात) से उभर रहे हों।

(1) उपचार के मुख्य सिद्धांत–हृद्पात की रोकथाम के मुख्य सिद्धांत हैं–

- रक्त में वसा तथा कोलेस्ट्रॉल का स्तर सामान्य सीमा के अंदर रखना।
- हृद्शूल, हृद्पात या रक्ताधिक्य हृद्पात जैसी नैदानिक अभिव्यक्तियों की रोकथाम करना।

(2) पोषक तत्त्वों की आवश्यकता में बदलाव–विभिन्न पोषक तत्त्वों की आवश्यकता में निम्नलिखित बदलाव लाए जाने चाहिए–

ऊर्जा–मोटे व्यक्तियों के लिए ऊर्जा पर नियंत्रण लगाने की आवश्यकता होती है। ऊर्जा का अंतर्ग्रहण केवल इतना ही होना चाहिए जिससे शरीर का मानक वजन बना रहे। यदि व्यक्ति का वजन सामान्य है तो ऊर्जा का अंतर्ग्रहण ऊर्जा की प्रस्तावित दैनिक मात्रा के हिसाब से होना चाहिए। यदि व्यक्ति मोटा है या फिर अतिभार से ग्रस्त है तो आहार विशेषज्ञ या डॉक्टर की निगरानी में उसके आहार में उपयुक्त बदलाव किए जाने चाहिए।

प्रोटीन–सामान्य व्यक्ति के लिए प्रोटीन की एक ग्रा. प्रति कि.ग्रा. शरीर के वजन की प्रस्तावित दैनिक मात्रा इन मरीजों के लिए उपयुक्त है।

वसा–चूँकि वसा तथा वसा से भरपूर खाद्य पदार्थों का हृदय रोग के साथ सीधा संबंध है, इसलिए मरीज द्वारा वसा की अंतर्ग्रहित मात्रा का नियंत्रण ध्यानपूर्वक किया जाना चाहिए। खाने वाला तेल दो से तीन छोटे चम्मच या 10 से 15 ग्रा. से अधिक नहीं दिया जाना चाहिए। इसके अलावा, वसा से भरपूर अन्य खाद्य पदार्थों पर भी नियंत्रण लगाना अनिवार्य है (खाद्य पदार्थ जिनमें संतृप्त वसीय अम्ल और कोलेस्ट्रॉल होता है)।

विटामिन और खनिज–प्रस्तावित दैनिक मात्रा के अनुसार आहार में विटामिन तथा खनिज लवण पर्याप्त मात्रा में होने चाहिए। आहार में वसा पर प्रतिबंध होने के कारण वसा में घुलनशील विटामिनों की मात्रा का विशेष ध्यान रखें।

(3) आहार व्यवस्था में परिवर्तन—आहार व्यवस्था का मुख्य सिद्धांत, मरीज को नियंत्रित वसा तथा ऊर्जा वाला आहार देना है। आहार में लाए जाने वाले मुख्य बदलाव निम्नलिखित सूत्रों में, संक्षेप में दिए गए हैं—

ऊर्जा पर प्रतिबंध—आहार में निम्नलिखित बदलाव लाने की आवश्यकता होती है—

- वसा के कुल अंतर्ग्रहण में कमी लाएँ।
- वसा से भरपूर खाद्य पदार्थ न दें।
- अनाज नियंत्रित मात्रा में ही दें। परिष्कृत अनाजों के अंतर्ग्रहण में कमी लाएँ तथा साबुत अनाजों के प्रयोग को प्रोत्साहित करें।
- दालें अधिक मात्रा में दें, खास तौर पर साबुत दालें।
- दूध और दूध से बने पदार्थों तथा माँस–मछली को, उनकी वसा की मात्रा को ध्यान में रखकर दिया जा सकता है।
- फल तथा सब्जियों, खास तौर पर अधिक रेशे वालों, के अंतर्ग्रहण को बढ़ावा दें।
- चीनी और अन्य मीठे पदार्थों का अंतर्ग्रहण कम कर दें।

वसा पर प्रतिबंध—वसा के अंतर्ग्रहण में कमी निम्नलिखित प्रकार से लाई जा सकती है—

(1) वसा तथा तेल के अंतर्ग्रहण में कमी लाएँ।

(2) घी, वनस्पति घी तथा मक्खन जैसे संतृप्त वसा के स्थान पर मूँगफली, सोयाबीन या कुसुम के तेल जैसी असंतृप्त वसा दें।

(3) सरसों तथा नारियल के तेल में असंतृप्त वसीय अम्ल की मात्रा अधिक होती है। इसलिए इनका प्रयोग सीमित मात्रा में ही करना चाहिए।

(4) पूरी मलाई वाले दूध के स्थान पर टोंड या फिर कम वसा वाले दूध का प्रयोग करें। पूरी मलाई वाले दूध को उबालकर ऊपर आई मलाई को निकालकर भी दिया जा सकता है।

(5) अंडों को नियंत्रित मात्रा में ही दें। यदि संभव हो तो मरीज को एक अंडे से अधिक नहीं दिया जाना चाहिए (अगर दें तो अंडे की जर्दी को निकालकर केवल सफेद भाग दिया जा सकता है)।

(6) माँस और माँस के पदार्थ जिनमें वसा अधिक होती है, न दें। कम वसा वाले माँस का चयन करें। पकाने से पहले नजर आने वाली वसा को काटकर निकाल दें।

(7) कम तेल या अधिक तेल में तलने के स्थान पर भोजन को पकाने के लिए भूनने, तंदूर में पकाने, उबालने और भाप द्वारा पकाने की विधि अपनाएँ।

(8) मूँगफली, काजू और अखरोट जैसे गिरीदार फल न दें। इन सबमें वसा की मात्रा अधिक होती है।

(9) केक, पेस्ट्री और समोसे जैसे तले हुए अल्पाहार तथा अन्य वसा से भरपूर मिष्ठान इत्यादि न दें।

सोडियम पर नियंत्रण—हृदय धमनी संबंधी रोग होने के खतरे का एक कारक उच्च रक्तचाप भी है। सोडियम का अंतर्ग्रहण रक्तचाप को प्रभावित करता है। इसलिए सोडियम को

अधिक मात्रा में लेना भी परोक्ष रूप से हृदय धमनी संबंधी रोग के लिए एक खतरे का कारण बन जाता है। जिन व्यक्तियों को या जिनके परिवार के किन्हीं सदस्यों को उच्च रक्तचाप की शिकायत है, उन्हें सोडियम (नमक) के अंतर्ग्रहण पर नियंत्रण रखना चाहिए।

(ख) आई.सी.डी.एस. कार्यक्रम के अंतर्गत गर्भवती और स्तनपान कराने वाली महिलाओं को प्रदान की जाने वाली मुख्य सेवाओं का वर्णन कीजिए।

उत्तर– देखें इकाई–24, प्रश्न–1

(ग) पोषणात्मक स्तर का निर्धारण करने की नैदानिक और जैव–रासायनिक विधियों की व्याख्या कीजिए।

उत्तर– रोग जाँच का तरीका : नैदानिक विधि–ऐसी स्थिति की कल्पना कीजिए जबकि एक शिशु की वृद्धि ठीक प्रकार से नहीं हो रही है। उसका शरीर भार बहुत कम है। पेशियाँ भी बहुत दुर्बल हो चुकी हैं तथा बच्चा कमजोर और अधिकतर चिड़चिड़ा रहता है। यदि हमें ऐसे शिशु के पोषण स्तर के बारे में टिप्पणी करने के लिए कहा जाए तो हमारा क्या निर्णय होगा। हाँ, निश्चित रूप से हम कहेंगे कि बच्चे का पोषण स्तर बहुत निम्न है, शायद वह मरास्मस से ग्रस्त है।

निश्चित रूप से हमने मरास्मस के कुछ लक्षणों/चिह्नों, जैसे–पेशियों की दुर्बलता, कम शरीर भार, कमजोर गर्दन, चिड़चिड़ापन–बच्चे में देखा होगा। अतः नैदानिक लक्षणों की जाँच पोषण स्तर निर्धारण के सरल तरीकों में से एक है। इसके अंतर्गत किसी विशेष हीनताजन्य रोग से शरीर में होने वाले परिवर्तनों (नैदानिक लक्षणों/चिह्नों) की पहचान की जाती है। उदाहरण के लिए, बच्चों में विटामिन ए की कमी की पहचान के लिए हम रात में होने वाली अंधता (रतौंधी) या बिटोट् बिंदु को देखेंगे। स्त्रियों में पीलापन, आलस्य जैसे लक्षण एनीमिया की संभावना को प्रदर्शित करते हैं। परंतु इस तरीके के उपयोग में विभिन्न पोषणहीनता जन्य रोगों के नैदानिक लक्षणों और चिह्नों की जानकारी होना तथा उसका पता लगा पाने की कुशलता होनी आवश्यक है। सावधानीपूर्वक प्रशिक्षण से हम कुछ महत्त्वपूर्ण नैदानिक लक्षणों की पहचान कर सकते हैं।

जैव रासायनिक परीक्षण–जैव रासायनिक निर्धारण में शारीरिक द्रव्यों (सामान्यतः रक्त तथा मूत्र) में कुछ आवश्यक आहारीय अवयवों (पोषक तत्त्वों की सांद्रता या चयापचय पदार्थ) की मात्रा को मापा जाता है जिससे कुपोषण की संभावना का पता लगाने में सहायता मिलती है। उदाहरण के लिए, रक्त में ही हीमोग्लोबिन की मात्रा की माप से लौह तत्त्व की कमी से होने वाले एनीमिया के मूल्यांकन में सहायता मिलती है। मूत्र में थायेमिन की मात्रा आहार द्वारा प्राप्त थायेमिन की मात्रा को दर्शाती है, रक्त में विटामिन ए की मात्रा शरीर द्वारा ग्रहण की गई तथा संग्रहीत विटामिन ए की मात्रा को व्यक्त करती है।

जैव रासायनिक परीक्षण पोषण स्तर के निर्धारण में किस प्रकार सहायता करते हैं? जैव

रासायनिक निर्धारण मुख्यतः इस सिद्धांत पर आधारित है कि आहार की मात्रा और संरचना में कोई भी परिवर्तन ऊतकों तथा शारीरिक द्रव्यों में पोषक तत्त्वों की सांद्रता और उनके यौगिकों में परिवर्तन को व्यक्त करता है। इसके साथ–ही–साथ किसी विशिष्ट चयापचय पदार्थ का होना या न होना भी इससे मालूम चल जाता है। अतः इन आहारीय अवयवों की मात्रा से पोषण स्तर के निर्धारण में सहायता मिलती है। निम्नलिखित उदाहरण से हम इस तथ्य को अच्छी तरह से समझ सकते हैं। उदाहरण के लिए, एक व्यक्ति जो आलसी तथा चिड़चिड़ा है, उसमें एकाग्रता की कमी आ सकती है। ऐसी स्थिति में रक्त में हीमोग्लोबिन की मात्रा मापने से हम इन उपरोक्त नैदानिक लक्षणों को एनीमिया (लौह तत्त्वों की कमी) से संबद्ध कर सकते हैं। 100 मि.ली. रक्त में 14 मि.ग्रा. से कम हीमोग्लोबिन का होना लौह तत्त्व की कमी का सूचक है। यह कमी आलस्य, चिड़चिड़ाहट तथा एकाग्रता में कमी के रूप में प्रकट होती है। अतः जैव रासायनिक परीक्षण पोषण स्तर के निर्धारण तथा निदान में काफी उपयोगी है। रोग लक्षणों तथा जैव रासायनिक परीक्षणों को परस्पर संबंधित करके निश्चित रूप से सही निदान हो सकता है।

प्रश्न 8. निम्नलिखित में से किन्हीं चार पर संक्षिप्त टिप्पणियाँ लिखिएः

(क) सफल स्तनपान सुनिश्चित करने के लिए स्तनपान कराने वाली महिलाओं के लिए महत्त्वपूर्ण ध्यान रखने योग्य बातें

उत्तर–स्तन्य काल

करें	**न करें**
(1) स्तनपान कराने वाली स्त्री के आहार में भरपूर मात्रा में दूध, अनाज, दालें, सिट्रस फल, हरी पत्तेदार सब्जियाँ सम्मिलित करें।	(1) स्तनपान कराने वाली महिला को सिगरेट अथवा शराब पीने से मना करें।
(2) दूध स्राव को पर्याप्त मात्रा में बनाए रखने के लिए पानी तथा तरल पदार्थ प्रचुर मात्रा में सम्मिलित करें।	(2) स्तन्य काल के दौरान स्त्री को नशीले पदार्थों व दवा का सेवन न करने दें। कोई दवा देनी ही हो तो डॉक्टर की सलाह से दें।
(3) स्तनपान कराने वाली माँ को शिशु के जन्म के कुछ माह पश्चात् तक लौह तत्त्व देना जारी रखें।	(3) तीखी सुवास वाले खाद्य पदार्थों का सेवन कम कर दें।
(4) दैनिक आहार संख्या (2–3 आहार प्रतिदिन) को बढ़ाकर 5–6 तक कर दें।	(4) चटपटा, ज्यादा नमक व मसालेदार भोजन न परोसें।
(5) एक समय में खाए जाने वाले खाद्य पदार्थों की मात्रा बढ़ा दें।	(5) स्तनपान कराने वाली महिला, यदि शरीर बीमारियों, जैसे–हृदय रोग,

तपेदिक, दीर्घकालीन एनीमिया, गुर्दे की मासिक विसंगतियों से पीड़ित है, तो उसे स्तनपान करने से रोकें।

(6) मुख्य आहारों के बीच में पौष्टिक व्यंजन अल्पाहार दें।
(7) माँ को पर्याप्त विश्राम करने की सलाह दें।
(8) दूध की पर्याप्त उत्पत्ति के लिए बच्चों को स्तन चूसने के लिए प्रोत्साहित करें।
(9) यह ध्यान में रखिए कि स्तनकाल में स्त्री तनावग्रस्त व मानसिक रूप से पीड़ित न हो।

(ख) शिशु को स्तनपान कराने के लाभ

उत्तर– शिशु को स्तनपान कराने के निम्नलिखित लाभ हैं–

• स्तन दूध के संघटक आदर्श रूप से हमारे शिशु की आँतों के लिए अनुकूल हैं। इसलिए यह आसानी से पच जाता है।

• स्तन दूध में रोगप्रतिकारक होते हैं, जो जठरान्त्रशोध, सर्दी–जुकाम, मूत्रमार्ग संक्रमण (यू.टी.आई.) और कान के संक्रमण आदि से रक्षा करते हैं। यह कॉट डेथ (एस.आई.डी.एस.) के खतरे को कम करने में भी मदद करता है।

• स्तनों का दूध शिशु में दमा और एक्जिमा जैसी एलर्जिक प्रतिक्रियाएँ होने के खतरे को कम करता है।

• स्तनपान शिशु को बाल्यावस्था मधुमेह और ल्यूकेमिया (ब्लड कैंसर) जैसी गंभीर बीमारियों से भी रक्षा करने में मदद करता है।

• स्तन दूध में वसीय अम्ल होते हैं, जो शिशु के मस्तिष्क के विकास के लिए जरूरी है। शिशु के जन्म के शुरुआती कुछ माह तक केवल स्तनपान कराने से शिशु का संज्ञानात्मक विकास बेहतर होता है। सैद्धांतिक रूप से, इसका अर्थ यह है कि स्तनपान हमारे शिशु को अधिक बुद्धिमान बना सकता है।

• जब हम किसी संक्रमण के संपर्क में आते हैं, तो हमारा शरीर उसका नया रोगप्रतिकारक बना देता है। ये रोगप्रतिकारक हमारे दूध में जाते हैं, जो हम शिशु को अगली बार पिलाने वाली हैं। ये हमारी बीमारी शिशु तक फैलने से बचाते हैं।

• स्तन दूध को समय पूर्व जन्मे शिशुओं और कम जन्म वजन शिशुओं के लिए बहुमूल्य पाया गया है। यह इसलिए क्योंकि शिशु शुरुआती जिंदगी में संक्रमण के प्रति अधिक संवेदनशील हो सकते हैं।

• माँ के दूध में इंसुलिन, डिब्बाबंद दूध (फॉर्म्युला मिल्क) की तुलना में काफी कम होता है। इंसुलिन वसा निर्माण को उत्प्रेरित करता है, इसलिए स्तन दूध हमारे शिशु का वजन बढ़ना आसान बना सकता है।

• स्तनपान करने वाले शिशु अपने भोजन को नियमित रूप से लेने में कुशल होते हैं। इससे जैसे–जैसे उनका विकास होता है, वैसे–वैसे वे स्वस्थ खाने की आदतें विकसित करते हैं।

• स्तनपान हमारे शिशु की उसके शरीर का तापमान सामान्य रखने में मदद करता है। उसे गर्म रखने के अलावा, त्वचा का त्वचा से स्पर्श हमारे और हमारे शिशु के बीच भावनात्मक बंधन को और भी मजबूत बनाता है।

• विशेषज्ञों का मानना है कि टीकाकरण के दौरान या उसके बाद स्तनपान कराना शिशु को शांत करने में मदद कर सकता है।

(ग) राइबोफ्लेविनहीनता

उत्तर– देखें इकाई–1 9, प्रश्न–2

(घ) खाद्य पदार्थों के खराब होने के आधार पर खाद्य पदार्थों का वर्गीकरण

उत्तर– वास्तव में, खाद्य पदार्थों को उनके खराब होने के समय के आधार पर तीन वर्गों में विभाजित किया जा सकता है–

(i) शीघ्र नष्ट होने वाले खाद्य पदार्थ

(ii) देर से नष्ट होने वाले खाद्य पदार्थ

(iii) नष्ट न होने वाले खाद्य पदार्थ

(i) शीघ्र नष्ट होने वाले खाद्य पदार्थ–ये वे खाद्य पदार्थ हैं जिन्हें यदि विशेष विधि द्वारा खराब होने से न बचाया जाए तो ये बहुत जल्दी खराब हो जाते हैं। सभी पशुजन्य खाद्य पदार्थ, जैसे–मीट, मछली, मुर्गे, अंडे, दूध और दूध से बने पदार्थ तथा अधिकांश सब्जियाँ और फल इसी वर्ग में आते हैं। इनके खराब होने की गति तापमान, वातावरण की आर्द्रता और/अथवा शुष्कता पर निर्भर करती है। उदाहरण के लिए, ठंडे मौसम में दूध सामान्य तापमान पर पूरा दिन बिना खराब हुए रखा जा सकता है लेकिन गर्म मौसम में वह 3 से 4 घंटे से अधिक नहीं रखा जा सकता। ताजे अंडे, मीट और मछली को अगर फ्रिज में नहीं रखा जाए तो गर्म मौसम में ये बहुत जल्दी खराब हो जाते हैं। हरा धनिया, सलाद के पत्ते और पालक को यदि ठीक से संग्रहीत न किया जाए तो खेतों से तोड़ने के कुछ ही मिनटों में वे मुरझा जाते हैं।

(ii) देर से नष्ट होने वाले खाद्य पदार्थ–ये वे खाद्य पदार्थ हैं जो बिना किसी स्पष्ट या प्रत्यक्ष खराबी (विकार) के कुछ हफ्तों तक या कुछ महीनों तक रखे जा सकते हैं। इन खाद्य पदार्थों पर वातावरण के तापमान और नमी से बहुत अंतर पड़ता है। इस वर्ग के उदाहरण हैं– सभी अनाज और दालों से बने पदार्थ (जैसे–गेहूँ का आटा, मैदा, सूजी, सेविया, दलिया तथा बेसन), प्याज, आलू, कद्दू, लहसुन, सेब, सिट्रस फल, घी और तेल। यदि इन खाद्य पदार्थों का सावधानी से इस्तेमाल किया जाए तथा संग्रहण किया जाए तो इन्हें काफी लंबे समय तक बिना खराब हुए रखा जा सकता है। पश्चिमी देशों के ठंडे वातावरण में तो ये खाद्य पदार्थ नष्ट न होने वाले खाद्य पदार्थों में माने जाते हैं। परंतु हमारे देश के गर्म और नम तापमान में यदि इन्हें सावधानी से न रखा जाए तो ये जल्दी ही खराब हो जाते हैं।

(iii) नष्ट न होने वाले खाद्य पदार्थ—अनाज, दालें, सूखी फलियाँ तथा चीनी इसी वर्ग में आते हैं। ये खाद्य पदार्थ आमतौर पर खराब नहीं होते बशर्ते कि इन्हें बहुत ही लापरवाही से इस्तेमाल न किया जाए। यहाँ भी हमें इन्हें संग्रहण के समय कीड़ों आदि से बचाने के लिए विशेष ध्यान रखना पड़ता है।

भारत जैसे देश में भिन्न–भिन्न वातावरण और भिन्न–भिन्न तापमान पाए जाते हैं। इस कारण इस प्रकार का खाद्य पदार्थों का कोई भी वर्गीकरण उपयुक्त नहीं होगा। चीनी और नमक के अतिरिक्त कोई ऐसा खाद्य पदार्थ नहीं है जो बिना विशेष ध्यान के खराब नहीं होता। यदि चीनी और नमक का भी सावधानी से संग्रहण न किया जाए तो वर्षा ऋतु में ये भी गीले हो जाते हैं। यह प्रसंग सही संग्रहण की जरूरत को हमारे लिए और भी महत्त्वपूर्ण बना देता है, विशेषतः हमारी जनसंख्या, हमारे उत्पाद, हमारी यातायात की सुविधाओं तथा हमारी जनसंख्या के बड़े भाग की निम्न क्रय क्षमता के संदर्भ में। अतः हमारे लिए देश में उत्पादित सभी खाद्य पदार्थों की तब तक सही देखभाल बहुत जरूरी है जब तक कि वह खाने के लिए तैयार न हो जाए। हमें उपलब्ध प्रत्येक दाने का सदुपयोग भी करना चाहिए।

(ङ) पोषणात्मक स्तर पर संक्रमण का प्रभाव

उत्तर– देखें इकाई–20, प्रश्न–3

(च) मौखिक पुनर्जलीकरण थैरेपी

उत्तर– हैजा के रोगी का इलाज मूलतः मौखिक पुनर्जलीकरण चिकित्सा (ओरल रिहाइड्रेशन थैरेपी) द्वारा किया जाता है, जिसमें पानी के साथ नमक व ग्लूकोज मिलाकर रोगी को पिलाया जाता है। लेकिन यह चिकित्सा बीमारी के लिए जिम्मेदार जीवाणु की विषाक्तता को बढ़ा सकती है। वैज्ञानिकों के अनुसार, अगर ग्लूकोज की जगह चावल के पाउडर का इस्तेमाल किया जाए, तो जीवाणु की विषाक्तता को 75 फीसदी तक कम किया जा सकता है।

लाउसेन स्थित स्वीस फेडरल इंस्टीट्यूट ऑफ टेक्नोलॉजी (ई.पी.एफ.एल.) के मेलानी ब्लॉकेश ने कहा, "समस्या यह है कि संक्रमण पैदा करने वाला जीवाणु भी ग्लूकोज का इस्तेमाल करता है, जिसके कारण उसकी विषाक्तता और बढ़ जाती है।"

वैज्ञानिकों ने शोध के दौरान पाया कि ग्लूकोज मिलने पर जीवाणु का विकास और तेजी से होता है, जबकि जब उसे स्टार्च दिया जाता है, तो उनका विकास नहीं हो पाता।

ब्लॉकेश ने कहा, "हालाँकि हम यह नहीं कह रहे हैं कि ग्लूकोज युक्त ओरल रिहाइड्रेशन थैरेपी को बंद कर दिया जाए, क्योंकि यह बेहद बढ़िया काम करता है।"

उन्होंने कहा कि आँकड़ों को देखकर तो यही सामने आता है कि आहार में काफी सुधार किया जा सकता है और समुदाय को इस संभावना पर फिर से विचार करने की जरूरत है।

यह अध्ययन पत्रिका 'पी.एल.ओ.एस. नेग्लेक्टेड ट्रॉपिकल डिजिज' में प्रकाशित हुआ है।

ए.एन.सी.–1 : समुदाय के लिए पोषण
दिसम्बर, 2017

नोट : प्रश्न संख्या 1 **अनिवार्य** है। कुल **पाँच** प्रश्न कीजिए। सभी प्रश्नों के **अंक समान** हैं।

प्रश्न 1. (क) निम्नलिखित प्रत्येक का एक उदाहरण दीजिए:

(i) स्वास्थ्य का आयाम

(ii) खाद्य–पदार्थों में पाए जाने वाले सूक्ष्ममात्रिक तत्त्व

(iii) वह ऐमीनो अम्ल जिसका अनाजों में अभाव होता है

(iv) एक अनिवार्य पोषक–तत्त्व

(v) अनुपलब्ध कार्बोज

(vi) अनिवार्य वसा अम्ल

(vii) उपापचय के लिए अपेक्षित सह–एंजाइम

(viii) जल–विलेय विटामिन

(ix) लौह–तत्त्व का अवशोषण रोकने वाला अवरोधक पदार्थ

(x) आहार–सर्वेक्षण की विधि

(ख) हमारे शरीर के लिए अपेक्षित प्रमुख पोषक–तत्त्वों की श्रेणियों को सूचीबद्ध कीजिए। उनका कार्य बताइए।

(ग) रिक्त स्थानों की पूर्ति कीजिए:

(i) लंबाई के अनुरूप कम वजन _____ का सूचक है।

(ii) बिटोट बिंदु ____ की कमी का नैदानिक लक्षण है।

(iii) ____ आयोडीन की कमी का सबसे गंभीर लक्षण है।

(iv) धमनी की दीवार में वसा की सतह जमा होने से इसमें होने वाली संकीर्णता और रक्त के प्रवाह में अवरोधन _____ कहलाता है।

(v) ____ ग्रहण करना शरीर की विटामिन डी की जरूरत को पूरा करने का सर्वोत्तम तरीका है।

प्रश्न 2. (क) अनिवार्य और गैर–अनिवार्य ऐमीनो अम्लों के बीच अंतर बताइए।

(ख) हमारे आहार में रेशे के कार्यों और खाद्य स्रोतों की विस्तार से व्याख्या कीजिए।

(ग) हमारे शरीर में प्रोटीन के पाचन, अवशोषण और उपयोग की व्याख्या कीजिए।

(घ) हमारे शरीर में सोडियम, पोटैशियम और क्लोराइड के कार्यों को सूचीबद्ध कीजिए।

प्रश्न 3. (क) संतुलित आहारों की योजना बनाने में तीन खाद्य वर्गों के वर्गीकरण के प्रयोग की संक्षेप में चर्चा कीजिए।

(ख) वृद्धावस्था के दौरान होने वाले महत्त्वपूर्ण शारीरिक परिवर्तनों का वर्णन कीजिए। वृद्धों की जरूरतों को पूरा करने के लिए आप क्या आहार संबंधी उपाय करेंगे?

प्रश्न 4. (क) खाद्य–पदार्थ के खराब होने के सामान्य कारणों की विस्तारपूर्वक व्याख्या कीजिए।

(ख) खाद्य–पदार्थ में मिलावट की रोकथाम के लिए आप क्या उपाय करेंगे?

(ग) दूध और दूध से बने उत्पादों के चयन के लिए आप किन बातों को ध्यान में रखेंगे, उन्हें सूचीबद्ध कीजिए।

(घ) खाद्य परिरक्षण की सामान्य विधियों के सिद्धांत की जानकारी दीजिए।

प्रश्न 5. निम्नलिखित विसंगतियों के नैदानिक लक्षणों और उनकी रोकथाम के लिए आप जो उपाय करेंगे, उन्हें सूचीबद्ध कीजिए।

(क) राइबोफ्लेविनहीनता

(ख) मधुमेह

(ग) उच्च रक्तचाप

(घ) प्रोटीन ऊर्जा कुपोषण

प्रश्न 6. (क) आप पोषण स्वास्थ्य शिक्षक/समुदाय कार्यकर्त्ता हैं और आपको बच्चों की वृद्धि का निर्धारण करना है। बच्चों की वृद्धि को मापने के लिए आप जिस विधि का प्रयोग करेंगे, उसकी संक्षेप में व्याख्या कीजिए।

(ख) निम्नलिखित पोषण कार्यक्रमों के लाभार्थी और घटक बताइए–

(i) मध्याह्न भोजन कार्यक्रम

(ii) राष्ट्रीय एनीमिया नियंत्रण कार्यक्रम

प्रश्न 7. (क) खाद्य परिवेषण संस्था चलाने के लिए अपेक्षित सामान्य संसाधनों को सूचीबद्ध कीजिए।

(ख) एक कैंटीन चलाते समय आप कौन–कौन से रिकॉर्ड बनाएँगे/रखेंगे?

(ग) मानकीकृत व्यंजन सूची क्या है? इसके प्रयोग बताइए।

(घ) अस्पताल के आहार विभाग के लिए खाद्य–पदार्थ खरीदते समय आप कौन–से तरीके अपनाएँगे?

प्रश्न 8. निम्नलिखित में से किन्हीं चार पर संक्षिप्त टिप्पणियाँ लिखिए–

(क) गर्भावस्था के तीसरे त्रिमास से गर्भवती महिला के लिए आहार–नियोजन

(ख) शिशुओं के लिए पूरक आहार

(ग) मातृक कुपोषण की भारी कीमत चुकाना

(घ) मोटापे के उपचार के सिद्धांत

(ड.) स्कूल के बच्चों को आहार देते समय ध्यान रखने योग्य विशिष्ट बातें

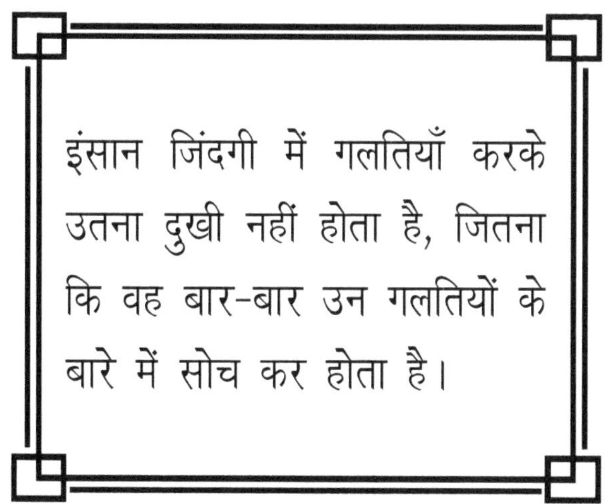

ए.एन.सी.–1 : समुदाय के लिए पोषण

जून, 2018

नोट : प्रश्न संख्या 1 **अनिवार्य** है। कुल **पाँच** प्रश्न कीजिए। सभी प्रश्नों के **अंक समान** हैं।

प्रश्न 1. (क) रिक्त स्थानों की पूर्ति कीजिए:

(i) विटामिन और खनिज लवण ____और ____कार्य करते हैं।

(ii) दालों में ____ऐमीनो अम्ल नहीं होता।

(iii) विटामिन D ____विटामिन भी कहलाता है।

(iv) सोयाबीन के तेल में ____वसा अम्ल प्रचुर मात्रा में होता है।

(v) फ्लुओरोसिस ____के ____सेवन के कारण होता है।

उत्तर– (i) नियामक, सुरक्षात्मक, (ii) मिथायोनिन, (iii) सनशाईन विटामिन, (iv) असंतृप्त, (v) फ्लुओरिन, अतिरिक्त मात्रा के

(ख) निम्नलिखित प्रत्येक का एक उदाहरण दीजिए:

(i) स्कूल–पूर्व बच्चों में विटामिन A की कमी के संकेत/लक्षण

उत्तर– देखें जून–2012, प्रश्न–5(a)

(ii) आयोडीन की कमी से होने वाली विसंगति

उत्तर– देखें जून–2012, प्रश्न–1(a) (iv)

(iii) हृदय रोगों में खतरे के कारक

उत्तर– खतरे के कारक–हृदय रोग बहुत से कारणों की वजह से हो सकता है। इस बीमारी के लिए जिम्मेदार विभिन्न कारकों को तीन श्रेणियों में बाँटा जा सकता है–

(1) व्यक्तिगत विशेषताएँ–इसमें लिंग, आयु तथा जन्म के समय मिलने वाला परिवार का पूर्ववृत्त सम्मिलित है। उन सभी पर व्यक्ति का नियंत्रण नहीं होता। ये कारक हृदय धमनी संबंधी रोग पर विभिन्न प्रभाव डालते हैं।

(2) सीखा गया आचरण–इस श्रेणी में व्यवहार की पद्धति, खान–पान की आदतें, रहन–सहन इत्यादि जो एक व्यक्ति जन्म के बाद धीरे–धीरे अपनाता है, सम्मिलित है। इन कारकों का हृदय धमनी रोग सुस्पष्ट प्रभाव पड़ता है।

(3) पृष्ठभूमिक परिस्थितियाँ–इसमें मधुमेह, उच्च रक्तचाप, (रक्त में कोलेस्ट्रॉल का उच्च स्तर होना) आदि बीमारियाँ जिनसे एक व्यक्ति ग्रस्त हो सकता है, आती हैं। इन बीमारियों से पीड़ित व्यक्तियों में हृदय धमनी संबंधी रोग होने का खतरा अधिक रहता है।

(iv) आहार सर्वेक्षण की विधि

उत्तर– देखें इकाई–25, प्रश्न–2

(v) लौह–तत्त्व के अवशोषण में बाधक

उत्तर– देखें जून–2016, प्रश्न–2(b)

(ग) निम्नलिखित प्रत्येक को 2–3 वाक्यों में स्पष्ट कीजिए:

(i) जीरोप्थैलमिया

उत्तर– देखें इकाई–17, प्रश्न–4

(ii) प्रमाणीकृत व्यंजन–सूची (मेन्यू)

उत्तर–एक मानकीकृत नुस्खा वह नुस्खा है जिसे खाद्य सेवा द्वारा उपयोग के लिए परीक्षण, मूल्यांकन और अनुकूलित किया गया है। यह हर समय एक सतत् गुणवत्ता और उपज पैदा करता है जब सटीक प्रक्रियाओं, उपकरण, और अवयवों का उपयोग किया जाता है।

(iii) खाद्य उपसाधन

उत्तर– देखें इकाई–13, प्रश्न–3

(iv) वृद्धि अनुवीक्षण

उत्तर– देखें इकाई–25, प्रश्न–1

(v) पारस्परिक अनुपूरण (खाद्य सम्मिश्रण)

उत्तर– देखें इकाई–15, प्रश्न–1

प्रश्न 2. (क) "पोषक–तत्त्वों की प्रस्तावित दैनिक मात्रा" और "संतुलित आहार" से आप क्या समझते हैं? अच्छा स्वास्थ्य बनाए रखने में इनके महत्त्व को स्पष्ट कीजिए।

उत्तर– देखें इकाई–6, प्रश्न–1, और देखें दिसम्बर–2015, प्रश्न–3

(ख) हमारे शरीर में कार्बोज और प्रोटीन के पाचन, अवशोषण और उपयोग की प्रक्रिया का वर्णन कीजिए।

उत्तर– देखें दिसम्बर–2015, प्रश्न–5(a), और देखें इकाई–3, प्रश्न–1,

प्रश्न 3. हमारे शरीर में निम्नलिखित पोषक–तत्त्वों के खाद्य स्रोतों और कार्यों की जानकारी दीजिए:

(क) कार्बोज

उत्तर– देखें इकाई–2, प्रश्न–3, 4

(ख) लौह–तत्त्व

उत्तर– कार्य–लौह तत्त्व तथा इसके कार्यों का अध्ययन बहुत ही रुचिकर है। अनेक वर्षों के अनुसंधानों के पश्चात् भी लौह तत्त्व के कार्यों के विषय में (विशेषकर उन कार्यों के विषय में जो कि मस्तिष्क की कार्य प्रणाली से संबंधित है) में कुछ भ्रम कायम हैं।

खाद्य स्रोत–लौह तत्त्व के अच्छे खाद्य स्रोत में कलेजी (liver) लौह तत्त्व का बहुत ही अच्छा स्रोत है। अन्य अंगों के माँस जैसे गुर्दे, तिल्ली (spleen) में भी काफी मात्रा, में लौह तत्त्व पाया जाता है। वानस्पतिक खाद्य पदार्थों में हरी पत्तेदार सब्जियों जैसे चौलाई के पत्ते, सरसों का साग, अरबी के पत्ते, पुदीने के पत्ते, अनाज जैसे गेहूँ का आटा, चिवड़ा, बाजरा, रागी, ज्वार तथा दालें विशेषतः साबुत दालें लौह तत्त्व के अच्छे स्रोत हैं। सोयाबीन में भी अच्छी मात्रा में लौह तत्त्व पाया जाता है। गुड़ एक अन्य खाद्य पदार्थ है जिसमें लौह तत्त्व काफी मात्रा में पाया जाता है।

(ग) कैल्शियम

उत्तर– देखें इकाई–5, प्रश्न–3

(घ) विटामिन A

उत्तर– देखें इकाई–4, प्रश्न–1

प्रश्न 4. (क) एक वयस्क गर्भवती महिला की पोषक–तत्त्वों की आवश्यकता एक वयस्क महिला (जो गर्भवती नहीं है) से कैसे भिन्न होती है और क्यों? गर्भावस्था के दौरान पोषक–तत्त्वों की जरूरतें और गर्भवती महिला के लिए आहार की योजना बनाते समय ध्यान रखने योग्य बातें बताते हुए टिप्पणी कीजिए।

उत्तर– देखें इकाई–7, प्रश्न–4, और देखें इकाई–8, प्रश्न–1, 3, 4

(ख) स्कूल–पूर्व बच्चों में खान–पान की अच्छी आदतें विकसित करने के संदर्भ में आप माता–पिता को क्या बताएँगे, व्याख्या कीजिए।

उत्तर– (i) खाना खाते समय बच्चा तनावमुक्त तथा प्रसन्नचित होना चाहिए। यदि बच्चों को अपने आप खाने दिया जाए तो वे खाने का अधिक मजा उठा पाते हैं। बच्चे के लिए स्वयं

खाना तब और भी आसान हो जाता है जब खाद्य पदार्थ को छोटे आहार के टुकड़ों में काट दिया जाए जिनको बच्चा आसानी से उठाकर मुँह में रख सके। सब बच्चे उन खाद्य पदार्थों को खाना अधिक पसंद करते हैं जिन्हें वह अपनी अंगुलियों से आसानी से उठा सकते हैं।

(ii) जब बच्चे को नए खाद्य पदार्थ देने शुरू करने हों तो, एक समय में एक ही नया खाद्य पदार्थ दें। प्रथम बार खाद्य पदार्थ कम मात्रा में ही दें। बच्चे का उस खाद्य पदार्थ को पसंद या नापसंद करने का निर्णय स्वयं लेने दें। बच्चे को जोर–जबरदस्ती से उस खाद्य पदार्थ की स्वीकृति के लिए मजबूर न करें। बच्चे को कोई विशेष खाद्य पदार्थ जबरदस्ती खिलाने से बच्चे का उसके प्रति नकारात्मक रवैया बन जाता है। यदि बच्चा कोई विशेष खाद्य पदार्थ अस्वीकार कर दे तो कुछ सप्ताह तक इंतजार कीजिए तथा फिर कुछ समय बाद उस खाद्य पदार्थ को बच्चे को खिलाने का प्रयास करें।

(iii) शालापूर्व अवस्था में बच्चे में कुछ पदार्थों के प्रति काफी अभिरुचियाँ (पसंद/नापसंद) बन जाती हैं जिन्हें बदलना मुश्किल होता है। संभवतः वे कोई एक विशेष या कुछ आवश्यक खाद्य पदार्थों को खाना न चाहें। उदाहरण के लिए अधिकतर बच्चे हरी पत्तेदार सब्जियाँ, तथा दूध पसंद नहीं करते हैं। ऐसी स्थिति में, माता–पिता को सलाह दी जाती है कि उस खाद्य पदार्थ का प्रयोग कम करने के स्थान पर उसको किसी अन्य रूप में बदलकर बच्चे को दें जैसे दूध की जगह दही, पनीर आदि दे सकते हैं। जो खाद्य पदार्थ बच्चे पसंद न करें, उन्हें बच्चे को उस समय पर दें जब बच्चा भूखा है। ऐसे में उस भोजन की स्वीकृति बढ़ जाती है।

(iv) माता–पिता का भोजन के प्रति रवैया/अभिरुचि का बच्चे पर सरलता से प्रभाव पड़ता है। इसलिए माता–पिता को बच्चे के सामने किसी विशेष खाद्य पदार्थ के प्रति अपनी पसंद या नापसंद व्यक्त करते समय विशेष सावधानी बरतनी चाहिए। अभिभावकों को स्वयं सभी प्रकार के खाद्य पदार्थ खाने चाहिए तथा बच्चों को भी ऐसा करने के लिए उत्साहित करना चाहिए।

(v) बच्चों को परोसा गया भोजन न बहुत गर्म या न बहुत ठंडा होना चाहिए। खाना हल्का गर्म होना चाहिए।

(vi) बच्चों में स्वाद के प्रति संवेदनशीलता बहुत तेज होती है। अतः वे बहुत तीव्र गंध का खाद्य पदार्थ पसंद नहीं करते हैं। उनके आहार में केवल मंद गंध वाले खाद्य पदार्थों को ही सम्मिलित करना चाहिए।

(vii) बहुत अधिक मसाले वाले, बहुत अधिक मीठे तथा तले हुए भोजन शालापूर्व बच्चे के पाचन तंत्र में जलन पैदा करते हैं। अतः ऐसे भोजन के प्रयोग से बचना चाहिए। इसके अतिरिक्त बहुत अधिक रेशे वाले पदार्थ भी बच्चे के कोमल पाचन तंत्र को क्षति पहुँचाते हैं। अतः शालापूर्व बच्चों के आहार में अधिक रेशे–युक्त खाद्य पदार्थों को कम से कम सम्मिलित करना चाहिए।

प्रश्न 5. (क) बजट क्या है? परिवार के खाद्य व्यय को प्रभावित करने वाले कारकों को स्पष्ट कीजिए।

उत्तर– देखें इकाई–11, प्रश्न–1

(ख) निम्नलिखित का चयन करते समय आप किन बातों को ध्यान में रखेंगे?

(i) फल और सब्जियाँ

उत्तर– देखें इकाई–12, प्रश्न–1(4)

(ii) दूध और दूध से बने पदार्थ

उत्तर– देखें जून–2016, प्रश्न–8 (ङ)

प्रश्न 6. (क) पोषक स्तर के निर्धारण की मानवमितीय माप की विधि का संक्षेप में वर्णन कीजिए।

उत्तर– देखें इकाई–25, प्रश्न–4

(ख) उपयुक्त स्पष्टीकरण देते हुए मधुमेहग्रस्त रोगी के आहार में निम्नलिखित का प्रयोग करने पर टिप्पणी कीजिए:

(i) अनाज

उत्तर– साबुत अनाजों का, जैसे गेहूँ के आटे का प्रयोग उपयुक्त है। मैदा तथा सूजी जैसे परिष्कृत अनाज के पदार्थों का प्रयोग सीमित मात्रा में करना चाहिए या फिर उनका प्रयोग बिल्कुल ही नहीं करना चाहिए।

(ii) फल

उत्तर– फल चूँकि मीठे होते हैं, इसलिए इनका चयन ध्यान से करना चाहिए। आम, अंगूर, चीकू, तरबूज, गन्ने का रस, डिब्बाबंद फल तथा केले इत्यादि जैसे बहुत मीठे फलों का सेवन कम ही करना चाहिए। यदि कोई इन्हें खाना ही चाहे, तो कभी–कभी एक–आधा टुकड़ा खाया जा सकता है। अमरूद, सेब, संतरे तथा मौसमी जैसे फल तो दिनभर एक–दो खाए जा सकते हैं।

प्रश्न 7. (क) निम्नलिखित कार्यक्रमों के उद्देश्यों, लाभार्थियों और घटकों का वर्णन कीजिए:

(i) मध्याह्न भोजन कार्यक्रम

उत्तर– देखें इकाई–24, प्रश्न–2

(ii) राष्ट्रीय पोषणज एनीमिया नियंत्रण कार्यक्रम

उत्तर– देखें इकाई–23, प्रश्न–1

(ख) मेन्यू (व्यंजन–सूची) क्या है? होस्टल के लिए साप्ताहिक व्यंजन–सूची तैयार कीजिए।

उत्तर– एक समय के आहार में परोसे गए व्यंजनों व खाद्य पदार्थों की सूची को व्यंजन सूची कहते हैं।

साप्ताहिक व्यंजन सूची

	सुबह का नाश्ता	दोपहर का आहार	रात्रि का आहार
रविवार	सिकी हुई ब्रेड व मक्खन, आमलेट (अंडे से बना व्यंजन) दूध	पूरी पूरी वाले आलू सीताफल की सब्जी बूँदी का रायता (दही से बना व्यंजन)	चावल/रोटी माँ की दाल (उड़द दाल से बना व्यंजन) आलू–गोभी की सब्जी
शनिवार	मक्खन के साथ सादा पराँठा अचार,चाय	चावल/रोटी मूँग की दाल आलू बैंगन की सब्जी	रोटी, पालक–पनीर की सब्जी, प्याज, खीरा, टमाटर का सलाद
शुक्रवार	गोभी का भरवाँ पराँठा अचार, दूध	चावल/रोटी काबुली चने खीरे का रायता	खिचड़ी, मिश्रित सब्जियाँ दही, अचार, पापड़
बृहस्पति वार	मक्खन के साथ सिकी हुई ब्रेड, फ्राइड अंडा, चाय	चावल/रोटी मसूर की दाल गाजर–मेथी की सब्जी	पौष्टिक रोटी (आटा, दाल व सब्जी से बना व्यंजन) दही,अचार
बुधवार	आलू का भरवाँ पराँठा दही, अचार, चाय	रोटी, चने की दाल पालक का साग	सब्जियों का पुलाव पुदीने का रायता, पापड़
मंगलवार	दलिया, जैम के साथ सिकी ब्रेड, चाय	चावल/रोटी कढ़ी (बेसन और दही से बना व्यंजन) आलू –गोभी की सब्जी	रोटी, घीया के कोफ्ते, चने की दाल व करेले की सब्जी
सोमवार	पनीर का भरवाँ पराँठा, अचार, चाय	चावल/रोटी राजमा, भिंडी की सब्जी	रोटी, मूँग की दाल, गाजर–मटर की सब्जी

(ग) खाद्य परिवेषण (सर्विस) इकाई में आप जो रिकॉर्ड बनाएँगे उन्हें सूचीबद्ध कीजिए।

उत्तर– देखें दिसम्बर–2007, प्रश्न–7(ग) (2)

प्रश्न 8. निम्नलिखित में से किन्हीं चार पर संक्षिप्त टिप्पणियाँ लिखिए:

(क) निर्जलीकरण और उसका प्रबंधन

उत्तर– शरीर से अत्यधिक मात्रा में तरल पदार्थ समाप्त हो जाना निर्जलीकरण (डीहाइड्रेशन) कहलाता है। मानव शरीर को कार्य करने के लिए निर्धारित मात्रा में कम से कम 8 गिलास के बराबर (एक लीटर या सवा लीटर) तरल पदार्थ शरीर के लिए आवश्यक होता है जो व्यक्ति के कार्य करने की क्षमता और आयु पर निर्भर करता है।

प्रबंधन–निर्जलीकरण के प्रबंधन में आमतौर पर मौखिक पुनर्निर्माण समाधान (ओ.आर.एस.) का उपयोग शामिल होता है। नमक के साथ नमकीन चावल के पानी, नमकीन दही पेय, सब्जी और चिकन सूप जैसे मानक धरेलू समाधान दिए जा सकते हैं। विश्व स्वास्थ्य संगठन (डब्ल्यू. एच.ओ.) एक चम्मच नमक (या 3 ग्राम) और छह चम्मच चीनी (या 18 ग्राम) के साथ एक लीटर पानी के साथ घर के बने ओ.आर.एस. का वर्णन करता है। डब्ल्यू.एच.ओ., हालाँकि, आमतौर पर घर के बने समाधानों की सिफारिश नहीं करते हैं। डीहाइड्रेशन प्रोजेक्ट में चीनी की एक ही मात्रा को जोड़ने की सिफारिश की जाती है। दोनों सहमत हैं कि बहुत अधिक चीनी या नमक पेय निर्जलीकरण खराब कर सकते हैं।

(ख) खाद्य अपमिश्रण और इसके हानिकारक प्रभाव

उत्तर– देखें दिसम्बर–2015, प्रश्न–7(क)

(ग) घरेलू पैमाने पर खाद्य–पदार्थ का परिरक्षण करने की विधियाँ और सिद्धांत

उत्तर– देखें जून–2012, प्रश्न–4(c)

(घ) राइबोफ्लेविन हीनता

उत्तर– देखें इकाई–19, प्रश्न–2

(ङ.) मोटापा और उसका आहार–संबंधी प्रबंधन

उत्तर– देखें जून–2012, प्रश्न–5(b)

ए.एन.सी.–1 : समुदाय के लिए पोषण

दिसम्बर, 2018

नोट : प्रश्न सं. 1 **अनिवार्य** है। कुल **पाँच** प्रश्नों के उत्तर कीजिए। सभी प्रश्न के **अंक समान** हैं।

प्रश्न 1. (क) निम्नलिखित प्रत्येक को 2–3 वाक्यों में स्पष्ट कीजिए:

(i) पोषक तत्त्वों की प्रस्तावित दैनिक मात्रा

(ii) क्रेटीनता

(iii) पेलाग्रा

(iv) ऐथिरोकाठिन्य

(v) स्वास्थ्य

(ख) उपयुक्त शब्दों से रिक्त स्थानों की पूर्ति कीजिए:

(i) एक ग्राम प्रोटीन से लगभग ____________ कि.कै. प्राप्त होती है।

(ii) प्रोटीन की निर्माण इकाइयाँ ____________ कहलाती हैं।

(iii) ____________ जल्द खराब होने वाले खाद्य–पदार्थ का एक उदाहरण है।

(iv) अनुपलब्ध कार्बोज ____________ भी कहलाते हैं।

(v) संतरे के स्क्वाश बनाने के लिए ____________ और ____________ परिरक्षकों का प्रयोग किया जाता है।

(vi) कलायखंज ____________ नामक दाल के अत्यधिक सेवन के कारण होता है।

(vii) रक्त शर्करा स्तरों को नियंत्रित करने के लिए ____________ नामक हॉर्मोन की आवश्यकता है।

(viii) ओ.पी.वी. एक मुँह द्वारा दिया जाने वाला वैक्सीन है जो बच्चों को ____________ नामक रोग से बचाने के लिए दिया जाता है।

(ix) ऊँचाई के अनुरूप कम वजन ____________ कहलाता है।

(x) कोणीय मुखपाक (ओष्ठ–विदरण) ____________ की कमी में दिखाई देता है।

प्रश्न 2. (क) 'वृद्धि अनुवीक्षण' से आप क्या समझते हैं? वृद्धि अनुवीक्षण के चरणों की रूपरेखा प्रस्तुत कीजिए।

(ख) घर के लिए दूध व दूध से बने उत्पादों का चयन करते समय ध्यान रखने योग्य बातों को सूचीबद्ध कीजिए।

(ग) अतिसार की आहार व्यवस्था की व्याख्या कीजिए।

प्रश्न 3. (क) खाद्य परिवेषण संस्था में खाद्य–पदार्थों का भंडारण करते समय किन बातों को ध्यान में रखना चाहिए?

(ख) खाद्य–पदार्थों के खराब होने को प्रभावित करने वाले कारकों की चर्चा कीजिए।
(ग) सभी लाभार्थियों के लिए आई.सी.डी.एस. के पूरक पोषक घटक का वर्णन कीजिए।

प्रश्न 4. (क) विटामिन ए की कमी के नैदानिक लक्षणों का वर्णन कीजिए।
(ख) गर्भवती महिला के शरीर में कौन–से शारीरिक परिवर्तन होते हैं? इनके कारण विभिन्न पोषक–तत्त्वों की आवश्यकताओं पर क्या प्रभाव पड़ता है?
(ग) हमारे शरीर में विटामिन सी के क्या कार्य हैं?

प्रश्न 5. (क) 'संतुलित आहार' से आप क्या समझते हैं? खाद्य–वर्गों की सहायता से आप संतुलित आहार की योजना कैसे बनाएँगे?
(ख) हमारे देश में विभिन्न खाद्य–पदार्थों में आमतौर पर पाए जाने वाले कुछ मिलावटी पदार्थों की सूची बनाइए। इनमें से किन्हीं पाँच द्वारा हमारे स्वास्थ्य को जो खतरे हो सकते हैं, उनका वर्णन कीजिए।

प्रश्न 6. (क) वृद्ध व्यक्तियों के लिए आहारों की योजना बनाते समय किन करने और न करने योग्य बातों को ध्यान में रखना चाहिए?
(ख) पैक्ड (डिब्बाबंद) खाद्य–पदार्थ खरीदते समय उनके लेबल के संदर्भ में ध्यान रखने योग्य जरूरी बातों की चर्चा कीजिए।
(ग) भोजन पकाते समय पोषक–तत्त्वों को नष्ट होने से रोकने या कम करने के तरीकों को सूचीबद्ध कीजिए।

प्रश्न 7. (क) स्कूलगामी बच्ची की माँ को उसकी बच्ची के लिए संतुलित पौष्टिक पैक्ड लंच देने के संबंध में आप क्या सुझाव देंगे?
(ख) पी.ई.एम. की रोकथाम के लिए किए जाने वाले उपायों का वर्णन कीजिए।
(ग) संक्रमण पर कुपोषण के प्रभावों की व्याख्या कीजिए।
(घ) मधुमेह के रोगियों के लिए आप आहार में परिवर्तन करने संबंधी क्या सुझाव देंगे?

प्रश्न 8. निम्नलिखित में से किन्हीं चार पर संक्षिप्त टिप्पणियाँ लिखिए:
(क) लौह–तत्त्व के कार्य
(ख) किशोर के लिए आहार–संबंधी विचारणीय बातें
(ग) माँ के दूध का महत्त्व
(घ) खाद्य–पदार्थों के पोषक मान बढ़ाने के उपाय
(ङ) विटामिन डी की कमी के नैदानिक लक्षण
(च) फ्लुओरोसिस

ए.एन.सी.–1 : समुदाय के लिए पोषण
जून, 2019

नोट : प्रश्न सं. 1 **अनिवार्य** है। कुल **पाँच** प्रश्नों के उत्तर कीजिए। सभी प्रश्न के **अंक समान** हैं।

प्रश्न 1. (क) निम्नलिखित प्रत्येक को 2–3 वाक्यों में स्पष्ट कीजिए–

(i) अनिवार्य वसा अम्ल

उत्तर– दो वसा अम्ल ऐसे होते हैं, जो कि हमारे शरीर में निर्मित नहीं किए जा सकते हैं और इनका भोजन में होना आवश्यक है, अतः इनको अनिवार्य वसा अम्ल (essential fatty acid) कहते हैं। ये वसा अम्ल हैं : लिलोलीनिक तथा लिनोलिइक अम्ल। ये दोनों ही असंतृप्त प्रकृति के वसा अम्ल हैं।

(ii) माइकोटॉक्सिन

उत्तर– खाद्य पदार्थ पर हमला करने वाली कुछ फफूँदी भी विषैले पदार्थ उत्पन्न करती हैं। इन विषैले पदार्थों को माइकोटॉक्सिन्स (mycotoxins) कहते हैं।

(iii) अपमिश्रण

उत्तर– देखें इकाई–16, प्रश्न–1 (पेज नं.–84)

(iv) जीरोप्थैलमिया

उत्तर– देखें इकाई–17, प्रश्न–4 (पेज नं. –92)

(v) रिकेट्स

उत्तर– देखें इकाई–19, प्रश्न–1(2) (पेज नं.–98)

(ख) उपयुक्त शब्दों से रिक्त स्थानों की पूर्ति कीजिए–

(i) स्टार्च एक कार्बोज है जो ______ की कई इकाइयों से बनता है।

(ii) ______ खाद्य–पदार्थ का उदाहरण है जिसे खराब न होने वाला खाद्य–पदार्थ माना जा सकता है।

(iii) आम का आचार बनाने के लिए आमतौर पर ______ और ______ परिरक्षकों का प्रयोग किया जाता है।

(iv) विटामिन ______ के अवशोषण के लिए आन्तर कारक महत्त्वपूर्ण है।

(v) 10 ग्रा. आयोडीनयुक्त नमक से लगभग ______ आयोडीन मिलनी चाहिए।

(vi) गर्भवती महिलाओं को लगाए जाने वाला टी.टी. टीका उन्हें ______ से बचाता है।

(vii) आई.सी.डी.एस. में ग्राम–स्तरीय प्रोजेक्ट स्टाफ जो समुदाय आधारित गतिविधियों में सहायता करते हैं, ______ कहलाते हैं।

(viii) आयु के अनुरूप कम ऊँचाई ______ का सूचक है।

(ix) ______ का अत्यधिक सेवन करने के कारण दाँतों में सफेद धब्बे (कर्बुरित दंत) दिखाई देने लगते हैं।

(x) थायेमीन की कमी से होने वाला रोग ______ कहलाता है।

उत्तर– (i) ग्लूकोज, (ii) चीनी, (iii) खाद्य तेल, नमक, (iv) बी–12, (v) 150 मि.ग्रा., (vi) टेटनस संक्रमण, (vii) आँगनवाड़ी कार्यकर्त्ता, (viii) वृद्धिरोध, (ix) फ्लोराइड, (x) बेरीबेरी

प्रश्न 2. (क) 'पोषणात्मक स्तर' शब्द से आप क्या समझते हैं? भोजन, पोषण और स्वास्थ्य के बीच संबंध की व्याख्या कीजिए।

उत्तर– किसी व्यक्ति के स्वास्थ्य की वह स्थिति जो शरीर में पोषक तत्वों के उपयोग से प्रभावित होती है, उस व्यक्ति का पोषण स्तर कहलाती है। पोषण स्तर निर्धारित करने के लिए हमें निम्नलिखित के विषय में जानकारी होनी चाहिए–

- एक व्यक्ति किस प्रकार का भोजन ग्रहण करता है?
- क्या व्यक्ति कभी किसी बीमारी से ग्रस्त रहा है? यदि हाँ, तो किस तरह की बीमारी से?
- क्या व्यक्ति वर्तमान समय में किसी बीमारी से ग्रस्त है? उसमें बीमारी के लक्षण जैसे रक्त–स्राव, त्वचा की खराबी इत्यादि, देखे जा सकते हैं।
- क्या रक्त तथा मूत्र में पोषक तत्त्वों तथा अन्य पदार्थों के स्तर में कोई परिवर्तन है? इनका पता रक्त और मूत्र की रासायनिक जाँच द्वारा लगाया जा सकता है।
- इस संकल्पना को उदाहरणों द्वारा अच्छी तरह समझ सकते हैं। यदि एक व्यक्ति उचित मात्रा में विटामिन सी नहीं खाता है, तो इस विटामिन की मात्रा उसके रक्त में कम हो जाएगी और जाँच से पता लग जाएगा कि उसमें विटामिन सी की कमी है। इस बात की पुष्टि उसके द्वारा लिए जाने वाले भोजन द्वारा भी की जा सकती है क्योंकि उसके द्वारा खाए जाने वाले भोजन में विटामिन सी युक्त पदार्थ कम होंगे।

फिर देखें इकाई–1, प्रश्न–5, 6 (पेज नं.–7)

(ख) क्वाशियोरकोर और मरास्मस के नैदानिक लक्षणों के बीच अंतर बताइए।

उत्तर– देखें इकाई–17, प्रश्न–2, 3 (पेज नं. 91)

(ग) संक्रमण का पोषणात्मक स्तर पर क्या प्रभाव पड़ता है?

उत्तर– देखें इकाई–20, प्रश्न–3 (पेज नं.–103)

प्रश्न 3. (क) हमारे शरीर में भोजन का पाचन व अवशोषण कैसे होता है?

उत्तर– देखें इकाई–2, प्रश्न–1, 2 (पेज नं.–8, 9)

(ख) घरेलू रेफ्रिजरेटर की देखभाल करते समय आप किन बातों को ध्यान में रखेंगे ताकि वह ठीक से काम करे?

उत्तर– फ्रिज की देखभाल करते समय निम्नलिखित बातों को ध्यान में रखना चाहिए–

(1) फ्रिज को वक्त–वक्त पर अंदर–बाहर से साफ करते रहें।

(2) बड़े–बड़े बर्तन फ्रिज में नहीं रखें। सामान छोटे बर्तनों में ठंडा होने पर ही फ्रिज में रखें।

(3) दही, दूध को हमेशा ढक कर रखें। सब्जियों के डिब्बे और चटनी के जार छोटे और ढक्कन के साथ यूज करें।

(4) पानी की बॉटल अच्छे प्लास्टिक की उपयोग करें।

(5) आईस ट्रे को धोते रहें और क्यूब्स को समय–समय पर बदलते रहें।

(6) कम्प्रेशर ज्यादा आवाज करे तो तुरंत चेक करा लें और वो सही काम कर रहा है या नहीं जाँच करते रहें।

(7) फ्रिज का बल्ब फ्यूज हो जाए तो बदलवा लें।

(8) फ्रिज की बॉडी छूने से करंट फील हो तो मेकैनिक को बुलाने में देर ना करें।

(9) फ्रिज के अंदर की सफाई के लिए मीठा सोडा का उपयोग करें इससे दाग धब्बे हट जाएँगे।

(10) ध्यान रहे कि फ्रिज में किसी प्रकार की बदबू ना आए। यदि बदबू आए तो फ्रिज फ्रेशर मार्केट में उपलब्ध है।

(11) एक आलू को छील कर फ्रिज में रख दें। जब काला पड़े तो निकाल कर फेंक दें। बदबू गायब हो जाएगी।

(ग) एम.डी.एम. (MDM) के पोषण संबंधी घटकों का वर्णन कीजिए।

उत्तर– देखें दिसम्बर–2008, प्रश्न–8(5), (पेज नं.–203)

प्रश्न 4. (क) हमारे शरीर को किन–किन वसा विलेय विटामिनों की आवश्यकता होती है? उनके प्रमुख कार्यों को सूचीबद्ध कीजिए।

उत्तर– हमारे शरीर को निम्नलिखित वसा विलेय विटामिनों की आवश्यकता पड़ती है–

(1) विटामिन ए या रेटिनॉल

(2) विटामिन डी या कैल्सीफेरल

(3) विटामिन ई या टोकोफेरल

(4) विटामिन के

फिर देखें इकाई–4, प्रश्न–1 (पेज नं. 15)

विटामिन डी—विटामिन डी शरीर द्वारा सूर्य के प्रकाश की उपस्थिति में त्वचा के नीचे उपस्थित एक पदार्थ से बनता है। अतः इसको "सनशाईन विटामिन" (Sunshine Vitamin) भी कहते हैं। इसलिए विटामिन डी की आवश्यकता की पूर्ति के लिए हमें भोजन पर आश्रित रहने की आवश्यकता नहीं होती। धूप ग्रहण करना विटामिन डी प्राप्त करने का सबसे आसान उपाय है।

पशुजन्य खाद्य पदार्थों जैसे अंडा, कलेजी तथा मक्खन में विटामिन डी प्रचुर मात्रा में होता है। मछली का यकृत तेल विटामिन डी का सबसे अच्छा स्रोत है। आम प्रयोग में लाए जाने वाले वानस्पतिक पदार्थों में विटामिन डी नहीं होता है।

अवशोषण तथा संग्रह—भोजन में उपस्थित विटामिन डी वसा के साथ छोटी आँत में अवशोषित हो जाता है। विटामिन डी के सुचारू रूप से अवशोषण के लिए पित्तरस अति आवश्यक है। अवशोषण के बाद विटामिन डी काइलोमाइक्रॉन का हिस्सा बनकर रक्त में मिल जाता है। त्वचा में धूप के प्रभाव से निर्मित विटामिन डी भी रक्त में मिल जाता है। इस प्रकार दोनों स्रोतों से प्राप्त विटामिन डी यकृत में पहुँच जाता है। इसका कुछ भाग यकृत में संग्रहित हो जाता है तथा शेष भाग रक्त द्वारा शरीर में विभिन्न ऊतकों में चला जाता है।

कार्य—विटामिन डी हड्डियों को मजबूत व स्वस्थ बनाता है। कुछ खनिज लवण जैसे कैल्सियम तथा फास्फोरस, हड्डियों में निक्षेपित (deposit) हो जाते हैं तथा हड्डियों को मजबूत तथा सख्त बनाते हैं। हड्डियों में खनिज लवणों के निक्षेपण की प्रक्रिया को खनिजन (mineralisation) कहते हैं। विटामिन डी खनिजन की प्रक्रिया में दो प्रकार से सहायता करता है—

(1) कैल्सियम तथा फॉस्फोरस के अवशोषण में सहायता तथा

(2) हड्डियों में कैल्सियम तथा फॉस्फोरस के निक्षेपण में सहायता।

विटामिन ई—विटामिन ई लगभग सभी खाद्य पदार्थों में पाया जाता है। वनस्पति तेल जैसे सोयाबीन तेल, मूँगफली का तेल, बिनौला तेल (cottonseed oil), कुसुम तेल (safflower oil) आदि विटामिन ई के अच्छे स्रोत हैं। विटामिन ई के अन्य अच्छे स्रोत साबुत अनाज, गहरी हरी पत्तेदार सब्जियाँ, दालें तथा गिरीदार फल व तिलहन हैं। कुछ पशुजन्य खाद्य पदार्थों जैसे अंडे की जरदी, मक्खन, कलेजी आदि में कुछ मात्रा में विटामिन ई होता है।

अवशोषण तथा संग्रह—अन्य वसा विलेय विटामिनों की भाँति विटामिन ई के अवशोषण के लिए भी वसा तथा पित्तरस की आवश्यकता होती है। छोटी आँत के ऊपरी भाग में अवशोषण के बाद विटामिन ई काइलोमाइक्रॉन का हिस्सा बनकर यकृत में जाता है। तथा वहाँ से शरीर के विभिन्न ऊतकों में बँट जाता है। यद्यपि शरीर के सभी ऊतकों में इस विटामिन की कुछ मात्रा होती है परंतु मुख्य रूप से यह माँसपेशियों तथा वसा ऊतकों (adipose tissue) में संग्रहित होता है।

कार्य—हमारे शरीर में विटामिन ई का मुख्य कार्य अन्य पदार्थों जैसे असंतृप्त वसा अम्लों (unsaturated fatty acid), विटामिन ए तथा विटामिन सी को सुरक्षा प्रदान करना है। यह शरीर तथा भोजन दोनों में ही इन पदार्थों को नष्ट होने से रोकता है।

विटामिन के–वनस्पतिजन्य खाद्य पदार्थों में हरी पत्तेदार सब्जियाँ जैसे पालक, बंदगोभी, सलाद पत्ता आदि विटामिन 'के' के अच्छे स्रोत हैं। छोटी आँत में उपस्थित कुछ सहायक बैक्टीरिया भी विटामिन 'के' के निर्माण में सहायक होते हैं। हमारी शारीरिक आवश्यकता का लगभग आधा भाग हमें छोटी आँत में उपस्थित बैक्टीरिया द्वारा प्राप्त होता है तथा शेष भाग हमें वानस्पतिक तथा पशुजन्य खाद्य पदार्थों से मिलता है।

अवशोषण तथा संग्रह–चूँकि विटामिन के वसा विलेय है, अतः इसके अवशोषण के लिए भी पित्तरस की आवश्यकता होती है। छोटी आँत के ऊपरी हिस्से में अवशोषण के बाद ये शरीर के विभिन्न ऊतकों में जाता है। विटामिन 'के' बहुत थोड़ी मात्रा में शरीर में संग्रहित होता है, तथा किसी भी विशेष अंग में इसकी मात्रा बहुत अधिक नहीं होती है।

कार्य–अक्सर हम देखते हैं कि अंगुली कट जाने पर रक्त बहने लगता है। परंतु कुछ समय बाद रक्त का बहना स्वयं ही बंद हो जाता है। ऐसा इसलिए होता है क्योंकि कुछ समय बाद रक्त का थक्का जम जाता है, जो घाव को बंद कर देता है। विटामिन 'के' रक्त का थक्का जमाने में महत्त्वपूर्ण कार्य करता है, इसलिए इसको 'रक्तस्रावरोधी विटामिन' (antibleeding vitamin) कहते हैं। विटामिन 'के' प्रोथ्रोम्बिन नामक प्रोटीन के बनने में मदद करता है। ये प्रोथ्रोम्बिन रक्त जमने के लिए आवश्यक है।

(ख) गर्भ में बढ़ रहे बच्चे पर मातृक कुपोषण के प्रभाव की चर्चा कीजिए।

उत्तर– देखें इकाई–22, प्रश्न–4 (पेज नं.–113)

(ग) खाद्य परिवेषण संस्था के लिए मैन्यू (व्यंजन–सूची) की योजना बनाते समय आप जिन कारकों को ध्यान में रखेंगे, उन्हें सूचीबद्ध कीजिए।

उत्तर– देखें जून–2009, प्रश्न–6(घ), (पेज नं.–212)

प्रश्न 5. (क) परिवार के खाद्य बजट को प्रभावित करने वाले कारकों की चर्चा कीजिए।

उत्तर– देखें इकाई–11, प्रश्न–1 (पेज नं.–52)

(ख) सूक्ष्म–जीवाणुओं द्वारा भोजन के विघटन की रोकथाम या उसमें विलंब करने के लिए आप क्या करेंगे, विस्तार में व्याख्या कीजिए।

उत्तर– देखें इकाई–15, प्रश्न–2 (पेज नं.–80)

प्रश्न 6. (क) परिवार के लिए आहारों की योजना बनाते समय आप किन–किन कारकों को ध्यान में रखेंगे? संक्षेप में चर्चा कीजिए।

उत्तर– देखें इकाई–7, प्रश्न–2 (पेज नं.–30)

(ख) खाद्य–पदार्थ के खराब होने के मुख्य कारणों का वर्णन कीजिए।

उत्तर– देखें इकाई–14, प्रश्न–1 (पेज नं.–73)

(ग) राष्ट्रीय ऐनीमिया नियंत्रण कार्यक्रम का वर्णन कीजिए।

उत्तर– देखें इकाई–23, प्रश्न–1 (पेज नं.–114)

प्रश्न 7. (क) वृद्धावस्था के दौरान कौन–से शारीरिक परिवर्तन होते हैं?

उत्तर– देखें इकाई–7, प्रश्न–4 (पेज नं.–34)

(ख) 6 माह की आयु से शिशु को किस प्रकार के खाद्य–पदार्थ दिए जाने चाहिए?

उत्तर– देखें इकाई–9, प्रश्न–4 (पेज नं.–45)

(ग) मोटापे की व्यवस्था के लिए आहार में क्या परिवर्तन किए जाने चाहिए?

उत्तर– देखें जून–2009, प्रश्न–6(ग), (पेज नं.–212)

(घ) मंद उच्चरक्तचाप के रोगियों में नमक के अंतर्ग्रहण को आप कम कैसे करेंगे?

उत्तर– देखें इकाई–21, प्रश्न–1 (पेज नं.–106)

प्रश्न 8. निम्नलिखित में से किन्हीं चार पर संक्षिप्त टिप्पणियाँ लिखिए–

(क) हमारे शरीर के लिए जल का महत्त्व

उत्तर– देखें जून–2012, प्रश्न–2(b), (पेज नं.–245)

(ख) स्तनपान कराने वाली महिलाओं के लिए आहार संबंधी विचारणीय बातें

उत्तर– देखें इकाई–8, प्रश्न–6 (पेज नं.–42)

(ग) अनाजों और मोटे अनाजों (बाजरा) का चयन करते समय ध्यान रखने योग्य बातें।

उत्तर– देखें इकाई–12, प्रश्न–1(5) (पेज नं.–61)

(घ) आयोडीन की कमी से होने वाले विभिन्न विकार (आई.डी.डी.)

उत्तर– देखें जून–2012, प्रश्न–1(iv), (पेज नं.–244)

(ङ) कलायखंज

उत्तर– देखें जून–2011, प्रश्न–1(ii), (पेज नं.–233)

नैदानिक लक्षण–इस रोग की प्रारंभिक अवस्था में व्यक्ति ठीक से चल नहीं पाता, उसकी चाल बहुत अजीब सी हो जाती है। इसी अवस्था में ही अगर वह केसरी दाल खाना बंद कर दे तो इस बीमारी को आगे बढ़ने से रोका जा सकता है।

धीरे–धीरे जब लक्षण और गंभीर रूप धारण कर लेते हैं तब रोगी केवल दो छड़ी के सहारे ही

चल सकता है। उसकी चाल धीमी और अजीबोगरीब हो जाती है। घुटने के मुड़ने के कारण, चलते हुए टाँगे और भी ज्यादा एक–दूसरे से टकराती हैं। थोड़ा सा चलने पर भी रोगी जल्दी थक जाता है। अंततः घुटने पूरे मुड़ जाते हैं और रोगी केवल घुटनों के बल ही चल सकता है।

रोकथाम–इस फसल पर प्रतिबंध लगाना कलायखंज की रोकथाम का सुनिश्चित तरीका है। इसकी रोकथाम के अन्य तरीके भी हैं। उनमें से एक है, दाल में से विष को निकालना। यदि हम दाल से विष निकाल लें, तो हम उस विष निकली दाल का प्रयोग कर सकते हैं।

(च) मधुमेह के खतरे के कारक

उत्तर– मधुमेह के लिए खतरे के कुछ कारक निम्नलिखित हैं–

आयु–हालाँकि मधुमेह किसी भी आयु में आरंभ हो सकता है, अधेड़ लोगों में इस रोग से ग्रस्त होने की अधिक प्रवृत्ति होती है।

कुपोषण–इस रोग के होने में अल्प–पोषण तथा अति–पोषण, दोनों ही भूमिका निभाते हैं। इसलिए मोटे और मानक वजन से कम वजन वाले, दोनों ही प्रकार के व्यक्तियों का इस बीमारी की चपेट में आने का खतरा अधिक रहता है।

आनुवांशिकता–ऐसे व्यक्ति जिनके माता–पिता या कोई भाई–बहन इत्यादि इस बीमारी से पीड़ित है तो उनमें इस बीमारी के होने की संभावना बढ़ जाती है।

गर्भावस्था–कुछ महिलाओं में यह बीमारी गर्भावस्था के दौरान प्रकट होती है तथा बच्चे के जन्म के बाद अधिकांश महिलाओं में यह ठीक हो जाती है। ऐसी महिलाएँ जिनको गर्भावस्था के दौरान मधुमेह हो जाता है, उनमें बाद में भी मधुमेह होने की संभावना रहती है।

तनाव–कुछ अनुसंधानों के बाद पता लगा है कि संवेगात्मक तनाव, चिंताएँ इत्यादि शरीर में इस प्रकार बीमारी को बढ़ावा दे सकती हैं।

ए.एन.सी.–1 : समुदाय के लिए पोषण
दिसम्बर, 2019

नोट : प्रश्न सं. 1 **अनिवार्य** है। कुल **पाँच** प्रश्नों के उत्तर कीजिए। सभी प्रश्न के **अंक समान** हैं।

प्रश्न 1. (i) भोजन के तीन शरीरक्रियात्मक कार्यों को सूचीबद्ध कीजिए।

उत्तर– देखें इकाई–1, प्रश्न–1

(ii) पोषण और स्वास्थ्य को परिभाषित कीजिए।

उत्तर– देखें दिसम्बर–2015, प्रश्न–8(घ) व देखें इकाई–1, प्रश्न–4

(iii) अच्छे स्वास्थ्य को दर्शाने वाले किन्हीं पाँच चिन्हों को सूचीबद्ध कीजिए।

उत्तर– देखें इकाई–1, प्रश्न–4

(iv) पोषणात्मक स्तर से आप क्या समझते हैं?

उत्तर– देखें दिसम्बर–2008, प्रश्न–1(क)

(v) पाचन तंत्र के किन्हीं पाँच अंगों को सूचीबद्ध कीजिए।

उत्तर– देखें इकाई–2, प्रश्न–1

(vi) उपचय और अपचय के बीच अंतर बताइए।

उत्तर– उपचय–उपचय एक चयापचय प्रक्रिया है जो सरल पदार्थों के माध्यम से जटिल अणुओं को संश्लेषित करती है। यह चयापचय का रचनात्मक चरण है। एनाबॉलिक व्यायाम मांसपेशियों को बढ़ाते हैं। वे आम तौर पर अवायवीय अभ्यास होते हैं।

अपचय–अपचय मेटाबॉलिक प्रक्रिया है जो छोटे अणुओं में जटिल अणुओं को तोड़ती है। यह चयापचय का विनाशकारी चरण है। कैटोबोलिक व्यायाम ऊर्जा उत्पन्न करने के लिए संग्रहीत खाद्य पदार्थों का उपयोग करते हैं, इसलिए आप वसा और कैलोरी जलाते हैं। ये आमतौर पर एरोबिक व्यायाम होते हैं।

(vii) जल संतुलन क्या है?

उत्तर– देखें इकाई–2, प्रश्न–5

(viii) अपने आहार के पशुजन्य और वानस्पतिक प्रोटीन के स्रोतों को सूचीबद्ध कीजिए।

उत्तर– देखें जून–2008, प्रश्न–22(4)

प्रश्न 2. (क) हमारे शरीर में निम्नलिखित स्थूल–पोषक तत्वों के कार्यों का वर्णन कीजिए–

(i) कार्बोज

उत्तर– देखें इकाई–2, प्रश्न–4

(ii) वसा

उत्तर– देखें इकाई–3, प्रश्न–4

(iii) प्रोटीन

उत्तर– देखें दिसम्बर–2008, प्रश्न–2(ख)

(ख) वसा अम्ल क्या हैं? संतुप्त, असंतृप्त और अनिवार्य वसा अम्लों के बीच अंतर स्पष्ट कीजिए।

उत्तर– देखें इकाई–3, प्रश्न–4, 5

प्रश्न 3. (क) जल विलेय विटामिनों और हमारे शरीर में उनकी भूमिका का संक्षिप्त विवरण प्रस्तुत कीजिए। अपने उत्तर के पक्ष में समुचित उदाहरण दीजिए।

उत्तर– देखें इकाई–4, प्रश्न–2

(ख) निम्नलिखित पोषक तत्वों के खाद्य स्रोतों और कार्यों का वर्णन कीजिए:

(i) विटामिन 'ए'

उत्तर– देखें इकाई–4, प्रश्न–1

(ii) लौह तत्व

उत्तर– देखें जून–2018, प्रश्न–3(ख)

प्रश्न 4. (क) पोषक तत्वों की प्रस्तावित दैनिक मात्रा को परिभाषित कीजिए। संतुलित आहारों की योजना बनाने में इनके प्रयोग का विस्तार में वर्णन कीजिए।

उत्तर– देखें दिसम्बर–2015, प्रश्न–3

(ख) संतुलित आहार की अवधारणा को स्पष्ट कीजिए।

उत्तर– देखें इकाई–6, प्रश्न–1

(ग) संतुलित आहार नियोजन में तीन खाद्य वर्गों के प्रयोग की चर्चा कीजिए।

उत्तर– देखें जून–2012, प्रश्न–3 (क)

प्रश्न 5. निम्नलिखित के लिए आहार की योजना बनाते समय आप किन बातों को ध्यान में रखेंगे?

(i) स्तनपान कराने वाली महिला

उत्तर– देखें इकाई–8, प्रश्न–6

(ii) किशोरी

उत्तर– देखें इकाई–10, प्रश्न–2

(iii) स्कूल–पूर्व बच्चा

उत्तर– देखें इकाई–9, प्रश्न–1 और देखें जून–2009, प्रश्न–8

(iv) वृद्ध व्यक्ति

उत्तर– देखें इकाई–10, प्रश्न–4, 1

उदाहरण देते हुए, संक्षेप में वर्णन कीजिए।

प्रश्न 6. निम्नलिखित का संक्षेप में वर्णन कीजिए:

(i) खाद्य पदार्थों के खराब होने के कारण

उत्तर– देखें इकाई–14, प्रश्न–1

(ii) खाद्य संग्रहण की विधियाँ

उत्तर– देखें जून–2007, प्रश्न–7 (ग)

(iii) खाद्य परिरक्षण के सिद्धांत

उत्तर– देखें इकाई–15, प्रश्न–2

(iv) सामान्य अपमिश्रक (कोई पाँच) और उनसे स्वास्थ्य को होने वाले खतरे

उत्तर– देखें जून–2009, प्रश्न–1(ग) और देखें दिसम्बर–2015, प्रश्न–7 (क)

प्रश्न 7. (क) निम्नलिखित पोषक तत्व हीनताजन्य विसंगतियों के निरोधक उपायों की चर्चा कीजिए–

(i) लौह तत्व की कमी से एनीमिया

उत्तर– देखें इकाई–18, प्रश्न–3

(ii) विटामिन 'ए' की कमी

उत्तर– देखें जून–2017, प्रश्न–6(क)

(ख) निम्नलिखित आहारों में आप क्या परिवर्तन सुझायेंगे?

(i) मधुमेहग्रस्त वयस्क

उत्तर– देखें इकाई–21, प्रश्न–3

(ii) उच्च रक्तचाप से ग्रस्त बैंक प्रबंधक

उत्तर– देखें इकाई–21, प्रश्न–1

संक्षेप में आहारीय प्रबंधन को समझाइए।

प्रश्न 8. निम्नलिखित में से किन्हीं चार पर संक्षिप्त टिप्पणियाँ लिखिए:

(क) पोषक स्तर का निर्धारण करने में मानवमिवीय मापों का प्रयोग

उत्तर– देखें इकाई–25, प्रश्न–1

(ख) आई.सी.डी.एस. कार्यक्रम की सेवाएँ और लाभार्थी

उत्तर– देखें इकाई–24, प्रश्न–1

(ग) खाद्य परिवेषण इकाई के विशिष्ट संचालनों की संक्षिप्त समीक्षा (फ्लोचार्ट भी दीजिए)

उत्तर– देखें इकाई–27, प्रश्न–1

(घ) पेचिश में आहार व्यवस्था

उत्तर– देखें इकाई–20, प्रश्न–4

(ङ) विटामिन 'डी' की कमी के नैदानिक लक्षण और उसकी रोकथाम

उत्तर– देखें इकाई–19, प्रश्न–1, 2

नैदानिक लक्षण: रोग की प्रारंभिक अवस्था में बच्चे बेचैन लगते हैं। मांसपेशियों की सुदृढ़ता कम हो जाती है और वह दुर्बल हो जाती है। जब उदर की मांसपेशियाँ ढीली हो जाती हैं ता उदर फैल जाता है। आप जानते हैं एक विशेष उम्र में बच्चे के दाँत गिरने लगते हैं। एक विशेष उम्र में ही बच्चा बैठता व घुटनों के बल चलता है। इन्हें विकासात्मक मानदंड कहा जाता है। रिकेट्स हो जाने पर विकास में विलम्ब हो जाता है उदाहरणतः रिकेट्स से ग्रस्त बच्चों में दाँत देर से गिरते हैं। बच्चे के निर्धारित समय पर बैठने और घुटने के बल चलने में काफी विलम्ब हो जाता है। बच्चे को जिस आयु में बैठना या घुटनों के बल चलना चाहिए ऐसा करने में वह काफी पिछड़ जाता है। बच्चा अत्यंत कमजोर और चलने में असमर्थ होता है।

इस विसंगति द्वारा होने वाले अत्यंत महत्वपूर्ण परिवर्तन हड्डियों में देखे जाते हैं। लम्बी हड्डियों के एपिफीसीस (जैसे अग्र भुजाएँ) बढ़कर फैल जाते हैं। उदाहरणतः कलाई पर अग्र

भुजा की हड्डियों में सूजन आ जाएगी। पसलियों के छोरों पर भी सूजन हो सकती है जो हड्डियों की मणिकायन या रिकेटी रोजरी प्रतीत होती है। एक सामान्य बच्चे में अग्र कलांतराल खोपडी की हड्डियों में एक खुली जगह होती है जो 18 महीने के आयु के लगभग बंद हो जाती है। रिकेट्स में अग्र कलांतराल बंद होने में विलम्ब हो जाता है। हडिड्यों के कोमल हो जाने से बच्चों के सिर में कपालशोष हो जाता है। कपालशोष होने के परिणामस्वरूप खोपड़ी की हड्डियों को दबाए जाने पर वह स्थान नरम सा प्रतीत होता है।

अंततः बच्चे में हड्डियों के विभिन्न विकार हो जाते हैं। वक्ष के विकारों के साथ छाती की हड्डियों का आगे बढ़ना एक साधारण बात है। छाती की हड्डी बाहर निकल आती है और यह प्रायः कबूतर के वक्ष (कपोत वक्ष) के सामने दिखाई देती है अतः इसे कपोत वक्ष के नाम से जाना जाता है। रिकेट्स रोग के कारण टाँगों की हड्डियाँ नरम पड़ जाती हैं अतः टाँग शरीर का भार सहन न कर सकने के कारण मुड़कर धनुषाकार हो जोत हैं जिसे धनुर्जघां कहते हैं। रिकेट्स का उपचार किए जाने के पश्चात् भी टांगें मुड़ी ही रहती हैं जो कि इस रोग का विशिष्ट विकार है। इसका कारण है कि उपचार के दौरान भी बच्चे के शरीर का पूरा भार टांगों पर पड़ता है जिसे टांगें सहन नहीं कर सकती। परिणामस्वरूप बच्चे की टाँगें धनुषाकार हो जाती हैं या घुटने मुड़ जाते हैं जिसे संघट्ट जानु कहते हैं। संघट्ट जानु से तात्पर्य है जब दोनों घुटनें एक दूसरें को स्पर्श करते हैं, टकराते हैं। सामान्य बच्चों में ऐसा नहीं होता। कुछ बच्चों में खोपड़ी की सामने (ललाट) की तथा पार्श्व हड्डियाँ बाहर को निकल आती हैं जिसे उत्सेध कहते हैं। दो वर्ष की आयु के बाद भी यदि यह रोग रहता है ता इससे पीठ की हड्डी में भी विकार आ सकते हैं।

उपचार—रिकेट्स के उपचार के लिए विटामिन डी और कैल्सियम का पर्याप्त मात्रा में अंतर्ग्रहण महत्वपूर्ण है। विटामिन डी के कई सम्पाक उपलब्ध हैं। ये विटामिन ए भी प्रदान करती हैं। सामान्यतः चार सप्ताह तक नियमित उपचार से अच्छे परिणाम सामने आने लगते हैं। इस उपचार के साथ ही साथ कैल्सियम भी पूरक के रूप में देना चाहिए।

रोकथाम—बच्चे को रिकेट्स से बचाने में सबसे महत्वपूर्ण कारक पर्याप्त मात्रा में धूप (सूर्य की रोश्नी) का मिलना है। विटामिन डी के आहार के स्रोत बहुत कम हैं और विटामिन मुख्य मछली के यकृत का तेल और अंडे के पीले भाग में ही पाया जाता है। दूध इस विटामिन का अच्छा स्रोत नहीं है। प्रतिदिन के आहार में इन खाद्य पदार्थों को शामिल करके रिकेट्स की रोकथाम की जा सकती है। विटामिन डी के साथ पूरक की सामान्यतः भारत में आवश्यकता नहीं होती। तथापि, जब आवश्यकता हो, विशेषकर उन परिवारों में जो घर के अंदर ही रहते हैं, कॉड यकृत तेल इस रोग की रोकथाम में काफी महत्व रखता हैं।

ए.एन.सी.–1 : समुदाय के लिए पोषण
जून, 2020

नोट : *(i)* प्रश्न सं. 1 **अनिवार्य** है। *(ii)* कुल **पाँच** प्रश्नों के उत्तर दीजिए। *(iii)* सभी प्रश्नों के अंक समान हैं।

प्रश्न 1. (i) कार्बोज, प्रोटीन और वसा की निर्माण इकाइयों के नाम बताइए।

(ii) स्वास्थ्य के विभिन्न आयामों को सूचीबद्ध कीजिए।

(iii) कौन–सा विटामिन 'फ्रेश फूड' विटामिन कहलाता है? शरीर में इसके कार्यों को सूचीबद्ध कीजिए।

(iv) खाद्य–उत्पादों की अच्छी गुणवत्ता सुनिश्चित करने के लिए आप गुणवत्ता के जो *दो* प्रभाव देखेंगे वे बताइए।

(v) खाद्य परिरक्षण में परिरक्षित के रूप में प्रयुक्त होने वाले *दो* रासायनिकों के नाम बताइए।

(vi) निम्नलिखित प्रत्येक के *दो* नैदानिक लक्षण बताइए:

(अ) राइबोफ्लेविन की कमी

(ब) क्लायखंज

(स) फ्लुओरोसिस

(vii) ओ.आर.एस. से आप क्या समझते हैं? आप इसे घर पर कैसे तैयार करेंगे? विधि बताइए।

(viii) खाद्य परिवेषण संस्था के लिए अपेक्षित विभिन्न प्रकार के संसाधनों को सूचीबद्ध कीजिए।

(ix) बी.एम.आई. को परिभाषित कीजिए। एशियाई लोगों के लिए बी.एम.आई. का सामान्य स्तर क्या होना चाहिए?

प्रश्न 2. (क) निम्नलिखित के संबंध में आप किन कारकों को ध्यान में रखेंगे? संक्षेप में वर्णन कीजिए–

(ख) खाद्य बजट को किफायती बनाना

(ग) आहार–नियोजन

प्रश्न 3. (क) हमारे शरीर को लौह तत्त्व, कैल्सियम और आयोडीन की आवश्यकता क्यों होती है? संक्षेप में वर्णन कीजिए।

(ख) खाद्य–पदार्थ को संसाधित करने पर उसके पोषक मान पर पड़ने वाले प्रभाव का संक्षेप में वर्णन कीजिए।

(ग) कार्यों के आधार पर आप खाद्य–पदार्थों को कैसे वर्गीकृत करेंगे? संक्षेप में वर्णन कीजिए।

प्रश्न 4. (क) सक्रियता स्तर और आयु वयस्कों की पोषक तत्त्वों की जरूरतों को कैसे प्रभावित करते हैं? सक्रियता स्तर और आयु पर आधारित वयस्कों की पोषक तत्त्वों की प्रस्तावित मात्राएँ बताइए।

(ख) गर्भावस्था के दौरान कौन–से शरीर–क्रियात्मक परिवर्तन दृष्टिगत होते हैं? ये पोषक तत्त्व की जरूरत को कैसे प्रभावित करते हैं? गर्भावस्था के लिए पोषक तत्त्वों की प्रस्तावित मात्रा देते हुए स्पष्ट कीजिए।

प्रश्न 5. (क) दूध से प्राप्त होने वाले खाद्य–उत्पादों को सूचीबद्ध कीजिए। दूध और दूध से बने पदार्थों का चयन करते समय आप किन बातों को ध्यान में रखेंगे?

(ख) एक गृहणी को उसके परिवार को परोसे जाने वाले खाद्य पदार्थ/आहार का पोषक मान बढ़ाने के लिए आप क्या उपाय सुझाएँगे? उदाहरण देते हुए विस्तारपूर्वक वर्णन कीजिए।

(ग) गंभीर रूप से कुपोषित बच्चे को भोजन खिलाने के लिए आप क्या उपाय करेंगे? संक्षेप में वर्णन कीजिए।

प्रश्न 6. (क) हमारे देश के निम्नलिखित कार्यक्रमों के उद्देश्य, लाभार्थी और घटक बताइए–

(i) मध्याह्न भोजन कार्यक्रम

(ii) राष्ट्रीय आयोडीनहीनता जन्य विकार नियंत्रण कार्यक्रम

(ख) आहार निर्धारण से आप क्या समझते हैं? आहार सर्वेक्षण का क्या उद्देश्य है? जनसमूहों के आहार का सर्वेक्षण करने के लिए आप जो कोई *एक* तरीका अपनाएँगे उसका वर्णन कीजिए।

प्रश्न 7. उदाहरण देते हुए निम्नलिखित का संक्षेप में वर्णन कीजिए–

(क) खाद्य परिवेषण इकाई के लिए उपकरण खरीदते समय ध्यान रखने योग्य बातें

(ख) खाद्य परिवेषण इकाई में खरीददारी के लिए प्रयुक्त होने वाली विभिन्न विधियाँ

(ग) खाद्य परिवेषण इकाई में साप्ताहिक व्यंजन सूची अवधारणा और उसका प्रयोग

(घ) खाद्य परिवेषण इकाई में रिकॉर्ड बनाना

प्रश्न 8. निम्नलिखित में से किन्हीं *चार* पर संक्षिप्त टिप्पणियाँ लिखिए–

(क) छः माह से एक वर्ष तक की उम्र के बच्चों के लिए पूरक खाद्य पदार्थ

(ख) हमारे आहार में अनुपलब्ध कार्बोज की भूमिका

(ग) हमारे शरीर में भोजन का पाचन

(घ) मोटापे में खतरे के कारक

(ङ) संतुलित आहारों की योजना बनाने में सम्मिलित चरण

ए.एन.सी.–1 : समुदाय के लिए पोषण

फरवरी, 2021

नोट : *प्रश्न सं. 1* ***अनिवार्य*** *है। कुल* ***पाँच*** *प्रश्नों के उत्तर दीजिए। सभी प्रश्नों के अंक समान हैं।*

प्रश्न 1. (क) निम्नलिखित प्रत्येक को 2–3 वाक्यों में स्पष्ट कीजिए–

(i) साप्ताहिक व्यंजन–सूची

(ii) खाद्य परिवेषण इकाई में उपरि–व्यय

(iii) बाधक/अवरोधक

(iv) रोडोप्सिन

(v) क्रेटीनता

(ख) निम्नलिखित प्रत्येक का एक उदाहरण दीजिए:

(i) मोटापे में खतरे के कारक

(ii) मधुमेह के प्रकार

(iii) हृद्–धमनी रोग का प्रकट होना

(iv) जीरोप्थैलमिया का नैदानिक लक्षण

(v) थायमिन की कमी के नैदानिक लक्षण

(vi) केसरी दाल में पाया जाने वाला विष जो स्नायु तंत्र पर प्रभाव डालता है (न्यूरोटॉक्सिन)

(vii) खाद्य अनुपूरक कार्यक्रम

(viii) पोषणहीनताजन्य नियंत्रण कार्यक्रम

(ix) जैव रासायनिक निर्धारण/परीक्षण

(x) खाद्य पदार्थ का औद्योगिक संदूषक

प्रश्न 2. (क) "सामाजिक, मनोवैज्ञानिक और आर्थिक कारक खाद्य–स्वीकृति को निर्धारित करते हैं।" उपयुक्त उदाहरण देते हुए इस कथन की पुष्टि कीजिए।

(ख) हमारे शरीर में निम्नलिखित पोषक तत्त्वों के रासायनिक स्वरूप, खाद्य–स्रोत और कार्य बताइए–

(i) प्रोटीन

(ii) वसा

प्रश्न 3. (क) "वयस्कों के लिए पोषक तत्त्वों की प्रस्तावित मात्राएँ सक्रियता स्तर, स्त्री/पुरुष और शरीर के भार पर आधारित होती हैं।" उपयुक्त पुष्टियाँ और आर.डी.ए. देते हुए इस कथन को स्पष्ट कीजिए।

(ख) संतुलित आहार क्या है? वृद्ध व्यक्ति की आहार–योजना बनाते समय आप किन बातों को ध्यान में रखेंगे, इस पर प्रकाश डालते हुए एक वृद्ध के लिए संतुलित आहार की योजना बनाइए।

प्रश्न 4. निम्नलिखित का संक्षेप में वर्णन कीजिए–

(क) स्तन्य दूध (माँ का दूध) शिशु के लिए सर्वोत्तम आहार है।

(ख) गर्भावस्था के दौरान पाचन कार्यप्रणाली में होने वाले परिवर्तन और पोषक तत्त्वों के अंतर्ग्रहण पर उनका प्रभाव

(ग) प्रोटीन ऊर्जा कुपोषण का समुदाय आधारित प्रबंधन

(घ) संक्रमण और कुपोषण के बीच अंत:क्रिया

प्रश्न 5. (क) भोजन के बजट को प्रभावित करने वाले कारकों का वर्णन कीजिए।

(ख) अपने घर के लिए वसा व तेलों का चयन करते समय आप जिन बातों को ध्यान में रखेंगे, उन्हें सूचीबद्ध कीजिए।

(ग) भोजन के अपव्यय को रोकने के लिए आप जो उपाय करेंगे, उनकी व्याख्या कीजिए।

(घ) "खाद्य कानून और खाद्य मानक उपभोक्ता को सुरक्षा प्रदान करते हैं।" भारत सरकार द्वारा बनाए गए खाद्य कानूनों व मानकों पर प्रकाश डालते हुए इस कथन की पुष्टि कीजिए।

प्रश्न 6. (क) "आँगनवाड़ी कार्यकर्ता" कौन होता है? उसके द्वारा क्या सेवाएँ प्रदान की जाती हैं और इसके लाभार्थी कौन होते हैं?

(ख) मध्य बाँह के ऊपरी भाग की परिधि (MUAC) पोषणात्मक स्तर का एक उपयोगी सूचक है। स्पष्ट कीजिए कैसे और इसकी प्रक्रिया बताइए।

(ग) निम्नलिखित पोषक तत्त्वों के लिए दी जाने वाली खुराक बताइए जो राष्ट्रीय कार्यक्रम के अंतर्गत इनके नियंत्रण और रोकथाम के लिए दी जाती है:

(i) बच्चों को विटामिन ए

(ii) गर्भवती महिलाओं और बच्चों को लौह तत्त्व

प्रश्न 7. खाद्य परिवेषण प्रबंधक के नाते निम्नलिखित के संबंध में आप किन बातों को ध्यान में रखेंगे–

(क) व्यंजन–सूची के संबंध में निर्णय लेना

(ख) संसाधनों का पता लगाना

(ग) उपकरण खरीदना

(घ) स्टोर में खाद्य पदार्थों का भंडारण करना

प्रश्न 8. निम्नलिखित में से किन्हीं *चार* पर संक्षिप्त टिप्पणियाँ लिखिए:

(क) मध्याह्न भोजन कार्यक्रम के अंतर्गत प्रदान किया जाने वाला अनुपूरक और उनका पौष्टिक मान

(ख) घरेलू स्तर पर खाद्य–परिरक्षण की विधियाँ

(ग) खाद्य–पदार्थों के खराब होने के कारण

(घ) किशोरावस्था के दौरान शारीरिक परिवर्तन और पोषक तत्त्व की जरूरतों पर उनका प्रभाव

(ङ) खाद्य वर्ग और उनका प्रयोग

ए.एन.सी.–1 : समुदाय के लिए पोषण

जून, 2021

नोट : *प्रश्न संख्या 1 अनिवार्य है। कुल* ***पाँच*** *प्रश्नों के उत्तर दीजिए। सभी प्रश्नों के अंक समान हैं।*

प्रश्न 1. (क) निम्नलिखित को परिभाषित कीजिए—

(i) बहुअसंतृप्त वसा अम्ल

(ii) अवशोषण

(iii) सहएंजाइम

(iv) वृद्धि स्फुरण

(v) कलायखंज

(ख) सही या गलत बताइए। गलत वाक्य को सही कीजिए—

(i) वयस्कों के लिए (आदमी और औरत) प्रोटीन की आवश्यकता 1 ग्राम/किलोग्राम शरीर के भार के आधार पर निर्धारित की जाती है।

(ii) थायमीन, राइबोफ्लेविन व नियासिन की आवश्यकता शरीर में प्रोटीन की आवश्यकता पर निर्भर करती है।

(iii) खाद्य लागत भोजन परिवेषण संस्था में सभी गतिविधियों का केंद्रबिंदु है।

(iv) रोडोप्सिन प्रोटीन व विटामिन 'ए' के मिलने से बनता है।

(v) आहार में 50 ग्राम कार्बोज, 25 ग्राम प्रोटीन व 15 ग्राम वसा 535 किलो–कैलोरी प्रदान करेगा।

(vi) 15 सेमी. से कम बाँह की परिधि बच्चों में कुपोषण का संकेत देती है।

(vii) भोजन में विटामिन 'सी' की मौजूदगी हमारे भोजन के लौह तत्त्व के अवशोषण को रोकती है।

(viii) गर्भावस्था की पहली त्रिमाही से ही पोषक तत्त्वों की जरूरतें बढ़ जाती हैं।

(ix) सोडियम अंत:कोशिकी द्रव्य में मौजूद पोषक तत्त्व है।

(x) अनावश्यक ऐमीनो ऐसिड वह है जिनकी जरूरत शरीर को नहीं होती।

प्रश्न 2. (क) उचित उदाहरण देते हुए हमारे शरीर में भोजन के कार्यों की सूची बनाइए।

(ख) निम्नलिखित के महत्त्वपूर्ण कार्यों और दो समृद्ध स्रोतों के बारे में बताइए:

(i) कैल्सियम

(ii) अनुपलब्ध कार्बोज

प्रश्न 3. (क) हमारे शरीर में वसा के कार्यों की सूची बनाइए। अपने परिवार के लिए वसा/तेल का चयन करते समय आप किन बातों का ध्यान रखेंगे?

(ख) किसी आबादी समूह के आहार में मौजूद प्रोटीन व सूक्ष्मपोषक तत्त्व में सुधार लाने के लिए आप किन उपायों/प्रथाओं की गणना करेंगे?

प्रश्न 4. निम्नलिखित की संक्षेप में व्याख्या कीजिए—

(i) सूक्ष्मजीवों द्वारा खाद्य संदूषण

(ii) फलों व सब्जियों का चयन

(iii) खाद्य पदार्थ में मिलावट व उसके दुष्प्रभाव

प्रश्न 5. निम्नलिखित कथनों पर टिप्पणी कीजिए—

(क) राइबोफ्लेविन के प्रमुख नैदानिक लक्षण

(ख) प्रोटीन—ऊर्जा कुपोषण के कारण

(ग) आयोडीन की कमी से होने वाली विसंगतियों को रोकने के उपाय

(घ) विटामिन 'ए' की कमी से होने वाले नैदानिक लक्षणों का वर्गीकरण

प्रश्न 6. निम्नलिखित के नैदानिक लक्षण, आहार—उपचार व रोकथाम पर चर्चा कीजिए—

(क) उच्च रक्तचाप

(ख) मधुमेह

प्रश्न 7. (क) आई.सी.डी.एस. द्वारा बच्चों के पोषण स्तर के निर्धारण के लिए किस विधि का उपयोग किया जाता है? संक्षेप में बताइए।

(ख) आई.सी.डी.एस. के तहत बच्चों, गर्भवती महिलाओं को दिए जाने वाले पूरक आहार की संरचना/पोषण संबंधी जानकारी दीजिए।

(ग) एक भोजन परिवेषण संस्था में साप्ताहिक व्यंजन सूची की भूमिका पर चर्चा कीजिए।

प्रश्न 8. निम्नलिखित में से किन्हीं *चार* पर संक्षिप्त टिप्पणियाँ लिखिए—

(क) फ्लुओरोसिस को रोका जा सकता है

(ख) कारक जो कैल्सियम अवशोषण को बढ़ाते तथा घटाते हैं

(ग) शरीर में जल की भूमिका

(घ) किशोर के लिए पोषक तत्त्वों की प्रस्तावित दैनिक मात्रा

(ङ) किसी भोजन परिवेषण संस्था खाद्य सामान को स्टोर करने वाले कमरे का रिकॉर्ड

ए.एन.सी.–1 : समुदाय के लिए पोषण
दिसम्बर, 2021

नोट : *प्रश्न सं. 1* ***अनिवार्य*** *है। कुल* ***पाँच*** *प्रश्नों के उत्तर दीजिए। सभी प्रश्नों के अंक समान हैं।*

प्रश्न 1. (क) निम्नलिखित प्रत्येक के लिए एक उदाहरण दीजिए:

(i) वसा व प्रोटीन दोनों के अधिकता वाले (प्रचुर) खाद्य स्रोत

(ii) कोशिकाबाह्य तरल में मौजूद खनिज लवण

(iii) ताजा खाद्य विटामिन

(iv) वसा और तेल के मुख्य घटक

(v) प्रोटीन के पाचन में शामिल एंजाइम

(vi) उपलब्ध कार्बोज (कार्बोहाइड्रेट)

(vii) कुपोषण

(viii) आयोडीन की कमी से होने वाला रोग

(ix) आई.सी.डी.एस. का घटक

(x) भोजन परिवेषण संस्था को चलाने के लिए आवश्यक संसाधन

(ख) निम्नलिखित शब्द–समूहों के बीच अंतर स्पष्ट कीजिए:

(i) रेटिनॉल और बीटा कैरोटिनॉइड

(ii) शारीरिक वृद्धि में सहायक खाद्य वर्ग व शारीरिक बचाव का कार्य करने वाला खाद्य वर्ग

(iii) अवरोधक व बढ़ाने वाले

(iv) आवश्यक तथा अनावश्यक ऐमीनो अम्ल

(v) प्रस्तावित दैनिक मात्रा तथा आवश्यकताएँ

प्रश्न 2. (क) हमारे आहार में संतृप्त और असंतृप्त वसा अम्लों की प्रासंगिकता की संक्षेप में व्याख्या कीजिए।

(ख) अनुपलब्ध कार्बोज (कार्बोहाइड्रेट्स) क्या हैं? हमारे शरीर में उनकी क्या भूमिका है? बताइए।

(ग) हमारे आहार में मौजूद प्रोटीन की कोटि (गुणवत्ता) किस प्रकार बेहतर बनाई जा सकती है?

प्रश्न 3. (क) हमारे आहार में निम्नलिखित के कार्यों को संक्षेप में समझाइए–

(i) विटामिन ए

(ii) प्रोटीन

(ख) हमारे आहार में निम्नलिखित के महत्त्वपूर्ण खाद्य स्रोतों की सूची बनाइए:

(i) कैल्सियम

(ii) लौह–तत्त्व

(iii) कार्बोज (कार्बोहाइड्रेट्स)

(iv) बहुअसंतृप्त वसा अम्ल

(v) थायेमीन

प्रश्न 4. (क) आहार नियोजन के महत्व पर सूची बनाइए।

(ख) निम्नलिखित के आहार में ऊर्जा और प्रोटीन के अलावा अन्य कौन–से पोषक–तत्त्व हैं जिनका विशेष महत्व है तथा क्यों?

(i) स्तनपान कराने वाली महिलाएँ

(ii) शिशु

(ग) किशोरावस्था के बच्चों के लिए आहार नियोजन करते समय आप किन बातों को ध्यान में रखेंगे?

प्रश्न 5. (क) घरेलू स्तर पर भोजन परिरक्षण के तरीकों व सिद्धांतों की संक्षेप में व्याख्या कीजिए।

(ख) निम्नलिखित का चयन करते समय आप जिन बातों को ध्यान में रखेंगे, उनकी सूची बनाइए:

(i) अनाज व दालें

(ii) कॉन्डिमेन्ट्स व स्पाइसिस (मसाले)

प्रश्न 6. (क) आप अधिक भार वाली वयस्क महिलाओं के लिए जिन आहार संबंधी सिद्धांतों व आहार संशोधनों की सिफारिश करेंगे, उन्हें संक्षेप में बताइए।

(ख) एक समुदाय में विटामिन ए की कमी को रोकने के लिए आपके द्वारा अपनाए जाने वाले उपायों पर संक्षेप में चर्चा कीजिए।

(ग) आई.सी.डी.एस. कार्यक्रम के तहत गर्भवती महिलाओं व बच्चों को दी जाने वाली लौह–तत्त्व की चिकित्सीय खुराक की सूची बनाइए।

प्रश्न 7. (क) व्यंजन सूची क्या है? इसे भोजन परिवेषण संस्था में सभी गतिविधियों का केंद्र बिंदु क्यों माना जाता है? भोजन परिवेषण संस्था में इस्तेमाल की जाने वाली विभिन्न व्यंजन सूचियों की सूची बनाइए।

(ख) हमारे जनसंख्या समूह के लिए मध्याह्न भोजन कार्यक्रम की प्रासंगिकता पर चर्चा कीजिए। इस कार्यक्रम के लाभार्थी कौन हैं? कार्यक्रम के घटकों की सूची बनाइए।

प्रश्न 8. निम्नलिखित में से किन्हीं *चार* पर संक्षिप्त टिप्पणियाँ लिखिए:

(क) माँ में कुपोषण तथा इसका भ्रूण (बच्चे) पर दुष्प्रभाव

(ख) खाद्य सामान खरीदने में खाद्य श्रेणीकरण व मानक की भूमिका

(ग) खाद्य बजट को किफायती बनाने योग्य कारक

(घ) प्रोटीन ऊर्जा कुपोषण के रोकथाम के उपाय

(ङ) पोषण स्तर को निर्धारित करने के लिए आहार मूल्यांकन

ए.एन.सी.–1 : समुदाय के लिए पोषण

जून, 2022

नोट : *(i) प्रश्न संख्या 1 अनिवार्य है। (ii) कुल* **पाँच** *प्रश्नों के उत्तर दीजिए। (iii) सभी प्रश्नों के अंक समान हैं।*

प्रश्न 1. (क) रिक्त स्थान भरिए–

(i) .... हमारे शरीर में निर्माण का कार्य करते हैं।

(ii) वह प्रक्रिया जिसमें पोषक तत्त्व आँतों से रक्तधारा में प्रवेश करते हैं, ... कहलाती है।

(iii) .... छोटी आँत में वसा के पाचन और अवशोषण में मदद करते हैं।

(iv) .... हमारे शरीर में ग्लूकोज का भंडारित रूप है।

(v) सभी वसा व तेल .... और .... के बने होते हैं।

(vi) हमारे शरीर की विटामिन डी की अधिकांश जरूरतें .... से पूरी होती हैं।

(vii) अनाजों में विद्यमान .... हमारे शरीर में कैल्सियम के अवशोषण में बाधा डालता है।

(viii) .... शरीर के कोशिका बाह्य द्रव्य में पाया जाने वाला प्रमुख खनिज लवण है।

(ix) दालों के अंकुरण से विटामिन .... की मात्रा बेहतर हो जाती है।

(x) थायमिन, राइबोफ्लेविन और नियासिन की आर.डी.ए. .... की आवश्यकता पर निर्भर करती है।

(ख) निम्नलिखित विधियों में शामिल खाद्य परिरक्षण के प्रमुख सिद्धांत का वर्णन कीजिए–

(i) मछली को आग के धुएँ पर रखना

(ii) पनीर पर मोम की परत

(iii) अचारों में ज्यादा मात्रा में नमक डालना

(iv) जैली में सोडियम बैन्जोएट डालना

(v) खाद्य पदार्थ का खमीरीकरण

(ग) निम्नलिखित की कमी का कोई एक नैदानिक लक्षण बताइए:

(i) विटामिन ए

(ii) प्रोटीन

(iii) आयोडीन

(iv) नियासिन

(v) विटामिन सी

प्रश्न 2. (क) एंजाइम क्या है? पाचन नली के विभिन्न स्थलों (भागों) में भोजन के पाचन और उसमें शामिल एंजाइमों का चरणबद्ध वर्णन कीजिए।

(ख) उचित उदाहरण देते हुए पोषण के सामाजिक, मनोवैज्ञानिक और आर्थिक पहलू पर टिप्पणी कीजिए।

प्रश्न 3. (क) हमारे शरीर में कार्बोज (उपलब्ध और अनुपलब्ध दोनों) के कुछ महत्त्वपूर्ण कार्यों को सूचीबद्ध कीजिए।

(ख) एक विशिष्ट अनाज आधारित आहार की प्रोटीन की गुणवत्ता को कैसे बेहतर बनाया जा सकता है?

(ग) हमारे शरीर में जल की क्या भूमिका है?

प्रश्न 4. (क) हमें आहार में लौह तत्त्व की आवश्यकता क्यों होती है? हमारे आहार में लौह तत्त्व की प्रचुरता वाले खाद्य स्रोतों को सूचीबद्ध कीजिए। हमारे शरीर में लौह तत्त्व के अवशोषण को बढ़ाने के लिए आप क्या उपाय करेंगे?

(ख) संतुलित आहार की योजना बनाने के लिए आप किन मार्गदर्शी निर्देशों का अनुसरण करेंगे? इसमें सम्मिलित चरणों का विस्तारपूर्वक वर्णन कीजिए।

प्रश्न 5. (क) वृद्धों को आहार देते और आहारों की योजना बनाते समय आप किन विशिष्ट बातों को ध्यान में रखेंगे?

(ख) गर्भावस्था के दौरान शरीर–क्रियात्मक परिवर्तन पोषण तत्त्वों की जरूरत को किस प्रकार प्रभावित करते हैं, संक्षेप में वर्णन कीजिए। गर्भावस्था के दौरान आर.डी.ए. बताइए और इनकी जरूरतों को पूरा करने हेतु शामिल किए जाने वाले पदार्थों को सूचीबद्ध कीजिए।

प्रश्न 6. (क) "नवदुग्ध (colostrum) नवजात शिशु के लिए महत्त्वपूर्ण है।" उपयुक्त उदाहरण देते हुए कथन की पुष्टि कीजिए।

(ख) स्कूल–पूर्व बच्चों के पोषणात्मक स्तर का निर्धारण करने के लिए आप किन उपायों/विधियों को अपनाएँगे? किसी *एक* का विस्तृत वर्णन कीजिए।

(ग) बच्चों के पोषण को बेहतर बनाने के लिए सरकार द्वारा चलाए जाने वाले किसी *एक* पूरक आहार कार्यक्रम का नाम बताइए। इसके अंतर्गत प्रदान किए जाने वाले पूरक आहार के पोषणात्मक मानदंड बताइए।

प्रश्न 7. (क) खाद्य पदार्थ के खराब होने को प्रभावित करने वाले कारकों की चर्चा कीजिए।

(ख) दूध और दूध से बने पदार्थों का चयन करते समय आप जिन बातों को ध्यान में रखेंगे उन्हें सूचीबद्ध कीजिए।

(ग) खाद्य परिवेषण इकाई में व्यंजन–सूची (मैन्यू) इकाई की सभी गतिविधियों का अत्यंत महत्त्वपूर्ण केंद्रबिंदु क्यों है? उदाहरण देते हुए स्पष्ट कीजिए।

प्रश्न 8. निम्नलिखित में से किन्हीं *चार* पर संक्षिप्त टिप्पणियाँ लिखिए–

(क) खाद्य अपमिश्रण और मिलावट को रोकने के उपाय

(ख) शिशुओं को दिए जाने वाले पूरक खाद्य पदार्थों के प्रकार व मात्रा

(ग) विटामिन 'ए' की कमी के लिए निरोधक उपाय

(घ) अतिसार की आहार–व्यवस्था

(ङ) पेय पदार्थों का चयन

ए.एन.सी.–1 : समुदाय के लिए पोषण
दिसम्बर, 2022

नोट : प्रश्न सं.1 अनिवार्य है। कुल पाँच प्रश्नों के उत्तर दीजिए। सभी प्रश्नों के अंक समान हैं।

प्रश्न 1. (क) निम्नलिखित प्रत्येक का एक उदाहरण दीजिए–

(i) स्वास्थ्य के आयाम

(ii) उपलब्ध कार्बोज की प्रचुरता वाले खाद्य स्रोत

(iii) अनिवार्य ऐमीनो अम्ल

(iv) अनिवार्य वसा अम्ल

(v) खनिज लवण, जिसकी हमारे शरीर को कम मात्रा में आवश्यकता होती है

(vi) अंत:कोशिकी द्रव्य (तरल) में पाया जाने वाला खनिज लवण

(vii) लौह तत्त्व के अवशोषण में बाधक पदार्थ

(viii) कैरोटीन की प्रचुरता वाले खाद्य–पदार्थ

(ix) विटामिन बी–कॉम्प्लेक्स

(x) शरीर का निर्माण करने वाले खाद्य–पदार्थ

(ख) निम्नलिखित शब्द–समूहों के बीच संबंध को संक्षेप में स्पष्ट कीजिए–

(i) विटामिन ए–बिटोट बिंदु

(ii) नियासीन–ट्रिप्टोफान

(iii) कैल्सियम–विटामिन–डी

(iv) कुपोषण–संक्रमण

(v) आँगनवाड़ी कार्यकर्त्ता–आई.सी.डी.एस.

प्रश्न 2. (क) भोजन के शरीरक्रियात्मक कार्यों को सूचीबद्ध कीजिए। उदाहरण देते हुए इन प्रत्येक कार्यों को संक्षेप में स्पष्ट कीजिए।

(ख) क्या रेशा पोषक तत्त्व है? हमारे शरीर में इसकी क्या भूमिका है?

प्रश्न 3. (क) हमारे शरीर में प्रोटीनों के पाचन, अवशोषण और उपयोग की संक्षेप में चर्चा कीजिए।

(ख) "एक स्थूलपोषण तत्त्व के रूप में वसा हमारे शरीर में निर्णायक भूमिका निभाती है।" उपयुक्त पुष्टियाँ देते हुए इस कथन पर टिप्पणी कीजिए।

प्रश्न 4. (क) खाद्य–पदार्थों के पोषण मान पर प्रोसेसिंग के प्रभाव को संक्षेप में स्पष्ट कीजिए। उचित उदाहरण भी दीजिए।

(ख) हम खाद्य–पदार्थों का परिरक्षण क्यों करते हैं? घर में भोजन के परिरक्षण के लिए प्रयोग में लाई जाने वाली सामान्यतः पंरपरागत भोजन परिरक्षण विधियों का वर्णन कीजिए।

प्रश्न 5. (क) किशोरावस्था जीवन चक्र की एक निर्णायक अवधि क्यों है? शरीरक्रियात्मक परिवर्तनों और पोषक तत्त्वों की जरूरतों के संदर्भ में चर्चा कीजिए।

(ख) परिवार की आय खाद्य–पदार्थ के चयन को कैसे प्रभावित करती है, संक्षेप में स्पष्ट कीजिए।

(ग) स्कूल–पूर्व बच्चों के आहार में आप किन पोषक–तत्त्वों और खाद्य–पदार्थों पर बल देंगे? संक्षेप में स्पष्ट कीजिए।

प्रश्न 6. (क) खाद्य उपसाधन क्या हैं? खाद्य उपसाधनों का चयन करते समय आप जिन चार बातों को ध्यान में रखेंगे, उन्हें सूचीबद्ध कीजिए।

(ख) खराब होने वाले खाद्य–पदार्थों का संग्रहण (भंडारण) करते समय आप क्या सावधानियाँ बरतेंगे?

(ग) निम्नलिखित के खतरे के कारक बताइए–

(i) गर्भावस्था

(ii) मोटापा

प्रश्न 7. (क) एनीमिया के क्या कारण हैं? एनीमिया को नियंत्रित करने के लिए आप जो निरोधक उपाय करेंगे? उनका वर्णन कीजिए।

(ख) खाद्य परिवेषण प्रबंधक के रूप में अच्छी खाद्य सेवा सुनिश्चित करने के लिए आप कौन–से रिकॉर्ड रेखेंगे?

(ग) खाद्य परिवेषण इकाई चलाने के लिए अपेक्षित संसाधनों को सूचीबद्ध कीजिए।

प्रश्न 8. निम्नलिखित में से किन्हीं चार पर संक्षिप्त टिप्पणियाँ लिखिए–

(क) मानवमितीय माप

(ख) मध्याह्न भोजन कार्यक्रम–इसकी प्रासंगिकता

(ग) मधुमेह की आहार–व्यवस्था

(घ) कलायखंज

(ङ) राष्ट्रीय आयोडीनहीनता रोग नियंत्रण कार्यक्रम–उद्देश्य और घटक

www.ingramcontent.com/pod-product-compliance
Ingram Content Group UK Ltd.
Pitfield, Milton Keynes, MK11 3LW, UK
UKHW021708190726
13853UKWH00001B/463

9 789381 690383